W0061687

Christian Heermann

Der Würger von Notting Hill

Christian Heermann

Der Würger
von Notting Hill

Große Londoner
Kriminalfälle

Verlag Das Neue Berlin

ISBN 3-360-00097-8

Die Kofferleiche
von Charing Cross

Der Mörder zerrte die Leiche in den dunkelsten Winkel des Zimmers. Er hatte alles vorbereitet. Vier große Bogen Packpapier und ein scharfes Messer lagen bereit. Der schwarze Reisekoffer stand in der Nähe.

Das schauerliche Werk begann. Zuerst entkleidete der Mörder den weiblichen Leichnam. Dann griff er zum Messer. Das Gesicht des Mannes drückte Gleichgültigkeit aus. Obwohl er zum ersten Mal eine Leiche zerstückelte, waren seine Bewegungen ruhig und überlegt. Die abgetrennten Gliedmaßen wickelte er in einige Kleidungsstücke ein und verpackte sie danach mit dem Papier. Noch war keine Stunde vergangen, da schloß der Mörder den Koffer zu.

Die Charing Cross Station ist einer der siebzehn Londoner Hauptbahnhöfe. Vor dem Eingang Villiers Street stoppte wenig später ein Taxi. Der Chauffeur half seinem Fahrgast beim Ausladen eines schwarzen Reisekoffers, wurde entlohnt, erhielt noch ein Trinkgeld, setzte sich wieder hinter das Steuer und bog nach dem Trafalgar Square ab.

Ein Gepäckträger bot dem Mann mit dem Koffer seine Dienste an. „Zu welchem Bahnsteig, Mister?"

„Soll in die Gepäckaufbewahrung kommen. Ich fahre erst morgen früh."

„Der Koffer ist ziemlich schwer", sagte der Dienstmann, nachdem er die letzte der wenigen Stufen erreicht hatte.

„Bücher sind nun mal nicht leichter."

Als der Dienstmann vor der Gepäckaufbewahrung sein Trinkgeld erhielt, war er verwundert. Eine Crown! Das war reichlich bemessen.

Der Gepäckträger bekam kurz darauf Gelegenheit, sich ein zweites Mal zu wundern. Als sein Kunde den Bahnhof verließ, ein Taxi heranwinkte und sich lässig in den Fond warf, sah der Dienstmann, wie neben dem Auto ein kleiner Zettel zu Boden flatterte. Er hob das Stück Papier auf. Es war der Gepäckschein! Der Verkehrsstrom hatte inzwischen das Taxi verschlungen. So brachte der Dienstmann den Schein zur Gepäckaufbewahrung und murmelte etwas von der „Liederlichkeit mancher Leute".

Zuerst kroch ein süßlicher Geruch durch den Raum. Nach vier Tagen war der Gestank penetrant geworden. Ein Angestellter der Gepäckaufbewahrung rief, als seine Vermutung zum handfesten Verdacht wurde, einen Konstabler, der durch die Bahnhofshalle flanierte, zeigte auf den Koffer und berichtete von dem Gepäckschein. Der Konstabler führte unmittelbar darauf ein Telefongespräch.

Es waren genau achtzehn Minuten vergangen, als Inspektor Steele von der in der Bow Street stationierten E-Division den Gepäckraum betrat. Er öffnete den Koffer und schob das Papier zur Seite. Drei von den anwesenden Angestellten waren neugierig und riskierten einen Blick. Sie wurden von Entsetzen gepackt. Unter dem Papier kam der Kopf einer Frauenleiche zum Vorschein, gezeichnet von den ersten Spuren der Verwesung.

Inspektor Steele schloß sorgfältig den Deckel. Dann informierte er telefonisch den Yard. Bereits nach einer knappen Stunde befand sich der Koffer im Westminster-Schauhaus. Dort begann Dr. Bernard Spilsbury mit seinen Untersuchungen.

Dr. Spilsbury gilt als der Vater der modernen englischen Gerichtsmedizin. Er war der bekannteste Sachverständige, den Scotland Yard je besaß. Der später geadelte Arzt führte fünfundzwanzigtausend gerichtliche Leichenschauen durch. In zweihundertfünfzig Mordprozessen legte er Gutachten vor. Diese Expertisen waren von den Angeklagten meist mehr gefürchtet als die Aussagen der Tatzeugen. Mörder, die an das perfekte Verbrechen glaubten, hatten nicht mit Spilsbury gerechnet.

Kurz vor Entdeckung der Kofferleiche von Charing Cross hatte Bernard Spilsbury einen Mörder durch zwei Augenbrauenhaare überführt. Sie klebten an einem Hammer, den Oberinspektor Prothero in einer Garage in Southampton fand. Spilsbury schrieb im Gutachten den reichlich kühn anmutenden Satz: „Die Augenbrauenhaare gehören einem Mann über Vierzig. Der Hammerschlag, der sie ausriß, tötete höchstwahrscheinlich den Mann."

Der Tote wurde gefunden. Bei ihm lag ein Quittungsbuch, aus dem einige Seiten fehlten. Dr. Spilsbury untersuchte das Buch. Auf einem Blatt entdeckte er die schwach eingedrückten Buchstaben W. F. T.

Die Jagd nach W. F. T. begann. Sie führte durch das ganze Inselreich. Dann konnten die Detektive von Scotland Yard einen William F. Thomas verhaften. Als Dr. Spilsbury vor Gericht sein Gutachten vorlegte und den Hammer erwähnte, fiel das konstruierte Alibi des Mörders wie ein Kartenhaus zusammen.

Jetzt untersuchte ebendieser Bernard Spilsbury den Inhalt des Koffers: vier blutdurchtränkte Pakete, ein Paar schwarze Schuhe, eine leere Handtasche. Kopf und Rumpf der Leiche befanden sich im größten Paket und lieferten den ersten Hinweis. Die Frau war durch einen Schlag auf den Kopf betäubt und dann erwürgt worden. Sie mochte etwa dreißig Jahre alt gewesen sein.

Das nächste Paket enthielt die Arme. Der Rock, in den sie eingewickelt waren, trug ein Etikett mit dem Namen „Holt". Das konnte der Name der Besitzerin, ein Firmenzeichen oder auch das Zeichen einer Wäscherei sein.

Am Koffer war ebenfalls ein kleines Schild angebracht: „F. Austin in St. Lenards". Zwar gab es in London weder einen Stadtteil noch eine Straße dieses Namens, aber durch Bromley zog sich eine St. Leonard Street, und einem Park in Chelsea war die St. Leonards Terrace vorgelagert. Was von diesen Hinweisen verwertbar war, mußten die weiteren Ermittlungen ergeben. Chefinspektor Wensley, einer der „Big Four" – der „Großen Vier" – von Scotland Yard, übertrug den Fall Oberinspektor Cornish. George Cornish zählte zu den fähigsten Kriminalisten, die es je am Victoria Embankment gegeben hat. Er klärte einige Fälle in atemberaubendem Tempo und arbeitete Hand in Hand mit den naturwissenschaftlichen und medizinischen Spezialisten des Yard. Obendrein verfügte er über ein fabelhaftes Gedächtnis und über eine bestechende Logik. Seine präzisen Entscheidungen fällte er schnell und mit unerbittlicher Strenge. Die Zeitungen spendeten höchstes Lob und feierten Oberinspektor Cornish oft als den „Zauberer von Scotland Yard".

Sein Assistent hieß Hugh Young. Dieser Mann hatte seine Laufbahn als einfacher Konstabler begonnen. Später stieg er bis zum Commander CID, so heißt der Leiter der weltberühmten Detektivabteilung des Yard, und damit gleichzeitig zum stellvertretenden Polizeipräsidenten von London auf.

Als Cornish und Young die Spur des Mörders aufnahmen, stellten sich rasch Erfolge ein. Noch am selben Tag – man schrieb den 9. Mai 1927 – wurden Fotografien des Koffers, der Kleidung der Toten und des Etiketts „Holt" an die Presse gegeben. Bereits die Londoner Abendzeitungen berichteten über den grauenhaften Fund und brachten die Bilder. Die ersten Reaktionen darauf erfolgten umgehend. Aus dem Stadtteil Brixton meldete sich ein Kofferhändler. Jawohl, er erinnere sich genau. Vor dem 6. Mai habe er diesen Koffer verkauft.

Der Kunde? – Kein unfreundlicher Typ, vielleicht vierzig Jahre alt, brünett, schmales Menjoubärtchen. – Die Größe? – Ziemlich groß, aber nicht auffällig. Er habe einen dunklen Anzug getragen. – Und das Schild an dem Koffer? – Als er verkauft wurde, habe er das Firmenzeichen „St. Lenards« getragen, nicht das jetzt vorliegende Schild „F. Austin in St. Lenards", das aber dennoch eine gewisse Ähnlichkeit mit dem ursprünglichen Zeichen aufweise. Vielleicht eine Nachahmung.

Mit der Aussage des Kofferhändlers konnte man schon etwas anfangen, falls der Kunde mit dem Mörder identisch war. Nicht viel, aber immerhin etwas mehr als mit der Aussage des Angestellten der Gepäckaufbewahrung, der sich nicht mehr an die betreffende Person erinnern konnte.

Inzwischen wurde auch der Dienstmann ermittelt, der den Koffer getragen und danach den Gepäckschein gefunden hatte. Am auffälligsten an seinem Kunden sei das hellblonde Haar gewesen, sagte er aus. – Nicht etwa brünett? – Keinesfalls, da sei er ganz sicher!

Die Kofferleiche machte dicke Schlagzeilen in der Presse. Das führte zu einem weiteren Erfolg. Ein Taxifahrer meldete sich bei Scotland Yard. Am 6. Mai habe er einen Mann mit einem schweren schwarzen Reisekoffer von der Rochester Row zur Charing Cross Station gefahren. Irgend etwas Auffälliges habe der Mann nicht an sich gehabt – bis auf die Haarfarbe: hellblond.

Oberinspektor Cornish fuhr selbst in die Rochester Row. Das betreffende Gebäude, ein vierstöckiges Bürohaus, befand sich genau vis-à-vis der dortigen Polizeistation. Steuerberater, Grundstücksmakler, Rechtsbeistände und zwei kleinere Verleger hatten hier ihre Geschäftsräume.

Die ersten tastenden Fragen des Detektivs waren an Dienstboten und Aufwartefrauen gerichtet. Ein Büroschreiber erinnerte sich: Vor einigen Tagen – es könne der 6. Mai gewesen sein – stand auf dem Flur der dritten Etage ein großer schwarzer Koffer.

„Wem gehörte dieser Koffer?" fragte George Cornish.

„Er gehörte Mr. Robinson, der dort sein Büro hatte."

„Ist dieses Büro nicht mehr in der dritten Etage?"

„Mr. Robinson war einen Tag später nochmals hier. Als er mich sah, murmelte er: ‚Bin pleite, werde nicht wiederkommen, habe mein Büro gekündigt.‘ "

„Woher wußten Sie, daß der Koffer Mr. Robinson gehörte?"

„Er stand vor der Tür des Grundstücksmaklers. Mr. Robinson kam aus seinem Büro und verschloß die Tür. Dann schleppte er den Koffer zur Treppe. Scheint mächtig schwer gewesen zu sein. Vielleicht hat er einige Akten weggetragen."

„Wissen Sie, wo Mr. Robinson seine Privatwohnung hat?"

„Er wohnt irgendwo in der Nähe, ich glaube, in einer Straße am Ashley Garden. Genau weiß ich es nicht, denn ich habe ja zu Mr. Robinson keine direkten Beziehungen gehabt. Nur weil wir im selben Haus arbeiteten, wechselten wir ab und zu wenige Worte."

Oberinspektor Cornish bedankte sich für die Hinweise. Nach zwei weiteren Befragungen war die Wohnung von Mr. Robinson ermittelt: Howich Place Nr. 3, direkt am Nordrand von Ashley Garden, in Untermiete bei einer Mrs. Blunt. Bevor George Cornish zum Howich Place fuhr, hatte er sich einen Haussuchungsbefehl besorgt.

Mr. Robinson sei verreist, wohin, habe er ihr nicht gesagt, berichtete die Wirtin. Die Durchsuchung des Zimmers förderte nichts zutage, was in irgendeiner Beziehung zu dem Mord stand. In der Korrespondenzmappe fand sich lediglich eine schon zwei Wochen alte Benachrichtigung des Postamtes, daß ein an „Robinson, ‚Greyhound Hotel‘, Hammersmith" adressiertes Telegramm nicht zugestellt werden könnte, da ein Empfänger dieses Namens dort unbekannt sei.

Hugh Young hatte den Auftrag bekommen, die Identität der Toten festzustellen. Schon einen Tag später konnte er bei der Lagebesprechung im Yard über die Erfolge seiner Recherchen berichten. Er hatte schnell ermittelt, daß es sich bei dem Etikett mit dem Namen „Holt" um ein Wäschereizeichen handelte. Die betreffende Firma hatte dieses Zeichen speziell für die Wäsche einer Mrs. Holt anfertigen lassen, die zu den besten Kundinnen zählte.

Als Hugh Young wenig später diese Mrs. Holt quicklebendig vor sich sah, war er für einen Moment enttäuscht gewesen. So leicht war die Identifizierung der Toten also doch nicht! Mrs. Holt erzählte, daß mit diesem Zeichen auch die Wäschestücke der bei ihr wohnenden Hausangestellten kenntlich gemacht würden. In den letzten beiden Jahren wären das immerhin zehn verschiedene Mädchen gewesen.

Die weiteren Nachforschungen waren dennoch reine Routinearbeit. Bald stand fest: Die Tote hieß Minnie Bonati.

Bei Mrs. Holt war sie unter dem Namen Roles beschäftigt gewesen. Sie war verheiratet, lebte aber schon seit langem von ihrem Mann getrennt und verschenkte ihre Gunst mit mehr Großzügigkeit als Diskretion an eine Vielzahl von Liebhabern. Die interessanteste Feststellung, die Hugh Young treffen konnte, war diese: Einer der Kavaliere hieß Frank Austin und wohnte in der St. Leonard Street, London-Bromley!

Oberinspektor Cornish stellte am Schluß der Beratung fest: „Wir haben eine Vielzahl von Verdächtigen, Mr. Robinson, Mr. Austin und eine offenbar große Schar weiterer Kavaliere der Ermordeten. Auch ihr Mann, Mr. Bonati, darf nicht ausgeschlossen werden. Bei einer Morduntersuchung muß man den unwahrscheinlichsten Spuren nachgehen. Wir werden uns deshalb auch das ‚Greyhound Hotel‘ einmal ansehen. Ich werde selbst nach Hammersmith fahren. Und Sie, Mr. Young, nehmen sich einmal diesen Austin vor.“

Zuerst schien es, als ob George Cornish umsonst nach Hammersmith, einem Vorort im Westen Londons, gefahren war. Als sich der Inspektor an der Rezeption des „Greyhound Hotels“ ausgewiesen hatte, Einblick in das Gästebuch nehmen wollte und dabei erklärte, daß er einen Mr. oder eine Mrs. Robinson suche, sagte der Empfangschef: „Vor einigen Tagen kam ein Telegrammbote und fragte ebenfalls nach einer Person namens Robinson. Er mußte das Telegramm wieder mitnehmen, denn wir haben hier niemanden, der Robinson heißt.“

Der Inspektor gab jedoch nicht auf. Schon bei der ersten Hotelangestellten, die er nach dem Namen Robinson fragte, hatte er Erfolg. „Seit kurzem“, sagte die Frau, „arbeitet in der Hotelküche eine Mrs. Robinson.“

Die Tatsache, daß der Empfangschef noch keine Bekanntschaft mit Mrs. Robinson gemacht hatte, war somit günstig für den Fortgang der Ermittlungen gewesen, denn nur das irrtümlicherweise zurückgekommene Telegramm, das Mr. Robinson an seine Frau nach Hammersmith gesandt hatte, lieferte den Hinweis auf dieses Hotel.

Oberinspektor Cornish erfuhr von Mrs. Robinson, daß sie für den Abend mit ihrem Mann im Restaurant „Elephant and Castle" verabredet sei, und konnte sie bewegen, seine Begleitung anzunehmen. John Robinson hatte schütteres dunkles Haar, nicht hellblond, nicht brünett, kein Menjoubärtchen, stellte George Cornish als erstes fest. Der Grundstücksmakler war von mittlerer Größe, schlank, vielleicht vierzig Jahre alt. Er gab sich gelassen und zeigte keine Unruhe bei der Aufforderung, am nächsten Tag nach Scotland Yard zu kommen.

Er erschien pünktlich. Eine Mrs. Bonati habe er nicht gekannt, einen solchen Koffer nie besessen. Mit einem ähnlichen Koffer habe er vor einigen Tagen Akten weggetragen. Für den 6. Mai und für die anderen fraglichen Tage habe er detaillierte Alibis, und – bitte schön! – der Herr Inspektor könne das alles nachprüfen lassen.

Dann wurde John Robinson zuerst dem Kofferverkäufer, danach dem Taxifahrer und schließlich dem Gepäckträger gegenübergestellt. Die drei Zeugen sagten aus, daß dies nicht der Mann sei, mit dem sie es zu tun hatten. Die Statur wäre zwar die gleiche, aber das sei auch alles. John Robinson konnte gehen. Er verließ den Yard, wie Hugh Young später in seinen Memoiren schrieb, „mit absoluter Nonchalance". Auch der Verdächtige Nummer zwei, Frank Austin von der St. Leonard Street, schied als Täter aus. Seit dem 28. April lag er im Londoner Hospital in der Whitechapel Road. Am 6. Mai war er operiert worden.

Mr. Bonati, der Ehemann der Ermordeten, mußte gleichfalls von der Liste der Verdächtigen gestrichen werden. Er war Ende März als Steward an Bord eines Dampfers der West India Route gegangen.

Jeden Tag verfolgte Oberinspektor George Cornish eine neue Spur. Die Schar der Kavaliere von Minnie Bonati, die überprüft werden mußten, hatte sich rasch vergrößert. Die Alibis der Liebhaber waren jedoch hieb- und stichfest. Daran ließ sich nicht rütteln. George Cornish mußte die Namen, die er auf seiner Liste notiert hatte, wieder streichen. Alle Spuren verliefen im Sande.

Am 31. Mai rief der Oberinspektor den gesamten Stab zu einer neuen Beratung zusammen. Zuerst gingen die Detektive nochmals alle Aussagen durch. Dann nahmen sie sich wiederum den Kofferinhalt vor. Unter dem Kopf des Opfers war seinerzeit ein Staubtuch gefunden worden, dem man aber keine große Aufmerksamkeit geschenkt hatte. Jetzt untersuchte Cornish es gründlicher. Plötzlich richtete sich der Blick des Detektivs gebannt auf einen Fleck am Rande des Tuches. Nachdem er es ins Wasser gelegt und ausgewaschen hatte, wurde an der fleckigen Stelle ein Wort sichtbar: „Greyhound".

„Dieses Staubtuch", erklärte der Oberinspektor, „stammt aus dem ‚Hotel Greyhound'. Hier haben wir das verbindende Glied zwischen der Arbeitsstelle von Mrs. Robinson und der Kofferleiche von Charing Cross. Ich werde sofort nach Hammersmith fahren."

Dort konnte George Cornish erneut seinen Ruf als „Zauberer von Scotland Yard" bestätigen. Zuerst war er scheinbar ziellos durch Hotelhalle und Restaurant geschlendert. Dann hatte er sich an die Bar gesetzt und ein Barmädchen angesprochen. „Kennen Sie dieses Tuch?"

Das Mädchen schaute sich das Tuch an und war überrascht. „Ja, das habe ich vor einigen Wochen benutzt."

„Sind Sie ganz sicher?"

„Ich bin ganz sicher, weil ich es in einem Becken spülte, in dem ich zuvor einen Lappen mit gelber Politur gereinigt hatte. Dabei färbte es sich gelb. Dann legte ich es weg."

Noch am gleichen Tage fuhr Oberinspektor Cornish erneut in die Rochester Row. Im Büro des Mr. Robinson unterzog er jeden Zollbreit Boden einer gründlichen Untersuchung. Doch erst aus dem Papierkorb förderte er etwas zutage, was möglicherweise den Grundstücksmakler belasten konnte: eine Haarnadel, die denen glich, die bei der Leiche gefunden worden waren, und ein Streichholz mit dunklen Flecken.

Dr. Bernard Spilsbury untersuchte das Zündholz. Das Ergebnis seiner Analyse: Die dunklen Flecken sind durch Menschenblut verursacht worden.

Am nächsten Morgen wurde John Robinson von zwei Detektiven zum Yard gebracht. George Cornish wandte seinen einfachsten Trick an: Er ließ ihn warten. Der Sergeant, der Robinson bewachte, meldete sich nach einer Stunde bei Cornish. Robinson wolle dringend den Oberinspektor sprechen. Er durfte es nach einer weiteren halben Stunde. Mit der Nonchalance war es nun vorbei. Auf der Stirn des Grundstücksmaklers perlte Schweiß. Cornish brauchte die vorbereiteten Fragen nicht zu stellen.

„Ich sehe", sagte Robinson von sich aus, „daß die Sache ernst ist. Ich will Ihnen alles sagen. Mrs. Bonati kannte ich schon lange. Am fünften Mai traf ich sie, nachdem ich sie einige Wochen nicht gesehen hatte, an der Victoria Station. Dann gingen wir zusammen in mein Büro. Dort habe ich sie getötet und zerstückelt."

Die Bonati habe ihn um Geld gebeten, berichtete er weiter. Als er ihr nichts gab, hätte sie ihn bedroht. Er habe sie daraufhin zurückgestoßen, sie sei gefallen, mit dem Kopf aufgeschlagen und regungslos liegengeblieben. Dann habe er sein Büro verlassen und gehofft, sie würde wieder zu sich kommen. Am nächsten Morgen habe er jedoch ihren Tod festgestellt. „Ich entschloß mich, sie in Stücke zu schneiden und in einzelne Päckchen zu packen."

Die folgenden Tage seien furchtbar für ihn gewesen, beteuerte Robinson. »Ich ging in ein Hotel, und die Gäste sprachen nur von dem Mord. Dann wollte ich London verlassen. Plötzlich sah ich den Steckbrief. Obwohl mein Name nicht genannt wurde, wußte ich, daß Sie mir auf der Spur waren. Ich hatte mir Zeitungen gekauft und wollte sie auf einer Parkbank in Ruhe lesen. Doch ich kam nur bis zur Schlagzeile: ‚Verhaftung in vierundzwanzig Stunden zu erwarten!' Dann mußte ich die Zeitungen wegstecken. Eine alte Dame hatte sich neben mich gesetzt. Sie fragte mich, ob ich schon von dem schrecklichen Mord gehört hätte. Hängen sei viel zu gut für solche Bestien, sagte sie noch. Da bin ich aufgesprungen und weggelaufen. Aber überall gab es das gleiche Thema. Ich war dem Wahnsinn nahe, obwohl es nur ein Unfall war."

Weshalb war Robinson bei der Gegenüberstellung von den drei Zeugen nicht erkannt worden? Er hatte beim Koffer-kauf eine brünette und später in der Charing Cross Station eine blonde Perücke getragen. Oberinspektor Cornish wollte schließlich noch wissen, wie der Name Austin auf das Kofferschild gekommen sei.

„Als ich den Koffer kaufte, stand auf dem Firmenzeichen ‚St. Lenards'. Da fiel mir plötzlich ein, daß mir Mrs. Bonati einmal von einem Frank Austin erzählt hatte, mit dem sie bekannt sei und der in der St. Leonard Street wohne. Ich wollte den Verdacht von mir ablenken und habe deshalb das Firmenzeichen entfernt und ein Schild mit dem Namen ‚F. Austin in St. Lenards' angebracht."

Das erzählte John Robinson am Vormittag in Scotland Yard. Am Nachmittag desselben Tages wurde Mordan-klage erhoben. Die Verhandlung fand einige Zeit später vor den Schranken von Old Bailey, dem bekannten Londo-ner Kriminalgericht, statt.

Der Angeklagte stellte den Tathergang in der gleichen Weise wie bei seiner Vernehmung durch George Cornish dar.

„Warum sind Sie nach der Auseinandersetzung nicht zur gegenüberliegenden Polizeistation gegangen?" fragte der Richter.

„Meine Situation war schrecklich. Ich wußte nicht, was ich tun sollte."

„Wenn es nur ein Unfall war, kann man die Situation nicht als schrecklich bezeichnen."

„Ich habe", sagte Robinson, „die Sache nicht in diesem Licht gesehen."

Als Dr. Bernard Spilsbury den Zeugenstand betrat, war er wie stets mit ausgesuchter Sorgfalt gekleidet. Sein frisches Gesicht erinnerte durch nichts daran, daß er den größten Teil des Tages in Leichenschauhäusern verbrachte. Im lin-ken oberen Knopfloch seines Cutaway steckte die schon sprichwörtlich gewordene Nelke. Mit klarer Stimme und überlegener Souveränität trug der Star der englischen Ge-richtsmedizin seine Expertise vor: „Die Frau wurde, nach-

dem sie durch einen wuchtigen Schlag auf den Kopf betäubt worden war, erdrosselt. Wenn das Opfer, wie es der
Angeklagte darstellte, mit dem Kopf auf den Ofen gefallen wäre, müßten Hautverletzungen nachweisbar sein.
Dieser Nachweis konnte nicht geführt werden. Ein Unglücksfall ist deshalb mit Sicherheit auszuschließen."
Robinson konnte die Beweise Spilsburys nicht entkräften.
Der Sachverständige hatte den Vorgang so rekonstruiert,
wie er sich tatsächlich abgespielt hatte. Die Geschworenen
fällten einmütig ihren Spruch: „Schuldig!" Vier Wochen
danach wurde John Robinson gehenkt.

George Cornish, der „Zauberer von Scotland Yard", hatte
seine Erfolgskette um ein weiteres Glanzstück bereichert.
In enger Zusammenarbeit mit Dr. Bernard Spilsbury
konnte er den Mörder überführen.

Eine Antwort auf die Frage, was Scotland Yard noch geleistet hat, geben die großen Fälle der Londoner Kriminalpolizei. Doch auch die Vorgeschichte muß betrachtet werden;
denn sie schuf Traditionen, auf die der Yard nicht wenig
stolz ist.

Die Traditionen des Yard

Der vielgelesene Romancier P. C. Wren hat die Londoner
Polizisten einmal folgendermaßen beschrieben: „Es sind
starke, ruhige und stille Männer, die, unbewaffnet und mit
lang bewährter Autorität bekleidet, Gesetz, Ordnung und
Sicherheit verkörpern. Sie stellen das Wunder Europas
dar." Und Sir John Moylan, der über ein Vierteljahrhun-
dert an maßgeblicher Stelle die Londoner Polizei verwaltete, hat den Respekt, den die Ordnungshüter der Themsemetropole besitzen, mit diesen Worten erklärt: „Die Autorität, die sie bekleidet, ist das Amt des Polizisten mit seiner
siebenhundertjährigen Vergangenheit."
Traditionen also sind es, die den Mitarbeitern von Scotland
Yard Ansehen und Würde verleihen. Sir John Moylan steht
mit dieser Ansicht nicht allein. Auch Hugh Young, der uns
im Fall der „Kofferleiche von Charing Cross" bereits begegnet ist, geht in seinen Memoiren nicht vom Jahr 1829
aus, dem Datum der eigentlichen Gründung von Scotland
Yard, sondern schlägt den Bogen über viele Jahrhunderte
zurück.
Etwas weniger begeistert und deshalb sachlich akzentuier-
ter sieht R. L. Jackson, Nachfolger von Young im Amt des
Commander CID, die Traditionen des Yard. „Zunächst
muß man sich darüber klarwerden", schreibt er, „daß das
System der Strafjustiz das Ergebnis einer mehr als sechshundert Jahre alten Entwicklung ist und daß die Polizei in
der langen Geschichte dieses Systems erst verhältnismäßig
spät auftauchte. Sie mußte daher in den bereits vorhandenen Rahmen eingefügt werden und ihre Aufgaben nach

Prinzipien erfüllen, die sich lange vor ihrem Erscheinen ergeben hatten."

Wir wollen im folgenden einige Beispiele herausgreifen, die etwa das Erbe abstecken, auf das sich Scotland Yard so gern beruft.

Die Verbrechen der Könige

Das englische Justizsystem, zu jeder Zeit ein Machtinstrument der Herrschenden im Lande, ist über achthundert Jahre alt. Seine Praktiken waren in der Epoche des Feudalismus nicht minder grausam als in anderen Ländern.

König Heinrich II. ließ sich seit 1164 von Polizeiwächtern beschützen. Diese „geschworenen Verteidiger der Ruhe des Königs" wachten über den Hof und seine Günstlinge. Gegner der Krone wurden im Tower entweder mit einem um den Hals gelegten Strick erwürgt oder mit der Axt enthauptet. Die Verbrechen des Mordes, des Raubes, der Falschmünzerei und der Brandstiftung ließ Heinrich II. mit dem Abschlagen der rechten Hand und des rechten Fußes bestrafen.

Die Geschichte des englischen Thrones ist durch wechselvolle Kämpfe gekennzeichnet. Die grausame Ausbeutung und Versklavung der besitzlosen Klassen sind dabei stets unverändert geblieben. Sie fanden ihre Ergänzung in unvorstellbar harten Strafen für jeden Gegner der bestehenden Ordnung. Alle Phrasen über Menschenwürde und Fortschritt konnten zu keiner Zeit den wahren Charakter der englischen Rechtspflege verbergen.

Die nach dem Adelsaufstand des Jahres 1215 dem König vom weltlichen und geistlichen Feudaladel abgetrotzte „Magna Charta Libertatum" brachte trotz ihres wohlklingenden Namens nichts anderes als eine Sanktionierung der politischen, wirtschaftlichen und juristischen Privilegien der hohen Feudalaristokratie. Die Forderung, zwischen Verbrechen und Strafe müsse ein gerechtes Verhältnis bestehen, galt nur für Handlungen, die sich gegen die Väter dieser Charta richteten. Ihr Geltungsbereich war zudem auf London, die Westminster- und die Thorney-Abtei beschränkt.

Über den Schutz der Bevölkerung vor Verbrechen und Ungerechtigkeiten machten sich die herrschenden Klassen keine Gedanken. Der Polizeischutz der Könige wurde hingegen ständig verstärkt. Am Beginn des 14. Jahrhunderts entstand zu diesem Zweck der „Geheimdienst der Krone". Ihm oblagen die Sicherheit des Hofes und des gesamten Hochadels, die Entlarvung von Spionen und die Gegenspionage. Später entwickelten sich aus diesem Geheimdienst sowohl der „English Secret Service" und die Detektivabteilungen als auch die Vorläufer des Innen- und Außenministeriums.

Die ersten englischen Diplomaten im Ausland waren Agenten dieses Geheimdienstes. Sie hatten die Aufgabe, „englische Flüchtlinge, politische Emigranten, Rebellen, Verräter und deren Komplicen zu überwachen und über sie nach London zu berichten".

Die Spione des Geheimdienstes werden als gewissenlose Subjekte geschildert, die unbedenklich alle Wünsche des Hofes und der königlichen Justiz erfüllten oder sich von besser zahlenden ausländischen Brotherren bestechen ließen. Sie besorgten jedes gewünschte Belastungsmaterial, und die Richter verurteilten Unschuldige zum Tode, wenn es Seiner Majestät genehm war.

In den Jahren zwischen 1509 und 1547, unter der Herrschaft von Heinrich VIII., war der Höhepunkt des Absolutismus erreicht. Jener launenhafte königliche Blaubart aus dem Hause Tudor wurde besonders durch seine zügellosen Leidenschaften, gepaart mit Despotismus und Grausamkeit, bekannt. Unter seiner Regentschaft schrieben die Scharfrichter im „Bloody Tower" mit der Axt ein finsteres Kapitel englischer Geschichte.

Heinrich VIII. war achtzehn Jahre alt, als er den Thron bestieg und die spanische Prinzessin Katharina von Aragonien heiratete. Sie schenkte ihm drei Söhne und zwei Töchter, büßte dabei ihre körperlichen Reize ein und wurde von dem Monarchen in die Verbannung geschickt. Ohne geschieden zu sein, heiratete der König 1533 Anna Boleyn, eine gefeierte Schönheit des Hofes.

John Fisher, Bischof von Rochester, der sich zuvor der Scheidung des Königspaares widersetzt hatte, wurde vor Gericht gestellt. Im Urteil vom 17. Juni 1535 hieß es: „John Fisher soll als Hochverräter auf einer Schleife von London nach Tyburn gezogen, daselbst bis zum Halbtode gehangen, alsdann noch lebend herabgenommen, seine Schamteile abgeschnitten, den Unterleib aufgerissen, die Eingeweide verbrannt, seine Vierteile auf den Toren der Altstadt, der Kopf auf der London Bridge ausgesetzt werden. Das Urteil werde vollzogen, sobald es Seiner Majestät gefällt."

Dem König gefiel es nach vier Tagen. Vorher hatte er allerdings noch einen „Gnadenakt" verkündet. Der sechsundsiebzigjährige Bischof wurde durch einfaches Enthaupten getötet. Sein Kopf, auf eine Pike gespießt, zierte zwei Wochen die London Bridge. Dann wurde er in die Themse geworfen.

Der bedeutendste Engländer jener Epoche war ohne Zweifel der Philosoph und Staatsmann Thomas Morus. In seinem Buch „Utopia", das im Jahre 1516 erschien, schildert er, wie die feudalen Großgrundbesitzer durch die Verwandlung von Bauernland in Schafweiden kaltblütig Zehntausende Bauern ruinierten, in bittere Armut stürzten und sie so zu Vagabunden, Bettlern und Dieben machten. Als Ausweg entwarf er das Bild eines Staates ohne Privateigentum und soziale Gegensätze, das in der Epoche des Verfalls des Feudalismus und der ersten Ansätze zur Ausbildung kapitalistischer Produktionsverhältnisse natürlich utopisch bleiben mußte.

Thomas Morus, der von 1529 bis 1532 seinem König als Lordkanzler gedient hatte, sprach sich gegen dessen Selbsternennung zum obersten englischen Kirchenherrn aus. Der Papst-König warf ihn daraufhin in den Tower und ließ ihn ein Jahr lang foltern, bis am 15. Juni 1535 der Urteils-

20

spruch erfolgte. Er hatte den gleichen Wortlaut wie der gegen John Fisher. Der Kopf von Thomas Morus wurde allerdings vor der Schaustellung auf der London Bridge zusätzlich in siedendem Wasser gekocht.

Heinrich VIII. hatte indessen auch von seiner zweiten Gattin bald genug. Als sie ihn bei einem Liebesspiel mit Johanna Seymour, einer Ehrendame des Palastes, überraschte und als Folge des Schocks eine Fehlgeburt hatte, war ihr Schicksal endgültig besiegelt.

Den Schwierigkeiten einer erneuten Scheidung überdrüssig, machte der Monarch kurzen Prozeß. Anna Boleyn starb am 19. Mai 1536 im Tower auf dem Schafott. Am Abend desselben Tages gab König Heinrich ein glänzendes Bankett, und am nächsten Morgen führte er Johanna Seymour zum Traualtar. Sie starb bereits ein Jahr später bei einer Entbindung.

Wieder eilte der König von Mätressenbett zu Mätressenbett, bis ihm sein aus bürgerlichen Kreisen stammender Schatzkanzler Thomas Cromwell zu einer Verbindung mit Anna von Kleve riet. Heinrich VIII. heiratete zum vierten Male und war nach einem halben Jahr wieder geschieden. Thomas Cromwell, der Ehestifter, starb noch im gleichen Monat auf dem Schafott.

Die junge Hofdame Katharina Howard, die schon zuvor in der Gunst des Königs gestanden hatte, wurde dessen fünfte Gattin. Heinrich verlebte mit ihr einige glückliche Wochen und reiste durch das Land. Intriganten des Hofes lancierten inzwischen das Gerücht, die neue Königin sei früher schon einmal verlobt gewesen. Der König fühlte sich hintergangen, und Katharina Howard wurde im „Bloody Tower" enthauptet.

Nachdem Heinrich VIII. die Stammbäume der vornehmsten Familien in England geprüft hatte, fiel seine erneute Wahl auf Katharine Parr, deren Meinung in religiösen Fragen jedoch mitunter geringfügig von der des Herrschers abwich. Dem Feuertod auf dem Scheiterhaufen, den sie deswegen erleiden sollte, entging sie nur durch Zufall. Am 28. Januar 1547 starb Heinrich VIII., ohne zuvor seine letzte Ehefrau durch jene grausame Hinrichtungsart töten zu lassen, die er für alle vorgesehen hatte, die gegen die Lehre der Kirche des Königs nur den leisesten Einwand vorbrachten.

Wenn in der Epoche des verfallenden Feudalismus unter Heinrich VIII. die Polizei- und Justizmethoden grausam und verbrecherisch waren, so stellten sie dennoch keine Ausnahme dar. Auch nach der bürgerlichen Revolution in der Mitte des 17. Jahrhunderts ersannen die herrschenden Klassen immer neue Strafen. Der Übergang zu kapitalistischen Produktionsverhältnissen legte gleichzeitig das Fundament für ein breites Anwachsen der Kriminalität. Scharen von Armen und Entrechteten sanken zuerst zu Bettlern und Vagabunden herab und wurden schließlich in das Heer der Verbrecher abgedrängt. Das kapitalistische System, wie jede Ausbeutergesellschaft durch die Unfähigkeit gekennzeichnet, alle menschlichen Kräfte sinnvoll zu nutzen, richtete sein Strafrecht vornehmlich gegen solche Handlungen, die in diesem System ihre Wurzeln hatten oder die sich in irgendeiner Weise gegen die bestehende Rechtsordnung richteten.

Die englische Bourgeoisie, die während der Revolution gegen die feudale Reaktion gekämpft hatte, unterdrückte nun ihrerseits alle kleinbäuerlich-plebejischen und demokratischen Bewegungen. Lordprotektor Oliver Cromwell sicherte rücksichtslos die Klasseninteressen des Großbürgertums. Diesem Ziel diente auch die Einführung einer neuen Folter. Um einen Angeklagten zum Geständnis zu bewegen, wurde dieser nackt auf den steinernen Fußboden des Gefängnisses gelegt, gefesselt und langsam zu Tode gequetscht. Im „Preß-Raum" des Londoner Newgate Prison mußte 1658 ein verdienstvoller ehemaliger Major aus der Armee Cromwells diese Tortur erleiden. Auf seinen Körper wurde ein mit großen Steinen und Eisengewichten belasteter Holzrahmen gelegt. Nur jeden zweiten Tag erhielt das Opfer „drei Schluck fauligen Wassers und drei Bissen Gerstenbrot", während die Preßgewichte täglich vergrößert wurden. Nach zwei Tagen bat der Major seine ehemaligen

22

Freunde, den Tod zu beschleunigen. Sie taten es, indem sie sich zusätzlich auf den Holzrahmen stellten.

Nach der Wiederherstellung der Monarchie beschloß das Parlament im Jahre 1679 die „Habeaskorpusakte" zum Schutz der Bürger gegen willkürliche Verhaftung ohne richterliche Anordnung. Sie sollte die bürgerlich-kapitalistische Ordnung vor der Willkür des restaurierten Königshauses Stuart bewahren und ist noch heute in Kraft. Die Strafgesetze wurden trotzdem weiter verschärft. Königin Anna verfügte im Jahre 1707: „Der Verbrecher soll zum Galgen geschleift werden, dort hänge man ihn am Halse auf, man schneide ihn bei lebendigem Leibe wieder ab, man reiße ihm die Eingeweide aus und verbrenne sie, man schlage ihm das Haupt ab, man vierteile seinen Körper, dann hänge man seinen Kopf und die vier Glieder öffentlich auf. So soll es geschehen beim Verbrechen der Falschgeldherstellung, so soll es geschehen beim Verbrechen der vorsätzlichen Falschgeldverbreitung, so soll es geschehen beim Verbrechen der Münzverringerung. In allen diesen Fällen soll jedoch für eine Frau die Strafe des Schleifens und des Verbrennens angewendet werden. So bestimmt es dies Gesetz."

Schleifen bedeutete, daß der Delinquent mit einem am Körper befestigten Seil von einem galoppierenden Pferd zur Hinrichtungsstelle geschleift wurde. Schleifen, Enthaupten und Vierteilen wurden erst im Jahre 1870 gesetzlich abgeschafft.

Am Anfang des 18. Jahrhunderts waren in jedem englischen Ort, vom kleinsten Dorf bis zur Hauptstadt, Galgen aufgestellt. London wird daher in zeitgenössischen Chroniken oft als „The City of Gallowses" – „Stadt der Galgen" – bezeichnet.

Als einige Jahrzehnte später die so grausam Ausgebeuteten in ihrer ohnmächtigen Verzweiflung gegen Fabriken und Maschinen anstürmten, wurde die Maschinenstürmerei in die Liste der todeswürdigen Verbrechen aufgenommen. Um die Urteile sofort vollstrecken zu können, benutzten die Henker transportable Galgen.

Bis ins 19. Jahrhundert gehörte England zu den Ländern mit den härtesten Strafgesetzen. Schon wer versuchte, ein Kaninchen zu stehlen, wer mehr als 40 Shilling und 6 Pence entwendete oder eine Urkunde fälschte, wurde verurteilt, „aufgehängt zu werden am Halse, bis er tot sei". Für zweihundertzweiunddreißig Vergehen war die Höchststrafe vorgesehen, in Frankreich dagegen nur für sechs.

Die Gleichheit der englischen Bürger vor dem Gesetz wurde streng gewahrt: Das Stehlen eines Brotes war für die Reichen genauso verboten wie für die Armen und wurde mit dem Tod bedroht. Trotz der harten Gesetze wuchs die Kriminalität in London jedoch ständig. Um die Mitte des 18. Jahrhunderts lebten in der Stadt an der Themse bereits über eine Million Menschen. Das Zeitalter der industriellen Revolution, in dessen Verlauf sich Großbritannien zur ersten Industriemacht der Welt entwickelte, kündigte sich durch den Übergang von der Manufaktur zur maschinellen Großproduktion an. Die sozialen Gegensätze verschärften sich zu bis dahin unerreichten Ausmaßen. Das Zusammenpferchen der Ärmsten in Elendsquartieren schuf neue Brutstätten des Verbrechens.

In den Slums betrug die Kindersterblichkeit fünfundsiebzig Prozent. Uneheliche Kinder stellten meist unerträgliche Belastungen dar. Sie wurden ermordet oder ausgesetzt. Bettlerringe organisierten einen schwunghaften Handel mit solchen Kindern.

Außereheliche Intimitäten standen in allen Klassen und Schichten auf der Tagesordnung. In den Slums boten viele Eltern ihre Töchter offen zur Prostitution an. Geradezu grotesk wirkte demgegenüber die bigotte puritanische Heuchelei jener Kreise, die als Creme der Gesellschaft galten. Ihre Klagelieder über den Verfall der Sitten wurden begleitet von Überlegungen, in welchem Bordell man sich demnächst vergnügen werde.

Wem die Kurtisanen nichts mehr zu bieten vermochten, konnte seine Gelüste als Zuschauer bei den bis 1817 täglich vorgenommenen öffentlichen Auspeitschungen der weiblichen Verurteilten befriedigen. An den Pranger Gestellte durften von jedermann ungestraft mißhandelt werden. Die öffentlichen Exekutionen auf dem Richtplatz von Tyburn galten bis zum Jahre 1867 als Volksbelustigungen. Die Reichen verfolgten diese makabren Schauspiele von den Fenstern der Häuser aus, die den Richtplatz umgaben. Sadistische Gewalt, grausame Ungerechtigkeit sowie das Prinzip der Rache beherrschten die Strafrechtspflege. Und die Hüter der öffentlichen Ordnung waren nicht besser als die Gesetze und die Wege zu ihrer Durchsetzung.

Um ihr Eigentum zu schützen, hatten sich Bürgertum und niederer Adel im 16. Jahrhundert eine eigene Exekutivgewalt in der Form der Squires, der Friedensrichter, geschaffen. Diese übten ihre Tätigkeit ohne Bezahlung aus. Den Friedensrichtern unterstanden Konstabler, die die Gesetzesbrecher dingfest machen sollten. Für diesen Dienst wurden die Gemeindemitglieder reihum aufgerufen. Doch nur wenige waren dazu bereit, denn die Polizisten mußten ihren Lebensunterhalt mit willkürlich erhobenen Gebühren und geringen Belohnungen bestreiten. Die Bürger durften aber Stellvertreter mieten, und sie nahmen die billigsten, die zu haben waren: Diebe, Arbeitsscheue und Landstreicher.

Natürlich konnte die Kriminalität mit solchen Mitteln nicht eingedämmt werden. Im Gegenteil. Durch Korruption und Bestechlichkeit wurde sie zur lodernden Flamme. Die Konstabler und ihre Stellvertreter, die in London nur während der Nachtstunden Dienst taten, wurden zu Spottfiguren der englischen Hauptstadt. Das Volk gab ihnen den Spitznamen „Charlies".

Aus den Spelunken und Bordellen am Ratcliffe Highway, damals eine der verrufensten Straßen Londons, erklangen Lieder zu Ehren der Charlies:

> „Durch die Nacht schreit' ich hin,
>   Wo Strickleitern sind,
>   Und Miss Forward erwartet den Jack.

Gibt ein Trinkgeld sie mir,
Bin ich plötzlich ganz blind
und verschwind' ohne Laut um die Eck'.

Wenn der Strolch überfällt,
Bekomm' ich mein Geld,
Und Bill Pickpurse kann gehn,
Läßt 'nen Shilling er sehn."

Die Charlies fanden sich bald in der Gesellschaft noch weit makaberer „Polizisten". Die „Thief takers" – Diebesfänger – entstanden. Jedermann konnte sich dazu ernennen, Einbrecher, Mörder oder Unschuldige festnehmen, vor den Friedensrichter stellen und Anklage erheben. Erfolgte eine Verurteilung, wurde der Thief taker je nach Höhe der ausgesprochenen Strafe belohnt. Das „Blutgeld" lockte, die Korruption wuchs ins uferlose. Provokateure verführten junge Menschen zu Straftaten, schleppten sie vor den Richter und ließen sich die Prämie auszahlen.

Immer häufiger machten Thief takers, Konstabler und Verbrecherbanden gemeinsame Sache und teilten die Beute. Am berühmtesten und berüchtigsten wurde Jonathan Wild. Er nannte sich „Thief taker General of Great Britain and Ireland", unterhielt ein großes Büro in London und lebte in einem vornehmen Landhaus. Auf der Straße sah man ihn stets mit einem Stock mit goldener Krone.

Er führte über hundert Straßenräuber dem Galgen zu, vor allem solche, die sich ihm nicht unterwerfen wollten, denn Jonathan Wild war der erste, der die Londoner Unterwelt organisierte. Er ließ verschiedene Banden für sich arbeiten und spielte den Vermittler zwischen Verbrechern und Geschädigten.

In der ersten Zeit suchte Wild die von seinen Kumpanen Beraubten auf und erklärte, daß er zufällig von ihrem Mißgeschick erfahren habe. Außerdem hätte ihn ein Trödler auf einige verdächtige Sachen aufmerksam gemacht und sich erboten, falls das Diebesgut darunter sei, dieses gegen ein geringes Entgelt wieder herbeizuschaffen.

Die •Bestohlenen waren hocherfreut, und das Geschäft blühte rasch auf. Da Wild anfangs von den Geschädigten keine Belohnung annahm, festigte sich sein Ruf als ehrlicher Mann, der nur dem Gemeinwohl dienen wollte.

Bald brauchte er seine Opfer nicht mehr aufzusuchen, denn die Bestohlenen kamen von selbst zu ihm. Er gab sich dabei sehr geschäftig, stellte viele Fragen und verlangte für seine Bemühungen eine kleine Anzahlung. Über seine „Ermittlungen" hielt Wild die Klienten auf dem laufenden, bis er ihnen die gestohlenen Sachen schließlich wieder aushändigte. Die unterschiedliche Höhe der Belohnungen, die er kassierte, begründete er mit dem Aufwand, den er jeweils gehabt hätte.

Fünfzehn Jahre lang konnte Jonathan Wild dieses Geschäft betreiben. Niemand wußte, wie weit seine Beziehungen im einzelnen reichten. Zu oft hatte er bewiesen, daß er mit seinen „Zeugen" jeden Prozeß in eine ihm genehme Richtung lenken konnte.

Erst 1725 fanden die Behörden den Mut, Wild zu verhaften. Er wurde einiger Betrügereien überführt und in Tyburn hingerichtet.

Die ersten Detektive der Welt

Der Fall Wild zog Konsequenzen nach sich. Allerdings vergingen noch einige Jahre, bis 1739 die „öffentlichen Dienststellen der Polizeirichter" geschaffen wurden. Der einzige Unterschied zu früher bestand zunächst nur darin, daß die Polizeirichter gegen Gesetzesbrecher nicht mehr in ihren Privathäusern, sondern in öffentlichen Dienststellen verhandelten. Von diesen Polizeigerichten, die man an verschiedenen Stellen in London einrichtete, wurde das in der Bow Street am berühmtesten. Mit seiner Eröffnung im Jahre 1739 beginnt die eigentliche Geschichte der Londoner Polizei.

Oberst Thomas de Veil, der bis 1748 in der Bow Street residierte, legte die Grundlagen für das Ansehen dieser Dienststelle. Er war nicht nur Richter, sondern bemühte sich zugleich als Detektiv um die Aufklärung der ihm übertragenen Fälle. Seinen Plan, eine schlagkräftige Fahndungsabteilung aufzubauen, konnte er allerdings nicht verwirklichen. Niemand war bereit, ihm dafür Geld zu geben.

Der Durchbruch gelang erst einem Nachfolger, dem Dichter Henry Fielding, der in seinen Werken die Korruption scharf gegeißelt und auf Jonathan Wild ein beißendes Pamphlet geschrieben hatte. Er schuf in der Bow Street eine Konstabler-Fahndungsgruppe, die erste Detektivabteilung der Welt. Die Polizisten „rannten den Dieben nach" und bekamen so ihren Namen: „Bow Street Runners". Es waren nie mehr als fünfzehn.

Fielding hatte aus dem Fonds des Secret Service Geld erhalten und konnte mit seinen rotbefrackten Detektiven wirksam gegen viele Banden vorgehen. Er führte als erster Polizeichef der Welt Fahndungslisten ein und überraschte durch zahlreiche Erfolge.

Das Urteil über die Runners ist allerdings schwankend. Für ihre Bezahlung galt folgende Festlegung: „Der Runner bekommt für die Aufklärung eines Straßenraubes 40 Pfund und 10 Prozent vom Wert des Geraubten; außerdem Pferd, Ausrüstung, Waffen und alles Geld des Verbrechers; für Silber- oder Goldmünzenfälschung 40 Pfund, für die Fälschung von Kupfermünzen 10 Pfund; für Ladendiebstahl bis zum Werte von 5 Shilling erhält er ein Tyburn-Ticket im Werte von etwa 20 Pfund; für Einbruch 40 Pfund und ein Tyburn-Ticket, für Pferdediebstahl ein Tyburn-Ticket und für die Aufklärung eines verräterischen Komplotts bare 40 Pfund."

Ein Tyburn-Ticket war ein Scheck, für den fünfzehn bis dreißig Pfund gezahlt wurden. Die Runners kassierten das „Blutgeld", wo sie nur konnten, und manches aus der Zeit von Jonathan Wild lebte fort. Verschiedene Banken entrichteten hohe Beträge an Runner und Verbrecher, um nach einem Raub wenigstens einen Teil zurückzuerhalten.

Das war ihnen angenehmer als die Verurteilung der Bankräuber und der völlige Verlust des geraubten Gutes. Auch Fielding konnte die Korruption nicht beseitigen. Zahlreiche Bow Street Runners hinterließen bei ihrem Tode große Vermögen. Der berühmteste Runner, Peter Townsend, vererbte an seine Nachkommen 20 000 Pfund. Die Historie verschweigt allerdings, wie er das Geld erworben hat. Sie kennt ihn nur als erfolgreichsten Detektiv jener Zeit.

Bobbys blaue Teufel

Um die Wende vom 18. zum 19. Jahrhundert war London noch immer die größte Stadt der Welt und zugleich die der meisten Verbrecher. Einer offiziellen Statistik nach kam auf neun Einwohner einer, „der sich auf eine strafbare, gesetzwidrige oder unmoralische Art ernährte". Dreißigtausend Menschen lebten allein von Einbrüchen. In den Slums von Shoreditch waren zahlreiche Taschendiebe nicht älter als fünf Jahre. Dr. Patrick Colquhoun, der Polizeirichter der Queen Street, hat ausgerechnet, daß es im damaligen London hundertfünfzehntausend Verbrecher und Gesetzesübertreter gab. Er entwickelte einen Plan zur Reorganisation der Polizei und unterbreitete viele Vorschläge zur Verhinderung von Straftaten. Doch seine Gedanken fanden zunächst keine Resonanz.

Inzwischen war England die Werkstatt der Welt und die führende Kolonialmacht geworden. Der Kapitalismus der freien Konkurrenz hatte seine Blütezeit erreicht. In London tobte der Kampf aller gegen alle. An den Ufern der Themse gab es fünfhundertfünfzig Raffinerien, die nur gestohlenen Zucker verarbeiteten. Die Häfte aller Schiffsladungen erreichte nicht die vorgesehenen Lagerhallen. Mehrere hundert Banden machten das Themserevier unsicher. Sie legten sich klingende Namen zu und teilten das Gebiet unter sich auf. Die „Lichtreiter" beraubten die Westindienfahrer, die „Schlammlerchen" hatten sich auf die Zeit der Ebbe spezialisiert, die „Balgereijäger" suchten Kais und Werften heim, die „Lumpen" arbeiteten umsonst bei der Entladung und durften dafür andere Schiffe plündern.

City-Kaufleute und Reeder versuchten, sich durch eine private Flußpolizeitruppe zu schützen. Sie war ein Werk des Dr. Colquhoun und wurde 1798 dem Home Office unterstellt. Auf diese Weise entstand die Themsepolizei. Das Bandenunwesen konnte dadurch zwar eingedämmt, aber nicht beseitigt werden. Die Flußpiraten operierten nicht mehr in aller Öffentlichkeit, sie zogen sich in ihre Schlupfwinkel zurück.

Den Herrschenden im Lande drohte zudem stärkere Gefahr von anderer Seite. Das 19. Jahrhundert hatte sich wie ein Fieberkranker vorgestellt. Die regelmäßigen zyklischen Krisen des Kapitalismus steigerten das Elend der Werktätigen ins unermeßliche. Friedrich Engels hat in seinem Buch „Lage der arbeitenden Klasse in England" diese Zustände ausführlich geschildert.

Die Arbeiterklasse reagierte mit organisierten Streiks. Erste politische Forderungen nach dem Wahlrecht standen auf der Tagesordnung. Die Ausbeuterklassen antworteten mit blutigem Terror. Alle Widersprüche und Gegensätze der kapitalistischen Gesellschaft waren in London am schärfsten ausgeprägt. Deshalb mußte sich die Bourgeoisie besonders hier ein sicheres Machtinstrument schaffen, wenn sie den Kampf bestehen wollte. Und dieses Machtinstrument sollte Scotland Yard werden!

Im Jahre 1829 beschloß das Parlament das Gesetz zur Gründung der „Metropolitan Police of London". Die Initiative dazu ging von Robert Peel (1788–1850) aus, der zuvor als Staatssekretär für Irland reiche Erfahrungen bei der Unterdrückung des irischen Volkes gesammelt hatte. 1829 leitete er das Innenministerium. Später war er mehrere Male Premierminister. Er zählt zu den Mitbegründern der Konservativen Partei.

Am Abend des 29. September 1829 marschierten die ersten tausend Polizisten durch die Straßen Londons zu ihren Revieren. Die Uniformen waren bewußt zivil gehalten worden: blauer Frack mit fliegendem Schwalbenschwanz, weiße Hose, Zylinder. Nur auf den Knöpfen konnte man das Wort „Police" lesen.

Die Londoner Bevölkerung stand dem neuen Machtorgan des Staates von Anfang an feindselig gegenüber, weil sie eine noch härtere Unterdrückung fürchtete. Tausende von Menschen versammelten sich vor dem Hause von Robert Peel. Sprechchöre ertönten: „Nieder mit Peel! Zum Henker mit seiner Bauernfängerbande! Weg mit Peels blauen Teufeln!" – „Bobby" und „Peeler" wurden Schimpfworte, die im Namen Peels ihren Ursprung haben.

Im Jahre 1832 kam es erneut zu heftigen Streiks. Die Polizei offenbarte bei der Niederschlagung dieser Unruhen ihren Klassencharakter und erwies sich als würdiger Erbe jahrhundertealter Traditionen. Offiziell gab sie sich natürlich politisch neutral. Charles Rowan, ein alter Haudegen aus der Schlacht von Waterloo, und Richard Mayne, ein junger Anwalt, waren die ersten Londoner Polizeipräsidenten. Sie legten folgendes fest: „Die Polizei muß stets unparteiisch bleiben und darf beim Vollzug der Gesetze niemand wegen politischer und sozialer Gründe bevorzugen und benachteiligen."

So blieb es bis heute, und jedem Polizisten ist es verboten, zu politischen Fragen irgendeine Stellungnahme abzugeben. Er hat nur auszuführen, was angeordnet wird. Zu jeder Zeit legten die Bobbies Zeugnisse ihrer „Neutralität" ab: Unter den Schlagstöcken starben demonstrierende Arbeiter. Die Gentlemen in den Clubs dagegen erfreuten sich stets eines sicheren Schutzes.

Außer Peels Metropolitan Police gab und gibt es in London noch eine zweite Polizeitruppe, die City Police. Sie ist für den kleinen Distrikt um die Lombard Street zuständig und sichert vor allem die großen Banken. Die City-Polizisten sind die bestbezahlten Polizeileute des ganzen Inselreichs. Auf die Wahrung ihrer Kompetenzen wird streng geachtet.

Damit ist London die einzige Stadt der Welt mit zwei voneinander unabhängigen Polizeiverwaltungen. Die Gründe dafür reichen weit in die Geschichte zurück.

Als ältester Teil der Stadt ist die „City of London" wahrscheinlich schon zu Beginn unserer Zeitrechnung entstanden. Später wuchs um diesen Kern ein Kranz von Nachbargemeinden, in deren Besitz sich die Grafschaften Middlesex, Kent, Essex und Surrey teilten. Überall galten andere Gesetze.

Um 1700 setzten die Bemühungen um eine einheitliche Stadtverwaltung ein, aber erst im Jahre 1888 erhielt London den Status einer selbständigen Grafschaft. Die City wurde allerdings nicht mit eingegliedert. Sie wollte nichts von ihren alten Vorrechten einbüßen. Daß Robert Peel schon sechzig Jahre früher die Zuständigkeit der Metropolitan Police für das gesamte Stadtgebiet, die City ausgenommen, durchsetzen konnte, ist zweifellos als ein Erfolg im Ringen gegen die verschiedenen Interessengruppen zu werten.

Als Präsidium der Metropolitan Police wurde das Gebäude Whitehall Place Nr. 4 ausgewählt. Die Polizisten benutzten jedoch meistens den Hintereingang, der zum Great Scotland Yard führte. An diesem Platz stand einst der Palast, in dem vor Jahrhunderten die Könige Schottlands Quartier bezogen, wenn sie den englischen Hof besuchten. Maria Stuart ist die letzte Schottenkönigin gewesen, die zeitweise dort gewohnt hat.

Jetzt fanden die Londoner schnell einen Namen für das neue Präsidium. Sie nannten es Scotland Yard. Vom Gebäude übertrug sich der Name dann auf die Metropolitan Police selbst.

Die Zahl der verhafteten Verbrecher hatte sich von 1805 bis 1842 zwar versiebenfacht, die Wogen der Kriminalität überfluteten jedoch nach wie vor die Stadt an der Themse. Diebe und Mörder operierten von ihren Schlupfwinkeln aus geschickter denn je. Den uniformierten Polizisten konnten sie meist rechtzeitig ausweichen.

Im Jahre 1842 wurde ein Versuch unternommen, die Kriminalität mit größerem Erfolg zu bekämpfen. Zwölf Bobbies

vertauschten ihre Uniformen mit Zivilkleidern und wurden
Detektive. Der Name Scotland Yard übertrug sich auch
auf diese Kriminalabteilung der Londoner Polizei.
Er hatte jedoch keinen guten Klang. Das alte Mißtrauen
flammte bald wieder auf. Von den zivilgekleideten Detektiven befürchtete man Bespitzelungen, und das Mißtrauen
wirkte über lange Zeit fort. Noch zwei Jahrzehnte später
wurde diese Situation durch einen Kriminalfall schlag-
lichtartig erhellt.

Die Tragödie
des Jonathan Whicher

Kindesmord im Road Hill House

Das war Road vor über einhundert Jahren und ist es noch heute: ein armseliges, düsteres Nest in der südenglischen Grafschaft Wiltshire, unweit der Stadt Trowbridge. Die Einwohner verdienten damals ihren kärglichen Unterhalt entweder in der Tuchweberei oder in der kleinen Käsemanufaktur des Ortes.

Samuel Kent, Regierungsinspektor für die Webereien der Grafschaft, war ein Mann, der keinen Wert auf große Geselligkeit legte und deshalb diesen abgeschiedenen Winkel als Wohnsitz gewählt hatte. Das ihm gehörende Road Hill House konnte zweifelsohne als vornehmstes Anwesen jenes Landstrichs angesehen werden.

Man schrieb den 29. Juni 1860. Als am Morgen dieses Freitags das Kindermädchen Elizabeth Gough aus tiefem Schlaf erwachte, durchfuhr sie eisiger Schrecken: Das Bett des kleinen vierjährigen Savile Kent war leer.

Sie rüttelte den nur wenig älteren Francis wach. Er wußte von nichts, hatte gleichfalls fest geschlafen und nicht bemerkt, wann und auf welche Weise sein Bruder aus dem Bett verschwunden war. Elizabeth Gough warf sich ihren Morgenrock über und lief durch die Räume des ersten Stockwerks. Danach suchte sie im Erdgeschoß weiter. Nach wenigen Minuten gab es keinen Zweifel mehr. Das Kind befand sich nicht im Haus.

Auch die anderen Bewohner des Road Hill House hatten an diesem Morgen den kleinen Savile nicht gesehen – weder die Eltern noch die beiden Töchter Constance und Mary Ann aus der ersten Ehe des Samuel Kent noch die

Köchin Sarah Kerslake oder die Hausmagd Sarah Cox. Die Suche wurde auf den Garten ausgedehnt. Nur wenige Augenblicke vergingen, dann stand mit schrecklicher Gewißheit fest: Savile Kent war tot. Das Kind lag mit durchschnittener Kehle in der Abfallgrube hinter dem Haus. Über dem Herzen klaffte außerdem eine schlitzförmige Einstichwunde.

Superintendent Fowley, ein geltungsbedürftiger und etwas beschränkter Mann, und Konstabler Urch inspizierten den Tatort. Sie sahen ihre wichtigste Aufgabe darin, nach dem Mordwerkzeug zu suchen. Als Fowley das Kinderzimmer besichtigte, entdeckte er an der Fensterscheibe den blutigen Abdruck einer Hand, den die Bewohner zuvor in ihrer Aufregung übersehen hatten. Der Superintendent wischte den Abdruck ab, damit die Familie nicht erschreckt würde, wie er sich ausdrückte.

Sechs Konstabler suchten eine volle Woche lang weiter. Sie gruben den Garten um, aber die Mordwaffe blieb verschwunden. Dann erfuhr Fowley, daß am Tag vor dem Mord eine Zigeunergruppe durch Road gezogen war. Nunmehr hielt er es für völlig abwegig, daß irgend jemand aus dem gutbürgerlichen Haus des Samuel Kent die Tat begangen hatte. Wenn Zigeuner in der Nähe waren, konnte man für jedes Verbrechen schnell einen Schuldigen präsentieren!

Obwohl in der unmittelbaren Nachbarschaft des Road Hill House kein Zigeuner gesehen worden war, ließ Fowley nach der Gruppe fahnden. Ein Erfolg blieb aus. Der Superintendent wollte jedoch unter allen Umständen dem Magistrat einen Täter vorführen. So ließ er das Kindermädchen Elizabeth Gough verhaften. Sie mußte allerdings nach kurzer Zeit wieder auf freien Fuß gesetzt werden, da es nicht den geringsten Anhaltspunkt für ein Tatmotiv gab. Damit aber war Mr. Fowley am Ende seines Lateins.

Das englische Gesetz schreibt vor, daß bei schwierigen Fällen außerhalb Londons die Metropolitan Police hinzugezogen werden kann. Vom Innenministerium wurde Inspektor Jonathan Whicher, der bekannteste Detektiv jener

35

Zeit, nach Road entsandt. Er gehörte zu jenen zwölf Polizisten, die im Jahre 1842 die Uniform mit der Zivilkleidung vertauscht hatten und seitdem die erste Detektivabteilung von Scotland Yard bildeten.

Eine wissenschaftliche Kriminalistik gab es zu jener Zeit noch nicht, aber Inspektor Whicher konnte sich auf vier Dinge stützen, die damals gelegentlich zu Erfolgen bei den Ermittlungen führten: reiche Erfahrung, Beobachtungsgabe, gute Menschenkenntnis und logisches Kombinationsvermögen.

Am 15. Juli 1860 traf Jonathan Whicher in Road ein, begleitet von seinem Assistenten „Dolly" Williamson. „Dolly" war der Spitzname eines Mannes, der später zum Leiter der Detektivabteilung ernannt wurde. Wegen seiner ruhigen, bedächtigen Art führte er noch einen weiteren Spitznamen: „der Philosoph". Jetzt, im Jahre 1860, war er jedoch noch ein ziemlich unbedeutender Polizist.

Im unteren Flur des Road Hill House wurde Inspektor Whicher von Mr. Dunn, Samuel Kents Rechtsanwalt, empfangen. „Der Magistrat in Trowbridge teilte uns mit", sagte Dunn, „daß das Innenministerium einen Polizisten dieser eigenartigen Detektivabteilung entsandt hat, um unsere Constabulary zu unterstützen. Wir sind enttäuscht, daß Sie uns Ihre Ankunft nicht vorher angezeigt haben."

„Das ist bei uns nicht üblich", erwiderte Whicher.

Auch der Rechtsanwalt war von dem Mißtrauen gegen die Londoner Polizei im allgemeinen und gegen die zivilen Detektive im besonderen erfaßt. Die englischen Arbeiter hielten es nämlich keineswegs für einen Zufall, daß die Detektivabteilung genau in dem Jahr gegründet wurde, in dem die Bewegung der Chartisten, der ersten, 1840 entstandenen revolutionären Arbeiterpartei der Welt, einen ihrer Höhepunkte erreichte. Zu oft waren seitdem zivile Polizisten in Denunziationen und Provokationen verwickelt gewesen. Und häufig genug überschritten diese Spitzel in ihrem Eifer auch die Schranken, die die revolutionären Arbeiter von den bürgerlichen und kleinbürgerlichen Schichten trennten, drangen in die Intimsphäre der Herrschenden ein und sorgten solcherart für ein Unbehagen, das weite Kreise des englischen Volkes erfaßt hatte.

Dann fragte Rechtsanwalt Dunn den Detektiv: „Was werden Sie als nächstes unternehmen, Mr. Whicher?"

„Ich werde", entgegnete der Inspektor, „mich im Hause umsehen und mich erst einmal mit Mr. und Mrs. Kent unterhalten."

„Mr. Kent hat mich beauftragt, Ihnen alle Auskünfte zu geben. Die Bewohner des Hauses wollen Sie bitte unbehelligt lassen. Den Täter müssen Sie außerhalb suchen."

„Die Untersuchungen", stellte Jonathan Whicher mit einem ärgerlichen Unterton in der Stimme fest, „führe ich, und ich werde tun, was ich für erforderlich halte."

Der Anwalt versuchte noch einmal, den Detektiv umzustimmen. „Nehmen Sie Vernunft an, Inspektor! Wer im Road Hill House sollte Interesse gehabt haben, das unschuldige Kind zu töten?"

Er erzählte, daß Mr. und Mrs. Kent von Superintendent Fowley und seinen Konstablern schon über Gebühr belästigt worden seien, daß sich Mr. Kent ganz entschieden dagegen verwahre, Bewohner seines Hauses mit dem Mord in Verbindung zu bringen, und daß er, Whicher, alles Nähere von Fowley erfahren könne. „Suchen Sie nach den Zigeunern, Inspektor! Mr. Kent ist heute für Sie nicht zu sprechen."

Dunn machte einige Schritte zur Tür. Seine Miene ließ erkennen, daß er die Unterredung für beendet hielt.

Wortlos verließ Jonathan Wicher das Haus. Als er sich dem wartenden Williamson zuwandte, sah er zwischen den letzten Häusern von Road einen berittenen Konstabler, der gerade in die Straße nach Trowbridge einbog.

„Zigeuner ermorden keine kleinen Kinder und verstecken ihre Leichen", sagte Whicher zu seinem Begleiter. „Das aber wollte man mir eben einreden. Wir nehmen in Road einen Wagen und fahren für heute nach Trowbridge zurück."

Dies war allerdings leichter gesagt als getan. „Unser Wagen ist kaputt", antwortete die Wirtin von „Lions Inn" auf die Frage des Inspektors, „und in ganz Road werden Sie keinen anderen bekommen. Sie sind doch der Spitzel aus London, nicht wahr?"

„Woher wissen Sie . . .?" Der Inspektor konnte seine Frage nicht beenden, da die Frau, deren Gesprächigkeit über die Grenzen von Road hinaus bekannt war, schon weiterredete: „Sie machen keinen schlechten Eindruck, Mister, obwohl Sie ein Spitzel sind. Aber selbst wenn ich wollte, könnte ich Ihnen keinen Wagen geben. Konstabler Urch war hier und hat uns gewarnt. Er ist ein alter Saufaus, doch wir dürfen es mit den Konstablern nicht verderben. Jetzt ist er nach Trowbridge geritten, um auch dort Ihr Kommen anzumelden. Sie sind mir wirklich nicht unsympathisch, Mister, aber ich kann Ihnen beim besten Willen nicht helfen."

Dem Inspektor war die Schwatzhaftigkeit der Frau nicht unangenehm. Durch geschickte Bemerkungen verstand er es, der Wirtin immer wieder einen Redeschwall zu entlokken. Und dabei zeichnete sich eine erste, wenn auch schwache Spur ab.

Der Inspektor erfuhr, daß die Konstabler von Road fast allabendlich in „Lions Inn" zechten und sich dabei ihrer Taten brüsteten. Beispielsweise auch jener Tat in der vierten Nacht nach dem Mord. Ein Konstabler hatte ein blutiges Nachthemd gefunden, das im Küchenofen versteckt gewesen war. Superintendent Fowley ordnete an, das Hemd dort zu belassen. „Ich glaube", hatte er gesagt, „der Mörder wird es in der folgenden Nacht holen." Zwei Konstabler sollten sich in der Küche verbergen und den Täter fangen. Die Polizisten versteckten sich, und der Mörder kam tatsächlich – ohne allerdings von den Konstablern bemerkt zu werden. Sie hatten zuvor eifrig dem Brandy zugesprochen und schliefen ihren Rausch aus. Am nächsten Morgen verbot Fowley, weiterhin von dem Hemd zu sprechen.

Inspektor Whicher erfuhr auch, daß die Magd Sarah Cox von Mrs. Kent verdächtigt worden war, ein Nachthemd gestohlen zu haben. Als Sarah Cox immer wieder und unter Tränen beteuerte, keine Diebin zu sein, fiel der Verdacht auf die Wäscherin Esther Holley, die seit Jahren für das Road Hill House arbeitete.

Am Vormittag des nächsten Tages stand Jonathan Whicher vor einem Lebensmittelgeschäft in Road und wartete. Als eine etwa fünfzigjährige Frau den Laden verließ, trat der Inspektor auf sie zu: „Sie sind Mrs. Cox?"

Die Magd aus dem Road Hill House, die den Detektiv schon am Vortage gesehen hatte, zuckte zusammen und schaute sich ängstlich um. „Ich habe", sagte sie, „das Nachthemd nicht gestohlen. Ich bin bisher immer ehrlich gewesen."

„Das weiß ich", sagte Whicher, „und ich werde dafür sorgen, daß Sie nicht mehr verdächtigt werden."

Sarah Cox, von Fowley wegen des verschwundenen Hemdes eingeschüchtert, faßte zu Whicher Vertrauen und erzählte, wie sie in diesen Verdacht geraten war.

Am Montag nach dem Mord hatte sie wie immer alle schmutzige Wäsche in einen Sack gepackt, ohne sich die einzelnen Stücke genauer anzusehen. Dazu war sie nach dem schrecklichen Mord viel zu aufgeregt gewesen. Überall im Haus liefen außerdem Konstabler herum. Als der Sack vor der Küche stand, war sie noch schnell in das Eßzimmer gegangen.

„Warum?" wollte Whicher wissen.

„Miss Constance bat mich, ihr etwas zu trinken zu holen." Dann habe sie, Sarah Cox, den Sack auf einen Wagen geladen und ihn zu Mrs. Holley in die Wäscherei gefahren. Am Abend desselben Tages hätten zwei Konstabler bis weit in die Nacht hinein in der Küche gezecht, und am nächsten Morgen wäre Superintendent Fowley sehr wütend gewesen. „Zuerst wußten wir nicht, weshalb er tobte. Aber dann erfuhren wir, daß in der Küche ein Hemd verschwunden war. Von diesem Hemd hat zuvor niemand etwas gewußt."

Sarah Cox erzählte außerdem, Mrs. Holley hätte behauptet, ein Nachthemd, das mit auf der Wäscheliste stand, wäre nicht in dem Sack gewesen.

„Wem gehörte dieses Nachthemd?" fragte Whicher.

„Es war das Nachthemd von Miss Constance."

39

Der Inspektor verabschiedete sich und kehrte nach Trowbridge zurück. Dort sagte er zu seinem Assistenten: „Sie werden Erkundigungen über Mr. Kent und seine Familie einholen."

„Dolly" Williamson sprach mit einigen Nachbarn des Road Hill House. Er erfuhr auch den Namen eines entlassenen Dienstmädchens und suchte es auf. Bis zum Abend des nächsten Tages hatte er folgendes ermittelt: Kurz nach der Geburt der Constance Kent war im Road Hill House das Kindermädchen Marry Pratt angestellt worden. Mr. Kent war von ihrer attraktiven Erscheinung sehr beeindruckt, und es dauerte nicht lange, bis der Hausherr seine Nächte häufiger im Zimmer von Miss Pratt verbrachte als bei seiner Frau, die seit Constances Geburt kränkelte. Bald darauf starb Mrs. Kent. Ein Jahr später schloß der trauernde Witwer mit Marry Pratt die Ehe.

Der achtzehnjährige Edward überhäufte seinen Vater mit Vorwürfen, wurde daraufhin aus dem Haus gewiesen und ging nach den USA. Als Constance ihr siebentes Lebensjahr erreicht hatte, wurde sie von einem Hauslehrer unterrichtet. Die nunmehrige Mrs. Kent führte ein hartes Regiment. Schrieb Constance im Diktat auch nur ein Wort falsch, wurde sie von der Stiefmutter bestraft. Außer einer Tracht Prügel hielt Mrs. Kent den Entzug des Essens für ein geeignetes Mittel, um die Rechtschreibkenntnisse des Kindes aufzubessern. Ganz ähnlich wurde William, der nur wenig ältere Bruder des Mädchens, behandelt.

Die beiden Kinder erfuhren von der Existenz ihres Bruders Edward, der immer noch in den USA lebte, und eines Tages waren sie aus dem Road Hill House verschwunden. Sie hatten erst zehn Meilen zurückgelegt, als sie in Bath von der Constabulary aufgegriffen wurden. Ihr Traum, nach Amerika zu gelangen, war somit zerronnen. Constance mußte daraufhin eine Internatsschule in Beckington besuchen und durfte mehr als anderthalb Jahre nicht nach Hause kommen. William Kent wurde in einem Erziehungsheim untergebracht. Später erhielt Constance die Erlaubnis, ihre Ferien in Road zu verleben. Sie sah, mit welcher Fürsorge ihre inzwischen geborenen Stiefbrüder umhegt wurden, wobei die Eltern ihre Zuneigung noch mehr dem kleinen Savile als dem etwas älteren Francis schenkten. Für Constance waren die Ferientage dagegen stets freudlos. Sie galt als unvermeidbares Übel, das man mit Widerwillen in Kauf nahm.

Die derzeitigen Schulferien hatten drei Wochen vor dem Mord begonnen, und das erste, was Constance bei ihrem Eintreffen in Road erfuhr, war die Nachricht vom Tode ihres Bruders Edward in Amerika, den sie zwar persönlich nicht gekannt, aber für den sie stets eine schwärmerische Zuneigung empfunden hatte. Einige Tage war Constance allein und in sich gekehrt in der Umgebung von Road spazierengegangen. Dann hatten die Nachbarn beobachtet, daß sie fast ununterbrochen mit ihrem Stiefbruder Savile zusammen gewesen war, mit ihm spielte und herumtollte und ihm offenbar die gleiche Herzlichkeit entgegenbrachte, die er von seinen Eltern gewohnt war. Das hatte sich bis zum Abend vor dem Mord nicht geändert.

Inspektor Whicher verhandelte daraufhin mit Reverend Crowley, dem Magistratspräsidenten von Trowbridge. Dem Ersuchen des Detektivs, sich im Road Hill House etwas umzusehen, begegnete der Beamte mit schroffer Ablehnung. Erst nach stundenlangem Hin und Her gab er schließlich seine Einwilligung. Der Polizist aus London durfte in Begleitung von Superintendent Fowley den Tatort besichtigen.

Im Road Hill House war Fowley über das Gebaren des Inspektors sehr verwundert. „Wie soll", so fragte er, als Whicher jede Treppenstufe eingehend untersuchte, „dadurch ein Mord aufgeklärt werden?"

„Ist eine Spur richtig", erwiderte Whicher, „führt sie zu immer neuen Erkenntnissen. Ist sie falsch, löst sie sich bald in Nichts auf. Diese Treppe aber offenbart tatsächlich neue Erkenntnisse."

Der Detektiv setzte seine Untersuchungen fort. Er stellte fest, daß man in das Erdgeschoß gelangen konnte, ohne daß eine Stufe knarrte. Man brauchte nur die rechte Seite der Treppe zu benutzen. Dann wandte sich Whicher dem Zimmer von Constance Kent zu.

„Ich weiß nichts", antwortete das Mädchen auf die Frage des Detektivs. „Ich bin am Donnerstag um neun Uhr schlafen gegangen und habe nichts gehört."

„Sie schlafen allein in diesem Zimmer?" fragte Whicher.

„Ja."

„Waren Sie auch in der Nacht allein, als Ihr Bruder starb?"

„Ich bin jede Nacht allein."

„Darf ich Ihre Wäsche sehen?"

Der Hausherr, Samuel Kent, hatte stets auf peinlichste Ordnung geachtet. In jedem Schrank mußte ein Verzeichnis der aufbewahrten Gegenstände liegen. Whicher nahm die Wäscheliste aus Constances Schrank zur Hand.

„Wo sind Ihre drei Nachthemden?"

„Es sind nur noch zwei vorhanden. Ein Hemd ist bei der letzten Wäsche verlorengegangen."

Die sechzehnjährige Constance machte bei der Befragung einen sicheren Eindruck. Für ihr Alter erschien sie sogar sehr selbstbewußt. Gemeinsam mit Fowley fuhr der Inspektor nach Trowbridge zurück. Es war bereits dunkel, als sie in der Stadt eintrafen.

„Dolly" Williamson hatte den Tag benutzt, um in der Schule von Beckington Erkundungen anzustellen. Der Direktor berichtete ihm, daß Constance Kent eine intelligente, aber gleichzeitig etwas trotzige und leicht erregbare Schülerin wäre. Einmal hätte sie sich durch die Zurechtweisung eines Lehrers tief gekränkt gefühlt, und ihr verletzter Stolz war schnell in Haß und dann sogar in Rachsucht umgeschlagen. Am selben Tag hatte sie im Keller der Schule einen Gashahn geöffnet, um, wie sie später sagte, „den ganzen Laden in die Luft zu jagen". Der offene Hahn wurde jedoch rechtzeitig bemerkt, und man nahm von weiteren Schritten gegen Constance wegen der gesellschaftlichen Stellung ihres Vaters Abstand.

Williamson konnte auch zwei Mitschülerinnen von Constance ermitteln, die ihre Ferien in Beckington verlebten. Beide, Helen Moody und Louisa Haverhill, waren mit dem

Mädchen zwar nicht direkt befreundet, aber jedesmal nach den Ferien hatte Constance ihnen ihr Leid geklagt. Sie sei stets froh gewesen, wenn die Tage in Road vorbei waren. Über ihre Eltern, besonders über die Stiefmutter, hatte sich Constance nicht nur mißfällig, sondern geradezu haßerfüllt geäußert. Und ihren Bruder Savile, der die ungeteilte Fürsorge seiner Eltern genoß, sah sie als die Ursache allen Übels an. „Diesem Bastard", sagte sie, „wärmen sie den Stuhl an, wenn er sich zum Essen setzt. Er ist es auch, der den Zeitpunkt der meisten Mahlzeiten bestimmt. Hat er Hunger, ist es für meine Stiefmutter gerade die richtige Stunde, um die ganze Familie zu Tisch zu bitten. Mir aber schreiben sie vor, wann ich abends schlafen gehen soll. Und bekomme ich einen Brief, liest ihn erst meine Stiefmutter. Wenn ihr etwas nicht gefällt, wirft sie ihn einfach ins Feuer."

Als Williamson über seine Recherchen berichtet hatte, schwieg Whicher einen Moment. „Morgen früh", sagte er dann, „beantrage ich einen Haftbefehl. Ich verhafte Constance Kent, schuldig des vorsätzlichen Mordes an ihrem Stiefbruder Savile."

Die Festnahme von Constance Kent, Tochter des Regierungsinspektors Samuel Kent, war eine Sensation. Ein sechzehnjähriges Mädchen als Mörderin! Das war noch nie dagewesen.

Am 21. Juli 1860 schrieb die „Times": „Als Inspektor Whicher Constance Kent aus dem Haus und an seinen Wagen führte, erfaßte die wartende Menge große Erregung. Whicher hatte Mühe, mit seiner Gefangenen den Wagen zu erreichen. Constance Kent wurde in die Temperance Hall in Road gebracht, wo der Magistrat eine geheime Sitzung über die Verhaftung abhielt. Inspektor Whicher legte seine Beweise dar. Sie betrafen, soweit wir erfahren konnten, vor allem das Verschwinden eines Nachthemdes von Miss Constance nach der Mordnacht. Whicher forderte eine unbegrenzte Festsetzung von Miss Constance im Gefängnis, um weitere Beweise zu beschaffen und ein Geständnis herbeizuführen. Der Magistrat gab ihm jedoch nur sieben

Tage Frist, um endgültige Beweise herbeizubringen. Da außer Jonathan Whicher niemand daran zu glauben scheint, daß ein knapp sechzehnjähriges, zartes Mädchen den schrecklichen Mord in Road verübt haben könnte, und da kein Motiv zu erkennen ist, wird Constance Kent eine milde Sonderhaft gewährt werden. Sie selbst hat mit vor Entsetzen starrem Gesicht ihre Unschuld beteuert. Die Unruhe unter der Bevölkerung hat gestern abend sehr heftige Formen angenommen. Steine wurden gegen das Fenster des Zimmers geworfen, in dem Inspektor Whicher wohnt."

Jonathan Whicher hatte also eine Frist von sieben Tagen erhalten, um Beweise herbeizuschaffen. Er mußte erkennen, daß logische Kombinationen allein nicht ausreichen, einen Verbrecher zu überführen. So begann er zusammen mit Williamson die Suche nach dem Nachthemd. Mit zwei Rechen durchkämmten die Detektive Meter für Meter des verschlammten Ufers eines nahe gelegenen Sees. Doch alle Mühe war vergeblich. Das Hemd blieb verschwunden, und mit jedem Tag wuchs das Mißtrauen gegen die Londoner Polizisten.

„Dolly" Williamson schrieb dazu später in seinen Memoiren: „Nicht nur das Volk war gegen uns. Auch der Magistrat war gegen uns, weil wir eine Angehörige der Schicht anklagten, der die Herren vom Magistrat selbst angehörten. Und die Constabulary war gegen uns, weil sie mit Constance Kent zugleich ihre eigene Unfähigkeit angeklagt hätte, Kriminalprobleme zu lösen."

Der Haftprüfungstermin war für den 27. Juli angesetzt worden. Schon Stunden vor der Eröffnung hatte sich vor der Temperance Hall eine erregte Menschenmenge versammelt. Die Empörung gegen das Vorgehen der Detektive von Scotland Yard schlug hohe Wellen. Niemand glaubte an die Schuld von Constance Kent. Die überlieferte Anschauung, daß ein sechzehnjähriges Mädchen aus gutem Haus keine Mörderin sein konnte, war stärker als alle Verdachtsmomente. Und daß sich über diese traditionelle Meinung ausgerechnet zwei Vertreter der im ganzen Land verhaßten Londoner Polizei hinweggesetzt hatten, ließ bei den

Bewohnern von Road die Mordanklage noch unglaubwürdiger erscheinen.

Die Verhandlung vor dem Magistrat begann in spannungsgeladener Atmosphäre. Samuel Kent, der Vater der Angeklagten, hatte den besten Anwalt aus Bristol geholt. Mr. Edlin galt in der Grafschaft als wortgewaltiger und gerissener Strafverteidiger. Die Prozesse, in denen seine Mandanten schuldig gesprochen worden waren, konnte man an den Fingern einer Hand abzählen.

Das ganze Gegenteil zu Mr. Edlin stellte der Ankläger des Magistrats dar. Mr. Clark war ein kleiner, ängstlicher, schwerfälliger Mann ohne eigene Meinung, der sich seit jeher bemühte, nirgends Aufsehen zu erregen. Mit monotoner und schüchterner Stimme leierte er die Ermittlungsergebnisse von Whicher herunter. Ab und an warf er einen ängstlichen Blick auf den Magistrat, geriet dabei ins Stottern, ließ ganze Sätze seiner Rede aus und sorgte damit von vornherein für eine völlige Abwertung der Anklage.

Die Zeugen, die Whicher aufgeboten hatte, fielen der Reihe nach um. Mit dem einflußreichen Regierungsinspektor, der an die Unschuld seiner Tochter glaubte, wollte es niemand verscherzen. Aussagen gegen Constance Kent hätten sich außerdem gegen die unumstößliche Ansicht des Magistrats, daß eine Angehörige der eigenen sozialen Schicht keinen Mord begehen kann, gerichtet. Zu einer Stellungnahme gegen die örtlichen Machtorgane fand keiner der Zeugen den Mut.

Und schließlich hatte die Constabulary von Road, um ihre eigene Unfähigkeit zu vertuschen, für die entsprechende Stimmung gesorgt: Die gesamte Einwohnerschaft sah in den Londoner Detektiven nichts anderes als Spitzel und Denunzianten.

Die Wirtin von „Lions Inn", deren Äußerungen Whicher überhaupt erst auf die Spur geführt hatten, verweigerte die Aussage. Die Mitschülerin von Constance Kent, Helen Moody, die sich wenige Tage zuvor gegenüber Williamson recht aufgeschlossen gezeigt hatte, schwächte ihre Angaben ab. „Ich glaube", sagte sie, „sie hat ihren Bruder nur ab und zu aus Spaß geneckt. Ich glaube, ich habe mich überhaupt geirrt."

Superintendent Fowley schließlich bestritt, jemals ein blutiges Nachthemd gesehen zu haben. So konnte denn Mr. Edlin mit gutem Gewissen für einen Freispruch plädieren. „Die ganze Anklage gegen ein unschuldiges Mädchen ist zusammengebrochen. Der bedenkenlose Verdacht des Inspektors Whicher gründet sich einzig und allein auf ein Nachthemd, das irgendwo in der Wäscherei verschwunden ist. Die schamlose Behauptung, dieses Hemd sei im Küchenofen des Road Hill House versteckt worden, wurde von keinem Zeugen bestätigt."

Die Zuschauer quittierten diese Worte mit rasendem Beifall. Die Reaktion von Constance Kent konnte niemand beobachten. Ihre schwarze Kleidung hatte sie durch einen Schleier ergänzt, den sie während der gesamten Verhandlung nicht lüftete. Auf die Frage des Vorsitzenden antwortete sie nur kurz: „Ich bin unschuldig, Sir."

Der Vorsitzende beendete die Verhandlung. „Miss Constance Kent wird sofort aus der Haft entlassen."

Für Jonathan Whicher war diese Entscheidung die größte Enttäuschung seines Lebens. Als er mit Williamson die Temperance Hall verließ, warteten Hunderte von Menschen vor dem Gebäude. Von irgendwoher ertönte der Ruf: „Jagt die Spitzel davon!"

Die beiden Detektive konnten gerade noch ihren Wagen besteigen, bevor die Hölle losbrach. Die zuerst vereinzelt ertönten Rufe steigerten sich zum Orkan. Als der Wagen anfuhr und in die Straße nach Trowbridge einbog, ging ein Steinhagel auf das Fahrzeug nieder.

Den Zeitungen war dieser Ausgang der Verhandlung überaus willkommen. Wurde ihnen dadurch doch die seltene Gelegenheit gegeben, sich zur Stimme des Volkes zu machen, dem allgemeinen Mißtrauen und Unbehagen gegen Scotland Yard die Spalten zu öffnen und dabei Töne anzuschlagen, die sie bei politischen Übergriffen der Polizei tunlichst vermieden hatten.

Die „Daily News" kleideten am 28. Juli 1860 ihre Empörung in folgende Worte: „Das Vorgehen von Inspektor Whicher ist beispiellos. Auf der ganzen Linie wurde durch die Anklage gegen ein wohlerzogenes, unschuldiges Mädchen der ruchlose Leichtsinn dieses Mannes und damit auch der Leichtsinn der Detektivabteilung entlarvt. Es gehört eine fast pervers zu nennende Geisteshaltung dazu, um ein Kind wie Constance Kent überhaupt mit einem so gemeinen Verbrechen in Verbindung zu bringen, wie es im Road Hill House geschehen ist. Wenn London seine Polizei nicht rücksichtslos von solchen Elementen säubert und die Detektivabteilung der schärfsten Kontrolle unterwirft, wird sie mit Sicherheit das geringe Maß von Vertrauen, das man ihr in den letzten Jahren und Jahrzehnten entgegengebracht hat, wieder verlieren."

Andere Blätter schlugen in die gleiche Kerbe. Die Freiheit in England war bedroht! Aber nicht etwa durch die Tatsache, daß noch nicht einmal jeder sechzigste Inselbewohner wahlberechtigt war, oder durch die vielfältigen Machenschaften gegen die Chartisten, die von der Korrumpierung bis zum brutalen Terror reichten. Nein, die Gefahren lauerten anderswo. Der „Advertiser" hatte sie erkannt, als er schrieb: „Wir fordern, daß nie mehr leichtfertige, brutale und unfähige Männer von der Art eines Inspektors Whicher die Freiheit englischer Menschen antasten dürfen."

Und die „Times" verlangte: „Wir fordern die sofortige Entlassung Inspektor Whichers ... Mr. Whicher hat das Recht und die Freiheit skrupellos mit Füßen getreten."

Der künstlich hochgepeitschte Sturm hatte Erfolg, Jonathan Whicher wurde geopfert. Dem allgemeinen Mißtrauen gegen Scotland Yard war damit ein Ventil geöffnet worden. Der Polizeipräsident, Sir Richard Mayne, zeigte keinerlei Bedenken, als er den fähigsten Detektiv aus dem Yard verjagte, nur um seine eigene Position zu behaupten.

Am 29. Juli 1860 berichtete eine Londoner Morgenzeitung: „Inspektor Whicher fristlos aus dem Dienst der Metropolitan Police entlassen. – Angesichts der unqualifizierten Übergriffe, die Mr. Whicher sich bei der Untersuchung des

Mordfalles im Road Hill House erlaubte, verfügte Sir Richard Mayne gestern abend noch Whichers unverzügliche Entlassung aus dem Dienst. Jonathan Whicher gehörte von Anfang an der vielumstrittenen Detektivabteilung von Scotland Yard an und galt als ihr fähigster Beamter. Diese Beurteilung beruhte offensichtlich auf einem Irrtum. Die Inhaftierung eines unschuldigen Mädchens ist ein Schandfleck, der nicht nur an diesem Manne, sondern auch an der Polizeiabteilung kleben wird, die sich seiner bediente."

Die Familie Kent zog später aus dem Road Hill House fort, zuerst nach Weston super Mare, dann nach Wales. Constance besuchte eine Klosterschule in Frankreich. Dort blieb sie drei Jahre, bis sie 1863 nach England zurückkehrte, um als Krankenschwester in London zu arbeiten. Sie erregte dabei keinerlei Aufsehen, bis zu einem Tag im April 1864.

Darüber berichtete die „Times" folgendes: „Gestern, am 25. April, erschien vor Sir Thomas Henry, Magistratschef am Polizeigerichtshof in der Bow Steet in London, die zwanzigjährige Constance Emilie Kent, zur Zeit Krankenpflegerin im St. Mary Convent, begleitet von Mrs. Caroline Anne Greane sowie dem Gründer und geistlichen Betreuer des gleichen Convents, Reverend Arthur Douglas Wagner. Sie überreichte Sir Thomas Henry einen eigenhändig geschriebenen Schriftsatz folgenden Wortlauts: ‚Ich, Constance Emilie Kent, habe in der Nacht zum 29. Juni 1860, allein und ohne irgend wessen Hilfe, im Road Hill House in Wiltshire Savile Kent ermordet. Niemand wußte vor der Tat von meiner Absicht. Niemand hat mir bei der Ausübung der Tat und beim Verwischen der Spuren geholfen.' – Inspektor Williamson von Scotland Yard und Sergeant Durlin wurden herbeigeholt, um Constance Kent unverzüglich in Haft zu nehmen und, da das Verbrechen in Wiltshire verübt worden war, nach Trowbridge zu überführen. Man wird sich daran erinnern, daß im Jahre 1860 der dreieinhalbjährige Sohn von Mr. Samuel Kent im Road Hill House am frühen Morgen ermordet aufgefunden wurde."

Für den 21. Juli 1864 wurde die Schwurgerichtsverhandlung in Salisbury, der Hauptstadt der Grafschaft Wiltshire, anberaumt. Das Gericht war von der Schuld der Constance Kent immer noch nicht überzeugt, und ihr Anwalt, Mr. Coleridge, verwendete eine volle Nacht darauf, eine lange Verteidigungsrede auszuarbeiten. Doch er kam nicht dazu, sie zu halten.

Constance Kent bekannte sich schuldig, mit voller Absicht ihren Bruder getötet zu haben. „Zu meiner Verteidigung", sagte sie, „habe ich nichts hinzuzufügen."

Das Urteil lautete unter Berücksichtigung ihres Alters zum Zeitpunkt der Tat auf lebenslängliche Haft. 1885 wurde Constance Kent vorzeitig entlassen. Sie war einundvierzig Jahre alt, sah aber aus wie eine Sechzigjährige. Die nächste und wahrscheinlich letzte Station ihres Lebens hieß Kanada. Dort verlor sich ihre Spur.

Als Constance Kent den Mord gestanden hatte, wurde Inspektor Whicher nicht offiziell rehabilitiert. Er war 1860 nur Objekt in einem Spiel gewesen, und man erinnerte sich später nicht jeder Figur, die einem Schachzug zum Opfer gefallen war. Doch was nicht offiziell geschah, das erreichte ein einzelner. Noch während Constance Kent die ersten Jahre ihrer Haft verbüßte, war ein Mann dabei, für Jonathan Whicher ein literarisches Denkmal zu errichten.

Sergeant Cuff greift ein

Im Jahre 1868 veröffentlichte William Wilkie Collins seinen noch heute vielgelesenen Kriminalroman „Moonstone". Der Kindesmord von Road und die Tragödie seiner Aufklärung gaben die Idee zu diesem Buch. Sergeant Cuff, der Romanheld, hat in Erfolg und Tragik sein Vorbild in der Person des Jonathan Whicher.

Im „Mondstein" geht es allerdings nicht um einen Kindesmord. Eine Miss Rachel Verinder bekommt zu ihrem Geburtstag einen wertvollen indischen Diamanten geschenkt.

49

Sie legt ihn in ihren Schmuckkasten, und am anderen Morgen ist der „Mondstein" verschwunden. Inspektor Seegrave von der örtlichen Polizei in Frizinghall jagt seine beiden Untergebenen durch das Haus, bringt „das gesamte weibliche Personal mehr oder weniger durcheinander", bis die bestohlenen Herrschaften den Entschluß fassen, nach London zu telegrafieren, daß sie „einen gescheiteren Kopf brauchen als den von Inspektor Seegrave". Der Polizeipräsident hilft, „den richtigen Mann zu finden".

„Eine Droschke brachte ihn vom Bahnhof zum Haus der Lady Verinder", heißt es in dem Roman. „Dem Wagen entstieg ein ergrauter, schon älterer Herr, so erbärmlich dürr, daß man glauben konnte, er hätte keine Unze Fleisch auf den Rippen. Sein Gesicht war messerscharf geschnitten, die Haut gelb und trocken wie ein welkes Herbstblatt. Die langen, schlanken Finger krümmten sich wie Krallen. Wenn er einen mit seinen stahlharten hellgrauen Augen anblickte, hatte man den Eindruck, er erwarte mehr von einem zu hören, als einem selber bewußt wurde. Man hätte einen Pfarrer in ihm vermutet oder einen Leichenbestatter ... oder alles andere, nur nicht das, was er wirklich war."

So stellte Collins den „großen Cuff" vor, zwar nur im Range eines Sergeanten, doch schon legendenumwoben. „Wenn nur die Hälfte von den Geschichten stimmt, gibt es keinen zweiten Menschen in England, der die schwierigsten Probleme so meisterhaft löst wie er."

Damit schuf William W. Collins einen Typ, der immer wieder in der englischen Kriminalliteratur auftaucht. Noch Edgar Wallace benutzte dieses Klischee. Ein Held seiner Romankonstruktionen, Elk, trägt unverkennbar einige Züge des „großen Cuff". Auch er hat es auf Grund widriger Umstände nicht weitergebracht als zum Sergeanten, der Habitus von Elk ist ähnlich wie bei Cuff. „Auf der ganzen Welt gab es keinen Detektiv, der weniger nach einem Polizeioffizier aussah als Elk. Er war groß und hager, und eine etwas krumme Haltung verstärkte noch den Eindruck seiner Kümmerlichkeit. Seine Kleider schienen schlecht zu passen und hingen mehr an ihm herunter, als daß sie ihn kleideten ... Elks leichenfarbiges Gesicht trug unentwegt den Ausdruck tiefster Düsterheit."

Der hinter dieser Maske verborgene hellwache Verstand, die solcherart getarnte Fähigkeit, in den verworrensten Situationen stets die richtige Spur aufzunehmen, war eine wesentliche Grundlage der Erfolge jener Romandetektive. Die Gesetzesbrecher wurden durch unscheinbare, äußerlich beschränkt wirkende Kriminalisten überlistet. Dieses auf der Oberfläche ablaufende Spiel befriedigte den Bedarf nach Spannung, eine Ausleuchtung sozialer Hintergründe blieb jedoch aus.

Als Sergeant Richard Cuff im Hause Verinder eintrifft, findet er ähnliche Umstände vor wie Jonathan Whicher im Road Hill House. Ein Nachthemd ist verschwunden, nicht mit Blut, aber mit Farbe beschmiert. „Dieses Kleidungsstück", sagt Cuff, „muß gefunden werden, vorher kommen wir nicht weiter. Wenn wir das beschmutzte Kleidungsstück haben, finden wir vielleicht auch den Diamanten."

Cuff hat eine große Auswahl von Verdächtigen. Eine durch den Ort ziehende indische Gauklertruppe – keine Zigeuner – kann ihre Unschuld beweisen. Miss Rachel Verinder verweigert jede Aussage. Dann hat Cuff das Hausmädchen Rosanna in Verdacht. Im Donner der Brandung am Schauerstrand begeht sie Selbstmord. Die Spur war falsch, Cuff hat sich blamiert. Er fällt bei Lady Verinder in Ungnade.

Der Sergeant wird entlassen und verschwindet vom Schauplatz. Seine Pensionierung ist beschlossene Sache. Richard Cuff reitet sein Steckenpferd, er züchtet Rosen. Im letzten Kapitel des Romans taucht er wieder auf, gleichzeitig erscheint der zu jener Zeit landläufig gewordene Name der Londoner Kriminalpolizei: „Sergeant der Geheimpolizei Scotland Yard, London, a. D."

Ein opiumsüchtiger Arzt hat inzwischen den Verlobten von Rachel Verinder überführt, den Mondstein im schlafenden Zustand an sich genommen zu haben. Cuff hat zwar den Fall nicht gelöst, aber seit seinem zweiten Auftreten ist

51

sein Glanz stärker als bei der ersten mißlungenen Aktion. Und dieser Ruhm färbte ab; die Gloriole von Scotland Yard erstrahlt seitdem bedeutend heller als zuvor.

Dorothy Leigh Sayers, „Englands Königin des modernen Detektivromanes", hat Collins „Mondstein" einmal den ersten und zugleich besten aller englischen Detektivromane genannt. Zweifelsohne war Collins ein großer Könner in der Konstruktion komplizierter und geheimnisvoller Zusammenhänge und verblüffender Lösungen. Über die Vergabe der Auszeichnung „bester englischer Detektivroman" werden die Leser jedoch geteilter Meinung sein. Denn es kann nicht geleugnet werden, daß Collins den Mordfall im Road Hill House gerade in seinen kritischen Aussagen wesentlich entschärft hat. Der Mißerfolg Inspektor Whichers hatte seine eigentliche Ursache in dem allgemeinen Argwohn gegen Scotland Yard. Bei Collins ist davon nichts übriggeblieben als die „Entpflichtung von Sergeant Cuff", dem „Ehrenhaftigkeit und Klugheit" bescheinigt werden und den nur „die besonderen Umstände des Falles tragisch in die Irre geführt haben". Scotland Yard ist dabei ein untadeliger Polizeiapparat, und Collins „Mondstein" steht mit am Anfang der literarischen Ruhmesgalerie, aus der der Mythos der Londoner Kriminalpolizei hervorgegangen ist.

Inspektor Buckett reibt sich die Nase

Der „Mondstein" ist allerdings nicht der erste englische Detektivroman. Schon achtzehn Jahre vor seinem Erscheinen stand ein Inspektor von Scotland Yard im Mittelpunkt einer anderen Kriminalgeschichte. „Ich bin Buckett von den Detektiven. I am a detective officer", so stellt er sich vor. „Er ist ein kurzer, kräftig gebauter, solide aussehender, schwarz gekleideter Mann mit lebendigen Augen und von mittleren Jahren." Er hält Beratungen mit seinem „fetten Zeigefinger", und wenn er seine Nase damit reibt, wird die Witterung schärfer. Inspektor Buckett erscheint lautlos, einmal sitzt er auf dem Dach und schaut in ein Fenster, ein anderes Mal ist er als alter Arzt verkleidet.

Dann fällt ein Schuß. Mr. Tulkinghorn, der reiche Anwalt, ist durchs Herz getroffen. Er liegt eine ganze Nacht mit dem Gesicht auf dem Fußboden. Inspektor Buckett erscheint. „Es ist ein schöner Fall." Zuerst verhaftet er den Falschen. Doch Buckett ist schlau. Bald klimpert er mit den Pennies in der Tasche, wenn er der Mörderin von Mr. Tulkinghorn begegnet. Seit Tagen weiß er, daß Mademoiselle Hortense den tödlichen Schuß abgefeuert hat. Die Belohnung von 100 Pfund ist ihm sicher, er freut sich darauf und trägt nur noch die letzten Beweise zusammen.

Charles Dickens schuf mit dem Inspektor Buckett den ersten englischen Romandetektiv. Die Kriminalgeschichte „Bleak House" erschien im Jahre 1850. In die Darstellung des ungeheuer verwickelten Erbschaftsprozesses der Familie Jarndyce ist ein Mordfall eingewoben. Inspektor Buckett klärt ihn mit unwiderstehlicher Sicherheit und liefert damit das Vorbild für zahlreiche spätere Scotland-Yard-Romane.

Charles Dickens hat die Gestalt des Buckett allerdings nicht erfunden. Es gab ein lebendes Vorbild: seinen Freund Inspektor Field von der Detektivabteilung des Yard. Zu dieser Abteilung hatte Dickens gute Beziehungen. Kurz nach Erscheinen von „Bleak House" besuchten die Detektive des Yard den Autor zu einer Teestunde in der Redaktion der von ihm herausgegebenen Zeitschrift „Household Words". Dickens berichtet darüber in einer Artikelserie. In der Einleitung wendet er sich gegen das Mißtrauen, das den Detektiven allenthalben entgegengebracht wird: „Sie sehen alle durchaus anständig aus, sie zeigen gutes Benehmen und ungewöhnliche Klugheit, sie beweisen scharfe Beobachtungsgabe und rasche Auffassung, wenn man sie anredet; alle besitzen sie gute Augen, und sie können alle, und tun's auch, jedem, mit dem sie sprechen, voll ins Gesicht sehen."

Nach dieser Vorstellung der Herren mit den guten Manieren und dem ehrlichen Blick schildert Dickens, was sie lei-

sten können: „Manchmal müssen die Detektive Raubüberfälle untersuchen, die so ausgeführt zu sein scheinen, daß
der normale Beobachter daran zweifeln muß, ob menschlicher Geist den Verbrecher zu finden vermag. Denn er hat
keinerlei Spuren hinterlassen, und alle Anhaltspunkte
lösen sich in Nichts auf. Der Detektiv aber wird durch
seine Erfahrung auf Fährten geleitet, die anderen Augen
völlig unsichtbar sind."

Dickens bleibt nicht abstrakt. Er erzählt weiter, wie ein
Hoteldieb überführt wurde. Der damit beauftragte Detektiv, der sich durch „eine gewisse reservierte, grüblerische
Art, als ob er mit tiefen arithmetischen Berechnungen beschäftigt sei", auszeichnete, hatte nur einen Anhaltspunkt
– einen Hemdknopf. Der Knopf genügte, um den Fall zu
lösen. Dieser Detektiv hieß Jonathan Whicher.

Charles Dickens schrieb noch zahlreiche Artikel über die
Londoner Polizei. Er popularisierte den Begriff Detektiv.
Den Ursachen des Mißtrauens gegen Scotland Yard ist je-
doch auch er nicht nachgegangen.

Im Kindesmordfall vom Road Hill House war, wie wir gesehen haben, dieses Mißtrauen nicht gerechtfertigt. Doch
nur drei Jahre danach zeigten zwei andere Fälle, daß das
englische Volk durchaus gute Gründe besaß, argwöhnisch
gegen Polizei und Justiz zu sein. Im ersten Fall rettete die
Manipulation mit ärztlichen Gutachten einem Mörder aus
bürgerlichen Kreisen das Leben. Seine Angehörigen und
Freunde demonstrierten dabei, daß man für Geld alles kaufen konnte, die Willfährigkeit von Gutachtern und sogar
das Wohlwollen eines Ministers.

Obwohl das Geschehen nicht in den Zuständigkeitsbereich
von Scotland Yard fiel, war es dennoch in gleicher Weise
Ursache für Unruhen und Proteste der Londoner Bevölke-
rung wie der zweite Fall, in dem ein Arbeiter durch die
Leichtfertigkeit des Yard einem Justizverbrechen zum
Opfer fiel.

Beide Ereignisse bestätigten in eklatanter Weise die Feststellung, die Friedrich Engels achtzehn Jahre vorher in seinem Werk über die „Lage der arbeitenden Klasse in Eng-

land" getroffen hatte: „Wird ein Reicher vorgeführt, so bedauert der Richter, daß er ihm soviel Mühe machen muß, wendet die Sache, soviel er irgend kann, zu seinen Gunsten, und wenn er ihn verurteilen muß, so tut es ihm wieder unendlich leid . . . Der Bourgeois kann tun, was er will, gegen ihn ist der Polizeidiener immer höflich und hält sich streng ans Gesetz; aber der Proletarier wird grob und brutal behandelt, seine Armut wirft schon den Verdacht aller möglichen Verbrechen auf ihn und verschließt ihm zugleich das Rechtsmittel gegen alle Willkürlichkeiten der Gewalthaber; für ihn existieren deshalb die schützenden Formen des Gesetzes nicht . . ."

Die Lüge von Old Bailey

Mord in Wigwellhall

George Victor Townley war der älteste Sohn eines angesehenen Kaufmanns in Hemdhamvale bei Manchester.
Seine Freunde schilderten ihn als „einen Mann von guter
Erziehung, sanftem Charakter und angenehmen Manieren,
der in der Schule mit Leichtigkeit fremde Sprachen erlernte
und sich durch eine bedeutende musikalische Begabung
auszeichnete". George Townley besaß somit alle Voraussetzungen, um sich von seinem Vater in die Geheimnisse
und Raffinessen des merkantilen Gelderwerbs einführen
zu lassen und auf diese Weise ein mit manierlichem Benehmen und Kunstverständnis ausgerüsteter und gerade deshalb vielleicht besonders erfolgreicher Kaufmann zu werden. Andererseits hätten die Kreise seiner Gesellschaft sicherlich auch volles Verständnis gezeigt, wenn er sich ganz
seinen musikalischen Ambitionen hingegeben und als Kon-
zertvirtuose Karriere gemacht hätte. Doch George zeigte
weder Lust zu der einen noch Ausdauer zu der anderen Tätigkeit. Er lebte in den Tag hinein und hatte noch nicht
einen Penny durch eigene Arbeit verdient.
Seinem Vater bereitete der Müßiggang des Sohnes zwar allerhand Kummer, dennoch waren seine monatlichen Zu-
wendungen an ihn so berechnet, daß George unbesorgt seinen Vergnügungen nachgehen konnte. Der junge Townley
verfügte stets über ausreichende Barschaften und brauchte
sich über seine Zukunft keine Gedanken zu machen.
George war 1863 fünfundzwanzig Jahre alt. Vor vier Jahren hatte er in Manchester die ebenso hübsche wie intelligente Elizabeth Goodwin kennengelernt, sich in sie ver-

liebt und, da seine Werbungen nicht auf taube Ohren
stießen, sich mit dem damals neunzehnjährigen Mädchen
verlobt.

Elizabeth lebte im Hause ihres Großvaters, des geachteten
Kapitäns Goodwin, der schon das achte Lebensjahrzehnt
überschritten hatte und nunmehr in Wigwellhall in der
Grafschaft Derbyshire vor Anker gegangen war.

Die Freunde und Verwandten von Elizabeth hatten vor
dem Verlöbnis mit George gewarnt, doch die junge Dame
war bis über beide Ohren verliebt. Außerdem, so hoffte sie,
würde ihr Einfluß ausreichen, um das Leben ihres Verlobten in die geordneten Bahnen eines bürgerlichen Daseins
zu lenken.

Diese Hoffnung währte über vier Jahre, und George versprach ihr in seinen Briefen, die nichts an Liebesbeteue-
rungen und Zärtlichkeiten vermissen ließen, immer von
neuem, daß er bald einer geregelten Tätigkeit nachgehen
werde.

Am 12. August 1863, einem Mittwoch, erhielt George wieder einen Brief seiner Verlobten. Sie habe in Wigwellhall
einen Pfarrer kennengelernt, „den liebenswürdigsten
Mann, den ich je gesehen; der Großvater meint, dieser
Geistliche wäre eine passende Partie für mich, aber das
geht ja nicht ..."

George nahm diesen Brief nicht sonderlich tragisch. Er sah
darin nicht mehr als einen der üblichen Versuche, ihn von
seiner Lebensweise abzubringen und womöglich zu irgendeiner Arbeit zu verleiten.

Wenige Tage später, am Sonnabend, war die Lage schon
ernster. George bekam einen zweiten Brief. Elizabeth
schrieb, ihr Großvater sei ungehalten, daß seinem Plan mit
dem Pfarrer das Verlöbnis im Wege stehe, und er, George,
solle sie doch von ihrem Versprechen entbinden. Sie wolle
zwar jetzt noch nicht heiraten, möchte aber trotzdem frei
sein.

George war zunächst sehr aufgeregt. Die ganze Nacht saß
er grübelnd in seinem Zimmer, und am Sonntagmorgen
schrieb er einen kurzen Brief: „Meine teuerste Bessie! Ich

57

bin furchtbar niedergeschlagen, werde aber Deinen Wünschen nicht im Wege stehen. Nur will ich noch aus Deinem Munde vernehmen, was Du beschlossen hast. Ich selbst habe kürzlich einen Auftrag erhalten, England zu verlassen, will Dich aber vorher zum letzten Male sehen. Du mögest bestimmen, wo das sein darf. – Dein Dich stets liebender George."

Nur Stunden später schrieb Townley ein zweites Mal und äußerte den Wunsch, das Treffen solle am Donnerstag, dem 20. August, abends oder am Freitagmorgen stattfinden. „Nach dieser Zusammenkunft", schloß er, „wird es beiden besser zumute sein."

Bessie antwortete, sie würde in wenigen Tagen Wigwellhall verlassen und wisse nicht, wann sie zurückkäme. Sie wolle ihn nicht mehr sehen, und es sei besser, sich brieflich Lebewohl zu sagen. Das habe sie hiermit getan, und er, George, solle ihr nicht mehr schreiben.

Doch George hatte seinen Entschluß schon gefaßt. Dieser Brief bestärkte ihn nur in seinem Vorhaben. Am Donnerstag setzte er sich in den Zug nach Derby, übernachtete dort, um am nächsten Morgen nach Whatstandwell, der letzten Station vor Wigwellhall, weiterzureisen. Als er den Zug verlassen hatte, ging er zunächst in ein Wirtshaus. Hier trank er einige Gläser Brandy und machte sich dann auf den Weg nach Wirksworth, wo er den dortigen Pfarrherrn besuchte, den er von früheren Aufenthalten her kannte. Sein Bemühen, den Namen des Geistlichen zu erfahren, der „die passende Partie für Bessie" war, blieb jedoch erfolglos. So verabschiedete sich George „ganz ruhig und gefaßt", wie der Pfarrer später berichtete, um die letzten anderthalb Meilen nach Wigwellhall zurückzulegen.

Gegen sechs Uhr abends traf er vor dem Hause von Kapitän Goodwin ein. Die Dienerin führte George zunächst in das Besuchszimmer. Bald darauf erschien Elizabeth, und die Verlobten gingen in den Garten. Hier saßen sie über eine Stunde auf einer Bank und unterhielten sich. Das Gespräch verlief ruhig, manchmal sogar flüsternd. Durch die offenen Fenster des nahen Hauses konnten von den dort tätigen Bediensteten jedenfalls keine Einzelheiten vernommen werden. Ein Dienstmädchen, dem die Krise im Verlöbnis des Paares nicht verborgen geblieben war, gelangte zu der Überzeugung, daß Bessie wieder im besten Einvernehmen mit George stehe. Sie beobachtete, wie die beiden gegen neunzehn Uhr den Garten verließen, ihre Schritte zur nahen Landstraße lenkten und dann in einen engen Heckenweg einbogen. Kurz vor einundzwanzig Uhr sah ein Arbeiter die Verlobten in angeregter und durchaus nicht unfreundlicher Unterhaltung zwischen den Hecken hin und her spazieren. Townley grüßte bei der Begegnung höflich und mit einer leichten Verbeugung, die für ihn typisch war.

Als sich der Arbeiter etwa zweihundert Meter von dem Paar entfernt hatte, wurde die hereinbrechende Dunkelheit von einem gellenden Schrei zerrissen. Der Mann wandte sich um und wollte zurücklaufen. Doch plötzlich hatte er das Gefühl, daß ihm das Blut in den Adern gerinnen müsse. Gräßlicher noch als Sekunden zuvor ertönte ein zweiter Schrei. Jetzt rannte der Arbeiter los, und Augenblicke später sah er, was geschehen war. Elizabeth Goodwin klammerte sich mühsam an eine Hecke. An ihrem Hals klaffte eine furchtbare Wunde, aus der das Blut in rhythmischen Stößen hervorschoß. Der Mann riß sich das Hemd vom Leib, zerfetzte es in mehrere Streifen und versuchte, die Blutung notdürftig zu stillen. Erst als er Elizabeth auf seine Arme genommen hatte, erblickte er den Begleiter des Mädchens. Der Gentleman stand unbeweglich etwa fünf Meter von der Unglücksstelle entfernt und betrachtete teilnahmslos, beinahe gelangweilt das Geschehen. Dann setzte er sich mit ruhigen Schritten in Bewegung. „Ich habe", sagte er, „Bessie ermordet, und ich werde dafür gehenkt werden."

Der Arbeiter erwiderte nichts. Er sah, daß die Fetzen seines Hemds inzwischen durchgeblutet waren, und fühlte, wie ihm das Blut des Mädchens über die Arme lief. Vorsichtig trug er die Schwerverletzte in die Richtung, in der er das Haus von Kapitän Goodwin wußte. George Townley folgte in geringem Abstand, ohne sich um das schwächer werdende Stöhnen seines Opfers zu kümmern. Elizabeth Goodwin starb, bevor die drei das Haus erreichten.

Der Großvater der Ermordeten war trotz seines Alters noch ein Mann der Tat. Er befahl dem Butler, zur Constabulary Station zu laufen. Wenig später traf ein Sergeant der Grafschaftspolizei von Derbyshire im Haus des Kapitäns ein. Townley, der bis dahin ungerührt vor der Tür gestanden hatte, trat auf den Polizisten zu. „Sie hat mich betrogen", sagte er, „und das Weib, das mich betrügt, muß sterben. Ich wünsche, mich als den Mörder der jungen Lady verhaften zu lassen." Und nach einer Weile fügte er hinzu: „Ich bin jetzt viel glücklicher, seit ich es ausgeführt habe, und ich bin überzeugt, auch sie ist es." Dann reichte er dem Polizisten ein blutiges Klappmesser und ließ sich widerspruchslos abführen.

Die Untersuchung der Leiche ergab drei Wunden an der rechten Halsseite. Ein Stich von hinten unter dem Ohr und ein zweiter, etwas weiter vorn, waren relativ unbedeutend. Der dritte Einstich lag unter dem rechten Oberkiefer. Von dort hatte der Mörder das Messer nach vorn gerissen und dabei den Hals in mehr als sechs Zentimeter Breite bis über das Kinn hinaus aufgeschlitzt. Die äußere Halsschlagader war durchschnitten.

Der Sachverhalt trat klar und eindeutig zutage. Der Mörder hatte das Verbrechen sofort eingestanden. Sein Motiv waren verletzte Eitelkeit und Eifersucht. Die Tat beging Townley im vollen Bewußtsein ihrer Strafwürdigkeit. „Ich werde dafür gehenkt werden", hatte er unmittelbar nach dem Mord gesagt.

Townleys Vater bot für den bevorstehenden Prozeß drei Verteidiger auf. Nach Lage der Dinge konnte nur der Nachweis geistiger Unzurechnungsfähigkeit ihren Mandanten vor dem Galgen bewahren. Sie beantragten deshalb eine ärztliche Untersuchung. In ihrem Gutachten stellten die beiden beauftragten Ärzte fest, daß Townley geistig völlig normal war.

Vier Monate nach der Mordtat begann der Prozeß. Er

wurde völlig korrekt geführt. Eine mögliche geistige Verwirrung des Angeklagten zum Zeitpunkt der Tat stand nicht zur Debatte. Unter dem Eindruck des Belastungsmaterials plädierte der Ankläger für ein „Schuldig des Mordes". Die Tatsache jedoch, daß der junge Townley derselben sozialen Schicht angehörte wie er selbst, bereitete ihm sichtliches Unbehagen. So verfiel er auf die Idee, der Verteidigung diskrete Hinweise zu geben, wie sie doch noch den Kopf ihres Klienten retten konnte.

„Die Verteidigung wird", so agierte der Ankläger, „wahrscheinlich die Unzurechnungsfähigkeit des Angeklagten behaupten und auf ‚nicht schuldig' plädieren. Um aber mit dieser Behauptung aufzukommen, müßte bewiesen werden, entweder daß der Angeklagte in einem Zustand des Wahnsinns gehandelt hat, in welchem er die Natur und Beschaffenheit seiner Handlungsweise nicht kannte, oder daß er, wenn er die Natur seiner Tat kannte, nicht gewußt hat, daß er rechtswidrig handelte."

Die Verteidiger verstanden diesen Wink mit dem Zaunpfahl und griffen die Anregung des Anklägers sofort auf. Der arme George habe schon Wochen vor dem „Unglücksfall" in dem Wahn gelebt, ständigen Verfolgungen ausgesetzt zu sein. Seine Verlobte hätte er als sein uneingeschränktes Eigentum betrachtet, über das er verfügen könne wie beispielsweise über ein Stück Vieh. Er, George, habe sich nicht selbst in die Welt gesetzt und könne denken und handeln, wie es ihm beliebt. Auf niemanden brauche er Rücksicht zu nehmen. Er sei ein freier Mann, und wenn ihm jemand etwas stiehlt, sei es ein Gemälde oder die Verlobte, dann könne er den Dieb töten. Die Briefe hätten ihn völlig durcheinandergebracht, ihm eine „allgemeine moralische Zerrüttung" beschert, und dabei habe er seine Verlobte mit einem Dieb verwechselt. Er tötete sie, um sie zurückzugewinnen. Und wenn jemand gestohlenes Eigentum zurückhaben wolle, sei das nicht strafbar. So jedenfalls würde George Townley die Dinge sehen.

Der Ankläger hatte den kleinen Finger gereicht, die Verteidiger nahmen gleich die ganze Hand. Jede ihrer Behauptungen stand im Widerspruch zu den völlig normalen Aussagen des Mörders, zu den Briefen, die dem Gericht vorlagen, und zu seinen Äußerungen unmittelbar vor und nach der Tat.

Die Verteidiger konnten sich mit ihrer Version nicht durchsetzen. Den Geschworenen erschienen die Widersprüche zu offensichtlich, sie hielten sich an die Tatsachen und hatten schon nach fünf Minuten ihre Entscheidung gefällt: „Schuldig!" Der Richter setzte die schwarze Kappe auf und verkündete das Todesurteil. Das geschah am 12. Dezember 1863.

Unfall nach Mitternacht

Am selben Tag, einem Sonnabend, ereignete sich in London und damit im Zuständigkeitsbereich von Scotland Yard folgendes: Der Maurer Samuel Wright, dreißig Jahre alt, lebte zusammen mit der etwas älteren Anna Green in einer kleinen Wohnung im Südlondoner Stadtteil Southwark. Beide galten infolge ihrer geregelten Lebensweise als Ehepaar, obwohl sie nicht verheiratet waren. Auf den Baustellen war Wright als fleißiger, zuverlässiger und ordentlicher Arbeiter geachtet.

An jenem Sonnabend beschlossen Samuel und Anna, eine Gaststätte aufzusuchen. Aus unbedeutendem Anlaß kam es dort zwischen beiden zu einer kleinen Streiterei, die schnell wieder beigelegt wurde, aber deutlich das völlig unterschiedliche Temperament des Paares offenbarte.

Samuel Wright war, wie die Redensart sagt, die Ruhe selbst, kaum zu erregen, überaus gutmütig. Anna Green hingegen besaß mehr Feuer. Schon bei kleinen Ärgernissen lief ihr die Galle über. Dabei setzte sie ihre Meinung nicht selten mit temperamentvollen Handgreiflichkeiten durch. So auch an diesem Abend. Samuel Wrights Wangen mußten zweimal flüchtige Bekanntschaft mit dem rechten Handteller von Anna Green machen. Nach Mitternacht kehrten beide in ihre Wohnung zurück, keinesfalls betrunken, aber durch Sherry und Porter in gehobene Stimmung versetzt. Und wiederum kam es zu einer Auseinandersetzung.

Anna Green hatte plötzlich ein Messer in der Hand. Welche Absicht auch damit verbunden war, Samuel Wright jedenfalls fühlte sich bedroht. Es kam zu einem Handgemenge. Der Mann konnte das Messer an sich bringen. Und dabei geschah es. Er rutschte aus, die Klinge bohrte sich zentimetertief in den Hals der Frau. Wright wurde von einer Blutfontäne getroffen. Mit schreckgeweiteten Augen sah er, wie die Wände des kleinen Zimmers schnell über und über mit Blut bespritzt waren.

Durch das laute Schreien und Stöhnen der Verletzten aus dem Schlaf gerissen, kam eine Wohnungsnachbarin, um sich nach der Ursache der schrecklichen Geräusche zu erkundigen. Wright war völlig verstört und konnte nichts erklären. „Samuel", flüsterte Anna Green mit letzter Kraft, „ich wollte dir nichts tun."

Die Nachbarin lief aus dem Haus. Als sie mit einem Arzt zurückkehrte, war es schon zu spät. Anna Green lebte nicht mehr. Ein durch den Lärm ebenfalls angelockter Konstabler von Scotland Yard führte Samuel Wright ab.

Schon drei Tage später stand Wright vor den Schranken von Old Bailey, angeklagt, Anna Green „mit Vorbedacht und aus bösem Vorsatz ermordet zu haben".

Zuvor war er auf der Polizeidivision und vom Magistrat des Southwark District vernommen worden. „Ich hab's getan, und es ist aus", mehr hatte er nicht sagen können. Noch immer wirkte der Schock, der dem tragischen Unglück unmittelbar gefolgt war.

Scotland Yard hatte sich eingehendere Untersuchungen erspart. Er verhörte keine Zeugen und unternahm nichts, um das Geschehen in der Wohnung zu rekonstruieren. Dabei hätte schon die Befragung der Nachbarin, die dem letzten Akt des Dramas beigewohnt und die entschuldigenden Worte der Anna Green gehört hatte, Aufschluß über den wahren Sachverhalt gegeben.

Wright war Arbeiter. Er stand zum ersten Mal vor den

Schranken des Gerichts. Stockend und schwerfällig berichtete er den Tathergang. Der juristische Jargon war ihm nicht geläufig. Als ihn der Richter fragte, ob er sich des Mordes schuldig bekenne, antwortete Wright: „Ja, Mylord, ich bin schuldig."

Der Tod von Anna Green war die tragische Folge eines Unglücks gewesen, allerhöchstens noch Notwehr, keinesfalls aber Mord. Diese Unterschiede jedoch, die Leben oder Tod eines Angeklagten bedeuteten, kannte Wright nicht.

Im Prozeß gegen George Townley boten drei Verteidiger alle juristischen Kniffe auf, um einen Schuldspruch zu verhindern. Sie hatten zwar zunächst keinen Erfolg, aber für die künftige Entwicklung konnten dadurch gewisse Weichen gestellt werden.

Wright dagegen hatte nicht einmal das Geld für einen Verteidiger. Nach der oberflächlichen Untersuchung durch Scotland Yard war er von Anfang an den Mühlrädern einer grausamen Justiz erbarmungslos ausgeliefert. Diese Räder drehten sich schnell. Der Prozeß war kurz. Das Urteil lautete auf Tod durch Erhängen wegen vorsätzlichen Mordes!

Das Ränkespiel des Mr. Grey

Nach englischem Recht muß die Vollstreckung eines Todesurteils vom Innenminister bestätigt werden. Dieser kann aber auch der Königin die Begnadigung des Verurteilten vorschlagen. Sir Edward Grey, zu jener Zeit Minister im Home Office, hatte über die beiden Todesurteile gegen Townley und Wright zu befinden. Im Falle Townley setzte er eine „Sachverständigenkommission" ein. Der Verurteilte wurde erneut auf seinen Geisteszustand untersucht. Nun gab es aber auch in England Richter, die sich in ihrem Urteilsspruch nicht von der sozialen Stellung des Angeklagten beeinflussen ließen. Etwa vierzig Friedensrichter aus der Grafschaft Derbyshire waren der Meinung, daß ein

Mörder auch dann ein Mörder bleibt, wenn er aus der Klasse kommt, der sie selbst angehören. Es gelang ihnen, in der „Times" eine Erklärung drucken zu lassen.

„Townleys Geisteszustand ist vollständig und *öffentlich* untersucht worden. Der Verurteilte ist Mörder mit Vorbedacht und mit dem Bewußtsein der Gesetzesverletzung. Nie hat früher seine Familie ihn für geisteskrank gehalten. Jetzt wird eine *geheime* neue Untersuchung seines Geisteszustandes vorgenommen. Dabei werden keine Zeugen beeidigt, und kein Kreuzverhör wird mit denselben angestellt. Über dieses einseitige Verfahren herrscht bei uns große Unzufriedenheit und die beklagenswerte Meinung, es gäbe in England ein Gesetz für den Reichen und ein anderes für den Armen, die Macht des Geldes vermöge den Lauf des Gesetzes zu hemmen und Townley wäre, wenn er und seine Freunde arm gewesen wären, hingerichtet worden. Auf diese Weise wird die Achtung vor der Justiz tödlich untergraben."

Erstaunlicherweise fiel das vom Innenminister angeforderte Gutachten für Townley ebenfalls negativ aus. Der Verurteilte sei geistig völlig normal, er habe nur einige extravagante Ansichten und sonderbare Moralbegriffe. Der Strafwürdigkeit seiner Tat sei er sich jedoch voll bewußt gewesen.

Der Innenminister war verärgert, doch er handelte schnell. Den vierzig Friedensrichtern antwortete er: „Mir ist soeben noch ein anderes, neues Separatgutachten dreier Ärzte und zweier Friedensrichter aus der Grafschaft Derbyshire übergeben worden, in dem festgestellt wird, daß Townley *gegenwärtig* geisteskrank ist. Ein Parlamentsakt aus dem Jahre achtzehnhundertvierzig bestimmt bekanntlich, daß, wenn immer ein zur Deportation, zum Gefängnis oder zum Tode Verurteilter von zwei Ärzten und zwei Friedensrichtern innerhalb des Bezirkes, da er gefangen, für geisteskrank erklärt werde, ein solcher vom Minister des Inneren in eine Irrenanstalt zu versetzen sei. Mir bleibt somit nichts anderes übrig, als den Delinquenten Townley in eine Irrenanstalt bringen zu lassen."

Dieser von Sir Edward Grey strapazierte Parlamentsakt ermöglichte es, einen Verbrecher vor der Hinrichtung zu bewahren. Daß ein mit entsprechenden Geldmitteln ausgestatteter Verurteilter oder dessen Freunde stets zwei Ärzte finden, die ihrerseits zwei Friedensrichter bestimmen konnten, um gemeinsam den Delinquenten für geisteskrank zu erklären, stand außer Zweifel. Dieser Akt war also nichts anderes als eine Schutzklausel für die Reichen. Townleys Freunde benutzten dieses Gesetz und schützten den Mörder vor dem Galgen.

Und der Arbeiter Wright? Sir Edward Grey erklärte zur gleichen Zeit: „Im Hinblick auf die bisherige Praxis kann ich mich nicht entschließen, bei Ihrer Majestät die Begnadigung des Samuel Wright zu beantragen. Das Todesurteil wird bestätigt. Die Hinrichtung soll am Dienstag, dem zwölften Januar achtzehnhundertvierundsechzig, öffentlich erfolgen."

Ein Sturm der Entrüstung brach los. Die Umstände der Tat von Samuel Wright und die überstürzte Verurteilung ohne Verteidiger hatten sich in London herumgesprochen. Kronanwalt Sleigh appellierte an den Innenminister, doch noch einen Gnadenakt zu befürworten: „Hätte der Angeklagte einen Verteidiger gehabt, er wäre von den Geschworenen höchstens des Totschlags für schuldig befunden worden."

Eine andere Petition an Sir Edward Grey wurde auf einer, wie es die zeitgenössische Presse nannte, „Monstreversammlung" von Arbeitern beschlossen. „Unter Hervorhebung der unerhörten Überstürzung der Untersuchung bitten wir um die Begnadigung des Verurteilten", hieß es dort. Sechshundert Kaufleute aus dem Südlondoner Stadtteil Lambeth erhoben die gleiche Bitte.

Sir Edward Grey zuckte bedauernd mit den Schultern. „. . . die bisherige Praxis . . . Kann nichts ändern . . ."

Am 11. Januar 1864, dem Tag vor der geplanten Hinrichtung, tauchten in allen südlichen Stadtteilen von London Flugblätter mit schwarzem Trauerrand auf. „Feierlicher Protest gegen die Hinrichtung von Samuel Wright! Männer und Frauen von London, haltet Euch fern von dem traurigen Schauspiel der Ungerechtigkeit! Nur der Himmel soll auf das Verbrechen schauen, das der Henker begeht. Schließet und verhüllet alle Fenster! – Engländer, wenn Wright gehängt wird, dann gibt es zweierlei Recht in England: eines für die Armen und eines für die Reichen!"

Die öffentlichen Hinrichtungen zählten zu den gesellschaftlichen Ereignissen der englischen Hauptstadt. Eine Exekution zog durchschnittlich zwanzigtausend Schaulustige an.

Innenminister Grey war entschlossen, Samuel Wright am 12. Januar dem Galgen zu überantworten. Er befürchtete allerdings Unruhen und Demonstrationen gegen diese Justizwillkür und versetzte Scotland Yard in Alarmzustand. Über tausend Konstabler wurden aufgeboten, den Platz vor dem Horsemongerlane Prison und die umliegenden Straßen zu sichern.

Um neun Uhr morgens sollte die Hinrichtung erfolgen. Die Flugblätter hatten das Justizverbrechen nicht verhindern können. Aber die Menschen, die sonst ihre Neugier am Sterben eines Verurteilten befriedigten, blieben aus. Die Läden in der Umgebung des Horsemongerlane Prison öffneten nicht. Die Fenster der Häuser waren an diesem Morgen verhängt. Arbeiter besetzten die Zufahrtswege und beschworen die Neugierigen, den „Platz der Schande und des Justizmordes" zu meiden.

Als Samuel Wright seinen letzten Gang antrat, befanden sich vor dem Gefängnis nur etwa zweitausend Menschen. Die meisten von ihnen waren gekommen, um noch in letzter Minute zu protestieren.

„Schande! Justizmord! Wo ist Townley?" Diese Rufe hallten immer wieder über den Platz.

Die Exekution wurde nach traditionellem Zeremoniell vollzogen. Als Wright leblos am Galgen hing, schwollen die Rufe zum Orkan. „Weg mit dem Hängeminister Grey!"

Am nächsten Tage kam es in ganz London zu großen Protestversammlungen. In Adressen an das Parlament wurden die Abschaffung der Todesstrafe und die unverzügliche Entlassung von Sir Edward Grey verlangt. Scotland Yard, der durch sein leichtfertiges Verhalten die Grundlagen für das Verbrechen an Wright legte, blieb erstaunlicherweise von Kritik verschont.

Der Innenminister durfte sein Amt weiterführen. Er gehörte noch über Jahrzehnte zu den Schlüsselfiguren britischer Politik. Als späterer Außenminister knüpfte er einige der Fäden, die 1914 die Völker in den ersten Weltkrieg zogen.

Die vierzig Friedensrichter aus Derbyshire waren über die Reaktion des Innenministers auf ihre Erklärung im Falle Townley empört. Sie zogen Erkundungen über die Umstände des „Separatgutachtens" ein. Dabei stießen sie auf einen Formfehler: Einer der Ärzte, die Townley untersucht hatten, war nicht im Königlichen Kollegium eingetragen. Daraufhin forderten sie eine neue Expertise.

Innenminister Grey setzte wiederum eine „Sachverständigenkommission" ein. Es ist ungeklärt, nach welchen Gesichtspunkten der Minister die Gutachter auswählte. Jedenfalls bewies er dabei im Hinblick auf seine erklärte Absicht keine glückliche Hand. Das ihm präsentierte Gutachten bestätigte: George Townley ist geistig völlig normal. Der bisherigen Praxis entsprechend, hätte nunmehr das Urteil vollstreckt werden müssen.

Die Angehörigen und Freunde Townleys ließen erneut ihre Verbindungen spielen, und Sir Edward Grey hatte rasch einen neuen Trick zur Hand. Den Friedensrichtern aus Derbyshire ließ der Minister mitteilen: „Nachdem einmal Zweifel über den Geisteszustand Townleys erhoben worden sind, hält es die Regierung nicht mehr für recht, das Urteil vollziehen zu lassen, weshalb dasselbe in lebenslängliches Gefängnis verwandelt und Townley aus der Irrenanstalt Bedlam in das Gefängnis von Pentonville übergeführt worden ist."

Daß bei solchem Engagement des Ministers für einen Verbrecher eine spätere Herabsetzung der Strafe in Aussicht stand, konnte nicht fraglich sein.

Das zeitliche Zusammentreffen der Fälle Townley und Wright war zufällig, ihre unterschiedliche Behandlung entsprach jedoch genau den Gesetzmäßigkeiten des so vielgepriesenen bürgerlichen Rechtssystems. Die Worte über dem Eingang des Londoner Kriminalgerichts Old Bailey „Beschützt die Kinder der Armen und straft die Übeltäter" wurden somit ein weiteres Mal der Lüge überführt.

König der Turfschwindler

„How do you do, Mörder Mueller?"

Am 9. Juli 1864 bestieg der pensionierte Bankangestellte Thomas Briggs in der Bow Railway Station einen Zug der North London Railway. Er machte es sich in einem Abteil erster Klasse bequem und hatte die Absicht, Verwandte im Stadtteil Hackney zu besuchen. Briggs kam jedoch nie auf dem Bahnhof Hackney an. Die Leiche des siebzigjährigen ehemaligen Bankangestellten wurde noch am selben Tag kurz vor der Victoria Park Station neben dem Gleiskörper gefunden.

Eine erste Untersuchung ergab, daß Thomas Briggs erschlagen und aus dem fahrenden Zug geworfen worden war. Im Anzug des Ermordeten steckten einige Briefumschläge mit Anschriften. So wurde das Opfer schnell identifiziert. Nach der Befragung von Familienangehörigen stellte sich heraus, daß Briggs offenbar auch beraubt worden war. Die Beute des Täters konnte allerdings nicht sehr groß gewesen sein. Vermutlich hatte er nur eine goldene Uhr mit Kette, eine Brille mit goldenem Gestell und sonderbarerweise auch den Hut von Briggs an sich genommen. Seinen eigenen Hut ließ der Mörder im Abteil des Zuges zurück.

Scotland Yard beauftragte Detektivinspektor Dick Tanner mit der Aufklärung des ersten Eisenbahnmordes in London. Für die Tat konnten zunächst keine Zeugen gefunden werden, und es schien, als ob der Fall ungeklärt bleiben würde. Doch Tanner hoffte, daß sich der Mörder auf irgendeine Weise verriet. „Der Mord ist derartig primitiv ausgeführt worden", sagte er, „daß der Täter sicherlich auch bei einem eventuellen Abstoßen der Beute nicht sonderlich intelligent vorgehen wird." Der Detektiv konzentrierte deshalb seine Nachforschungen auf einen bestimmten Kreis von Juwelieren und Pfandleihern.

Am elften Tage hatte Tanner Erfolg. Er fand einen Juwelier, bei dem der Raubmörder Uhr und Kette versetzt und eine andere Uhr gekauft hatte. Mr. John Tod, diesen Namen führte der Juwelier, konnte eine ziemlich detaillierte Beschreibung seines Kunden geben, denn er hatte den Mann nicht zum ersten Mal gesehen. Er mußte irgendwo in der Nähe des Juweliergeschäfts wohnen.

Wenig später war die Spur heiß. Sie führte zu einem Schneidergesellen deutscher Herkunft, der erst seit kurzem in London ansässig war. Der mutmaßliche Raubmörder hieß Franz Mueller.

Die Londoner Zeitungen berichteten ausführlich über den Mord und auch über das Netz, das sich allmählich um den Täter zusammenzog. Mueller war somit gewarnt. Als Tanner zur Verhaftung schreiten wollte, war der Mann verschwunden.

Den Schneidergesellen zeichneten jedoch in der Tat keine großen geistigen Fähigkeiten aus. Er hatte seiner Zimmervermieterin einen Brief hinterlassen, in dem er ihr mitteilte, daß er nach den USA auswandern wollte. Wahrscheinlich würde er, wenn alles klappte, auf dem Segelschiff „Victoria" reisen. Die Verfolgung konnte beginnen. Dick Tanner beschaffte sich einen Haftbefehl und erkundigte sich nach Schiffen, die noch vor der „Victoria" New York erreichten. Dann begab er sich an Bord des Dampfschiffs „City of Manchester".

Der Detektiv war vierzehn Tage früher in New York als der Segler. Die amerikanischen Zeitungen berichteten über die bevorstehende Verhaftung des Londoner Eisenbahnmörders. Ein Vergnügungsdampfer mit Schaulustigen fuhr der „Victoria" entgegen. Die Passagiere schrien im Chor: „How do you do, murderer Mueller?" Noch auf dem Segelschiff wurde Mueller verhaftet. Er hatte den Hut seines Opfers bei sich.

„Setzen Sie Ihren Hut auf!" befahl Tanner dem Mann, der vor ihm stand und ihn um Kopfeslänge überragte.

Mueller versuchte es, doch der Hut war zu klein.

„Ich werde Ihnen sagen, warum er nicht paßt", erklärte Tanner. „Sie haben in der Eile den falschen Hut genommen, als Sie vom Zug gesprungen sind. Dieser Hut hier gehört Thomas Briggs, Ihrem Opfer."

Im September traf Dick Tanner mit dem Verhafteten in London ein. Auf der Überfahrt und bei der Gerichtsverhandlung behauptete Franz Mueller, unschuldig zu sein. Nie habe er einen Thomas Briggs kennengelernt, und nie habe er einen Zug der North London Railway benutzt. Doch das Leugnen half nichts. Die Geschworenen sprachen ihn schuldig, und der Richter verkündete das Todesurteil.

Am Morgen des Tages seiner Hinrichtung war Franz Mueller für kurze Zeit mit dem Henker allein. „Also gut", sagte der Delinquent, „ich bin es gewesen. Ich habe Briggs erschlagen und ihm die Goldsachen abgenommen. Es war verdammt wenig, und es hat sich nicht gelohnt."

Mit der Hinrichtung von Mueller war der Eisenbahnmord gesühnt. Detektivinspektor Dick Tanner wurde zum Helden von London. Er hatte durch messerscharfe Kombinationen den Täter überführt. Dieser Erfolg von Dick Tanner trug wesentlich dazu bei, daß die Londoner Einwohner die Metropolitan Police allmählich in anderem Licht sahen. Wenn Männer wie Tanner auf Verbrecher angesetzt wurden, konnte man schon beruhigt sein. Hinzu kam, daß geschäftstüchtige Modeschöpfer ihre Chance erkannten und auf ihre Art das Ansehen von Scotland Yard vergrößerten. Eine Zeitlang liefen zahlreiche Männer mit Hüten durch die Straßen der Stadt, die mindestens zwei Nummern zu klein waren. Ein Hutmacher hatte die neue Mode kreiert. Das Modell hieß „der kleine Mueller".

Bald nach diesem Fall wurden in die Londoner Züge Notbremsen eingebaut. In manchen Berichten heißt es, daß der Eisenbahnmord dazu den Anlaß gegeben habe. Jeder Reisende, der sich bedroht fühlte, konnte nun von sich aus den Zug zum Halten bringen.

Ganz allmählich steigerte sich der Nimbus von Scotland Yard. Im Jahre 1869 war „Dolly" Williamson, der ehemalige Assistent von Jonathan Whicher, zum Leiter der Detektivabteilung ernannt worden. Er verdoppelte die Anzahl seiner Mitarbeiter. Statt zwölf gab es nun vierundzwanzig Detektive in der Riesenstadt London. Superintendent Williamson ließ von den Verbrechern, die in die Fänge seiner Abteilung geraten waren, Personenbeschreibungen und Fotografien anlegen. Weitere Pläne, die er verwirklichen wollte, gingen allerdings im bürokratischen Getriebe des Home Office unter. Dennoch machten die vierundzwanzig Detektive durch manche Erfolge von sich reden.

Acht Jahre vergingen. „Dolly" Williamson hielt Rückschau und glaubte feststellen zu können, daß sich seine zähe Kleinarbeit gelohnt hatte. Gerade war wieder ein Fall abgeschlossen worden, und in wenigen Tagen sollte der Prozeß gegen eine ganze Bande vor den Schranken von Old Bailey beginnen.

Superintendent Williamson ahnte noch nichts von den dunklen Gewitterwolken, die sich über ihm zusammenzogen, als er sich den Abschlußbericht vornahm. Manche Einzelheiten erschienen ihm noch unklar, aber er hoffte, auch dafür bald eine plausible Erklärung zu finden.

Da war jener Harry Benson, der Chef der Bande, ein alter Bekannter der Londoner Detektive. Äußerlich eine durch und durch unsympathische Erscheinung: kleine, schmächtige Statur, fast kugelrunder Kopf, schwarzes Kraushaar, zwei große, abstehende Ohren, wulstig aufgeworfene Lippen, das rechte Bein gelähmt.

William Kurr, ein perfekter Gentleman, jovial und gewandt im Auftreten, von großer, stattlicher Figur, war der zweite Mann der Bande. Die vier anderen Mitglieder waren farblose Gestalten, Neulinge, offenbar nur Figuren im Spiel von Harry Benson. Den Chef zeichnete zweifellos eine überdurchschnittliche Intelligenz aus. Sein jüngstes

Unternehmen war von langer Hand geplant worden. Es gab dafür kein Vorbild. Harry Benson hatte eine völlig neue Art des Wettbetruges entwickelt.

Er gründete eine Zeitung – in französischer Sprache –, nannte sie „Sport" und ließ sie durch Mitglieder seiner Bande in Frankreich vertreiben. Den breitesten Raum nahmen der Pferderennsport und die Wetten ein. Ausführlich wurde über einen gewissen Mr. Montgomery berichtet, der offenbar Einblick in die intimsten Geheimnisse aller englischen Rennställe hatte. In wenigen Jahren, so berichtete „Sport", habe Mr. Montgomery durch Rennwetten ein Riesenvermögen erworben. Fast jeder Tip von ihm sei ein Gewinn gewesen, denn durch seine vielfältigen Beziehungen und ausgezeichneten Kenntnisse des englischen Pferderennsports habe er beinahe immer todsichere Voraussagen treffen können.

Das Interesse war geweckt, und bald danach startete „Sport" die zweite Etappe. Mr. Montgomery ließ in der Zeitung Annoncen verbreiten. Die englischen Buchmacher würden ihm Schwierigkeiten bereiten, behauptete er. Sie wollten von ihm, da er stets gewinne, keine Wetten mehr annehmen. Und die englischen Wettgesetze würden es ihm verbieten, unter falschem Namen zu wetten. Deshalb suchte er Teilhaber im Ausland. Wer also Lust habe, durch Provision an den Gewinnen von Mr. Montgomery beteiligt zu werden, solle ihm das schreiben. Er, der große Gewinner aller Wetten, würde den Interessenten in Frankreich Schecks und Tips zusenden. Die Empfänger müßten dann die Wettscheine auf ihren eigenen Namen an bestimmte Buchmacher in London schicken, nachdem sie zuvor den Vermerk angebracht hätten, eventuelle Gewinne seien dem Konto von Mr. Montgomery zu überweisen. Die versprochene Provision würde dann umgehend zugesandt. Auf diese Weise könnten die Buchmacher und die englischen Wettgesetze überlistet und den Beteiligten große Gewinne gesichert werden.

Harry Benson war psychologisch klug vorgegangen. Dieses Verfahren schien für die Teilnehmer völlig risikolos zu sein. Zahlreiche wettlustige Franzosen meldeten sich auf die Annoncen und erhielten auch prompt ihre Provision im Gegenwert von einigen englischen Pfund. Gleichzeitig lasen sie in der Zeitung „Sport" von den sagenhaften Quoten, die die Tips des Mr. Montgomery erzielten.

Harry Benson hatte auf die Gewinnsucht dieser Menschen spekuliert, und seine Rechnung ging auf. Der Effekt, auf den die Betrüger gehofft hatten, trat ein. Die Provisionsempfänger legten eigene Schecks für die Wetten bei und wollten selbst in das große Geschäft einsteigen.

Mr. Montgomery teilte durch Briefe und kurze Notizen in der Zeitung „Sport" mit, daß ihm so etwas eigentlich gar nicht recht sei. Aber er wäre nun einmal ein großzügiger Mensch und würde deshalb die zusätzlichen Schecks seiner Teilhaber akzeptieren.

Jetzt begann der Betrug. Die zusätzlichen Schecks wurden rasch eingelöst, und das Geld floß in die Taschen von Harry Benson. Alles andere war falsch: die Schecks von Mr. Montgomery, ausgestellt auf die „Königliche Bank von London", die nicht existierte, die Anschriften der Buchmacher und natürlich auch die Adresse von Mr. Montgomery.

Das alles wäre noch eine gewisse Zeit gut gegangen, hätte nicht die Pariser Bank, bei der die Komtesse de Goncourt ihr Konto führte, Verdacht geschöpft. Diese Dame hatte zehntausend Pfund an einen Londoner Buchmacher überwiesen und erkundigte sich anschließend, auf welche Weise sie schnell weitere Mittel flüssigmachen könne. Einem Anwalt der Bank erzählte die Komtesse von dem Zweck jenes großangelegten Transfers. Dieser Anwalt telegrafierte nach London. Von Scotland Yard erbat er Auskünfte über Mr. Montgomery und über die Zeitung „Sport".

„Dolly" Williamson hatte das Telegramm selbst in Empfang genommen. Der Superintendent ging der Sache nach und konnte schnell feststellen, daß die Anschriften der Buchmacher und des Mr. Montgomery fingiert waren. Auch von einer Londoner Redaktion der Zeitung „Sport" hatte bis dahin niemand etwas gewußt. Somit deutete sich die ganze Angelegenheit als ein riesiger Schwindel an. Williamson beauftragte Chefinspektor Nathaniel Druscovich mit der Klärung des Falles.

Druscovich erschien dafür besonders geeignet. Er konnte auf eine glänzende Karriere im Yard zurückblicken und galt als aussichtsreichster Anwärter auf die Nachfolge von Williamson. Diese Tatsache war erstaunlich, denn Druscovich stammte aus Polen. Im victorianischen England aber waren gegen polnische Einwanderer allerlei Vorurteile verbreitet. Nathaniel Druscovich jedoch hatte durch seine Leistungen überzeugt. Er beherrschte mehrere Sprachen und galt als Spezialist für Fälle, deren Faden bis ins Ausland reichten. Beinahe regelmäßig war er auf den Kontinent entsandt worden, um mit der Polizei verschiedener europäischer Länder Verhandlungen zu führen. Bei diesen Besprechungen hatte er es stets verstanden, seine Aufträge so zu erfüllen, wie sich der Yard das wünschte.

Um so erstaunlicher war es daher, daß Druscovich im Fall Montgomery nicht vorankam. Woche um Woche verging, und immer wieder konnten die Betrüger den Zugriffen des Yard entweichen. Man hatte zwar ermittelt, daß die zehntausend Pfund der französischen Komtesse in Schottland gegen die seltenen Banknoten der Clydesdale-Bank eingewechselt worden waren, aber dann geschah wochenlang nichts.

Daß der Fall überhaupt wieder ins Rollen kam, lag an einer Besonderheit des damaligen britischen Geldwesens. Während die Ausgabe von Banknoten in England im wesentlichen nur durch die Bank of England erfolgte, teilten sich in Schottland mehr als zehn Anstalten in dieses Recht. Die an den verschiedensten Stellen emittierten Noten unterschieden sich im Aussehen und in den Auflagenhöhen. Die Scheine der Clydesdale-Bank zählten zu den am wenigsten verbreiteten Zahlungsmitteln.

In London wurde eines Tages ein Mann festgenommen, als er eine solche Note umtauschen wollte. Er gehörte, wie er zugab, der Bande von Harry Benson an. Chefinspektor

Littlechild und Inspektor Robson hatten diesen Mann entdeckt. Harry Benson und drei weitere Mitglieder seiner Bande wurden kurz danach von der holländischen Polizei in Rotterdam verhaftet, und nur einen Tag später konnte man in London William Kurr aufspüren und gleichfalls festnehmen.

Der Prozeß gegen Harry Benson und seine Kumpane begann im September 1877 vor den Schranken von Old Bailey. Nach zehn Tagen wurden die Urteile verkündet. Benson erhielt fünfzehn, Kurr zehn Jahre Gefängnis. Die anderen Angeklagten kamen mit geringeren Strafen davon.

Die Zeitungen, die ausführlich über den Prozeß berichteten, nannten Harry Benson den „König der Turfschwindler", und eines der Blätter schrieb: „Benson und Kurr sind zwei der vollendetsten und raffiniertesten Schwindler. Nicht Hochstapler, sondern Geschäftsleute." Damit wurde eine Erkenntnis ausgesprochen, die durch den Fall Benson offenbar geworden war: Das Verbrechen hatte sich gewandelt. Es war teilweise zu einer rein kommerziellen Angelegenheit geworden. Die Gesetzesbrecher ahmten nach, was ihnen die kapitalistische Gesellschaft tagtäglich vorführte. Sie engagierten sich mit den gesetzlichen Möglichkeiten des Staates, um dann diese Möglichkeiten um so besser für ihre Fischzüge ausnutzen zu können.

Der Fall Benson wäre trotzdem heute vergessen, hätte nicht jener „König der Turfschwindler" wenige Tage nach seiner Verurteilung um eine dringende Unterredung mit dem Direktor des Gefängnisses von Newgate nachgesucht.

„Sir, ich habe Ihnen eine wichtige Mitteilung zu machen", begann Benson. „Gestern sind vor dem Criminal Court nicht sämtliche Schuldigen verurteilt worden. Ich will jetzt alles gestehen. Wir haben mit vier Männern von Scotland Yard zusammengearbeitet. Die Inspektoren Druscovich, Meiklejohn, Palmer und Clarke standen in unserem Dienst. Nur deshalb konnten wir so gute Geschäfte machen." Benson erzählte dann eine lange Geschichte. Offenbar hoffte er, durch diese Aussage eine Herabsetzung seiner Strafe zu erreichen.

Als Williamson von dem Geständnis erfuhr, ordnete er zunächst eine geheime Untersuchung an. Doch bald mußten die vier von Benson beschuldigten Detektive verhaftet werden. Ein Skandal nahm seinen Anfang, dessen Ausmaß noch nicht abzusehen war.

Die Affäre hatte mit einem simplen Zufall begonnen. Inspektor John Meiklejohn stammte aus Bridge of Allan in Schottland. In diesem Ort hatte auch William Kurr eine Zeitlang als Eisenbahnangestellter gearbeitet. Vor Jahren lernten sich die Männer flüchtig kennen. Später, als Kurr zu Harry Bensons Bande gehörte, erfuhr er, daß Meiklejohn in der Detektivabteilung von Scotland Yard Dienst tat.

„Ganz zufällig" begegnete er dem Detektiv. Dabei erzählte er, daß er jetzt einen Rennstall besitze und es zu einigem Reichtum gebracht hätte. Weitere Zusammenkünfte der beiden folgten. Sie tauschten Erinnerungen an Schottland aus, und Meiklejohn war von den Erfolgen, die Kurr offenbar erreicht hatte, sehr beeindruckt. Sein bescheidenes Einkommen von 2,5 Pfund in der Woche, umgerechnet also nicht mehr als fünfzig Mark, konnte keinem Vergleich mit dem Konto eines Rennstallbesitzers standhalten.

John Meiklejohn befand sich oft in finanziellen Schwierigkeiten. Nachdem er sich einmal in einer pekuniären Klemme von Kurr hatte helfen lassen, rückte der angebliche Rennstallbesitzer endlich mit seinen wahren Absichten heraus: Der Inspektor könne sein Einkommen wesentlich aufbessern, wenn er gelegentlich einige Informationen aus dem Yard lieferte. Er sollte Kurr benachrichtigen, falls die Polizei etwas gegen dessen Freund Harry Benson zu unternehmen gedenke. Meiklejohn ging auf das Angebot ein. In seiner neuen Rolle als Gentleman, der nicht mehr jeden Penny umdrehen mußte, bevor er ihn ausgab, fühlte er sich bald recht wohl.

Fast gleichzeitig, als Chefinspektor Druscovich den Fall Montgomery übertragen bekam, sollte er eine Schuld von sechzig Pfund zurückzahlen. Doch er konnte den Betrag nicht aufbringen. Unglücklicherweise wandte er sich ausgerechnet an Meiklejohn, um von diesem Hilfe oder wenigstens einen Rat zu erhalten.

Meiklejohn vermittelte die Bekanntschaft zwischen Druscovich und Kurr. Der Chefinspektor erkannte zu spät, von wem er das Geld genommen hatte. Zu einem offenen Geständnis fehlte ihm der Mut, und so verstrickte er sich immer mehr in den Fängen jener Bande, deren Verbrechen er aufklären sollte.

Auf ähnliche Weise gerieten die beiden Inspektoren Palmer und Clarke unter den Einfluß von Harry Benson. Auch sie nahmen Bestechungsgelder an, und in den folgenden Wochen übergaben sie alles, was ihnen über den Fall Montgomery in die Hände kam, stillschweigend an Druscovich. Auf diese Weise entstanden die Verzögerungen, die sich Williamson nicht hatte erklären können.

Chefinspektor Nathaniel Druscovich saß in der Zange. Zuerst unternahm er alles, um den Fall im Sande verlaufen zu lassen. Mehrere Anzeigen, die eingegangen waren, konnte er unterschlagen. Aber der Superintendent erkundigte sich immer häufiger nach dem Ergebnis der Untersuchungen. Druscovich erklärte, er habe zwar Fortschritte gemacht, doch der Fall sei noch nicht abgeschlossen. Und als Williamson nach Einzelheiten fragte, berichtete der Chefinspektor nur das, was seinem Vorgesetzten ohnehin schon bekannt war.

Die Zahl der Geschädigten, die Anzeige gegen „Mr. Montgomery" erstatteten, stieg inzwischen weiter an. Williamson forderte den Chefinspektor auf, den Fall so schnell wie möglich abzuschließen.

„Ich muß irgend jemanden verhaften", sagte Druscovich, als er wieder einmal mit Kurr zusammentraf.

„Wenn Sie wollen, verhaften Sie doch mich", erwiderte dieser kaltblütig. „Da es Ihnen nicht gelingt, überzeugende Beweise auf den Tisch zu legen, wird man mich sicherlich bald wieder entlassen, und Sie haben Ihrem Chef den Gefallen getan."

Benson wollte jedoch keinerlei Risiko eingehen und verhinderte dieses Scheinmanöver. Für einige Zeit gelang es

Druscovich noch, den Superintendenten hinzuhalten. Durch eine Unvorsichtigkeit von Meiklejohn wäre jedoch beinahe der ganze Betrug aufgeflogen. Als dieser von Kurr einige der schottischen Clydesdale-Noten erhielt, hatte er nichts Eiligeres zu tun, als sie bei einer Londoner Bank einzuwechseln. Da im Zusammenhang mit dem Fall Montgomery nach diesen seltenen Noten gesucht wurde, gab die Bank eine kurze Meldung an Scotland Yard. Dieser Bericht gelangte, ohne daß andere Mitarbeiter davon Kenntnis erhielten, auf den Tisch von Druscovich. Wenige Minuten später verbrannte der Zettel im Ofen.

Benson erkannte, daß es Druscovich wahrscheinlich nicht mehr lange möglich sein würde, ihn und seine Bande zu decken. Mit drei seiner Kumpane setzte er sich deshalb nach Rotterdam ab. In einem Hotel meldete er sich unter dem Namen Morton an.

In Holland, glaubte Benson, könnte er ungefährdet einige Clydesdale-Noten eintauschen. Doch Scotland Yard hatte auf Veranlassung von Williamson Berichte über den Fall und die Banknoten in verschiedene europäische Städte, darunter auch nach Rotterdam, geschickt. Nach dem Tausch wurden Harry Benson und seine Kollegen von der holländischen Polizei verhaftet. Noch am selben Tage ging eine telegrafische Mitteilung an Scotland Yard ab. Kurz zuvor war schon ein weiteres Mitglied der Bande in London festgenommen worden.

Nur einen Tag länger als Benson durfte sich Kurr in London seiner Freiheit erfreuen. Er erfuhr von den Verhaftungen in Rotterdam und wandte sich umgehend an einen mit Benson befreundeten Rechtsanwalt namens Froggart. Der Advokat überlegte einige Zeit. Dann schickte er folgendes Telegramm nach Rotterdam: „Absender: Williamson, Superintendent der Polizei, Scotland Yard, London. – An den Chef der Polizei, Rotterdam. – Haben festgestellt, daß Morton und seine drei Begleiter, die Sie verhaftet haben, nicht die von uns gesuchten Personen sind. Daher erfolgt keine Entsendung eines Beamten. Bitte betreffende vier Personen aus Haft entlassen. Brief folgt. – Williamson."

An und für sich bestand für die Polizei in Rotterdam kein Anlaß, die Echtheit des Telegramms anzuzweifeln. Mit der Freilassung der Inhaftierten hatte man es dennoch nicht eilig. Man wartete auf den Brief, der allerdings nie ankam. Statt dessen erschienen Nathaniel Druscovich und zwei weitere Detektive des Yard.

Der Chefinspektor war ein geschlagener Mann, als er in Rotterdam eintraf, denn der ihm erteilte Auftrag war eindeutig. Er sollte die Auslieferungsformalitäten erledigen und die vier Gefangenen nach London bringen. Ihm blieb die Wahl, entweder im Ausland unterzutauchen oder den Auftrag auszuführen. Er entschied sich für die Rückkehr nach England. Auf dem Schiff hatte er eine vertrauliche Unterredung mit Benson. Sie erörteten Möglichkeiten, wie die Betrüger entfliehen könnten. Da im Moment jedoch die beiden anderen Detektive höllisch aufpaßten, wollte man eine günstigere Gelegenheit in London abwarten.

Aber zu einer Flucht aus dem Polizeigefängnis kam es nicht mehr. Es folgten der Prozeß und die Verurteilung der Wettschwindler. In der Hoffnung, wenigstens eine Herabsetzung der Strafe zu erreichen, hatte Benson später dem Gefängnisdirektor die Bestechungsaffäre offenbart.

Gegen Benson und seine Bande war zehn Tage verhandelt worden. Der sensationelle Prozeß gegen die vier korrupten Detektive dauerte drei Wochen. Trotzdem kamen die Angeklagten mit relativ niedrigen Strafen davon. Druscovich, Meiklejohn und Palmer wurden zu je zwei Jahren Zwangsarbeit verurteilt. Clarke mußte wegen Mangels an Beweisen freigesprochen werden.

Er trat sofort in den Ruhestand. Die anderen verbüßten ihre Strafen. Druscovich und Meiklejohn verdingten sich danach als Privatdetektive, Palmer übernahm eine Gastwirtschaft. Bensons Hoffnung auf Herabsetzung seiner Strafe erfüllte sich nicht. Er wurde jedoch vorzeitig – im Jahre 1887 – entlassen. Anschließend soll er nach den USA ausgewandert sein, dort weitere Betrügereien begangen und schließlich in einem New-Yorker Gefängnis seinem Leben ein Ende gesetzt haben.

Wenn auch die Urteile gegen die vier Detektive relativ niedrig ausgefallen waren, so zog die Bestechungsaffäre dennoch tiefgreifende Veränderungen nach sich. Das in der englischen Öffentlichkeit langsam gewachsene Vertrauen gegenüber Scotland Yard war über Nacht wieder verschwunden. Erneut breitete sich eine Lawine des Mißtrauens aus. Die Verurteilung der bestochenen Inspektoren änderte daran nichts.

Innenminister Sir Henry Selwyn Ibbetson setzte, um die erregte Öffentlichkeit zu beruhigen, eine Untersuchungskommission ein, die über die Zukunft der Detektivabteilung entscheiden sollte. Der im März 1878 vorliegende Bericht empfahl, die alte Detektivabteilung aufzulösen und völlig neu aufzubauen. Die Korruptionsaffäre war ein willkommener Anlaß, Scotland Yard als Machtorgan des Staates organisatorisch weiter zu festigen und zu stärken. Auf diese Weise entstand im Frühjahr 1878 die CID. Das war die Abkürzung für „Criminal Investigation Department" (Kriminaluntersuchungsabteilung).

Die satirische Zeitschrift „Punch" schlug in Erinnerung an Druscovich und seine „Defective" – auf deutsch die „Mangelhaften" – einen anderen Namen vor: „Criminal Instigation Department" (Kriminalanstiftungsabteilung).

Der Leiter der CID durfte sich „Direktor der Kriminaluntersuchung" nennen. Der erste Mann auf diesem Posten, Howard Vincent, hatte seine Stellung auf bezeichnende Weise erlangt. Er war Offizier und Kriegsberichterstatter gewesen, bevor er sich als Rechtsanwalt niederließ und auf Klienten wartete. Die Pläne von der Gründung der CID drangen an sein Ohr. Er witterte eine Chance, und da sowieso keine Mandanten zu ihm kamen, reiste er kurz entschlossen nach Paris. Dort studierte er die Arbeitsweise der „Brigade de Sûreté", der französischen Kriminalpolizei, die 1810 von dem ehemaligen Galeerensträfling Vidocq gegründet worden war. Von Monsieur Canter, dem Pariser Polizeipräsidenten jener Zeit, ließ er sich manches über die derzeitige Arbeitsweise der Sûreté erzählen: von der Ausbildung der Detektive, der großen bebilderten Verbrecherkartei, von der schon 1867 eingeführten Tatortfotografie und von vielem anderen.

Howard Vincent fuhr nach London zurück und stellte einen Bericht zusammen. Es ist überliefert, daß er dieses Schreiben achtzehnmal neu entwarf, bevor es ihm gefiel. Dann sandte er den Bericht zusammen mit einer persönlichen Empfehlung seines Freundes, des Generalstaatsanwalts Sir John Holker, dem Home Office. Dort kamen die Schriftstücke gerade im richtigen Augenblick an. Man suchte einen Leiter der CID, und nun hatte man ihn gefunden. Der Erfahrungsbericht und das Empfehlungsschreiben genügten, um in Vincent einen beschlagenen Spezialisten der Kriminalaufklärung zu sehen.

Man übertrug dem Rechtsanwalt die Leitung der CID. Als Jahresgehalt bezog er 1100 Pfund. Das waren umgerechnet etwa 22 000 Mark und somit für jene Zeit eine überraschend hohe Summe.

„Dolly" Williamson hatte die Absicht, sich pensionieren zu lassen. Doch Vincent konnte ihn überreden zu bleiben. Rein äußerlich war „Dolly" die imponierendste Erscheinung der neuen Abteilung des Yard. Von großer und kräftiger Statur, machte er mit seinem mächtigen lockigen Bart einen fast majestätischen Eindruck. Und Williamson war es auch, der die CID aufbaute. Er avancierte zum ersten Chefkonstabler des Yard, und der karrieresüchtige Howard Vincent wurde für die Arbeit von Williamson geadelt.

Die CID umfaßte bald achthundert Mitarbeiter. Im Yard selbst arbeiteten drei Chefinspektoren, zwanzig Inspektoren, neunundzwanzig Sergeanten „first class", hundertfünfzig Sergeanten „second class" und zahlreiche Detektivanwärter. Der größte Teil der Detektivsergeanten und vierzehn Lokalinspektoren waren den Divisionen in den verschiedenen Londoner Stadtteilen direkt unterstellt.

Nach der Gründung der CID gab es also (statt bisher vierundzwanzig) achthundert Detektive. Und trotzdem stieg in

London die Kriminalität weiter an. 1877, ein Jahr bevor die CID ins Leben gerufen wurde, waren in der englischen Metropole nach einer unvollständigen Schätzung Güter im Werte von 118 680 Pfund gestohlen worden. Schon zwei Jahre später lag diese Zahl bei 157 283 Pfund. Scotland Yard konnte 1877 noch Werte in Höhe von 21 196 Pfund wieder herbeischaffen. Ein Jahr danach „eroberte" die CID nur 19 785 Pfund zurück. Diese gegenläufige Entwicklung hielt an.

Seit 1836 wurde eine offizielle Kriminalstatistik geführt. Sie zeigt für 1884 mit achtunddreißig Fällen die meisten Todesurteile an. Nach einem Gesetz von 1861 wurde die Höchststrafe nur noch für vier Arten von Verbrechen ausgesprochen: Mord, Seeräuberei, Brandstiftung an Schiffdocks und Arsenalen und Hochverrat. Dieses zuletzt genannte Vergehen war eine Umschreibung für alle politischen Fälle. Und hier zeigte es sich, daß die CID gewillt war, rücksichtslos durchzugreifen.

Nach 1880 war die Massenarbeitslosigkeit, von der bald eine Million Menschen betroffen wurden, zur Dauererscheinung geworden. Dafür gab es verschiedene Gründe. Die USA hatten sich vom Bürgerkrieg erholt und waren zusammen mit Deutschland und Frankreich, die in der industriellen Entwicklung rasche Fortschritte machten, zum Angriff auf das englische Monopol als Werkstatt der Welt angetreten. Viele Positionen des britischen Marktes gingen verloren. Hinzu kam, daß durch die expansionistische Kolonialpolitik beträchtliche Zinsen nach England zurückflossen. Die Industrieproduktion ging relativ zurück, weil sich viele Unternehmer dem bequemeren Leben als Rentier zuwandten.

In den Fabriken wurde das Antreibersystem immer unerträglicher. Die Arbeiterbewegung erwachte aus ihrer Lethargie, in der sie seit dem Niedergang des Chartismus vor mehr als zwei Jahrzehnten geschlummert hatte. Es kam zu Streiks, die Arbeiter gingen auf die Straße.

Am 13. November 1887 gab es im Yard Großalarm. In allen Teilen der Stadt formierten sich Arbeiter zu mächti-

84

gen Demonstrationen. Mit roten Fahnen zogen sie zum Trafalgar Square.

Ein Jahr zuvor hatte es schon eine ähnliche Situation gegeben. Der damalige Polizeipräsident, Sir Henderson, sah untätig zu und wurde danach seines Postens enthoben. An seine Stelle trat Sir Charles Warren, der sich zuvor als General der Kolonialarmee in Südafrika durch besondere Brutalität ausgezeichnet hatte.

Sir Warren bot zweitausend Polizeisten von Scotland Yard auf und bat die königliche berittene Leibgarde um Unterstützung. Als die ersten Demonstranten am Trafalgar Square eintrafen, schlugen die „Ordnungshüter" zu.

Aus den Straßen jener Gegend mußten fünfundsechzig Schwerverletzte in das Charing Cross Hospital eingeliefert werden. Ein Arbeiter erlag seinen Verletzungen.

Der 13. November 1887 ging als „Blutsonntag" in die Londoner Geschichte ein. Die bürgerlichen Chronisten von Scotland Yard haben allerdings auf die Darstellung solcher und ähnlicher Brutalität verzichtet. Statt dessen nahmen sie einige Fälle, bei deren Klärung der Zufall eine mehr oder minder große Rolle gespielt hatte, zum Anlaß, ein recht fragwürdiges Bild der Londoner Polizei zu zeichnen. Sie behaupteten, durch die CID wäre die Unterwelt der Hauptstadt nunmehr wirkungsvoll bekämpft worden. Die Kriminalistik zeigt zwar ein anderes Bild, aber die ersten kleineren Fälle der CID mußten herhalten, um eine verblaßte Gloriole wieder zum Leuchten zu bringen.

Bonney jagt ein Phantom

1878 machte das einbrechende Phantom, ein erfolgreicher Verbrecher, das gesamte südöstliche London und besonders den Stadtteil Blackheath unsicher.

Williamson bestellte Inspektor Bonney zu sich. „Bonney", so soll er der Überlieferung nach gesagt haben, „wir müssen das Phantom fangen. Das Land wartet darauf, daß wir

85

nach dem Bestechungsskandal im vergangenen Jahr mit einem Erfolg herauskommen. Treffen Sie alle erforderlichen Maßnahmen!"

Inspektor Bonney vermochte zunächst nichts anderes zu tun, als durch verstärkte Streifen den Blackheath-Distrikt besonders überwachen zu lassen. Er organisierte diese Konstabler-Streifen so, daß sie sich in bestimmten Abständen immer wieder begegneten und ihre Beobachtungen austauschen konnten.

Zu diesen Streifengängern gehörte auch Konstabler Edward Robinson. Am Abend des 9. Oktober 1878 hatte er seinen Dienst aufgenommen. Stundenlang geschah nichts. Als sich am Horizont schon der helle Streifen des neuen Tages abzeichnete, bemerkte er im Erdgeschoß eines Hauses in Lewisham Hill einen schwachen Lichtschimmer. Das Haus war von der Straße durch einen Vorgarten getrennt. Robinson hatte sich dem Zaun dieses Gartens genähert, und jetzt sah er, daß das Licht scheinbar ziellos in den Räumen der untersten Etagen hin und her huschte.

Bonney hatte seinen Konstablern genaue Anweisungen gegeben. Sie sollten kein Risiko eingehen und nichts allein unternehmen. Robinson beschloß deshalb, auf die nächste Streife zu warten und bis dahin die geheimnisvollen Lichterscheinungen weiter zu beobachten.

Eine halbe Stunde verging, dann ertönten vom Blackheath-Park die schweren Schritte zweier Männer, und kurz danach waren Sergeant Brown und Konstabler Girling bei Robinson angelangt.

„Weshalb stehen Sie hier untätig herum?" fragte der Sergeant.

Robinson wandte sich dem Haus zu. „Vielleicht haben wir hier das Phantom", sagte er. Der Lichtschimmer huschte noch immer durch die Zimmer des Erdgeschosses.

„Das werden wir gleich sehen", erwiderte der Sergeant. „Ich klopfe an die Haustür, und Sie, Robinson und Girling, nehmen den Hinterausgang unter Kontrolle."

Die beiden Konstabler kletterten über den Zaun und schlichen um das Haus. Als der Sergeant kurz danach an die

Haustür klopfte, wurde eins der Fenster an der Hinterfront aufgerissen. Eine Gestalt sprang in den Garten.

„Zurück, oder ich schieße!" schrie der Mann, als ihm Robinson den Weg abschneiden wollte.

Ein Schuß krachte. Der Konstabler warf sich zu Boden und kroch geduckt zwischen den Büschen vorwärts. Er hatte den Flüchtigen fast erreicht, als er entdeckt wurde. Der Mann zielte nur kurz, und erneut peitschten zwei Schüsse durch die Nacht. Inzwischen waren auch Girling und Brown in den Garten hinter dem Haus vorgedrungen. Robinson war der schattenhaften Gestalt am nächsten. Er sprang auf, als das Mündungsfeuer eines vierten Schusses für Sekundenbruchteile die Dunkelheit zerriß. Die Kugel fuhr dem Konstabler in den rechten Arm, doch mit letzter Kraft warf sich Robinson auf den Schützen. Beide stürzten zu Boden. Brown und Girling unterstützten ihren Kollegen, und kurz danach war der geheimnisvolle Mann überwältigt.

Auf dem nächsten Polizeirevier wurde der schießwütige Einbrecher verhört. Er nannte sich John Ward und mußte den Einbruch in dem Haus in Lewisham Hill zugeben. In seinen Taschen fand man außer der Pistole und dem üblichen Einbrecherwerkzeug verschiedene Schmuckgegenstände und ein Scheckbuch auf den Namen des Hausbesitzers.

Der Fall schien klar zu sein, und Ward hätte seiner Verurteilung in Old Bailey entgegensehen können. Als Williamson den Bericht über diesen Fall las, war es ihm jedoch unverständlich, daß ein Einbrecher, der mit wenigen Jahren Gefängnis davonkommen konnte, durch eine sinnlose Schießerei ein Todesurteil riskierte.

Inspektor Bonney wurde erneut zu Williamson bestellt. „Ich glaube", soll Williamson gesagt haben, „daß dieser Mann nicht John Ward heißt. Mit solchem heftigen Widerstand setzt sich kein Neuling zur Wehr. Hören Sie mal herum, ob irgendwo ein alter Bekannter verschwunden ist."

Drei Wochen lang suchte Bonney vergeblich. In London hatte er keinen Erfolg. Dann führte eine Spur nach der mittelenglischen Stadt Sheffield. Dort war seit Anfang Oktober der Ehemann einer gewissen Mrs. Peace verschwunden. Diese Entdeckung war eine Sensation. John Ward hieß in Wirklichkeit Charles Peace. Er war sowohl das einbrechende Phantom von London als auch der Mörder eines Polizisten namens Cock. Nach Feststellung seiner wahren Identität verstrickte sich Ward alias Peace in Widersprüchen und mußte nach und nach alles gestehen.

Die Ermordung des Polizisten Cock galt für Scotland Yard schon als abgeschlossener Fall. Für dieses Verbrechen war ein Mann namens William Habron zu lebenslänglichem Zuchthaus verurteilt worden. Jetzt ergab sich eine unerwartete Situation. Im Zuchthaus saß ein Unschuldiger. Und eine anscheinend unfehlbare Justiz hatte ihn dorthin gebracht. Gesetzliche Grundlagen für eine Revision existierten noch nicht. Habron mußte in aller Stille aus dem Zuchthaus entlassen werden, nachdem man ihm eine Entschädigung von achthundert Pfund gezahlt hatte.

Gegen Peace alias Ward wurde das Todesurteil ausgesprochen. Selbst die Hinrichtung war für manche Chronisten von Scotland Yard noch Anlaß zu makabren Späßen. Peace hätte über einen eigenartigen Galgenhumor verfügt, heißt es in der Überlieferung. „Was habt ihr es denn so eilig?" soll er zu seinen Wärtern gesagt haben. „Werdet ihr vielleicht gehenkt oder ich?"

Ob dieser Ausspruch erfunden ist oder nicht, sei dahingestellt. Auf alle Fälle waren die Überführung des Phantoms und besonders der mutige Kampf von Konstabler Robinson Anlaß genug, um die CID als eine unfehlbare Einrichtung hinzustellen. Alle Zufälle, besonders die Identifizierung von Ward alias Peace, erschienen dabei als Produkte messerscharfer Kombination der Detektive. Die vorangegangene Verurteilung eines Unschuldigen wurde heruntergespielt. Ein kleiner Irrtum konnte schon einmal vorkommen, aber schließlich siegte die Gerechtigkeit doch! Und der Garant dafür hieß Scotland Yard.

Was die CID in jener Zeit jedoch tatsächlich zu leisten imstande war, wird der nächste Fall zeigen.

Der Hurenmörder vom East End

Im Labyrinth des Grauens

Seiner Einwohnerzahl nach war London 1888 noch immer die größte Stadt der Welt. Hier lebten über vier Millionen Menschen. 450 000 von ihnen hausten in dem unübersehbaren Gassengewirr von East End. Sie vegetierten in baufälligen Häusern, in modrigen Räumen, die nie von einem Sonnenstrahl erreicht wurden. Häufig mußten sich mehr als fünf Menschen ein einziges Zimmer teilen.

Jeder vierte Londoner war arbeitslos. Die Zahl der Obdachlosen belief sich auf 40 000, nicht mitgerechnet jene vielen, die in den überfüllten Armenhäusern ihr Leben fristeten. Die Statistik registrierte für das genannte Jahr allein 51 000 Menschen, die in solchen Asylen ihr Leben beendeten.

Wir schreiben den 6. August 1888. Es ist fünfzehn Minuten vor Mitternacht. Die Commercial Road, eine der wenigen beleuchteten Straßen des Elendsviertels, liegt nahezu verlassen da. Konstabler Barr, der gemessenen Schrittes seine vorgeschriebene Patrouille geht, hat bisher nichts Außergewöhnliches entdeckt. Durch ein offenes Fenster sieht er, daß in „Browns Inn" noch eifrig dem Brandy zugesprochen wird. Zwei Matrosen verprügeln einen Taschendieb, den sie auf frischer Tat ertappt haben. In das Gegröle der Betrunkenen mischt sich das Kreischen der Prostituierten. Für den Polizisten ist dieser Anblick alltäglich. Ohne einen Augenblick zu zögern, setzt er seine Runde fort.

Nach einer Weile biegt Barr von der Commercial in die dunkle Plumber Road ein. Er beschleunigt unwillkürlich seine Schritte und nähert sich einem finsteren Durchgang.

Dort sieht er eine Gestalt am Boden liegen. Der Konstabler bückt sich, gleich darauf fährt er entsetzt wieder hoch. Mit dem rechten Stiefel ist er in ein Rinnsal getreten, das sich bis zum Rand des Fußsteiges schlängelt. Dort hat sich eine Blutlache gebildet. Barr steht vor einer Frauenleiche.

Nachdem der Konstabler den ersten Schreck überwunden hat, hebt er die Signalpfeife. Ihr schriller Ton durchbohrt die Nacht. Dann bückt sich der Polizist noch einmal nieder. Das Gesicht der Ermodeten ist verzerrt. Barr erkennt es trotzdem. Diese Frau hatte er vor einer Woche nach einer Razzia in der Great Eastern Station verhört. Er erinnert sich genau. Sie heißt Martha Turner, ist fünfunddreißig Jahre alt und gehört zur großen Schar der Prostituierten von Whitechapel.

Als ein Sergeant am Tatort eintrifft, erstattet Barr Meldung. Wenig später wird die Leiche abtransportiert. Außer dem Blut ist nichts zurückgeblieben. Barr hat sich davon überzeugt. Eine diesbezügliche Frage des Coroners kann er deshalb später mit Bestimmtheit beantworten.

Die Ermittlungen von Scotland Yard begannen wie in jedem anderen Mordfall auch. Mit der Untersuchung der Leiche wurde Wynne Baxter beauftragt, ein Coroner, der sich im Gegensatz zur Mehrheit seiner Kollegen durch einige medizinische und anatomische Kenntnisse auszeichnete. In seinem Bericht hieß es: „Die Organe des Unterleibes wurden mit zielsicheren und geübten Schnitten herausgetrennt. Kein Organ ist verletzt. Der Täter verfügt zweifelsohne über medizinische Kenntnisse und chirurgische Fähigkeiten. Die Richtung der Schnitte deutet auf einen Linkshänder hin. Als Tatwerkzeuge kommen das Seziermesser des Arztes, das Bajonett des Soldaten oder das scharfe Fleischmesser des Schlächters in Frage. Jede der drei Möglichkeiten ist wahrscheinlich, keine kann mit Sicherheit bestimmt werden. – Die sorgfältig durchgeführte Untersuchung ergab, daß ein Organ des Unterleibes fehlte."

Der Coroner fragte Barr nach diesem Organ (das übrigens

keine zeitgenössische Quelle näher definiert), aber der Polizist erklärte, daß am Tatort nichts liegengeblieben sei. Folglich mußte es der Mörder an sich genommen haben.

Am Tag nach dem Mord verhörten einige Detektive verschiedene Bewohner der Plumber Road. Überall begegneten sie ratlosem Achselzucken. Keiner hatte etwas bemerkt, niemand einen Schrei vernommen. Auch die Erkundungen in mehreren Inns jener Gegend führten zu keinem Ergebnis. Nicht der kleinste Hinweis konnte ermittelt werden. Martha Turner war zwar in einigen Spelunken bekannt gewesen, man hatte sie aber schon seit Tagen nicht mehr gesehen.

Der Monat August verging, und die CID mußte den Mord an Martha Turner zu den ungeklärten Fällen legen. Die Ermittlungen waren allerdings recht ziellos geführt worden, da gerade in jenen Wochen im Yard ein ziemliches Durcheinander herrschte. Man bereitete die Umbesetzung der führenden Posten vor.

Seit nunmehr zwei Jahren stand Sir Charles Warren als Chief Commissioner an der Spitze von Scotland Yard. Durch sein brutales Durchgreifen am Blutsonntag im November 1887 hatte er im Home Office einiges Ansehen gewonnen, und danach fühlte er sich als unfehlbarer Herrscher. Überall wollte er seinen Willen durchsetzen und lebte deswegen in dauerndem Streit nicht nur mit James Monro, der die CID leitete, sondern auch mit dem Innenministerium und mit allen möglichen Interessengruppen.

Da der ehemalige Kolonialgeneral außerdem in polizeilichen Fragen ein völlig unbeschriebenes Blatt war, mußte sich das Home Office wohl oder übel zu einer personellen Veränderung entschließen. Der Rücktritt von Sir Warren wurde für den 1. September 1888 festgelegt. An seine Stelle sollte der bisherige CID-Commander James Monro treten, und als neuer Leiter der CID war Robert Anderson vorgesehen. Dieser hatte sich als Jurist einen gewissen Namen gemacht und stand in der Folgezeit dreizehn Jahre an der Spitze der CID, länger als jeder andere vor ihm.

Der Tag der Neubesetzung der Spitzen von Scotland Yard

rückte heran. Genau vierundzwanzig Stunden vorher erfolgte der zweite Mord. Der letzte Augusttag des Jahres 1888 war noch keine zehn Minuten alt, als am Finsbury Circus – an der Grenze zwischen City und East End – die Leiche der Prostituierten Mary Ann Nicholls gefunden wurde. Der Kopf war vom Körper abgetrennt, der Unterleib aufgeschlitzt, und alles deutete darauf hin, daß derselbe Täter wie am 6. August am Werk gewesen war.

Seine Hände hatte der Mörder an einem Stück Tuch abgewischt, das in fast quadratischer Form aus dem Rock des Opfers herausgeschnitten war. Ein Konstabler fand den blutigen Fetzen wenige hundert Meter vom Tatort entfernt.

City Police und Metropolitan Police achteten seit jeher streng auf die Einhaltung ihrer Kompetenzen. Der Finsbury Circus gehörte noch zur City, die Ermordete lag aber auf der Grenze. Deshalb war das ein Fall für beide Londoner Polizeiorgane, und der Chief Commissioner of the City Police informierte umgehend Sir Charles Warren von dem neuen Mord.

Der scheidende Chief Commissioner of the Metropolitan Police wollte offenbar seinen letzten Amtstag noch durch einen besonderen kriminalistischen Erfolg krönen und ließ sich in den frühen Morgenstunden höchstpersönlich zum Finsbury Circus fahren. Ächzend kletterte er aus der Droschke. Das Gebiet um den Tatort war abgesperrt, und die Leiche der Mary Ann Nicholls lag noch am selben Fleck. Unberührt von dem grauenvollen Anblick, schaute sich Warren das Opfer an.

Schließlich verkündete er wichtigtuerisch, daß der Mörder in jener Gegend gesucht werden müsse, in der man das blutige Tuch gefunden hatte. Damit war sein Vorrat an Ideen offensichtlich erschöpft. Noch einige Minuten marschierte er mit steifen Schritten am Finsbury Circus auf und ab, ließ ein paar mißmutige Bemerkungen fallen und stieg dann wieder in seine Droschke.

Am nächsten Tag wurden Monro und Anderson in ihre neuen Ämter eingeführt. Mit Monro war wieder ein ehemaliger Kolonialoffizier an die Spitze von Scotland Yard gerückt. Er hatte sich in Indien seine Sporen verdient, und zwar zu einer Zeit, in der nach der erbarmungslosen Niederschlagung des Sepoy-Aufstandes jeder Funke einer Rebellion blutig ertränkt worden war. Dabei hatte er es bis zum Generalinspektor der Kolonialpolizei von Bengalen gebracht. Nach seiner Verabschiedung aus der Armee war er zunächst auf den Posten des Leiters der CID geschoben worden. Um seine Verdienste in Indien noch mehr zu belohnen, durfte er jetzt zum Londoner Polizeipräsidenten aufsteigen.

Seine kriminalistischen Fähigkeiten waren kaum besser als die von Sir Warren, aber Monro zeichnete sich durch größeres diplomatisches Geschick aus. Auf die Frage, wie man in den Slums des East End einen Doppelmörder finden solle, wußte allerdings auch er keine Antwort. Diese Aufgabe stand somit allein vor dem neuen CID-Commander.

Als Robert Anderson am 1. September im Home Office vereidigt werden sollte, begrüßte ihn Innenminister Hugh Childers mit den Worten: „Wir machen Sie verantwortlich für die Ermittlung des Mörders."

„Dafür, Sir, kann ich keine Verantwortung übernehmen", erwiderte der neue Chef der CID. „Aber ich werde die Verantwortung dafür tragen, daß nichts unterlassen wird, was zur Ergreifung des Mörders führen kann."

Doch auch Robert Anderson sah vorerst keinen Weg zur Klärung der beiden Fälle. Und da er seine Amtszeit nicht mit einem Mißerfolg beginnen wollte, suchte er unverzüglich nach einem Alibi. Noch am selben Tag meldete er sich krank. Diese Version hielt er einen ganzen Monat lang aufrecht. Erst am 1. Oktober übernahm er die Leitung der CID.

Der neue Polizeipräsident hatte inzwischen eine Belohnung von hundert Pfund für solche Hinweise ausgesetzt, die zur Ergreifung des Täters führten. Gleichzeitig ordnete er an, die nächtlichen Konstablerpatrouillen zu verstärken. Einhundert Pfund waren eine Menge Geld, und Scotland Yard konnte sich über mangelnde Hinweise nicht beklagen. Aber alle eingegangenen Angaben erwiesen sich als falsch. Auch einige Verhaftungen wurden vorgenommen, doch länger als ein paar Stunden konnte niemand festgehalten werden. So verging die erste Woche der Amtszeit von James Monro, ohne daß man auch nur einen Schritt in den Ermittlungen vorangekommen war.

Am 8. September erfolgte der dritte Mord. Wieder war das Opfer eine Prostituierte aus Whitechapel. Annie Chapman war noch gräßlicher zugerichtet als die beiden anderen Frauen. Ihre Leiche wurde unweit von der Stelle gefunden, an der das zweite Verbrechen geschehen war.

Der Bauchaufschlitzer machte Schlagzeilen in der Presse. Die Londoner Zeitungen waren mit Darstellungen über die drei Morde angefüllt, die nichts an Ausführlichkeit vermissen ließen. Diese Berichte stützten sich auf gelegentliche Äußerungen und Indiskretionen von Mitarbeitern des Yard. Was den Journalisten an Details nicht bekannt geworden war, wurde erfunden. Die einzelnen Blätter versuchten sich mit blutrünstigen Sensationsmeldungen zu übertrumpfen. Der Erfolg stellte sich schnell ein. Die Auflagen kletterten in die Höhe, den Zeitungsverkäufern wurden die Gazetten aus der Hand gerissen. Jeder wollte Näheres über den geheimnisvollen Mörder erfahren.

In London drohte eine Panik auszubrechen. Eine nie dagewesene Erregung lag über der Stadt. Nach Einbruch der Dunkelheit wagte sich fast keine Frau mehr allein auf die Straße. Gleichzeitig wuchs die Empörung über die offenbaren Mißerfolge von Scotland Yard. Als sich in der Presse die Angriffe steigerten, gab Monro schließlich eine erste offizielle und zugleich nichtssagende Erklärung ab: „Der Täter ist vermutlich ein Lustmörder, der sich in Whitechapel verborgen hält."

Coroner Wynne Baxter machte sich die Version vom Lustmörder allerdings nicht zu eigen. Er hatte in allen drei Fällen die Leichenschauen durchgeführt und danach – wie es die Vorschrift festlegte – einige Befragungen vorgenommen. Dabei war er auf eine Spur gestoßen, die eventuell zum Täter führte.

Nach dem Mord an Annie Chapman schrieb Wynne Baxter in einem Gutachten für den Polizeipräsidenten: „Wir sahen, daß vom Täter aus dem Leib des Opfers ein inneres Organ entfernt worden war. Eine Kaffeetasse würde das Volumen des fehlenden Teils fassen. Man hat vermutet, daß der Verbrecher ein mit krankhaften Trieben behafteter Irrsinniger sei. Es mag dies der Fall sein oder nicht; jedenfalls ist der Zweck des Verbrechens handgreiflich klar durch die Tatsachen offenbart, und es ist keineswegs nötig, Geisteskrankheit anzunehmen, denn es gibt einen Markt für das fehlende Organ. Um Ihnen dies zu beweisen, muß ich eine Tatsache erwähnen. Wenige Stunden nachdem die Morgenblätter den Bericht über das in der letzten Sitzung erstattete Gutachten gebracht hatten, erhielt ich von einem Beamten eines unserer ersten medizinischen Institute die Mitteilung, daß sie über eine Information verfügen, die vielleicht für unsere Untersuchung von Wert sei. Ich ging sofort hin und erfuhr von dem Direktor des Pathologischen Instituts, daß vor wenigen Monaten ein Amerikaner bei ihnen gewesen sei und ihn gebeten habe, ihm eine Anzahl Exemplare des Organs zu beschaffen, das bei der Leiche der Ermordeten fehlte. Der Besucher habe sich erboten, zwanzig Pfund Sterling für jedes Stück zu bezahlen; er sei mit einer wissenschaftlichen Arbeit beschäftigt und beabsichtige, jedem Abdruck ein Exemplar in natura beizugeben. Sein Ersuchen wurde abgelehnt; er beharrte jedoch auf seinem Verlangen; er wünschte die Organe konserviert, nicht in Weingeist, dem üblichen Medium, sondern in Glyzerin, um sie in weichem Zustande zu erhalten; sie sollten direkt nach Amerika geschickt werden. Es ist bekannt, daß dieses Ansinnen bei einem anderen Institut ähnlicher Art wiederholt wurde. Nun ist es nicht ausgeschlossen, daß ein verkommenes Subjekt von diesem Verlangen Kenntnis erhielt und dadurch auf den Gedanken gebracht wurde, sich in den Besitz eines Exemplars zu setzen. Es scheint fast unglaublich, daß ein so abscheulicher Plan im Hirne eines Menschen entstehen kann; leider zeigt aber die Kriminalgeschichte, daß jedes Verbrechen möglich ist."

Baxter erinnerte dann in dem Schreiben an die ähnlich ge-
lagerten Fälle der Leichenräuber und Serienmörder Burke
und Hare aus dem Jahre 1828 und William und Biskop von
1830.

Erinnerungen an die „Bodysnatchers"

Damals war folgendes geschehen: Vor Erlaß des Anatomy
Act im Jahre 1832 war es den britischen Ärzten unmöglich
gewesen, auf gesetzlichem Wege für Forschung und Lehre
Leichen zu erhalten. Manche Wissenschaftler stahlen deshalb nachts von Friedhöfen unlängst beerdigte Tote, andere kauften sie von den „Bodysnatchers" – den „Leichen-
dieben".
Das Geschäft der Leichenhändler war einträglich. Um jeweils acht bis vierzehn Pfund zu erhalten, ersannen sie
immer neue Möglichkeiten. Sie holten aus den Armenhäusern Verstorbene ab, mit denen sie angeblich verwandt waren, und verkauften sie an ein Anatomieinstitut. In der folgenden Nacht brachen sie dort ein, stahlen die Leichen
wieder und boten sie an anderer Stelle an. Oft genug mußten die Professoren, wenn sie ein eben erworbenes Bündel
aufschnürten, feststellen, daß sie keinen Toten, sondern
einen Volltrunkenen gekauft hatten.
William Hare betrieb in Edinburgh eine Pension. Ein
Mann, der ihm einen Mietrückstand von vier Pfund schul-
dete, war plötzlich verstorben. Hare beriet sich mit seinem
Freund Burke, und beide beschlossen, die Leiche zu verkaufen. Von dem hohen Erlös überrascht, faßten sie einen
teuflischen Plan. Sie boten Heimatlosen ein billiges Quartier an, machten ihre Opfer betrunken und töteten sie dann.
Innerhalb weniger Wochen mußten auf diese Weise fünfzehn Menschen sterben. – Im Dezember 1828 wurden
Burke und Hare zum Tode verurteilt.
Zwei Jahre später machten die Serienmörder William und
Biskop von sich reden. Und wieder zwei Jahre später beschloß das Unterhaus ein Gesetz, das den Ärzten offiziell

das Arbeiten mit Leichen erlaubte. Einem makabren Geschäft war damit für immer die Grundlage entzogen worden.

Coroner Wynne Baxter hatte bei den Untersuchungen der drei ermordeten Frauen festgestellt, daß jeweils das gleiche Körperorgan fehlte. Er war deshalb zu der Meinung gelangt, daß jetzt, sechs Jahrzehnte nach den schauerlichen Serienmorden der „Bodysnatchers", erneut ein Leichenfledderer am Werk war.

Obwohl über den erwähnten Amerikaner ziemlich detaillierte Angaben vorlagen, wurde dieser Mann nie gefunden. Polizeipräsident Monro hielt die Spur, die sich aus den Hinweisen des Coroners ergab, nicht für wichtig. Ihm erschienen solche Gedankengänge zu abwegig, und die CID stellte die Fahndung nach dem Amerikaner schnell wieder ein.

„Ihr ergebener Jack the Ripper"

Seit dem Mord an Annie Chapman waren knapp drei Wochen vergangen. Die Erregung in London hatte sich etwas gelegt. Robert Anderson verbarg sich noch immer hinter seiner angeblichen Krankheit.

Am 29. September stach der Mörder erneut zu. Die Ankündigung erfolgte einen Tag vorher. In den Briefkasten des Polizeipräsidiums war unbemerkt ein verschlossener Umschlag geworfen worden, adressiert an Great Scotland Yard, Whitehall Place. Doch die Angabe des Absenders fehlte.

Ein Sergeant, der den Brief fand, überreichte ihn unverzüglich dem Polizeipräsidenten. Monro öffnete den Umschlag und las:

„Ich bin nach wie vor hinter den Huren her, und ich werde nicht aufhören, bis ich hinter Schloß und Riegel gebracht werde. Der letzte Job war eine große Sache. Ich gab der Frau keine Zeit zu schreien. Wie können Sie mich nur fassen? Ich liebe meine Arbeit, und ich werde zu neuen Taten

97

schreiten. Sie werden bald von mir hören. Beim nächsten Job, den ich vorhabe, werde ich der Frau die Ohren abschneiden und sie den Polizeibeamten zusenden. Mein Messer ist scharf. Alles Gute.

Ihr ergebener Jack the Ripper"

Nachdem Monro das Schreiben ein zweites Mal gelesen und den Umschlag gründlich untersucht hatte, jagten tausend Gedanken durch sein Hirn. Besaß der Mörder die Frechheit, direkt bis vor die Tür von Scotland Yard zu spazieren? Oder hatte sich jemand einen Scherz erlaubt? Oder fühlte sich der Täter – falls das Schreiben tatsächlich von ihm stammte – so sicher, daß er seine Morde jetzt schon vorher ankündigte?

Monro wußte auf diese Frage keine Antwort und überlegte, was zu tun sei. Dann befahl er, originalgetreue Kopien des Schreibens sofort an die Zeitungen zu übermitteln, denn vielleicht könne jemand die Schriftzüge erkennen. Außerdem sollten ab sofort die Nachtpatrouillen wieder verstärkt werden. Schon am folgenden Tag, dem 29. September, brachten die Londoner Blätter Faksimiles des ominösen Briefes, und jetzt hatte der Mörder auch einen Namen: Jack the Ripper – Jack der Bauchaufschlitzer.

Am selben Abend patrouillierten durch die Straßen von Whitechapel, Spitalfields, Stepney und Houndsditch einige Dutzend Polizisten mehr als sonst. Detektive der CID unterstützten ihre uniformierten Kollegen. Kurz vor Mitternacht zerriß das Schrillen einer Signalpfeife die nächtliche Ruhe. Konstabler und Detektive liefen in die Richtung, aus der der Pfiff gekommen war. Das Dreieck zwischen Charles Street, High Bromley und Commercial Road East war nach wenigen Minuten abgeriegelt. Die Polizisten rückten zum Arbour Square vor.

Zwei Fackeln warfen gespenstiges Licht auf die Gesichter der Konstabler. Die meisten von ihnen sahen zum ersten Mal ein Opfer des Bauchaufschlitzers. Die Leiche der Hure Elizabeth Stride bot einen grauenvollen Anblick. Keiner der Konstabler und Detektive, die anschließend die

Straßen und Gassen um den Arbour Square durchkämmten, entdeckte irgendeinen Menschen, der nicht zu den Beamten von Scotland Yard gehörte. Von dem Täter fehlte auch diesmal jede Spur.

Die Polizisten erhielten neue Befehle und setzten ihre Patrouillen fort. Sergeant Graham und Konstabler Meany gingen zur Sidney Street zurück. Um ein Uhr dreißig kontrollierten sie die Ecke zur Woolsey Street, marschierten dann langsam bis zur Nelson Street und kehrten um. Als sich ihre Schritte zum zweiten Mal der Woolsey Street näherten, war es ein Uhr fünfundvierzig. In diesem Augenblick fanden sie das fünfte Opfer von Jack the Ripper.

Der Mörder hatte die Frau unter einer Gaslaterne getötet. Ein herbeigerufener Sergeant konnte die Tote identifizieren. Wieder war es eine Hure aus Whitechapel. Sie hieß Catherine Eddows.

Die Londoner Mittagszeitungen vom 30. September berichteten über den Doppelmord. Die eben abgeklungene Erregung der Bevölkerung steigerte sich erneut bis zum Siedepunkt. Eine große Tageszeitung schrieb: „Männer, Frauen und Kinder sind von Panik ergriffen. Nur Leute, die nachts beruflich zu tun oder die sich eines genügenden Schutzes versichert haben, verlassen nach Einbruch der Dunkelheit ihr Heim; die einsame Dirne, eilig über die Straße huschend, fühlt den Schatten des Mörders ihre Schulter berühren."

Dabei trugen die Zeitungen zu einem wesentlichen Teil selbst die Schuld an dieser Panik. Wie es sich nämlich später herausstellte, war der ominöse Brief, durch den der Mörder seinen Namen erhielt, von einem Journalisten geschrieben worden, dem es offenbar zu lange dauerte, bis sich der Verbrecher wieder meldete. Ob der Frauenmörder durch die Veröffentlichung des Briefes zu den neuen Morden angeregt wurde, ist ungeklärt geblieben, obwohl die Ereignisse des 28. und 29. September einen solchen Zusammenhang als naheliegend erscheinen lassen.

Nach der Publizierung des angeblichen Ripper-Briefes waren aus allen Teilen der Stadt unzählige Anzeigen bei

Scotland Yard eingegangen. Überall wollte man den Bauchaufschlitzer gesehen haben oder wissen, wo er sich verborgen hielt. Für die Polizei boten sich Tausende von Spuren an, aber alle endeten in einem unentwirrbaren Knäuel von falschen Behauptungen, Denunziationen und Enttäuschungen über die ausgebliebene Belohnung. An eine systematische Aufklärungsarbeit war nicht mehr zu denken.

Die Wogen der Erregung machten selbst vor dem Parlament nicht halt. Das Unterhaus unterbrach seine Debatte über die Britisch-Ostafrikanische Gesellschaft. Verschiedene Abgeordnete richteten erregte Anfragen an den Innenminister. Die Liberalen, seit drei Jahren in der Opposition, nutzten die Gelegenheit und klagten die Konservativen unter Premierminister Salisbury zahlreicher Versäumnisse in der Polizeiarbeit an.

„Heute werden die Huren von Whitechapel abgeschlachtet", hielt ein Abgeordneter dem Home Secretary vor, „morgen können es unsere Frauen sein. Was gedenken Sie zu tun, um die Sicherheit in London wiederherzustellen?"

Am darauffolgenden Tag gab der Innenminister seine Entscheidung bekannt. Die Belohnung für die Ergreifung des Mörders wurde von hundert auf tausend Pfund erhöht. An alle Komplicen des Täters, die Hinweise geben konnten, erging gleichzeitig die Zusicherung völliger Straffreiheit auch für andere Vergehen. Und der Polizeipräsident sollte endlich für eine straffe Leitung der CID sorgen.

Robert Anderson konnte sich nicht mehr hinter seiner Krankheit verstecken und mußte zum Yard zurückkehren. Er befand sich gerade vier Stunden im Amt, als ihm ein Sergeant eine Karte überbrachte. „Sie ist auf die gleiche Weise angekommen wie vor zwei Tagen jener Brief", sagte er. Anderson las:

„Diesmal Doppelvorgang. Nummer 1 schrie ein bißchen; konnte sie nicht sofort fertigmachen. Hatte keine Zeit, Ohren für die Polizei zu besorgen. Wird beim nächsten Job nachgeholt. Mit den besten Empfehlungen.

Ihr ergebener Jack the Ripper"

Anderson setzte sich sofort mit dem Chief Commissioner in Verbindung. Dazu konnte er ein Telefon benutzen, denn seit wenigen Tagen verfügte Scotland Yard über diese neue technische Einrichtung. Das Präsidium am Whitehall Place, die Zentrale der CID in Great Scotland Yard und die anderen Dienststellen standen nunmehr durch Fernsprechanlagen miteinander in Verbindung.

„Geben Sie Kopien der Karte an die Zeitungen", ordnete Monro an. „Wir verfahren genauso wie nach dem Empfang des Briefes."

Die Flut von Hinweisen, die im Yard einliefen, schwoll weiter an. Die Ermittlungen aber kamen keinen Schritt voran. So verging mehr als eine Woche. Am 9. November wurde Jack the Ripper zum ersten Mal gesehen.

Begegnungen im Nebel

Ob die Hure Mary Jane Kelley durch körperliche Reize oder durch den Wohlklang ihrer Stimme verlockender wirkte, blieb fraglich. Jedenfalls fanden die Gäste der jämmerlichen Spelunke in der Dorset Street in Spitalfields Gefallen an den Liedern, die Mary Jane dort allabendlich zum besten gab.

Am 9. November hatte die Dirne ihren Auftritt beendet und zog sich aus irgendeinem Grund nicht in ihr Zimmer über dem Schankraum zurück, sondern verließ die Gastwirtschaft. Es war zwei Stunden vor Mitternacht.

Der Nebel lag wie eine dicke Decke über London. Die Hure ließ die Dorset Street hinter sich, trippelte durch die Crispin Street und bog schließlich in die Bell Lane ein. Dort sprach sie ein Unbekannter an. Auf seine eindeutige Frage nannte Mary Jane den Preis.

„Wohin gehen wir?"

„Komm mit!"

Vor der Spelunke murmelte der Mann einen Fluch. Die Tür zum Schankraum hatte sich geöffnet. Der Unbekannte stand im Lichtkegel, der die Nebelschwaden zerschnitt. Der Gast, der auf die Dorset Street herausgetreten war, fixierte den Begleiter von Mary Jane Kelley. Er schaute den beiden nach, bis die Seitentür der Gastwirtschaft ins Schloß gefallen war.

Die Dirne entkleidete sich beim Schein einer Kerze. Kurz danach erlosch das Licht. Eine Hand legte sich auf Marys Mund. Das Mädchen wehrte sich verzweifelt, aber gegen den eisernen Griff war sie machtlos.

Inzwischen hatten die letzten Gäste die Spelunke verlassen. Der Wirt befand sich allein in dem düsteren Schankraum und räumte auf. Als er vom vorletzten Tisch die Brandygläser nahm, griff seine Hand in eine dunkle Flüssigkeit. Dann verspürte er auf dem Handrücken einen Tropfen. Der nächste Blutstropfen traf genau die Tischkante und zersprühte. Der Wirt richtete die Augen zur Decke und sah den großen Fleck. Er begriff sofort, und im gleichen Augenblick packte ihn das Grauen. Mit zwei Sprüngen war er an der Tür, warf den Riegel zurück. Seine Stimme gellte durch die Dorset Street. „Konstabler! Mord! Mord! Mord! Helft mir! Konstabler! Zu Hilfe!"

Vor dem Portal des East India Department lief er einer Patrouille in die Arme. Die Signalpfeife rief weitere Polizisten herbei. Ihre Zahl hatte sich auf elf erhöht, als der Wirt, noch immer vom Entsetzen gepackt, mit den Konstablern in der Dorset Street ankam. Der Mörder war natürlich längst verschwunden.

Noch in derselben Nacht traf der Coroner am Tatort ein. „Einen so gräßlich zugerichteten Körper habe ich noch nie gesehen", war seine erste Feststellung.

Im Yard wurde Großalarm ausgelöst. Schon am Morgen des 10. November konnten alle Gäste ermittelt werden, die am vorhergehenden Abend in der Spelunke gezecht hatten. Von Wert war nur die Aussage des Mannes, der das Inn kurz vor Mitternacht verlassen und Mary Jane Kelley mit ihrem Begleiter gesehen hatte. Bei der Vernehmung gab er einem Detektiv der CID zu Protokoll: „Ich schätze den Burschen auf etwa fünfunddreißig Jahre. Er hatte eine

102

mittelgroße Statur, sein Gang war etwas gebückt. Das schwarze Haar umrahmte ein längliches Gesicht. Nase und Mund fielen durch ihre beachtliche Größe auf. Die Enden des Schnurrbartes waren nach oben frisiert."

Diese Aussage erlangte später noch einmal einige Bedeutung, als Scotland Yard einen Mann verhaftete, auf den jene Beschreibung haargenau paßte. Bis dahin sollte aber noch viel Wasser die Themse hinabfließen; denn vorerst blieben alle Versuche der CID, dem Verbrecher auf die Spur zu kommen, erfolglos.

Andersons Märchen

Über die Frage, wer Jack the Ripper gewesen ist, sind viele Vermutungen angestellt worden. Am unglaubhaftesten klingt das, was Robert Anderson später selbst geschrieben hat.

„Man braucht kein Sherlock Holmes zu sein", meinte er, „um zu erkennen, daß der Täter ein geisteskranker Sexualverbrecher gefährlichster Sorte war, daß er in unmittelbarer Nachbarschaft der Mordstellen wohnte und daß, wenn er nicht ganz allein lebte, seine Umgebung um seine Verbrechen wußte, ihn aber der Polizei nicht übergeben wollte. Während meiner Abwesenheit unternahm die Polizei eine Suche nach ihm von Haus zu Haus und durchsuchte jede Wohnung im Distrikt, deren Beschaffenheit derart war, daß der Bewohner, ohne gesehen zu werden, kommen und gehen und seine Blutspuren beseitigen konnte. Und wir kamen zu dem Schluß, daß er und sein Anhang heruntergekommene polnische Juden waren; denn es ist eine Tatsache, daß Leute dieser Klasse in East End niemals einen der Ihrigen der Justiz verraten.

Und der Erfolg bewies, daß unsere Diagnose in jedem Punkt richtig war. Denn, das möchte ich gleich sagen, unentdeckte Morde sind in London selten, und die Jack-the-Ripper-Verbrechen gehören nicht zu dieser Kategorie. Und wenn die hiesige Polizei die Befugnisse gehabt hätte, wie sie die französische Polizei besitzt, so würde der Mörder vor Gericht gestellt worden sein. Scotland Yard kann sich rühmen, daß auch die nachgeordneten Offiziere nicht aus der Schule plaudern, und es würde mir schlecht anstehen, das ungeschriebene Gesetz des Dienstes zu verletzen. Nur soviel kann ich hier beifügen, daß der Jack-the-Ripper-Brief, der im Polizeimuseum in Scotland Yard aufbewahrt ist, das Werk eines unternehmenden Londoner Journalisten ist.

Im Hinblick auf das große Interesse, daß diesem Kriminalfall entgegengebracht wird, bin ich beinahe versucht, die Identität des Mörders und des Pressemannes, der den Brief schrieb, preiszugeben. Aber ein solches Tun würde dem öffentlichen Wohle nicht dienen und den Traditionen meines alten Departments zuwiderlaufen. Ich will nur sagen, daß die einzige Person, die den Mörder je zu Gesicht bekam, ohne Zögern den Verdächtigen erkannte, in dem Augenblick, in dem sie ihm gegenübergestellt wurde. Aber sie weigerte sich, gegen ihn Zeugnis zu geben. Wenn ich sage, er war ein polnischer Jude, so will ich damit lediglich eine endgültige, beglaubigte Tatsache feststellen."

Welche Gründe sollten wohl Scotland Yard und sein Assistant Commissioner gehabt haben, den Namen eines „heruntergekommenen polnischen Juden" geheimzuhalten? Sir Robert Anderson schweigt sich darüber aus, weshalb der angeblich bekannte Mörder unbehelligt geblieben ist. Der Hinweis auf mangelnde Befugnisse muß in diesem Zusammenhang geradezu grotesk wirken.

Andersons Märchen – nicht zu verwechseln mit den Erzählungen des großen dänischen Dichters ähnlichen Namens – waren nichts anderes als ein mißlungener Versuch, das Versagen von Scotland Yard nachträglich zu bemänteln.

Dazu diente auch die folgende Erklärung. Major Arthur Griffiths war als Inspekteur der britischen Gefängnisse an der Untersuchung der Ripper-Morde beteiligt. Er durfte sich zu den persönlichen Freunden von Anderson zählen.

Später äußerte er sich gleichfalls zur Person des Täters, wobei er allerdings versäumte, die eigene Version mit der des CID-Commander abzustimmen.

„Das Publikum mag der Ansicht sein, die Identität von Jack the Ripper sei nie ermittelt worden; die Polizei jedoch ist im Laufe ihrer Nachforschungen nach dem letzten Morde zu dringendem Verdacht gegen eine Anzahl von Personen gelangt, die alle als geisteskranke Mörder bekannt waren und von denen drei die begründeten und schwerwiegenden Verdachtsmomente rechtfertigten. Der eine war ein polnischer Jude, ein polizeibekannter Geisteskranker, der sich zur Zeit der Morde im Distrikt von Whitechapel aufhielt und, als er später Mordneigung zeigte, in einer Irrenanstalt interniert wurde.

Der zweite, der als Täter in Betracht kommt, war ein ebenfalls geisteskranker russischer Arzt, der in England wegen verschiedener Verbrechen Strafen erlitten hatte. Dieser Mann pflegte chirurgische Messer und Instrumente in seinen Taschen mitzuführen; sein Vorleben war das denkbar schlechteste, und zur Zeit der Whitechapel-Morde hielt er sich versteckt; zum mindesten wurde sein Verbleiben niemals einwandfrei festgestellt.

Die dritte Person war vom gleichen Typus; jedoch war in diesem Falle der Verdacht dringender. Er war in seiner Jugend auch Arzt, galt für geisteskrank oder an der Grenze des Irrsinns stehend und verschwand unmittelbar nach dem letzten Morde am 9. November 1888. Am letzten Tage dieses Jahres, also sieben Wochen später, wurde seine Leiche aus der Themse gezogen; sie soll etwa einen Monat im Wasser gelegen haben. Man nimmt an, daß er nach seiner letzten teuflischen Tat komplett wahnsinnig wurde und Selbstmord beging. Zum mindesten spricht viel für die Vermutung, daß Jack the Ripper nach dem letzten Morde gestorben oder in Verwahrung gebracht worden ist. In diesem dritten Falle wäre es von Interesse gewesen, zu erfahren, ob der Mann linkshändig oder rechts- und linkshändig zugleich war, da die medizinischen Sachverständigen nach dem Befund der Leichen zu der Annahme gelangt waren, daß es sich bei dem Täter um einen Linkshänder handelte."

Auch Major Griffiths' Version klingt nicht überzeugend. In einer Beziehung deckt sie sich jedoch auffallend mit den Äußerungen von Robert Anderson. Ein Engländer als Täter? Völlig unmöglich! Man hatte ja die Auswahl – entweder polnischer Jude oder vielleicht Russe, wenn man schon nicht irgendeinen Farbigen als Ripper präsentieren konnte. Alle Verlautbarungen waren haargenau auf die puritanische Gesellschaft zugeschnitten und dienten gleichzeitig dem besseren Verständnis der großen Politik, in der Rassefragen eine bedeutende Rolle spielten.

Die nächste offizielle Erklärung von Scotland Yard zu den Morden in East End ließ fünfzehn Jahre auf sich warten. Die Zeitungen boten in der Zwischenzeit allerdings eine ganze Reihe weiterer Täter an. „Wenn Nonsens wägbar wäre", schrieb Anderson später, „der Nonsens, der über diese Morde geredet und geschrieben wurde, könnte einen Dreadnought" (ein Großkampfschiff – d. V.) „zum Sinken bringen." Damit hatte er völlig recht, obgleich er hinzuzufügen vergaß, daß sein eigener Nonsens ausgereicht hätte, allein einen Dreadnought zu versenken.

Dabei waren manche von der Presse geäußerten Vermutungen gar nicht so abwegig. So wurde zum Beispiel von einem wahnsinnigen Geschlechtskranken geschrieben, der sich für die Infektion an den Prostituierten von Whitechapel rächen wollte. Mit dem Mord am 9. November habe er die letzte der sechs Dirnen, deren Kunde er gewesen sei, umgebracht. Die Behauptung, daß der Täter kurz danach Selbstmord verübte, lehnte sich im gewissen Sinne an das dritte Verdachtsmoment des Majors Griffiths an.

Andere Blätter stellten den Mörder als ein Opfer der Literatur hin. 1886 hatte Robert Louis Stevenson seine Erzählung „Der seltsame Fall des Dr. Jekyll und Mr. Hyde" veröffentlicht, die in England beträchtliches Aufsehen erregte. Der Held jener Geschichte, Henry Jekyll alias Edward Hyde, litt an Schizophrenie, führte ein Doppelleben und stand tagsüber als Dr. Jekyll am gleichen Ort, an dem er in der Nacht als Mr. Hyde Verbrechen beging. Seelenspaltung war damals in London ein aktuelles Schlagwort geworden. Zwei Jahre nach dem Erscheinen des Buches mordete Jack the Ripper in den nachtdunklen Straßen und war am Tage nirgends aufzuspüren. Also, so folgerten einige Londoner Zeitungen, habe Stevensons Erzählung einen charakterlich labilen Menschen zur Nachahmung angeregt. Der Täter sei ein „seelisch gespaltener" Arzt aus dem vornehmen West End gewesen.

Das Jahr 1888 neigte sich seinem Ende zu. Es ging in die Londoner Kriminalgeschichte als ein Jahr blutiger Geheimnisse und dunkler Spekulationen, als ein Jahr der Mißerfolge von Scotland Yard ein.

Jack the Ripper war nicht ermittelt worden. Wenn er tatsächlich in den Kreisen untertauchte, die durch die bisherigen Vermutungen abgesteckt wurden, dann läßt sich das Versagen von Scotland Yard durch vielfältige Ursachen erklären. Die Entwicklung wissenschaftlicher Methoden für die Kriminalistik steckte noch in den Anfängen. Die objektive Erkenntnisfähigkeit der Polizei bewegte sich in engen Grenzen. Daneben aber gab es eine Kette von Fehlern, Unterlassungen und zeitbedingten Barrieren, die das Fiasko bewirkten.

An den entscheidenden Stellen der Metropolitan Police saßen Männer – meist ausgediente Armee- und Kolonialoffiziere –, denen jede kriminalistische Erfahrung fehlte. Ein wichtiger Hinweis, der möglicherweise auf eine heiße Spur geführt hätte, war unbeachtet geblieben: Nach dem präzise beschriebenen Amerikaner wurde nicht gefahndet. Die gesamten Ermittlungen verliefen planlos, und der berühmte Zufall, der in anderen Fällen zum Erfolg geführt hatte, stellte sich nicht ein.

Ein einfaches Prinzip der kriminalistischen Arbeit, die Ermittlungen ohne großes Aufsehen zu führen, wurde ständig durchbrochen. Zuerst durch Indiskretionen verschiedener Detektive gegenüber den Journalisten, dann durch mehrfache offizielle Erklärungen des Polizeipräsidenten. Die sensationelle Aufbauschung tatsächlicher und erfundener

Einzelheiten des Falles in der Presse machte eine ernst-
hafte Arbeit der Polizei unmöglich.

In London gab es zu jener Zeit weder eine Registrierung der
Einwohner noch eine Meldepflicht. Jeder durfte den
Namen führen, der ihm gefiel, und er wurde so angesprochen, wie er sich selbst nannte. Für einen Verbrecher war
es somit leicht, in der Viereinhalbmillionenstadt unterzutauchen. Und noch leichter war es, sich in East End im Ge-
wirr der Gassen, Schlupfwinkel und Asyle der übervölkerten Slums zu verstecken.

Die nächtlichen Polizeipatrouillen beschränkten sich auf
die großen Straßen, und kein Konstabler wagte sich in die
engen Gassen hinein, wollte er nicht Gefahr laufen, sein
Leben zu riskieren. Manche Gegenden des East End waren
so verrufen, daß sie zu Sperrzonen für das Militär erklärt
wurden. Den Soldaten der Londoner Garnison war es bei
Androhung einer Arreststrafe von einundzwanzig Tagen
verboten, diese Gebiete zu betreten. Daß die Polizisten, die
ihren Dienst wie eh und je unbewaffnet versahen, um solche Viertel einen großen Bogen machten, darf nicht ver-
wundern.

Die gesellschaftlichen Widersprüche jener Jahre kamen in
keiner Stadt der Erde so sichtbar zum Ausdruck wie in
London. In westlicher Richtung schließt sich unmittelbar
an das East End die City an, in der sich damals die größten
Banken der Welt befanden. Sie galt in jenen Jahren als das
„goldgespickte Portemonnaie dieser Erdkugel". Dort gab
es die reichste Stadtverwaltung der Welt, die es sich beispielsweise leisten konnte, die Mitglieder des „Ausschusses
zur Überwachung der City-Kloaken" jährlich mit 12 000
Pfund zu entlohnen.

Den Sheriffs der City oblag es, dafür zu sorgen, daß das für
alle Zeiten so blieb und daß immer Gefängniszellen für
jene bereitgehalten wurden, die an der geheiligten Ordnung rüttelten. Bei der Übernahme ihrer Tätigkeit schworen sie deshalb den Eid, „aufrechtzuerhalten und zu schützen die Freiheiten der City, auf keinen guten Gebrauch und
auf kein Recht der City zu verzichten, die Ordnung zu

schirmen, die City vor Unglück zu bewahren und das Gefängnis von Newgate nicht zu verpachten".

Die City hatte eine eigene Polizei. Mehr als 900 Konstabler und Sergeanten bewachten das kleine Gebiet um die Lombard Street, und auf jeweils 90 Bürger kam ein Polizist. Für den Schutz der übrigen viereinhalb Millionen Londoner sorgten weniger als 9500 Bobbies. Ein Polizist war also für 475 Bewohner zuständig.

Das von der Metropolitan Police bewachte Gebiet war hundertzwanzigmal größer als das Revier der City Police. Ein Vergleich der beiden Jahresbudgets ergab aber nur ein Verhältnis von 6 : 1. Der Londoner Polizeidistrikt bestand aus dreiundzwanzig Divisionen. Eine davon, die H-Division, war für das East End zuständig. In dieser übervölkerten Gegend lebte etwa jeder zehnte Londoner, und dort mordete Jack the Ripper.

Wir wissen nicht genau, wie viele Konstabler und Detektive nach dem Bauchaufschlitzer fahndeten. Mehr als fünfhundert Polizisten waren aber selbst an den größten Einsätzen nicht beteiligt, und das in einem Gebiet, in dem beinahe eine halbe Million Menschen lebten.

Scotland Yard hatte zu jener Zeit natürlich noch andere Sorgen. Die Wirtschaftskrise der achtziger Jahre spitzte sich zu und erreichte 1888 ihren Höhepunkt. In England streikten 120 000 Menschen. Die Londoner Hafenarbeiter und die Gaswerker schlossen sich in den „New Trade Unions" zusammen, und Eleanor Aveling, die jüngste Tochter von Karl Marx, organisierte eine Gewerkschaft der ungelernten Arbeiter.

Das rasche Wachsen der proletarischen Organisationen und die zunehmende Streikwelle bedeuteten für die herrschenden Klassen und ihr Machtorgan, die Polizei, eine größere Gefahr als das Wüten des einsamen Rippers. So war ein beträchtlicher Teil von Scotland Yard durch ständige Einsätze gegen die Londoner Arbeiter gebunden. Die Polizisten lösten Demonstrationszüge auf, trieben Streikende auseinander, besetzten Versammlungslokale. Detektive der CID mußten sich zu Spitzeldiensten hergeben.

Ein weiterer Teil der Metropolitan Police war für „Sonderaufträge" abgestellt. Eine zeitgenössische Chronik berichtet darüber: „Wer sein Eigentum speziell bewacht wissen will, hat überdies das Recht, gegen separate Bezahlung sich in Scotland Yard eine beliebige Anzahl Policemen für eine beliebige Zeit zu mieten. Von diesem Rechte machten die Museen, die Staatskassen, die Münzämter, die großen Banken usw. ausgedehnten Gebrauch. Um einige Beispiele anzuführen, sei bemerkt, daß das Britische Museum nicht viel weniger als 20 000, die Hauptstadt etwa 8000, die große Bildergalerie über 10 000, das Greenwicher Hospital zwischen 24 000 und 28 000 Mark jährlich bezahlen für das Vergnügen, ganz extra beschützt zu werden."

Dabei verschweigt die Chronik noch, welche Summen die großen Fabriken und die zahlreichen Clubs der reichen Nichtstuer für das „Vergnügen, ganz extra beschützt zu werden", aufwendeten.

Warum wurde zum Beispiel das Greenwicher Hospital „speziell bewacht"? Das war nun freilich kein Krankenhaus, wie man meinen könnte, sondern die Königliche Marineakademie, und in einem damit verbundenen Marinemuseum hatte man so ziemlich alles zusammengetragen, was an die britischen Siege zur See erinnerte: Gemälde und Büsten der Kriegshelden, erbeutete Kanonen, wertvolle Standbilder und vieles mehr. Scotland Yard bewachte diese Pracht und hielt von der Marineakademie unliebsame Störungen fern, damit sich die Offiziere der Admiralität in aller Ruhe zu neuen Taten rüsten konnten.

So blieben für die Jagd auf den Bauchaufschlitzer tatsächlich nicht viele Polizisten übrig, und die Anforderungen, die an sie gestellt wurden, waren hart.

Die nächtlichen Streifengänge der Konstabler begannen um zweiundzwanzig Uhr und endeten um sechs Uhr, sie waren meist länger als zwanzig Kilometer und mußten über acht Monate hintereinander ausgeführt werden. Dann hatte der Konstabler für die restlichen vier Monate des Jahres Tagesrunden, die sich über jeweils sechzehn Stunden erstreckten, von sechs Uhr morgens bis zweiundzwanzig Uhr. Der dabei zurückzulegende Weg betrug zwanzig bis vierzig Kilometer.

Die Woche wurde durch keinen freien Tag unterbrochen. Im Jahr erhielten die Konstabler lediglich sieben Tage Urlaub. Die Entlohnung für diesen harten Dienst war gering. Die Konstabler bekamen wöchentlich 19, 21, 23 oder 25 Shilling, umgerechnet also etwas mehr oder weniger als 20 Mark. Die Sergeanten erhielten 26 oder 28 und die Inspektoren $45^1/_2$ oder $52^1/_2$ Shilling. Lediglich die wenigen Superintendenten erfreuten sich einer wöchentlichen Bezahlung von 100 Shilling oder 5 Pfund.

Körperlich überbeansprucht und belastet durch finanzielle Sorgen, verrichteten die Konstabler ihren Dienst. Es blieb bei flacher Routine. Ein Anreiz zu besonderer Initiative war nicht gegeben.

Die Unzufriedenheit der Konstabler über ihre unzureichende Entlohnung und die harten dienstlichen Anforderungen waren so groß, daß es im Juli 1890 sogar zu einer offenen Rebellion gegen den Polizeipräsidenten kam. Vor dem New Bow Street Police Court, dem bedeutendsten der vierzehn Londoner Polizeigerichtshöfe, hatten sich Hunderte von Polizisten versammelt und bekundeten ihren Unmut in lauten Sprechchören. Der Polizeipräsident wollte die Demonstration durch eine berittene Einheit auflösen lassen. Als die Reiter in die Bow Street einrückten und ihre Knüppel zogen, kam es zur ersten Londoner Polizeischlacht.

Die Konstabler überschütteten die Angreifer mit einem Steinhagel, stürmten dann den Police Court und errichteten

111

aus umgestürzten Wagen und aus den Fenstern geworfenen Möbeln zwei Barrikaden. Als die verzweifelt kämpfenden Polizisten die Oberhand zu erlangen schienen, wurde aus den Knightsbridge Cavalry Barraks am Südende des Hyde Park die Leibgarde Ihrer Majestät in die Bow Street beordert. Die königlichen Kavalleristen zogen blank, und nach kurzer Zeit waren die Konstabler auseinandergetrieben.

Am nächsten Tag wurden vierzig Polizisten entlassen und eine große Anzahl zu anderen Divisionen versetzt. Außerdem gab es viele Versprechen, die aber bald wieder in Vergessenheit gerieten. Mehrere gerichtliche Nachspiele vor dem New Bow Street Police Court zogen den Schlußstrich unter die Londoner Polizeirevolte.

Zwei Jahre waren seit den Ripper-Morden vergangen, und zwei weitere sollten noch ins Land ziehen, bis erneut schreckliche Erinnerungen an die Blutnächte geweckt wurden.

Geständnis an den Henker

Die junge Frau, die an einem Frühlingstag des Jahres 1892 mit schnellen Schritten die Waterloo Road überquerte, unterschied sich durch nichts von den anderen Passanten. Plötzlich verlangsamte sie das Tempo, schwankte, griff mit ihren Händen ins Leere und stürzte auf die Straße. Dabei hatte sie sich übergeben, und den Menschen, die sich rasch ansammelten, bot sich ein grauenerregender Anblick. Der Körper der Frau wand sich in Krämpfen. Dann faßte sie sich an den Hals, als ob sie würgende Griffe abwehren müsse. Ihr Stöhnen wurde von lauten Schmerzensschreien unterbrochen.

Inzwischen hatten sich zwei Konstabler der Menschenansammlung genähert. Sie veranlaßten, daß die Frau sofort in das knapp zwei Meilen entfernte Guy's Hospital gebracht wurde. Doch jede Hilfe kam zu spät. Kurze Zeit nach der Einlieferung starb die Frau. Vorher konnte sie nur noch sagen, daß sie eine Medizin getrunken habe, die ihr ein Arzt gegeben hatte, und dieser Arzt sei von großer Gestalt gewesen.

Der Todesfall wäre schnell vergessen worden, wenn nicht in jenem Hospital Professor Dr. Thomas Stevenson gearbeitet hätte. Er gewann die Überzeugung, daß die Todesursache in einer Vergiftung zu suchen sei. Professor Stevenson hatte sich neben seiner Arbeit als Chirurg eingehend mit der Giftkunde beschäftigt und galt als Experte auf dem Gebiet der forensischen Toxikologie. Vom Innenministerium war er mehrfach veranlaßt worden, als Gutachter in Giftmordprozessen aufzutreten.

Nachdem Stevenson die Frau eingehender untersucht hatte, stand fest, daß sie an einer Strychninvergiftung gestorben war. Wenige Tage danach kam in derselben Gegend eine Frau unter ähnlichen Umständen ums Leben. Kurz vor ihrem Tode sprach sie ebenfalls von einem Arzt, der ihr eine Medizin gegeben hatte. Ihre Angaben waren etwas genauer als beim vorigen Fall. Der Arzt sei ein großer, kräftiger Mann gewesen, habe eine Glatze gehabt und wäre erst vor kurzer Zeit aus Amerika eingewandert.

Professor Stevenson unterrichtete den Yard von den beiden Vorfällen. Die Detektive suchten nach einem Mann, auf den die Beschreibung paßte. Eine Überprüfung aller Ärzte in Waterloo und den angrenzenden Stadtteilen führte jedoch zu keinem Ergebnis.

Zur gleichen Zeit gingen andere Detektive einigen Erpresserbriefen nach, und hier stellte sich rasch ein Erfolg ein. Eine junge Frau hatte sich in dilettantischer Weise auf diesem Gebiet betätigt und tappte in die erste Falle, die man ihr stellte. Als ihr Privatleben etwas näher durchleuchtet wurde, stießen die Detektive auf den Verlobten der Dame. Es war ein großer Mann, glatzköpfig, in Schottland geboren, dann nach Amerika ausgewandert und seit einem Monat wieder in London. Von Beruf war er Heilpraktiker.

Thomas Neill Cream wurde verhaftet. Auf die Vorhaltungen, beide Giftmorde begangen zu haben, reagierte er mit Unschuldsbeteuerungen. Doch die Detektive hatten leichtes Spiel. Sie durchsuchten die Wohnung von Neill Cream und fanden nicht nur einen Vorrat diverser Gifte, sondern auch ein Tagebuch. Dort hatte der Verhaftete verschiedene Angaben eingetragen, die in indirektem Zusammenhang mit den beiden Giftmorden standen. Nach Durchsicht der Aufzeichnungen konnten Thomas Neill Cream noch zwei weitere Giftmorde bewiesen werden.

Das erstaunlichste bei der ganzen Sache war, daß sich kein Anhaltspunkt für ein Motiv finden ließ. Der Täter hatte aus dem Tod seiner Opfer keinerlei Vorteile gezogen. Aber eins stellte sich auf alle Fälle ein: Da die beiden Giftmorde in Waterloo fast buchstäblich vor den Augen der Öffentlichkeit erfolgt waren, berichteten darüber die Zeitungen in großer Aufmachung. Und schnell wurden Parallelen zu den Verbrechen von Jack the Ripper gezogen. Der Unterschied besteht nur darin, schrieben die Blätter, daß der neue Serienmörder – denn um einen solchen handele es sich ja wohl – nicht mehr mit brutaler Gewalt, sondern mit den Erkenntnissen der Naturwissenschaft gearbeitet habe. Die Presse hoffte offenbar, mit der Sensationsgier ihrer Leser ein gleiches Geschäft wie vor vier Jahren machen zu können.

Thomas Neill Cream sorgte dann auch tatsächlich noch für eine Überraschung. Er wurde zum Tode verurteilt, und im November 1892 erfolgte die Hinrichtung. Dem Scharfrichter Billington, so wird berichtet, habe er in letzter Sekunde zugerufen: „Ich bin Jack the Ripper."

Als bewiesen kann diese Überlieferung nicht angesehen werden. Möglicherweise war es nur eine Erfindung von Journalisten; denn welchen Grund sollte Neill Cream gehabt haben, diese Worte auszustoßen? Höchstens den, sich einen mysteriösen Nachruf zu verschaffen. Daß er nicht mit dem Ripper identisch war, konnte nämlich bald nachgewiesen werden.

Neill Cream hatte ausgesagt, daß er sich zuletzt in New Jersey City aufgehalten habe. Ohne allzu große Hoffnungen auf einen Erfolg, richtete Scotland Yard eine entsprechende Anfrage an die Polizei der amerikanischen Stadt.

Die Antwort traf überraschend schnell ein. Neill Cream war in New Jersey City kein Unbekannter. Er hatte sich dort als Heilpraktiker niedergelassen und wurde wegen fahrlässiger Tötung zu fünf Jahren Zuchthaus verurteilt. Zwei Frauen waren an seiner Behandlung gestorben. Zu der Zeit, als der Ripper in London sein Unwesen trieb, saß der Heilpraktiker in einem amerikanischen Gefängnis. Wegen guter Führung wurde er gegen Ende des Jahres 1891 entlassen.

Jetzt wußte Scotland Yard genau, daß Neill Cream nicht der Ripper war. Wer sich jedoch hinter diesem geheimnisvollen Verbrecher verbarg, lag nach wie vor im dunkeln. Als elf Jahre später wieder ein Giftmörder vor dem Londoner Central Criminal Court stand, glaubte man im Yard, endlich den richtigen Jack the Ripper gefaßt zu haben. Dieser Verdacht stützte sich in wesentlichen Teilen auf die Ermittlungen, die ein Detektiv geführt hatte, der zu den großen Persönlichkeiten von Scotland Yard gezählt wird. Der Name dieses Mannes war zuvor schon durch zwei Fälle bekannt geworden, in denen er gezeigt hatte, was ein Detektiv der CID tun mußte, um berühmt zu werden.

Mord im Gran Chaco

Die Flucht nach Salta

Die City-Banken zahlten Zinsen, die zwischen zwei und fünf Prozent lagen. Diese Sätze galten als solide, wenngleich Leute mit einem kleinen Konto natürlich nicht auf große Gewinne hoffen durften. Das änderte sich jedoch im Jahre 1892. Mr. Jabez Balfour gründete die „Liberator Building Society", die „Freie Baugenossenschaft".

Als er diese Genossenschaft der Öffentlichkeit präsentierte, erzählte er, daß sein jahrzehntealtes Unternehmen in London gut eingeführt sei, über einen angesehenen Namen verfüge, schon vielen Menschen zu Reichtum verholfen habe, aber eben einigen Leuten noch nicht genügend bekannt wäre. Und an diese Leute wende er sich vor allem, damit auch sie endlich zu ihrem lang ersehnten Glück kämen.

Er, Jabez Balfour, zahle nicht jene lächerlichen Zinssätze der Lombard Street. Mindestens zehn Prozent garantiere er seinen Kunden. Es könnten auch mehr sein, aber das hänge verständlicherweise vom Ertrag der Unternehmungen der „Liberator Building Society" ab. Bei Beteiligungen an Bauvorhaben in London seien jene zehn Prozent stets sicher, doch bei Investitionen in den Kolonien lasse sich meist ein wesentlich höherer Gewinnsatz erzielen. Nur dürfe man nicht ungeduldig sein, was lange dauert, währe bekanntlich gut, und wenn jemand seine Zinsen einige Wochen später bekäme, desto höher würden sie naturgemäß ausfallen.

Die Leute, die seit jeher ihre Geschäfte bei den City-Banken tätigten, ließen sich von diesen Werbungen selbstverständlich nicht beeindrucken. Aber es gab in London genug Menschen mit einem bescheidenen Einkommen, die auf schnellen Reichtum hofften. Die Handwerker aus Newington, die Händler vom Covent Garden, die Angestellten aus Battersea und ähnliche Kreise verfügten über einen ausgeprägten Familiensinn. Sie lebten zwar nicht im Elend, aber den Söhnen und Töchtern sollte es trotzdem einmal besser gehen. Das war eine weitverbreitete Ansicht.

Jabez Balfour und seine „Liberator Building Society" schienen eine Chance für schnellen Reichtum zu bieten. Die Büroräume in der exklusiven Piccadilly gaben dem Unternehmen einen seriösen Anstrich. Viele Leute mit geringerem Einkommen legten ihre Ersparnisse – oft bis zum letzten Shilling – bei der „Liberator Building Society" an. Ungezählte kleine Bächlein vereinigten sich zum breiten Strom, der in die Kassen der „Freien Baugenossenschaft" floß.

Es war ein trüber Vormittag in den ersten Tagen des Oktober 1892. Kurz vor zehn Uhr überquerten zwei junge Damen in Höhe der Old Bond Street die Piccadilly und trippelten mit flinken Schritten noch etwa hundert Meter auf den Hyde Park zu. Als sie schließlich stehenblieben, schauten sie sich betroffen an. Das Gitter vor der Tür der Geschäftsräume der „Liberator Building Society" war geschlossen. Sie wollten ihren täglichen Dienst bei Mr. Balfour antreten, und bisher war der Chef stets vor ihnen im Büro gewesen. Schließlich gesellte sich zu den beiden Damen noch ein Kassenbote und teilte mit ihnen die Verwunderung über die Unpünktlichkeit des Prinzipals.

Eine halbe Stunde verging. Vor der verschlossenen Tür hatten sich inzwischen zahlreiche Kunden eingefunden und warteten. „Ich kenne das Appartement von Mr. Balfour", sagte der Kassenbote zu seinen Kolleginnen, „und werde mich nach dem Verbleib des Chefs erkundigen."

Einige Kunden schimpften bereits lauthals über die Verzögerung. Ein Konstabler, der gemessenen Schrittes durch die Piccadilly flanierte, wurde aufmerksam und erkundigte sich nach der Ursache der Menschenansammlung.

117

Der Wohnsitz von Balfour lag ganz in der Nähe, nur etwa dreihundert Meter entfernt, und so dauerte es nicht lange, bis der Kassenbote zurückkam. Noch völlig außer Atem, berichtete er den Angestellten und dem Konstabler, was er erfahren hatte. „Mr. Balfour hat gestern abend sein Appartement verlassen und ist mit einer Droschke weggefahren. Der Kutscher trug zwei mächtige Reisetaschen aus dem Haus. Mr. Balfour war in sehr großer Eile. Als ihn die Frau des Portiers etwas fragen wollte, ließ er sie, ohne zu antworten, einfach stehen."

„Gentlemen", sagte der Konstabler zu den wartenden Kunden, „es ist das beste, Sie gehen jetzt nach Hause. Wir werden uns nach Mr. Balfour erkundigen. Sicherlich ist er bald wieder zurück."

Der Polizist meldete den Vorfall bei der C-Division in der Savile Row. An den nächsten beiden Tagen schauten einige Male patrouillierende Konstabler an den Büroräumen in der Piccadilly vorbei, ob Mr. Balfour seine Geschäfte wohl wiederaufgenommen habe. Alles war jedoch unverändert. Das Gitter blieb geschlossen.

Jetzt hielt der Superintendent der C-Division den Zeitpunkt für gekommen, die CID von dem Verschwinden des Bankiers zu unterrichten. Es dauerte nicht lange, bis die Detektive in der Piccadilly eintrafen. Sie hatten die erforderlichen Vollmachten erhalten, und ihre Arbeit konnte beginnen. Das Gitter und die Tür waren schnell aufgebrochen. Schon nach den ersten oberflächlichen Untersuchungen stand fest, daß in den Kassen und Tresoren kein einziger Penny lag. Vor seinem Verschwinden hatte Balfour offenbar noch wichtige Unterlagen verbrannt, denn in einem Ofen fanden sich verkohlte Reste von Aktenordnern.

Robert Anderson, der CID-Commander, ordnete an, alle noch vorhandenen Geschäftsbücher und Akten nach New Scotland Yard zu bringen. Das Material wurde untersucht und war aufschlußreich genug. Jabez Balfour hatte nicht im entferntesten daran gedacht, die ihm anvertrauten Gelder in irgendwelche Bauvorhaben zu investieren. Die ganze „Liberator Building Society" war ein einziges

Schwindelunternehmen gewesen. Aus den Geschäftsbüchern ging hervor, daß der Betrüger mehrere Male horrende Summen ins Ausland transferieren ließ. Das Ziel seiner Manipulation war jedesmal Argentinien gewesen.

Balfours Verschwinden konnte nicht geheimgehalten werden. Unter den zahlreichen Kunden hatte es sich rasch herumgesprochen, daß mit der „Liberator Building Society" irgend etwas nicht stimmte. Das Eindringen der Detektive in die Geschäftsräume und der Abtransport der Akten vollzog sich unter den Augen vieler neugieriger Zuschauer. So war Scotland Yard gezwungen, eine offizielle Erklärung über das Verschwinden von Jabez Balfour abzugeben.

Die Nachricht verbreitete sich wie ein Lauffeuer. „ ‚Liberator Building Society' – ein Schwindelunternehmen!" – „Millioneneinlagen gestohlen!" – „Jabez Balfour spurlos verschwunden!" – „König der Turfschwindler übertroffen: Millionenraub!" So oder ähnlich lauteten die Schlagzeilen der Zeitungen. Die Kunden, die Balfour ihre Ersparnisse anvertraut hatten, waren verzweifelt. Ein Uhrmacher im Stadtteil Clerkenwell griff nach der Lektüre der Morgenzeitung zum Revolver und jagte sich eine Kugel in die Schläfe. Er hatte vier Tage zuvor das in dreißig Jahren ersparte Geld von seiner Bank abgehoben und zu Balfour gebracht. Ein anderer Mann sprang über das Geländer der Southwark Bridge und ertrank in der Themse. Der Betrug Balfours stand im Mittelpunkt des öffentlichen Interesses. Die „Daily News" machten sich zum Sprachrohr der Betrogenen. Diese von Charles Dickens begründete Zeitung des Kleinbürgertums forderte Scotland Yard auf, den Fall so schnell wie möglich zu klären und vor allem das geraubte Vermögen sicherzustellen. Robert Anderson sah sich durch das Aufsehen, das die Betrugsaffäre erregte, veranlaßt, den Fall in die eigenen Hände zu nehmen. Er stellte eine Einsatzgruppe zusammen und informierte die Admiralität sowie das Außenministerium. Alle auslaufenden Schiffe wurden durchsucht, doch diese Mühe war vergeblich. Balfour blieb zunächst verschwunden.

Dann wurden die Gesandtschaften und Konsulate im Ausland eingeschaltet, und endlich zeichnete sich eine Spur ab. Der Bankier war zuerst nach Spanien, später nach Portugal und Argentinien gereist. Dem britischen Konsul in Buenos Aires gelang es, den Aufenthaltsort Balfours ausfindig zu machen. Der Betrüger hatte sich nur kurze Zeit in der Metropole am Rio de la Plata aufgehalten und war dann über Rosario, Córdoba und Tucumán ins Innere des Landes vorgedrungen und ließ sich schließlich in der Nordprovinz nahe der Stadt San Miguel de Salta am Fuß der Anden nieder.

Argentinien war zu jener Zeit durch vielfältige ökonomische Bedingungen von Großbritannien abhängig. Zahlreiche Wirtschaftszweige des südamerikanischen Staates arbeiteten mit englischem Kapital. Fast der gesamte Außenhandel, mehrere Banken, das Nachrichtenwesen, die Eisenbahnen und die Fleischindustrie wurden von London kontrolliert.

Die ungleichen Beziehungen führten zu einer schweren Krise in der argentinischen Wirtschaft, und diese Krise wiederum löste beträchtliche politische Spannungen zwischen Argentinien und Großbritannien aus. Jabez Balfour hatte die Lage richtig eingeschätzt. Die Regierung in Buenos Aires lehnte einen Auslieferungsantrag des britischen Außenministeriums rundweg ab.

Außer der Sicherheit, die ihm das Land am Rio de la Plata zu bieten schien, hatte Balfour noch einen anderen Grund gehabt, gerade dieses Exil zu wählen. Die argentinische Bourgeoisie war zum Kampf um die Macht angetreten, sie wollte sich aus der englischen Vormundschaft befreien und suchte nach Wegen, um rasch die eigenen Profite zu steigern. Verschiedene Manipulationen, die teilweise noch von der Londoner City aus gesteuert wurden, sorgten dafür, daß in Argentinien Spekulationen und Mißstände blühten wie in kaum einem anderen Land. Präsident Pelegrini, der im Zuge dieser allgemeinen Finanzwirren 1890 zur Macht gelangt war, ließ durch einen Ausschuß die Verhältnisse an der Nationalbank untersuchen. In einem Bericht, der ihm vorgelegt wurde, hieß es: „Ungeheure Summen sind spurlos verschwunden. Kurzum, die Sachlage kann folgendermaßen zusammengefaßt werden: unehrliche Leitung der Bank, vollständige Unordnung in den Rechnungen, freie Verfügungen über die Bankfonds durch Personen, die gar nicht dazu ermächtigt waren, sie anzurühren, Bezug von Beamtengehältern, die das Zwanzig- bis Dreißigfache der eigentlichen Höhe betrugen."

Jabez Balfour hatte die Absicht, mit den unterschlagenen Geldern groß ins Geschäft einzusteigen. In Argentinien, so glaubte er, waren dazu die Voraussetzungen günstiger als anderswo. Nach der Ablehnung des britischen Auslieferungsantrages verlor er keine Zeit, um ähnlichen Begehren ausweichen zu können. Er bemühte sich, argentinischer Staatsbürger zu werden. In der Nähe von San Miguel de Salta hatte er eine Brauerei und eine Hazienda gekauft. Seinen Angestellten zahlte er hohe Löhne, um sich für alle Fälle ihre Ergebenheit und Unterstützung zu sichern.

Das britische Außenministerium war inzwischen nicht untätig gewesen. Den diplomatischen Bemühungen gelang es, im Jahre 1894 den Fall Balfour vor den Obersten Gerichtshof in Buenos Aires zu bringen, und dort wurde dem neuerlichen Auslieferungsantrag zugestimmt. Der Gouverneur der Provinz Salta solle Balfour verhaften lassen und an Ort und Stelle einem Beauftragten der britischen Polizei übergeben.

Inspektor Froest greift ein

Robert Anderson sah sich nach einem geeigneten Mann um, den er nach Argentinien schicken konnte. Seine Wahl fiel auf Inspektor Froest, der schon einige Male mit Auslandsaufträgen betraut worden war. Kurz zuvor hatte der Detektiv einen Eisenbahnräuber über den Atlantik verfolgt, durch die amerikanischen Prärien gejagt und die Spur auch dann nicht verloren, als der Bandit wieder nach England zurückkehrte. In „Gatti's Inn", einer Londoner Spe-

121

lunke, wurde der Mann von Froest gestellt. Der Inspektor, der selbst unbewaffnet war, warf sich mit einem Panthersprung auf den Verbrecher, als dieser den Revolver zog, und überwältigte ihn.

Frank Froest verfügte über kolossale Körperkräfte. Er konnte ein Paket Bridgekarten mit den Fingern zerreißen. Seine athletische Gestalt erinnerte an einen durchtrainierten Boxer der höchsten Gewichtsklasse. Zu seinem Draufgängertum gesellte sich eine gehörige Portion Rücksichtslosigkeit, die ihm im Yard den Ruf einbrachte, daß er, wenn er den Befehl bekäme, selbst den Teufel aus der Hölle holen würde. Froest galt zu jener Zeit als der Stardetektiv der CID. Im weiteren Verlauf des Falles Balfour zeigte er dann auch, wozu einer der großen Männer von Scotland Yard fähig war.

„Inspektor Froest", sagte Anderson zum Abschied, „Sie werden den Betrüger aus Argentinien herbeischaffen. Ich wünsche nicht, daß Sie ohne Balfour zum Victoria Embankment zurückkehren. In den nächsten zwölf Monaten werde ich Sie allerdings kaum in London wiedersehen."

„All right, Sir, ich hole den Burschen, und das wird keine zwölf Monate dauern", erwiderte Froest.

Schon vierundzwanzig Stunden später dampfte ein Steamer durch den Kanal und nahm Kurs auf Buenos Aires. An Bord befand sich Frank Froest. Gleich nach seiner Ankunft in der argentinischen Hauptstadt fuhr er zum britischen Konsul, um mit ihm das weitere Vorgehen zu beraten. Dabei wurde festgelegt, daß der Vizekonsul den Detektiv auf seiner Reise in die Nordprovinz begleiten sollte.

Jabez Balfour war jedoch auf das Eintreffen der beiden Männer vorbereitet. Ein Freund aus Buenos Aires hatte ihm eine Depesche gesandt, und der Betrüger sah den kommenden Ereignissen gelassen entgegen. Am Tag vor der Ankunft des Inspektors saß Balfour im Kreise seiner Gauchos vor dem länglichen zweistöckigen Herrenhaus. Der frischgebackene Haziendero zeigte sich freigebig, die Gauchos sprachen dem Pulque eifrig zu und befanden sich bald in gehobener Stimmung.

„Warum wollt Ihr Euch überhaupt verhaften lassen, Señor?" fragte ein Peon.

„Der Gouverneur hat den Auftrag dazu", erwiderte Balfour, „und den muß er ausführen. Ich will meinem Freund keine Scherereien bereiten."

Balfour hatte es tatsächlich zuwege gebracht, sich in relativ kurzer Zeit den Gouverneur der Provinz Salta durch einige Bestechungsgelder gefügig zu machen. In der fidelen Runde gab er zum besten, wie sich die Sache abspielen sollte.

Er, Balfour, würde verhaftet und dem Inspektor übergeben werden. Nach Buenos Aires könnten sie nur mit der Eisenbahn gelangen, eine andere Möglichkeit gäbe es nicht. Aber bis dahin wollte er gar nicht mitfahren. Schon auf der nächsten Station würde er wieder verhaftet werden, diesmal jedoch von argentinischen Polizisten. Wegen eines angeblich nicht eingelösten Schuldscheins dürfe er die Provinz Salta nicht verlassen. Und bis diese Angelegenheit geklärt sei, könne der Inspektor von ihm aus warten, bis er schwarz werde.

Wenige Meilen von Balfours Hazienda entfernt, hatte sich vor Jahren ein britischer Einwanderer niedergelassen. Dieser Mann war mit dem Vizekonsul befreundet und betrieb eine Estancia. Dort quartierten sich Frank Froest und sein Begleiter ein. Der Inspektor unternahm zunächst nichts. Er vertrieb sich die Zeit mit Jagdausflügen und machte sich dabei mit den örtlichen Gegebenheiten vertraut.

Balfour konnte zwar auf die Ergebenheit seiner Gauchos bauen, nicht aber auf ihre Verschwiegenheit. Über einen Peon seines Gastgebers erfuhr Froest die Einzelheiten des Plans, die Balfour in leichtsinniger Weise ausgeplaudert hatte. Zehn Tage nach ihrer Ankunft suchten Froest und der Vizekonsul den Gouverneur in San Miguel de Salta auf, zeigten den Auslieferungsbefehl vor und baten um die Verhaftung von Jabez Balfour. Der Gouverneur sagte zu, den Betrüger am nächsten Tag an die beiden Engländer zu übergeben.

Es war Froest klar, daß er mit seinem Gefangenen nicht

weit kommen würde, wenn er einen planmäßigen Eisenbahnzug benutzte. Er hatte deshalb mit dem Stationsvorsteher von San Miguel de Salta verhandelt, dem Mann eine beträchtliche Summe gezahlt und schließlich die Zusage erhalten, jederzeit über einen kleinen Sonderzug verfügen zu können.

Das Spiel, das sich Jabez Balfour ersonnen hatte, begann. Die Zeiger der Uhren rückten auf die Mittagsstunde. Die Sonne warf ihre heißen Strahlen auf das Bahnhofsgelände der Provinzhauptstadt. Unter dem Vordach hockten einige Gauchos von der Hazienda des Jabez Balfour. Der Gouverneur erschien persönlich, um den Verhafteten zu übergeben. Die Formalitäten waren schnell erledigt und alle Beteiligten zufrieden. Der Gouverneur freute sich über die hohe Bestechungssumme, die er erhalten hatte. Balfour hoffte, schon am Abend wieder auf seiner Hazienda zu sein, und Froest schließlich dünkte sich als der Klügste in dem illustren Kreis und war entschlossen, Balfour auf keinen Fall entkommen zu lassen.

Dann legte er dem Betrüger Handschellen an und stieß ihn in den Rücken. „Dein Spiel ist aus, Balfour! Jetzt geht es zurück nach Old England. Vorwärts!"

Die Gauchos beobachteten die Szene. Sie waren überrascht, als der planmäßige Zug nach Buenos Aires abfuhr, ohne daß sie den englischen Inspektor, Señor Balfour und den Vizekonsul hatten einsteigen sehen. Dann erblickten sie die Lokomotive mit den beiden Wagen. „Verdammt", schrien sie wild durcheinander, „die beiden Engländer haben Señor Balfour reingelegt!" Wutschnaubend stürzten sie zu ihren Pferden und schwangen sich in den Sattel. Nach wenigen Minuten hatten sie den Gouverneur eingeholt, der gerade vor seinem Palast angelangt war.

Von dem Sonderzug hatte dieser nichts gewußt, doch wenig später schon lief sein Befehl über den Telegrafen, nach einem gewissen Señor Balfour nicht im fahrplanmäßigen Expreß, sondern in einem nachfolgenden Sonderzug zu suchen. Dieser Señor müsse unbedingt verhaftet werden, und zwar noch vor der Stadt Santa Rosa.

Inzwischen rollte der Extrazug nach Süden. Froest stand neben dem Lokomotivführer, während der Vizekonsul den Gefangenen bewachte. Auf der ersten Station nach San Miguel de Salta stand das Signal auf Halt. Froest befahl dem Lokomotivführer, mit unverminderter Geschwindigkeit weiterzufahren. „Diese Signalstellung", sagte er, „ist ein Irrtum. Ich übernehme die Verantwortung."

Der Inspektor lehnte sich aus dem Fenster und beobachtete mit scharfen Blicken die vor ihm liegende Strecke. Den argentinischen Policias, die auf dem Bahnsteig von Chica Concordia standen, winkte er fröhlich lächelnd zu. Der Zug donnerte weiter nach Süden.

Am Horizont zeichneten sich die Gebäude des Bahnhofes von Sebana ab. Sie vergrößerten sich rasch, und wieder stand das Signal auf Halt. Froest verdeckte mit seiner breiten Figur das Fenster, so daß der Lokomotivführer das Signal und die Polizisten auf den Gleisen nicht sehen konnte. Als der Zug die Geschwindigkeit nicht verminderte, sprangen die Posten erschrocken zur Seite. Einigen von ihnen gelang es nicht mehr, sich rechtzeitig in Sicherheit zu bringen. Der Inspektor beugte sich hinaus und sah einen zerfetzten Leichnam neben den Schienen liegen.

Froest befahl dem Lokführer, noch schneller zu fahren. Die stählernen Räder klopften den Rhythmus eines Liedes, das seinen Ruhm verkündete. Gleichzeitig vergrößerten sie die Distanz zwischen ihm und seinen Opfern. Inzwischen war an der Strecke von Sabana ein weiterer argentinischer Polizist gestorben. Der Inspektor hatte das Leben auch dieses Mannes gefordert, um keinen Zeitverlust zu erleiden.

Obwohl nach dem Passieren von Tucumán kein Versuch mehr unternommen wurde, den Sonderzug zum Halten zu bringen, befahl Froest dem Lokomotivführer, bis Córdoba weiterzufahren. Auf einer kleinen Station konnten sogar die Vorräte an Wasser und Kohle aufgefüllt werden.

Die argentinischen Behörden arbeiteten damals sehr schwerfällig, und alle Hinweise der Polizei aus der Nordprovinz trafen in der südlichen Region mit großer Verspätung ein. So erreichten die beiden Engländer und ihr Gefangener unangefochten Buenos Aires. Von dort fuhren sie mit einem englischen Frachtdampfer nach Rio de Janeiro, wo sie auf einen fahrplanmäßigen Dampfer der Mail-Route umstiegen.

Jabez Balfour wurde 1895 in London zu sieben Jahren Gefängnis verurteilt. Um einem britischen Gericht die Möglichkeit zu geben, dieses Strafmaß auszusprechen, hatten zwei Menschen sterben müssen.

Unmittelbar nach seiner Rückkehr hatte Froest dem CID-Commander Robert Anderson einen ausführlichen Bericht über seine Erlebnisse in Argentinien gegeben. Zwei Tage danach wurde er zum Chefinspektor und kurze Zeit später zum Superintendenten ernannt. Er galt fortan als der fähigste Detektiv von Scotland Yard und wurde schließlich sogar mit dem Victoriaorden dekoriert. Wenige Monate nach den Ereignissen in Argentinien spielte Froest eine entscheidende Rolle in einem der größten englischen Justizskandale, von dem wir im folgenden berichten wollen.

Der falsche Lord

London am 26. November des Jahres 1895. Die Dämmerung legte sich langsam über die Stadt und verschmolz mit dem Nebel, der seit vielen Tagen die Metropole an der Themse in seinen Bann zog. In der Victoria Street flammten die ersten Gaslaternen auf. Obwohl diese Straße außer einem großen Kaufhaus und einigen Hotels keine besonderen Bauwerke aufwies, zählte sie zu den stattlichsten Promenaden von London.

In einem der großen Mietshäuser wohnte die Sprachlehrerin Ottilie Meissonier. Sie lebte allein, und nach Erledigung ihrer beruflichen Verpflichtungen fühlte sie sich meist recht einsam. An jenem Novembertag entschloß sie sich, trotz der schon vorgerückten Zeit noch eine Blumenausstellung in der Nähe ihrer Wohnung zu besuchen.

Ottilie Meissonier betrat die Victoria Street. Gemächlichen Schrittes hatte sie knappe zweihundert Meter zurückgelegt, als ein seriös wirkender älterer Herr ihren Weg kreuzte, stehenblieb, den Zylinder lüftete und mit freudig erregter Stimme fragte: „Oh, Verzeihung! Aber sind Sie nicht Lady Everton?"

Die Angesprochene fühlte sich durch diese Anrede geschmeichelt, blieb gleichfalls stehen und klärte den Herrn über seine Verwechslung auf. Sie sei leider nicht Lady Everton, sondern heiße Meissonier, und im Moment befände sie sich auf dem Weg zur Blumenausstellung.

„Ich bitte um Nachsicht für meinen Irrtum. Ich wollte Sie nicht belästigen", erwiderte der Mann mit einer leichten Verbeugung, „aber da Sie eben die Blumenausstellung erwähnten, darf ich Ihnen vielleicht einen guten Rat geben: Ein Besuch lohnt sich nicht!" Er käme gerade von dort und sei enttäuscht. Von Blumen verstehe er allerhand, und auf seinem Landsitz in Lincolnshire beschäftigte er sechs Gärtner. Dann fügte er hinzu, daß er Lord Salisbury heiße und zur Zeit geschäftlich in London zu tun habe.

Ottilie Meissonier fühlte sich durch das überaus höfliche Gebaren des Lords noch mehr geschmeichelt und entgegnete, daß auch sie eine große Blumenliebhaberin wäre. Ihre besondere Zuneigung gelte den Chrysanthemen, die stets eine freundliche Zierde ihrer Wohnung seien.

Lord Salisbury fragte, ob er diese Blumen wohl einmal sehen dürfe. Die Sprachlehrerin bejahte, und beide vereinbarten, am folgenden Tag den Fünfuhrtee in der Wohnung von Ottilie Meissonier einzunehmen.

Der Lord kam pünktlich. Er plauderte charmant und unaufdringlich. Ganz nebenbei ließ er die Bemerkung fallen, daß er ein Jahreseinkommen von fast 200 000 Pfund besitze.

Ottilie Meissonier war von ihrem Gast begeistert. Als dieser dann noch erzählte, daß er demnächst mit seiner Jacht zu einer Kreuzfahrt nach der Riviera auslaufe, und sie einlud, ihn zu begleiten, war ihre erste Ablehnung nur ein Akt der Höflichkeit. Lord Salisbury wiederholte seine Einladung, und Ottilie Meissonier sagte zu. Sie müsse sich allerdings, so bat der Lord, noch einige elegante und für die Reise geeignete Kleider anschaffen. Er komme selbstverständlich für alle Unkosten auf. Hier sei als erstes ein Scheck über vierzig Pfund.

Dann betrachtete Lord Salisbury nachdenklich Uhr und Ringe seiner Gastgeberin. „Ich werde Ihnen wertvolleren Schmuck besorgen", sagte er. „Geben Sie mir bitte Ihre Uhr und die Ringe, damit ich nach den richtigen Maßen auswählen kann." Ottilie Meissonier war von dieser fürsorglichen Art sehr angetan und händigte ihm die Uhr und einige Ringe aus.

Als sich der Lord verabschiedet hatte und Ottilie Meissonier ihre zweite Uhr anlegen wollte, stellte sie mit Erschrecken fest, daß diese verschwunden war. „Vielleicht hat sie das Hausmädchen an einen anderen Ort gelegt", versuchte sie sich einzureden. Am nächsten Morgen eilte die etwas mißtrauisch gewordene Sprachlehrerin zur Unionbank, um den Scheck einzulösen. Doch bald stand es unwiderruflich fest: Ottilie Meissonier war einem Betrüger aufgesessen. Der Scheck war wertlos. Bei der Unionbank gab es kein Konto eines Lord Salisbury.

Ihr Zorn wurde weniger durch den verschwundenen Schmuck als durch die so jäh zerronnene Hoffnung auf eine Wende in ihrem einsamen Leben hervorgerufen. Sie haderte mit sich und aller Welt.

Drei Wochen vergingen, und der Kalender zeigte den 16. Dezember an. Am späten Nachmittag dieses Tages schlenderte ein älterer schnurrbärtiger Herr in Frack und Zylinder durch die Victoria Street. Plötzlich stellte sich ihm eine Frau in den Weg. „Endlich sehe ich Sie wieder, Sie Betrüger", rief Ottilie Meissonier erregt aus.

„Verzeihung, was wünschen Sie?" fragte der Mann.

„Meine Uhr und die beiden Ringe will ich zurück haben", forderte die erregte Frau mit lauter Stimme.

„Meine Dame, ich verbitte mir diese Belästigung. Sie verwechseln mich mit irgend jemand." Etwas unsanft schob der Mann die Sprachlehrerin zur Seite und wollte seinen Weg fortsetzen. Doch die Frau folgte ihm und wiederholte ihre Forderung.

Ein in der Nähe stehender Konstabler wurde aufmerksam. Der Mann wandte sich dem Polizisten zu und bat diesen, ihn von der aufdringlichen Begleiterin zu befreien. Ottilie Meissonier redete gleichfalls auf den Konstabler ein. „Nehmen Sie diesen Kerl fest", verlangte sie. „Er hat mich betrogen und bestohlen. Der Schuft behauptet, Lord Salisbury zu sein, aber in Wirklichkeit ist er nur ein ganz gemeiner Dieb."

Der Konstabler brachte beide auf die Polizeiwache in der Rochester Row. Hier wiederholte Ottilie Meissonier ihre Beschuldigungen. Der Mann sagte, er heiße Adolf Beck, sei Norweger und habe die Frau nie zuvor gesehen.

Noch am Abend wurde das Vernehmungsprotokoll Scotland Yard übersandt. Inspektor Waldock von der CID bekam den Auftrag, die Ermittlungen einzuleiten. Adolf Beck war trotz seines entschiedenen Protestes vorläufig festgenommen worden. Von der Rochester Row wurde er nach dem Victoria Embankment gebracht.

Inspektor Waldock hegte die Überzeugung, daß dem Yard ein guter Fang geglückt war. Seit Dezember 1894 waren bei Scotland Yard zahlreiche Anzeigen alleinstehender Frauen gegen einen älteren schnurrbärtigen und grauhaarigen Mann eingegangen. Der Vorgang war fast stets der gleiche gewesen. Die Frauen wurden auf der Straße von einem seriös wirkenden Herrn angesprochen, der zuerst eine Verwechslung vortäuschte. Dann stellte er sich vor – als Lord Willoughby, als Lord Wilton oder als Lord Salisbury. Er verstand es, die Unterhaltung so zu lenken, daß ihn seine Opfer aus irgendeinem Grund in ihre Wohnungen einluden. Dort erzählte er, daß er in St. Johns Wood, einem vornehmen Gebiet des West End, wohne und eine Hausdame suche. Oder er plauderte über eine Segelfahrt an die Riviera, zu der er nach einer Reisebegleiterin Ausschau halte. Die Frauen nahmen die Angebote meist freudig an, hofften sie doch, ihrem Leben einen neuen, romantischen Inhalt geben zu können.

Dann forderte der falsche Lord sie auf, sich neue Garderobe zuzulegen. Dafür stellte er einen ungedeckten Scheck aus. Und jedesmal bat er um eine kurzzeitige Überlassung von Uhr und Ringen, um wertvolleren Schmuck nach den gleichen Maßen zu besorgen. Gelegentlich lieh er sich auch etwas Kleingeld für die Droschke. Sein Diener habe vergessen, ihm die Geldbörse in die Tasche zu stecken.

Wenn sich der Lord verabschiedet hatte, stellten die Frauen fest, daß noch andere Dinge verschwunden waren: ein oder mehrere Ringe, eine Uhr, ein Armband oder sonstige Schmuckstücke. Zweiundzwanzig Frauen hatten bisher bei Scotland Yard Anzeige erstattet.

Inspektor Waldock ließ diese Frauen aufsuchen und in den Yard bitten. Zwölf der Geschädigten konnten ermittelt werden und kamen zum Victoria Embankment. Dort begann die „Identifizierungsparade".

Zusammen mit sieben anderen Männern, die schnell von der Straße geholt wurden und bei denen es gleichgültig war, ob sie mit dem Beschuldigten eine gewisse Ähnlichkeit hatten oder nicht, wurde Beck den Frauen gegenübergestellt. Er war der einzige schnurrbärtige Mann in dieser Kollektion, und elf oder zwölf Frauen zeigten sofort auf ihn.

Die einundzwanzigjährige Fanny Nuth rief erregt aus: „Ich bin ganz sicher, daß es der Mann ist. Ich würde ihn unter Tausenden herausfinden." Alice Sinclair sagte: „Nach bestem Wissen und Gewissen, ich erkenne ihn wieder; die anderen sind ihm nicht im mindesten ähnlich." Und Minnie Lewis behauptete: „Ich habe keinen Schatten eines Zweifels, dieser Schuft hat mich betrogen." Nur Ethel Townsend hatte Bedenken. „Ich bin mir nicht sicher. Bei mir zu Hause sprach er Yankeeslang, jetzt klingt die Sprache ganz anders. Aber trotzdem, ich glaube, daß er es war."

Beck behauptete, völlig unschuldig zu sein. Nie zuvor habe er eine dieser Frauen gesehen. Er lebe von den Gewinnen einer Kupfermine in Norwegen und hätte es überhaupt nicht nötig, Frauen zu betrügen. Als ihn die Detektive der CID zu seiner Person verhörten, ergab sich allerdings, daß der Verhaftete ein bewegtes und abenteuerliches Leben hinter sich hatte. Adolf Beck war 1841 in Norwegen geboren worden. Als Gehilfe eines Schiffsmaklers siedelte er 1865 nach England über. Dann verdingte er sich in Aberdeen als Sänger. Im Jahre 1868 wanderte er nach Südamerika aus und trat als Chansonnier und Schauspieler in mehreren Varietés auf. Schließlich erwarb er sich als Waffenhändler und Heereslieferant in Peru ein großes Vermögen. Er reiste nach Norwegen zurück und kaufte dort 1884 eine Kupfermine. Seit 1885 lebte er wieder in London, meist in Hotels.

Die Mehrzahl der betrogenen Frauen konnte das genaue Datum des Tages angeben, an dem sie von dem falschen

Lord getäuscht und bestohlen worden waren. Adolf Beck hatte für keinen dieser Tage, auch nicht für die erst kurz zurückliegenden, ein Alibi.

Die Detektive durchsuchten das Zimmer, in dem der Norweger zuletzt gewohnt hatte. Neues Belastungsmaterial kam zum Vorschein. Zahlreiche Pfandscheine, mehrere Ringe, Uhren, Broschen und anderer Schmuck wurden gefunden. Außerdem stellte es sich heraus, daß Beck dem „Convent Garden Hotel", einem seiner Aufenthaltsorte, sechshundert Pfund schuldig geblieben war. Hinzu kam, daß mehrere Hotelangestellte auf Befragen angaben, daß Beck Umgang mit vielen Frauen gehabt hatte.

Als Inspektor Waldock und seine Mitarbeiter den Hinweisen weiter nachgingen, ergab sich, daß Beck Monate zuvor beinahe schon einmal in die Fänge der CID geraten war. Scotland Yard hatte ihn in einem Hotel, in dem er ebenfalls Beziehungen zu Frauen pflegte, unter dem Verdacht der Zuhälterei beobachten lassen. Der Verdacht erwies sich jedoch als falsch, und der Yard griff nicht ein. Jetzt erschienen diese Dinge in einem völlig neuen Licht.

Der Sekretär von Beck wurde gleichfalls ermittelt. Er konnte die Aussage des Verhafteten, dieser besitze in Norwegen eine Kupfermine, beweisen. Trotzdem war Beck ständig in finanziellen Verlegenheiten, und sogar bei seinem Sekretär hatte er Geld geborgt.

Am 16. Dezember war der Norweger verhaftet worden. Einen Tag später berichteten die Zeitungen darüber. Am 18. Dezember traf bei Scotland Yard ein Brief ein. „Ich will meinen Namen nicht in der Öffentlichkeit genannt haben", hieß es darin, „deshalb schreibe ich anonym. Als ich von der Verhaftung des Beck gelesen habe, fielen mir Ereignisse aus dem Jahre 1877 ein. Damals stand ein Mr. John Smith vor den Schranken von Old Bailey, und dieser Smith machte sich in gleicher Weise wie jetzt Beck an alleinstehende Frauen heran. Er versprach ihnen Stellungen als Hausdamen, stellte falsche Schecks für neue Kleider aus und verschwand anschließend mit Schmuckgegenständen. John Smith bekam dafür fünf Jahre Gefängnis."

132

Inspektor Waldock ließ nach den Akten des Prozesses gegen jenen John Smith suchen. Die Übereinstimmung der beiden Fälle war verblüffend. Auch der Betrüger aus dem Jahre 1877 hatte sich den Frauen unter den Namen Lord Willoughby, Lord Wilton oder Lord Salisbury genähert. Damals hatte es siebzehn Anzeigen gegeben. Am 20. April 1877 veranlaßte eine Mrs. Louisa Howard die Festnahme des Betrügers, als sie ihm zufällig auf der Straße begegnete. Wenig später, am 10. Mai, war Smith durch den Richter Forrest Fulton verurteilt worden. Von den fünf Jahren wurde ihm später eins geschenkt, und seit dem 14. April 1881 befand er sich wieder auf freiem Fuß. Achtzehn Jahre nach seinen Betrügereien wiederholten sich die gleichen Delikte.

Scotland Yard forschte weiter. Die beiden Polizisten, die seinerzeit den Fall Smith bearbeitet hatten, wurden ermittelt. Sie lebten im Ruhestand. Konstabler Spurell sagte nach einer Gegenüberstellung mit Beck aus: „Es gibt nicht den geringsten Zweifel, daß das der Mann ist, den ich als John Smith festgenommen habe. Ich weiß, was bei meiner Aussage auf dem Spiel steht, aber ich bin völlig sicher."

Auch der andere Polizist, Inspektor Redstone, hatte Smith seit achtzehn Jahren nicht mehr gesehen. Trotzdem war er sich sicher. „Das ist derselbe Betrüger, den wir achtzehnhundertsiebenundsiebzig verhaftet haben."

Adolf Beck erklärte, daß er 1877 gar nicht in England gewesen sei und noch nie in seinem Leben in einem englischen Gefängnis gesessen habe. In ähnlicher Weise, wie er zuvor geschworen hatte, daß sich die Frauen irrten, beteuerte er jetzt, daß auch die beiden Polizisten einer Mystifikation zum Opfer gefallen seien.

Scotland Yard wollte sichergehen und bemühte einen Schriftsachverständigen. Der berühmteste Experte jener Zeit auf diesem Gebiet, Mr. Gurrin, verglich Schriftproben von John Smith mit denen von Adolf Beck. Dann gab er sein Gutachten ab: „Diese Urkunden müssen durch dieselbe Person geschrieben worden sein. Nur hat der Täter jetzt seine Schrift verstellt."

133

Trotz der offensichtlichen Erfolge war Inspektor Waldock skeptisch. Er nahm sich die verfügbaren Teile der Akte von 1877 nochmals vor und verglich sie mit den Angaben über Beck. Damals war notiert worden, daß John Smith braune Augen und ein breites Kinn besaß. An Beck waren ihm die blauen Augen und ein schmales Kinn besonders aufgefallen. Bei aller Unzulänglichkeit der Personenbeschreibung, sagte sich Inspektor Waldock, sind solche unterschiedlichen Feststellungen unmöglich; denn Augenfarbe und Kinnbreite verändern sich bei einem Mann in diesem Alter nicht mehr.

Schließlich sprach Waldock seine Meinung offen aus: Der jetzt verhaftete Adolf Beck ist nicht mit John Smith identisch. Die Feststellungen seiner pensionierten Kollegen und das Gutachten des Schriftsachverständigen zweifelte er an. Die Vorgesetzten im Yard forderten Waldock auf, seine Meinung zu korrigieren. Alle Indizien sprächen gegen Beck alias Smith. Doch der Inspektor widerrief seine Behauptung nicht.

Häftling D W 523

Scotland Yard handelte schnell. Waldock wurde von der Untersuchung des Falls entbunden. An seine Stelle trat Chefinspektor Froest, ein Mann, dessen Name uns in unrühmlicher Erinnerung ist.

Frank Froest hielt nicht viel von Akten und Protokollen. Er war ein Mann der Tat, und was Spurell und Redstone ausgesagt hatten, galt für ihn als unumstößliche Wahrheit. Außerdem war er 1877 selbst eine Zeitlang an der Jagd nach John Smith beteiligt gewesen. Für den Chefinspektor war Adolf Beck unzweifelhaft identisch mit John Smith. Damit aber handelte es sich um einen Rückfalltäter, und es wurde höchste Zeit, daß ihm der Prozeß gemacht wurde.

Die Verhandlung gegen den Norweger begann am 3. März 1896 vor den Schranken von Old Bailey. Den Vorsitz führte Richter Forrest Fulton, derselbe, der damals John

Smith verurteilt hatte. Gegenüber Journalisten gab Fulton zwei verschiedene Erklärungen ab. Zuerst erzählte er, daß er von der Identität zwischen Beck und Smith überzeugt sei. Später war sein Gedächtnis schlechter geworden, und er behauptete, an den Prozeß von 1877 könne er sich nicht mehr erinnern.

Horace Avory vertrat die Anklage. Zu jener Zeit war er noch wenig bekannt. Doch einige Jahre später galt er als einer der prominentesten britischen Richter. Mr. C. F. Gill, ein berühmter Anwalt aus dem West End, hatte die Verteidigung übernommen. Er teilte die Meinung des abgesetzten Inspektors Waldock, daß zwischen seinem Mandanten und dem Betrüger von 1877 keine Verbindung bestand, und hegte außerdem die Überzeugung, daß der Norweger überhaupt das Opfer einer Verwechslung geworden war.

Der Prozeß gegen Beck war eine Farce. Verteidiger Gill bot prominente Zeugen auf, die beeiden konnten, daß sich der Beschuldigte 1877 in Südamerika aufgehalten hatte. Ankläger Avory erhob Einspruch. Er bezog sich auf ein altes englisches Gesetz, wonach frühere Verfehlungen und Verurteilungen eines Angeklagten vor Gericht nicht vorgebracht werden durften, bis die Geschworenen ihren Spruch gefällt hatten. Danach war es Sache des Richters, die Vorstrafen bei der Strafzumessung zu berücksichtigen.

Richter Forrest Fulton entschied im Sinne der Anklage: Nicht die Delikte von 1877 ständen zur Untersuchung, sondern die jüngsten Betrügereien. Damit wurde Beck von vornherein unterstellt, der Täter von 1877 zu sein.

Die Zeugen Spurell und Redstone durften zwar ihre Storys nun auch nicht erzählen, aber dafür bot die Anklage sämtliche Frauen auf, die schon vorher am Victoria Embankment gegen den Norweger ausgesagt hatten. Elf Frauen bezichtigten Adolf Beck des Betruges und Diebstahls. Sie sagten das gleiche wie seinerzeit bei der „Identifizierungsparade" im Yard: „Das ist der Mann, der mich betrogen und bestohlen hat!"

Der Schriftsachverständige Gurrin wurde in den Zeugenstand gerufen. Er hatte Becks Schrift mit der des Betrügers aus dem Jahre 1877 verglichen, durfte aber nach der Entscheidung des Richters die Person des John Smith nicht erwähnen. So behauptete er einfach, daß die ihm vorliegenden Dokumente in den Jahren 1894 und 1895 von dem unter Anklage stehenden Adolf Beck mit verstellter Handschrift ausgefertigt worden seien.

Verteidiger Gill wollte an Gurrin weitere Fragen stellen. Sein Antrag wurde von Richter Fulton abgelehnt. Dann versuchte der Anwalt, das Gericht auf bestimmte Widersprüche in den Aussagen der Zeuginnen hinzuweisen. Ottilie Meissonier hatte unter anderem gesagt: „Der Mann, der mich besuchte, besaß eine Narbe unter dem rechten Ohr." Als Gill sie aufforderte, diese Narbe zu zeigen, entgegnete die Sprachlehrerin: „Jetzt kann ich die Narbe nicht sehen." Die Geschworenen und Richter Fulton blieben davon unbeeindruckt.

In seinem Plädoyer protestierte Gill leidenschaftlich gegen die Ausklammerung des Falls John Smith, der für den CID-Chefinspektor Frank Froest Anlaß gewesen war, der Anklagevertretung einen „Rückfalltäter" zu präsentieren, und der den Schriftsachverständigen Gurrin zu seinen Ausführungen über die „verstellte Handschrift" veranlaßt hatte. Außerdem zog C. F. Gill die Glaubwürdigkeit der Zeuginnen in Zweifel. „Sie waren augenscheinlich etwas außer Rand und Band geraten und bildeten sich ein, daß endlich die Stunde gekommen sei, wo ihre Reize gewürdigt würden", sagte er und schätzte damit die Mentalität der Betrogenen treffend ein.

Am 5. März 1896 zogen sich die Geschworenen zur Beratung zurück. Dann verkündeten sie ihren Spruch: „Schuldig im Sinne der Anklage." Richter Forrest Fulton sprach das Urteil: „Wir verurteilen den Angeklagten Adolf Beck, einen gemeinen und feigen Schurken, der durch niederträchtige Tricks seine selbstsüchtigen und unmoralischen Gelüste zu befriedigen suchte, wegen erwiesener Schuld zu sieben Jahren schwerer Haft."

Adolf Beck wurde in dasselbe Gefängnis eingeliefert, in dem neunzehn Jahre vorher John Smith seine Strafe abgesessen hatte. Und er bekam die gleiche Gefangenennummer wie dieser: D 523. Nur war dieser Zahl ein W hinzugefügt worden als Symbol für einen Vorbestraften, für einen Rückfalltäter.

Rechtsanwalt C. F. Gill wandte sich sofort nach dem Urteilsspruch an das Home Office. Er legte Beweise dafür vor, daß sich Beck 1877 in Peru aufgehalten hatte, also keinesfalls mit dem Betrüger Smith identisch sein konnte, dessen Nummer er im Gefängnis tragen mußte.

Das Innenministerium lehnte die Eingabe ab. Die englische Rechtsprechung jener Zeit kannte keine Berufungsinstanz. Für Beck und seinen Verteidiger war nur der Weg über Bittschriften offen. Acht weitere Petitionen wurden in gleicher Weise behandelt wie der erste Antrag.

Nach zwei Jahren erzielte der Verteidiger einen ersten Erfolg. Er durfte die vollständige Akte des damals verurteilten John Smith einsehen. Bisher hatten stets nur Teile davon vorgelegen. Das Ergebnis war überraschend: John Smith war Jude und nach dem Ritual seines Glaubens beschnitten. Das hatte eine gründliche Untersuchung des Gefängnisarztes 1879 ergeben. Dieser Befund war der Akte Smith nachträglich hinzugefügt worden und später zunächst wieder verschwunden.

Jetzt wies das Innenministerium an, den Häftling Beck daraufhin zu untersuchen. Das Ergebnis lautete: Beck ist nicht beschnitten. Für Scotland Yard und das Home Office bestand trotzdem kein Anlaß, den Fall erneut zu überprüfen. Nur eine Konsequenz wurde gezogen: Das W verschwand aus der Gefangenennummer des Sträflings.

Am 8. Juli 1901 wurde Adolf Beck auf Bewährung entlassen. Sein Vermögen betrug noch einige hundert Pfund. Er verwendete es, um seine Unschuld zu beweisen. Die von ihm beauftragten Rechtsanwälte nahmen Verbindung zu den Frauen auf, die im Prozeß als Zeugen aufgetreten waren. Ethel Townsend, die schon früher in ihrer Aussage geschwankt hatte, erklärte: „Ich und andere der betrogenen Frauen wurden von den Polizisten von Scotland Yard fast gezwungen, Beck als Täter zu bezeichnen, nachdem einige von uns verlauten ließen, das sei wohl nicht der Richtige. Viele von uns waren sich ihrer Sache nicht ganz sicher. Aber durch diese Aussagen konnten wir den Zorn über unsere Enttäuschung überwinden."

„Mir wurde gesagt, es wäre ein Mann in Haft", gab Lilli Vincett an, „und wenn es der Täter sei, müßte es ein älterer Mann mit grauen Haaren sein. Mehr hatte ich mir kaum von ihm gemerkt. Die Beleuchtung in meiner Wohnung war damals sehr schlecht."

Die größte Überraschung jedoch lieferte Konstabler Spurell. Er widerrief seine Aussage von vor fünf Jahren. „Damals", sagte der Polizist, „wohnte ich in einem Hause mit Frank Froest. Er war als Chefinspektor eine der angesehensten Persönlichkeiten von Scotland Yard. Noch bevor er mit dem Fall beauftragt wurde, erzählte er mir, daß man einen guten Bekannten gefangen hätte. Ich glaubte damals, er sei mit den Ermittlungen gegen Smith beschäftigt, und sagte gegen Beck aus. Später, als Froest tatsächlich in den Fall eingeschaltet wurde, blieb ich bei meiner Aussage. Ich wollte den Chefinspektor nicht enttäuschen."

Adolf Beck war unschuldig. Er hatte einen abenteuerlichen Lebenswandel geführt und Beziehungen zu vielen Frauen unterhalten. Trotzdem erfolgten seine Verhaftung und Verurteilung auf Grund böswilliger oder auch gutgläubiger falscher Aussagen. Jetzt, zu Beginn des Jahres 1904, war der Norweger fest davon überzeugt, daß ihm endlich Gerechtigkeit widerfahren würde. Er sah seiner Zukunft durchaus optimistisch entgegen.

Fahrt ins Bordell

Am 15. April 1904 hatte Adolf Beck seine neue Wohnung in der Tottenham Court Road verlassen, um dem Britischen Museum einen Besuch abzustatten. Gemächlich überquerte er die Straße und lenkte seine Schritte zum Bedford Square. Plötzlich wurde er von hinten am Arm gepackt.

Beck drehte sich um und blickte in das Gesicht einer jüngeren, ihm völlig unbekannten Dame. „Auf diesen Augenblick habe ich drei Wochen gewartet. Geben Sie mir sofort meinen Schmuck zurück", schrie die Frau.

Beck taumelte zur Seite. „Nein!" rief er. „Ich habe keinen Schmuck. Sie verwechseln mich!" Ein eiskalter Schrecken hatte ihn erfaßt, panisches Entsetzen lähmte seinen Körper. Dann riß er sich los und rannte mit schnellen Schritten davon.

Doch er kam nicht weit. Inspektor Ward von der CID schnitt ihm den Weg ab. „Mr. Beck, Sie sind verhaftet!" Widerspruchslos ließ sich der Norweger abführen. Das Gebäude seiner Hoffnungen war jäh eingestürzt. Adolf Beck begriff die Welt nicht mehr.

Seit dem 8. Juli 1901 befand er sich auf freiem Fuß. Zwei Jahre danach, im August 1903, war Mrs. Rose Reece einem Betrüger auf den Leim gegangen, der auf die gleiche Weise arbeitete wie einst der falsche Lord Salisbury. Am 22. März 1904 erstattete eine Miss Pauline Scott bei Scotland Yard Anzeige gegen Unbekannt wegen des gleichen Delikts. Als die Presse darüber berichtete, meldete sich auch Mrs. Reece. Weitere Frauen folgten. Die Londoner Banken übergaben fünfundzwanzig falsche Schecks an Scotland Yard.

Die Detektive vom Victoria Embankment, die von Becks Schuld überzeugt gewesen waren, glaubten, er habe seine Betrügereien wieder aufgenommen, und beobachteten ihn. Inspektor Ward, der nunmehr die Ermittlungen leitete, bat Pauline Scott, sich die Gäste des Restaurants anzusehen, in dem Beck seine Mahlzeiten einnahm. Dort erkannte sie den Norweger nicht. Dann stellte Ward zusammen mit ihr in der Tottenham Court Road die Falle, in die Beck prompt hineinlief. In welchem Maß Pauline Scott zuvor von Ward beeinflußt worden war, ist unbekannt geblieben.

Die Vorgänge der Jahre 1895 und 1896 wiederholten sich. Alle Frauen, die Anzeige erstattet hatten und denen Beck vorgeführt wurde, sagten: „Das ist der Betrüger!"

Noch einmal bäumte sich Beck auf. „Nie zuvor habe ich

eine dieser Frauen gesehen", schwor er mit leidenschaftlicher Stimme. „Ich bin völlig unschuldig. Mir ist es unbegreiflich, wie ich erneut das Opfer einer so fürchterlichen Verwechslung werden konnte."

Es half nichts. Am 27. Juni 1904 stand Beck erneut vor dem Richter. Seine finanziellen Mittel waren erschöpft. Einen erfahrenen Juristen konnte er nicht mehr bezahlen. So übernahm die Verteidigung die Anwalt Leicester, der nur über geringe Erfahrungen verfügte und obendrein bloß drei Tage Zeit hatte, um sich in den komplizierten Fall einzuarbeiten.

Die Verhandlung war kurz. Die Frauen schworen, daß Beck der Täter sei. Der Norweger beteuerte seine Unschuld. Nach wenigen Stunden fällten die Geschworenen ihren Spruch: „Schuldig im Sinne der Anklage."

Dem Richter, Mr. Grantham, mochten dennoch irgendwelche Zweifel gekommen sein. Er vertagte die Urteilsverkündung auf den nächsten Verhandlungstermin. Adolf Beck wurde wieder ins Gefängnis abgeführt.

Der unschuldige Norweger saß immer noch in Untersuchungshaft, als der tatsächliche Betrüger unvorsichtig wurde. Am 6. Juli 1904 waren die Geschwister Turner, zwei engagementlose Schauspielerinnen, auf der Straße von einem Mann, der sich als Lord Wilton vorstellte, angesprochen worden, und tags darauf nahmen sie gemeinsam den Nachmittagstee ein. Als der Lord die beiden Frauen als Hausdamen engagieren wollte, eine Liste der neuanzuschaffenden Garderobe zusammenstellte und schließlich um Überlassung der Uhren und Ringe bat, wurden die Schauspielerinnen mißtrauisch. Sie forderten ihren Hauswirt auf, dem Gast unauffällig zu folgen.

Der „Lord" verließ die Wohnung der beiden Frauen und lenkte seine Schritte in das nächste Schmuckgeschäft. Dort versuchte er, zwei der eben erhaltenen Ringe zu verkaufen. Der Hauswirt beobachtete den Vorgang, informierte einen Konstabler, und der „Lord" wurde festgenommen. Auf dem Polizeirevier in der Tottenham Court Road, in derselben Straße, in der Beck gewohnt hatte, ereilte den Betrüger sein Schicksal. Zufällig stattete ausgerechnet an diesem Tag CID-Inspektor Kane der Police Station einen Routinebesuch ab, erkundigte sich unverbindlich nach dem Wohlbefinden seiner Kollegen und plauderte über den ungewöhnlich starken Nebel, der über der Hauptstadt lag.

„Zum Glück haben wir nicht allzuviel zu tun", sagte der diensthabende Sergeant. „Wir hatten heute nur eine Verhaftung. Ein Betrüger wurde festgenommen, der sich als Lord ausgab. Zwei Schauspielerinnen gaunerte er Schmuck ab, um ihn gleich danach zu versetzen. Er wurde auf frischer Tat gestellt."

Inspektor Kane erinnerte sich sofort an den Fall Beck, über den er in groben Zügen unterrichtet war. Er ließ sich weitere Einzelheiten erzählen und hörte fast die gleiche Geschichte, die ihm im Yard zu Ohren gekommen war. Als sich Kane den Verhafteten vorführen ließ, glaubte er im ersten Moment an eine Sinnestäuschung. Doch dann wurden ihm schnell die Unterschiede offenbar. Der Mann, der vor Inspektor Kane stand, hatte zwar ungefähr die gleiche Größe wie Beck, war grauhaarig und trug auch einen Schnurrbart. Doch der Norweger war schmächtiger und sah außerdem jünger aus.

Der Festgenommene behauptete, William Thomas zu heißen. Er habe sich in finanziellen Schwierigkeiten befunden, und es sei das erste Mal gewesen, daß er einen solchen Betrug beging. Selbstverständlich wolle er den Schaden wiedergutmachen, und er bedaure seinen Fehltritt außerordentlich.

Während der angebliche Thomas mit wohlgesetzten Worten seine Entschuldigungen vorbrachte, ahnte Inspektor Kane, daß für Scotland Yard eine unangenehme Überraschung bevorstand. Fünf der Frauen, die am 27. Juli Beck als Betrüger bezeichnet hatten, wurden Thomas gegenübergestellt. Mrs. Rose Reece fand erst keine Worte. „Gerechter Gott", stammelte sie endlich, „ich habe mich geirrt. Dieser Mann, der jetzt vor mir steht, ist der wirkliche Betrüger." Die anderen Frauen sagten das gleiche.

Inspektor Ward, der die Ermittlungen gegen Beck geleitet

hatte, wurde von dieser Aufgabe entbunden. Der Chef der CID, Sir Melville Macnaghten, übernahm den Fall in eigene Regie. Seine erste Amtshandlung war eine Fahrt ins Bordell. Dort arbeitete Ethel Townsend, jene Frau, die im Jahre 1896 Zweifel an der Identität Becks mit dem Betrüger geäußert hatte. Zusammen mit der Prostituierten fuhr Macnaghten dann zur Bow Street Division. Thomas war in das dortige Gefängnis gebracht worden. Ethel Townsend identifizierte ihn als den Mann, der sie vor neun Jahren betrogen hatte und widerrief ihre Aussage gegen Adolf Beck. Weitere Zeuginnen des ersten Prozesses wurden aufgespürt. Als sie Thomas sahen, gaben sie zu, daß sie sich geirrt hatten. Nicht Beck, sondern Thomas sei der Betrüger.

Die alten Prozeßakten wurden hervorgeholt. Ottilie Meissonier hatte seinerzeit ausgesagt, der falsche Lord habe eine Narbe unter dem rechten Ohr gehabt. Bei Beck wurde dieses Kennzeichen nicht gefunden. Jetzt entdeckte man es bei William Thomas. Verteidiger C. F. Gill konnte seinerzeit nachweisen, daß Smith beschnitten war, der Norweger hingegen nicht. Nun ergab sich, daß Thomas das gleiche Merkmal besaß wie jener Smith.

Das Bild rundete sich. William Thomas war der Mann, der 1877 unter dem Namen John Smith verurteilt worden war und zwischen 1894 und 1895 ähnliche Verbrechen begangen hatte. Unter der Wucht der Beweise legte er ein Geständnis ab.

Am 15. September 1904 wurde John Smith alias William Thomas, der sich zwischenzeitlich mehrere Male im Ausland aufgehalten hatte und deswegen seine Betrügereien nicht kontinuierlich durchführen konnte, zu fünf Jahren Zuchthaus verurteilt. Bereits am 19. Juli hatten sich für Adolf Beck die Tore der Haftanstalt geöffnet. Und zehn Tage später wurde seine bedingungslose Begnadigung ausgesprochen.

Ein Sturm der Entrüstung über das Justizverbrechen erfaßte die britische Öffentlichkeit. Scotland Yard, das Home Office, Ankläger Avory und Richter Fulton standen im Feuer schärfster Kritik, die auch von den bürgerlichen Zeitungen vorgetragen wurde. Die Regierung mußte eine Untersuchungskommission einsetzen. Das Resultat war kläglich: Scotland Yard und die Anklagevertretung treffe keinerlei Schuld an dem „juristischen Fehlgriff". Kritisiert wurde lediglich, daß Richter Fulton im Verfahren von 1896 dem Verteidiger untersagt hatte, alle Identitätsbeweise vorzulegen.

Forrest Fulton, der inzwischen geadelt worden war und zum obersten Richter am Central Criminal Court in Old Bailey avancierte, fand kein Wort der Entschuldigung. In einem offenen Brief an die „Times" versuchte er sogar, sein Verhalten zu rechtfertigen. Lediglich der Schriftsachverständige Gurrin bedauerte das falsche Gutachten.

Die britische Regierung wollte Adolf Beck auf billige Weise abfinden. Sie bot ihm die lächerliche Summe von zweitausend Pfund als Entschädigung an. Die „Daily Mail" schaltete sich ein und bezeichnete diesen Betrag als völlig unzureichend. Die Zeitung gab Beck den Rat, das Angebot auszuschlagen, und garantierte ihm gleichzeitig eine höhere Mindestsumme. Als Beck diesem Hinweis folgte, erhöhte die Regierung die Entschädigung auf fünftausend Pfund.

Auch dieser Betrag konnte das geschehene Unrecht nicht wiedergutmachen. Beck war ein gebrochener Mann. Er fand sich nicht mehr im Leben zurecht und rutschte Stufe um Stufe abwärts. Völlig vereinsamt starb er fünf Jahre später in einem Londoner Krankenhaus.

Bürgerliche Kriminalhistoriker sehen die Ursache für die Tragödie des Adolf Beck in den zu jener Zeit noch schwach entwickelten wissenschaftlichen Identifizierungsmethoden. Sie verweisen auf das Fingerabdruckverfahren, dessen sich Scotland Yard ab 1901 bediente und das solche Irrtümer fortan ausschloß. Bei sorgfältiger Arbeit der Detektive hätte aber die Unschuld des Norwegers schon 1895 auch ohne daktyloskopische Vergleiche nachgewiesen werden können. Ziel der Untersuchungen war es jedoch gewesen, nicht die Unschuld, sondern die Schuld des Verhafteten zu beweisen. So ist dieser Fall denn auch keineswegs als bloße Verquickung unglücklicher Zufälle zu werten. Das bedauernswerte Schicksal des Norwegers hatte vielmehr reale gesellschaftliche Gründe.

Als Beck 1865 seine Heimat verließ, war er nicht allein. Mit ihm hielten Tausende Auszug aus dem Land der Fjorde. Die Abdrängung großer Teile der Bauernschaft ins Proletariat und die Unterdrückung der Arbeiterbewegung durch die schwedische Zwangsherrschaft veranlaßten viele Norweger zur Auswanderung.

Adolf Beck versuchte sich als Glücksritter, und als er eine einigermaßen sichere Basis gefunden zu haben glaubte, wollte er sein Leben in vollen Zügen genießen. Als Wahlheimat wählte er das Land, in dem sich der Kapitalismus der freien Konkurrenz zum Imperialismus entfaltet hatte: Großbritannien. Die gesellschaftlichen Veränderungen wurden hier wie überall von einer enormen Steigerung der Kriminalität begleitet. Sie lieferte besonders für London als Zentrum des Welthandels und Treffpunkt der internationalen Geschäftswelt eine düstere Kulisse. Scotland Yard suchte rigoros nach Auswegen. Die Angriffe der Polizei wurden vor allem nach zwei Richtungen vorgetragen.

Mit der Zunahme des Seeverkehrs kamen ungezählte Einwanderer aus allen Teilen des riesigen Kolonialreiches und aus anderen Ländern in die britische Metropole. Moralisch waren sie nicht besser oder schlechter als die Londoner selbst. Die Polizei sah aber im Zustrom der Ausländer eine wesentliche Ursache für die hohe Kriminalität. Einwanderer galten stets als verdächtig.

Gleichermaßen voreingenommen behandelte Scotland Yard Verhaftete, denen Rückfalldelikte nachgewiesen werden konnten oder bei denen auch nur die leiseste Vermutung einer früheren Straftat bestand. Schon 1891 hatte Robert Anderson, damals Chef der CID, die Forderung erhoben, alle „Berufsverbrecher" lebenslänglich einzusperren. Irgendwelche Vorstellungen, rückfälligen Tätern zu helfen, ihnen einen Weg zurück in die Gesellschaft zu ebnen und sie vor neuen Straftaten zu bewahren, gab es

144

nicht. Jahre später, 1908, wurden Andersons Wünsche verwirklicht. Der „Prevention of Crimes Act" sah vor, „Gewohnheitsverbrecher" unabhängig von der gerichtlich ausgesprochenen Strafe mindestens fünf und höchstens zehn Jahre zu inhaftieren. Kurz danach wurde für diesen Zweck auf der Isle of Wight das Sträflingslager Camp Hill eröffnet, das in seiner Organisation an die späteren Konzentrationslager erinnerte.

Diese Situation bildete den Hintergrund für den Fall Beck. Die Wogen des Verbrechens drohten über Scotland Yard zusammenzuschlagen, und die Detektive der CID versuchten, einige Fälle auf Biegen oder Brechen zu lösen, um wenigstens ein gewisses Renommee zu wahren. Männern wie Froest waren dazu alle Mittel recht, selbst die Verurteilung eines Unschuldigen. Adolf Beck, der zu einem etwas leichtfertigen Lebenswandel neigte und dazu das Stigma des Ausländers trug, erschien dafür als geeignetes Objekt.

In den Annalen der englischen Kriminalgeschichte ist der Fall des Norwegers auf einem besonderen Blatt verewigt. Die Historiker werten ihn als einmalige Ausnahme, was jedoch nicht stimmt, wie unter anderem das nachfolgend aufgezeichnete Geschehen, in dessen Mittelpunkt ein Mensch mit dunkler Hautfarbe steht, beweist.

Der Pferdemörder von Birmingham

Eine ähnliche Tragödie wie im Fall Beck ereignete sich 1903 in Great Wyrley, einem Ort bei Birmingham. Das Pfarramt dieses Dorfes in der mittelenglischen Grafschaft Staffortshire war einem Inder übertragen worden, dessen Ehe mit einer Engländerin ein Sohn entsproß, der in seiner Kindheit des öfteren durch allerlei Unfug die Konstabler verärgert hatte. Der Chefkonstabler war ein kleinlicher Mann. Er trug dem Pfarrerssohn die Lausbubenstreiche noch nach, als dieser schon erwachsen war und sein Studium erfolgreich abgeschlossen hatte.

In den ersten Monaten des Jahres 1903 trieb in Great Wyrley ein sexuell abnorm veranlagter Verbrecher sein Unwesen. In den Abend- oder Nachtstunden schlich er sich in die Pferdekoppeln, die das Dorf umgaben, und schlitzte einigen Tieren den Leib auf. Am Morgen waren die Pferde unter furchtbaren Qualen verendet.

Unter der Bevölkerung breitete sich heftige Erregung aus. Die einen bangten um ihr Eigentum, andere fürchteten, daß der Verbrecher solche Scheußlichkeiten auch an Menschen begehen könnte. Da die Bemühungen der Constabulary vorerst erfolglos blieben, reagierte ein gewisser Kreis der Bevölkerung mit einer Flut anonymer Briefe. Die Bezichtigung der Unfähigkeit zählte noch zu den harmlosesten Beleidigungen in den Schreiben, die täglich auf der Polizeistation eingingen.

Nach einer erneuten Tat des Unholds entschloß sich der Chefkonstabler von Great Wyrley zum Handeln. Um die Einwohnerschaft zu beruhigen, brauchte er dringend einen Täter. Er überlegte, wen er verhaften sollte.

Seine Wahl fiel auf George Edalji, den dunkelhäutigen Pfarrerssohn, zumal er nun eine günstige Gelegenheit sah, seine kleinlichen Rachegelüste zu befriedigen. Zusammen mit zwei seiner Untergebenen durchsuchte der Chefkonstabler das Pfarrhaus und konfiszierte ein Rasiermesser und eine Jacke, an deren Ärmeln er angeblich Pferdehaare bemerkt hatte. George Edalji selbst war nicht anwesend. Er ging in Birmingham seinen Verpflichtungen als junger Anwalt nach.

Der Chefkonstabler versuchte sein Verhalten mit der Behauptung zu rechtfertigen, einige der anonymen Schreiber hätten den Pfarrerssohn als Täter bezeichnet. Die Mühlsteine des Polizei- und Justizapparats begannen, George Edalji in ihr grausames Getriebe zu ziehen. Er wurde verhaftet und vor Gericht gestellt.

Der Vater des Angeklagten sagte aus, er habe mit seinem Sohn in der fraglichen Nacht in einem Zimmer geschlafen und George habe dieses Zimmer nicht verlassen. Ein Konstabler, der das Pfarrhaus überwachen sollte, hatte niemand bemerkt, der in jener Nacht aus dem Haus geschlichen war.

An der konfiszierten Jacke Edaljis wurden tatsächlich Pferdehaare gefunden. Aber der Chefkonstabler mußte vor Gericht zugeben, daß dieses Kleidungsstück in demselben Raum aufbewahrt worden war, in den man die toten Pferde gebracht hatte.

George Edalji verwahrte sich ganz entschieden gegen die Anklage. Da er sich zudem noch eines einwandfreien Leumunds erfreuen konnte, gab es keinerlei Gründe, die einen Schuldspruch rechtfertigten. Doch die Anklagevertretung hatte noch eine andere Waffe in Reserve. Jetzt gab der Staatsanwalt grünes Licht für einen Mann, der schon im Fall Beck eine unheilvolle Rolle gespielt hatte. Der Londoner Schriftsachverständige Gurrin betrat den Gerichtssaal in Birmingham.

Unter den anonymen Briefen hatte es bekanntlich zahlreiche Schreiben mit schweren Beleidigungen gegen die örtliche Constabulary gegeben. Diese Briefe, so behauptete Gurrin, habe der Angeklagte geschrieben, allerdings mit verstellter Schrift. Und wer solche Briefe schreibe, sei zu jedem Verbrechen fähig. Die Geschworenen waren von den Worten des Wissenschaftlers tief beeindruckt. Alle zuvor ermittelten Indizien, die für die Unschuld von Edalji sprachen, wurden vom Tisch gefegt. Die Jury fällte ihren Spruch: „Schuldig im Sinne der Anklage." Der Richter verkündete das Urteil: sieben Jahre Gefängnis.

Während George Edalji in seiner Zelle saß, hörten die Pferdeverstümmelungen nicht auf. Ein Soldat aus Birmingham konnte auf frischer Tat ertappt werden. Unter mysteriösen Umständen verschwand er jedoch wieder aus dem Gefängnis. Für die Justizbehörden war das kein Grund, dem unschuldigen Edalji Gerechtigkeit widerfahren zu lassen.

Diese Tatsachen sickerten allmählich in die Öffentlichkeit durch. Professoren, in deren Hörsaal Edalji noch kurz zuvor als Student gesessen hatte, protestierten. Berufskollegen des jungen Anwalts schlossen sich den Forderungen nach Annullierung des Urteils an. Am 11. Januar 1907 stellte sich eine der prominentesten englischen Persönlichkeiten an die Spitze der Protestierenden. Der Schriftsteller Arthur Conan Doyle begann im „Daily Telegraph" sein „I accuse" für Edalji.

Kurz danach setzte sich auch der Unterhausabgeordnete Fred E. Smith für eine Untersuchung des Falles ein. Smith war Mitglied der Liberalen Partei und versprach sich von seiner Attacke zugunsten des allerorts als unschuldig erkannten Verurteilten nicht zuletzt Vorteile im bevorstehenden Wahlkampf. Er erreichte, daß das Home Office eine Untersuchungskommission einsetzte, daß Edalji freigelassen und in einem Weißbuch dessen völlige Unschuld festgestellt wurde.

Die Fälle Beck und Edalji blieben nicht ohne Nachwirkung. Die Empörung des englischen Volkes über die zweifache Justizwillkür, gegen die es keinerlei Einspruchsrecht gab, führte dazu, daß ein Berufungsgericht geschaffen wurde. Am 18. April 1908 nahm der Court of Criminal Appeal seine Tätigkeit auf.

Aber auch dieser Appellationsgerichtshof konnte nicht verhindern, daß unschuldige Menschen in die Fänge britischer Polizei und Justiz gerieten. Zahlreiche Autoren bezeichneten den Fall Beck als größtes englisches Justizverbrechen des Jahrhunderts. Sie hatten sich geirrt. Bis zum Beginn des Falles, der dieses Prädikat tatsächlich verdiente, sollten allerdings noch einige Jahrzehnte vergehen. Doch ehe wir uns diesen Ereignissen zuwenden, soll noch ein Verbrechen geschildert werden, bei dessen Aufklärung Chefinspektor Frank Froest erneut eine sonderbare Rolle spielte.

Der Antimonmörder Chapman

„Ich bin nicht Klosowski!"

Am 16. März 1903, genau um elf Uhr, betrat Mr. Grantham, einer der bekanntesten Richter des Inselreichs, den Verhandlungssaal im Londoner Central Criminal Court. Den Platz des Anklägers nahm der zweite Kronanwalt, Sir Edward Carson, ein. Der Angeklagte, der bei den Vernehmungen durch die Detektive von Scotland Yard eine aus Selbstsicherheit und Gleichgültigkeit gemischte Haltung gezeigt hatte, wirkte jetzt ängstlich und nervös.

Richter Grantham eröffnete die Verhandlung mit der altüberlieferten Belehrung der Geschworenen, den Angeklagten so lange als unschuldigen Bürger zu betrachten, bis an dessen Schuld nicht mehr zu zweifeln sei. Dann ergriff Kronanwalt Carson das Wort: „George Chapman, mit anderem Namen Severin Antoniowitsch Klosowski, geboren im Jahre achtzehnhundertfünfundsechzig in Kolo in Polen, Sie stehen unter der Anklage, am fünfundzwanzigsten Dezember achtzehnhundertsiebenundneunzig Mary Isabella Spink, am dreizehnten Februar neunzehnhunderteins Elizabeth Taylor und am neunzehnten Oktober neunzehnhundertzwei Maud Marsh durch heimliche Gaben des giftigen Antimon vorsätzlich getötet zu haben. Antworten Sie! Bekennen Sie sich schuldig oder nicht schuldig?"

Die Stille im überfüllten Schwurgerichtssaal wirkte bedrückend. Dann kam mit unsicherer, brüchiger Stimme die Antwort: „Ich bin nicht schuldig, Sir. Ich habe die drei Frauen nicht getötet. Mein Name ist George Chapman. Zu keiner Zeit habe ich Klosowski geheißen."

Der Kronanwalt winkte unwillig ab und ergriff erneut das

149

Wort. Er gab einen Überblick über die bisherigen Ermittlungen. Die von der Anklagevertretung aufgebotenen siebenunddreißig Zeugen sollten dann Einzelheiten davon bekräftigen.

Als erster trat Chefinspektor Frank Froest in den Zeugenstand. Er richtete seinen Blick auf den Kronanwalt und erklärte: „Euer Ehren, ich darf berichten, daß ich im Auftrage des CID-Commander, Sir Edward Henry, in den zurückliegenden Wochen im Königreich Polen war, um den Spuren des Angeklagten nachzugehen. Ich darf dem Vorbild des ehrwürdigen Sir Edward Carson folgen und mich kurz fassen.

Der im Jahre achtzehnhundertfünfundsechzig in Kolo geborene Severin Klosowski kam im Alter von fünfzehn Jahren als Lehrling zu einem Heilpraktiker und erhielt nach viereinhalb Jahren das Zeugnis als Bader und Heilgehilfe. Vom ersten Oktober bis zum einunddreißigsten Dezember achtzehnhundertfünfundachtzig arbeitete er im ‚Praga-Hospital‘ in Warschau und zwischen dem zwanzigsten Januar und fünfzehnten November des folgenden Jahres als Gehilfe eines Arztes, der ihm die besten Zeugnisse ausstellte und seine Geschicklichkeit lobte. Im Dezember achtzehnhundertsechsundachtzig bewarb sich Severin Klosowski als Feldscher bei den Militärbehörden. Das letzte Datum, das ich in Warschau ermitteln konnte, lautet auf den achtundzwanzigsten Februar achtzehnhundertsiebenundachtzig. An diesem Tage zahlte Klosowski Gebühren in Höhe von vier Rubel bei der Kasse der ‚Warschauer Gesellschaft der Assistenzärzte‘ ein. Der Zeitpunkt seiner Übersiedlung nach London war nicht genau festzustellen."

Dann berichtete Froest, daß in der Voruntersuchung ein anderer polnischer Einwanderer ausgesagt habe, er wäre 1888 mit Klosowski in Whitechapel zusammengetroffen. Jener Zeuge habe sich nicht mehr an den Monat erinnert, in dem die Begegnung stattfand, wohl aber an das damalige Aussehen seines Landsmannes. Im Verlauf der Personenbeschreibung hätte sich einer der anwesenden Detektive an ein anderes Ereignis aus dem Jahre 1888 erinnert. Dieser Kollege wäre nämlich damals dabeigewesen, als ein Gast der Spelunke in der Dorset Street den Begleiter der später ermordeten Mary Jane Kelley, also den Ripper, beschrieben habe. Im Yard bestünde somit der Verdacht, daß Klosowski alias Chapman und Jack the Ripper ein und dieselbe Person seien.

Dem Richter erschien diese Schlußfolgerung nun doch etwas kühn. Im Jahre 1888 hatte der Zeuge, der den Ripper vor der Schenke sah, von einem fünfunddreißigjährigen Mann gesprochen. Klosowski zählte damals aber erst dreiundzwanzig Jahre. Außerdem konnte Scotland Yard dem Gericht weder den Landsmann Klosowskis noch den Detektiv, der 1888 dem Verhör beigewohnt hatte, als Zeugen präsentieren. Über die Gründe dafür schweigen sich die zeitgenössischen Berichte aus.

Nach Froest wurden die nächsten Zeugen aufgerufen, wiederum Detektive der CID, die den Spuren Klosowskis in London nachgegangen waren. Vor den Geschworenen entwickelten sie dieses Bild: Klosowski war 1888 nach London gekommen und ließ sich in Whitechapel nieder. Zuerst arbeitete er als Friseurgehilfe und eröffnete dann einen eigenen Salon. Im polnischen Club lernte er seine Landsmännin Lucy Baderski kennen, die er im August 1889 heiratete. Kurz darauf traf in London eine andere Polin ein, die vorgab, Klosowskis Ehefrau zu sein. Sie lebten zu dritt, bis die erste Frau der zweiten den Platz überließ und nach Polen zurückkehrte.

Severin Klosowski und Lucy Baderski gingen im Mai 1890 nach den USA. Die Frau kam bald zurück, Klosowski aber blieb in den Staaten und betrieb dort wieder einen Frisiersalon.

Der weitere Verlauf des Prozesses war recht mysteriös. Die Detektive der CID behaupteten, der Angeklagte sei identisch mit jenem Klosowski. Im Jahre 1892 wäre er nach London zurückgekehrt, habe dann mit einem Mädchen zusammen gelebt, das den gleichen Namen wie das dritte Opfer von Jack the Ripper trug – Annie Chapman –, und

151

schließlich den Namen George Chapman angenommen. Eine Zeugin namens Annie Chapman konnte die CID nicht vorführen lassen.

Der Angeklagte selbst versicherte, Amerikaner zu sein. Alles, was man bisher über jenen Klosowski erzählt habe, sei ihm neu. Er wäre in den Staaten aufgewachsen, hätte schon immer George Chapman geheißen, und 1893 sei er nach London übergesiedelt.

Inspektor Godley hatte in Chapmans Wohnung ein Tagebuch gefunden, das dem Gericht vorlag. Diese Aufzeichnungen – in englischer, nicht in polnischer Sprache – unterstützten die Version des Angeklagten. „Come from America in 1893 independent" („Kam aus Amerika 1893, unabhängig"), hieß es dort an einer Stelle.

Für die Beweisführung, die drei Giftmorde betreffend, die dem Angeklagten zur Last gelegt wurden, war es allerdings zunächst unwichtig, ob er mit jenem Klosowski identisch war oder nicht. Er hatte die Morde begangen, als ihn seine Umwelt unter dem Namen George Chapman kannte, und er konnte in allen drei Fällen überführt werden. Die folgenden Tatsachen wurden eindeutig ermittelt: Mary Isabella Spink hatte sich von ihrem Mann, einem Trinker, getrennt, war aber nicht geschieden. Bei Bekannten begegnete sie George Chapman, beide fanden Gefallen aneinander, und im Oktober 1895 streuten sie das Gerücht aus, daß sie geheiratet hätten. Chapman arbeitete als Friseur, und 1897 kaufte er das „Prince of Wales Inn", eine kleine Gaststätte im East End.

Mrs. Spink, die dort als Gattin Chapmans galt, erkrankte plötzlich. Nach qualvollen Unterleibsschmerzen, die sich periodisch wiederholten, starb sie am 25. Dezember 1897. Als Todesursache trug der Arzt „Schwindsucht" in den Totenschein ein.

Chapman schien über den Verlust untröstlich zu sein. Trotzdem öffnete er schon am Abend des Weihnachtstages wieder seine Gaststätte. Ihm konnte später nachgewiesen werden, daß er schon Monate zuvor bei einem ihm bekannten Drogisten dreißig Gramm Brechweinstein, eine giftige

Antimonverbindung, gekauft hatte. Im Giftbuch der Drogerie fand sich eine entsprechende Eintragung vom April 1897.

Vom gleichen Schicksal wurde Elizabeth Taylor ereilt, die Chapman im Frühjahr des folgenden Jahres als Kellnerin eingestellt hatte. Bald galt auch sie als Mrs. Chapman. Nach einiger Zeit war George Chapman offenbar ihrer überdrüssig, und wieder mischte er heimlich das Antimonpräparat unter die Speisen. Elizabeth Taylor litt unter Brechreizen und heftigen Durchfällen, sie magerte zusehends ab und suchte schließlich ein Hospital auf.

Dort besserte sich ihr Zustand rasch, und sie wurde entlassen. Somit fand Chapman erneut Gelegenheit, die Speisen seiner Geliebten zu vergiften. Am 13. Februar 1901 starb Elizabeth Taylor. Der Arzt, Dr. Stoker, schöpfte wiederum keinen Verdacht. Chapman spielte den Untröstlichen. Er schrie und tobte, er heulte und warf sich auf den Fußboden. Die Eltern der Ermordeten beruhigten den „Witwer", und dem Arzt gegenüber erklärten sie: „Bessy hätte keinen besseren Gatten als George haben können."

Im August 1901 kam Chapman mit seinem dritten Opfer zusammen. Maud Marsh zählte zwanzig Lenze, und alles begann wie bei ihren Vorgängerinnen. Aus der Kellnerin wurde die Geliebte und dann die angebliche Ehefrau. Die Eltern von Maud waren allerdings skeptisch. Der Vater wollte den Trauschein sehen, doch die Tochter vermochte seine Zweifel vorerst zu zerstreuen.

Chapman dürfte auch von ihr bald genug gehabt haben. Wiederum fand er nicht den Mut, sich von Maud Marsh auf normalem Wege zu trennen. Statt dessen griff er erneut zur Giftflasche. Bei Maud zeigten sich bald die gleichen Symptome wie bei den beiden vorherigen Opfern. Dieses Mal kehrte Chapman aber noch mehr den besorgten „Gatten" heraus. Er brachte Maud selbst in ein Hospital.

Die Ärzte standen zunächst vor einem Rätsel. Sie vermuteten Krebs oder eine Magenkrankheit. Aber bald besserte sich das Befinden der Patientin. Als sich nach der Entlassung aus dem Krankenhaus erneut die sonderbaren Erscheinungen zeigten, wußte sich Dr. Stoker keinen Rat. Noch immer hatte er keinen Verdacht geschöpft. Verwunderlich war das allerdings kaum. Dr. Stoker gehörte zu den Londoner Armenärzten, die – schlecht bezahlt und überarbeitet – von Patient zu Patient hasteten und keine Zeit für eingehende Untersuchungen aufbringen konnten.

Maud Marshs Zustand verschlechterte sich rapide. Ihre Mutter übernahm auf Bitten von Chapman die Pflege. Er selbst wollte natürlich auch etwas zur Gesundung seiner angeblichen Frau tun und bestand darauf, alle Speisen persönlich zuzubereiten.

Der erste Verdacht kam von Mrs. Marsh, die daraufhin einen ihr bekannten Arzt, Dr. Grapel, zu Rate zog. Er untersuchte die Kranke eingehend und stellte seine Diagnose: Vergiftung! Während er sich mit Dr. Stoker zu verständigen suchte, gelang es Chapman, seinem Opfer nochmals eine Dosis Gift einzuflößen. Kurz darauf starb Maud Marsh.

Dr. Grapel informierte Scotland Yard. Am 23. Oktober 1902 wurde Chapman verhaftet. Die CID ordnete die Exhumierung von Mary Isabella Spink und Elizabeth Taylor an. Die beiden Leichen waren außergewöhnlich gut erhalten. Schon das deutete auf eine Konservierung durch Gift hin. Der mit der toxikologischen Untersuchung beauftragte Sachverständige teilte in seinem Gutachten mit: „Die Körper von Mary Isabella Spink und Elizabeth Taylor waren gleichsam in Antimon getränkt."

George Chapman leugnete. In der Voruntersuchung spielte er den vom Schicksal hart getroffenen und trauernden Ehemann. Er simulierte einen Nervenzusammenbruch, als er über die Geschehnisse in den letzten Lebenstagen der Maud Marsh vernommen wurde. Bei seiner Behauptung, nie mit Antimonpräparaten hantiert zu haben, blieb er auch dann noch, als die Detektive eine Büchse mit Brechweinstein und zwei Fachbücher über Gifte in seiner Wohnung sicherstellten. Die Aussage des Drogisten und die Unterschrift im Giftbuch überführten ihn jedoch.

Für einen Jack the Ripper war dieser Chapman schon eine

geeignete Person. Er hatte drei Frauen auf heimtückische Weise vergiftet und zeigte vor Gericht eine beträchtliche Portion Gleichgültigkeit. Wenn er nun gar mit jenem ominösen Klosowski identisch war, paßten die Mosaiksteine noch besser zusammen. Dieser Klosowski verfügte über medizinische Kenntnisse. Zur Zeit der Ripper-Morde sollte er in Whitechapel gewohnt haben, und obendrein war er noch Pole.

Die Beweisführung, daß Chapman und Klosowski ein und dieselbe Person waren, wirkte jedoch nicht überzeugend. Chapman stellte diese Behauptung in Abrede und gab sich zu jeder Zeit des Prozesses als waschechter Yankee. Entscheidende Zeugen, die eine Identifizierung hätten vornehmen können, traten nicht auf – mit einer Ausnahme: Lucy Baderski, die seit 1888 mit Klosowski in London zusammen gelebt und ihn nach den USA begleitet hatte, behauptete, der Angeklagte sei ihr angetrauter Ehemann.

Chapman wies diese Unterstellung von sich. Er wollte die Frau zum ersten Mal gesehen haben. Die Baderski erzählte dann vor Gericht schaurige Geschichten, die sich zur Zeit der Ripper-Morde ereignet hätten. In jeder Nacht, in der der Bauchaufschlitzer ein neues Opfer fand, sei Klosowski nicht zu Hause gewesen. Jedesmal wäre er erst gegen Morgen zurückgekommen.

Auf das Gericht machten diese Ausführungen allerdings keinen Eindruck. Auch die Aussagen von Froest und den anderen Detektiven waren nicht überzeugend genug, als daß man Chapman der Ripper-Morde anklagen konnte. Daß die Zeugin Baderski ihre Anschuldigungen im Auftrage bestimmter Kreise erhob, die endlich den Ripper-Fall abschließen wollten, ist zwar durch nichts bewiesen, trotzdem kann diese Möglichkeit bei einer Beratung des gesamten Prozeßverlaufs nicht ausgeschlossen werden. Auf das Urteil war die Aussage der Baderski jedoch ohne jeden Einfluß.

Die Geschworenen berieten zehn Minuten. Dann verkündete Richter Grantham das Urteil: „George Chapman, Sie sind überführt des Giftmordes an Mary Isabella Spink, an

Elizabeth Taylor und an Maud Marsh. Sie sollen von dem Ort, an dem Sie jetzt stehen, zu dem Ort gebracht werden, von dem Sie hierher kamen. Sie sollen am Halse aufgehängt werden, bis Ihr Körper tot ist. Gott sei Ihrer armen Seele gnädig."

George Chapman hörte stehend und mit starrem Blick das Urteil an. Er fand kein Wort der Erwiderung und mußte aus dem Verhandlungssaal geführt werden.

Die Glocke von Wandsworth

Der Innenminister bestätigte das Todesurteil. Für eine Begnadigung hatte sich keine Stimme gefunden. So nahmen die Vorbereitungen zur Hinrichtung ihren Lauf, für die ein Gesetz aus dem Jahre 1868 die Einzelheiten festlegte. Die Exekution hat, so will es die Tradition, in der dritten Woche nach der Urteilsverkündung stattzufinden. Es wurde bestimmt, daß am Dienstag, dem 7. April 1903, der Henker seines Amtes walten sollte.

George Chapman war gleich nach der Verurteilung ins Wandsworth Prison gebracht worden. Dieses Gefängnis liegt im Südwesten von London, dort, wo die Wandle in die Themse mündet und die South Western Railway das Stadtgebiet verläßt. Ganz in der Nähe, kaum eine Meile entfernt, befindet sich der berühmte Wimbledon Park.

Chapman saß in der Todeszelle, bewacht von zwei Gefängniswärtern, die alle acht Stunden abgelöst wurden. Der Gefängnisarzt hatte ihn untersucht und festgestellt, daß es den Gesundheitszustand des Verurteilten nicht beeinträchtigen würde, wenn man ihm die tägliche Höchstration an Genußmitteln bewilligte. So erhielt George Chapman an jedem Morgen ein Pint (0,56 Liter) Bier und eine halbe Ounce (14,17 Gramm) Tabak.

Zweimal täglich, wie es das Gesetz vorschrieb, betraten der Direktor und der Arzt des Gefängnisses die Todeszelle und überzeugten sich vom Wohlbefinden des Gefangenen.

Chapman wollte keinen anderen Besucher empfangen. Von Lucy Baderski behauptete er nach wie vor, sie nicht zu kennen.

Für die Vollstreckung des Todesurteils war der Sheriff der Grafschaft London verantwortlich. Aus einer Liste des Home Office wählte er den Scharfrichter aus, der sich am Vortag der Hinrichtung bis spätestens sechzehn Uhr im Gefängnis einzufinden hatte.

Am Abend des 6. April bereitete der Henker die Exekution vor. Nachdem er das Körpergewicht von Chapman festgestellt hatte, griff er zu einer vom Home Office herausgegebenen Tabelle und entnahm daraus zwei Zahlen über die Stärke des Seiles und die Größe der Schlinge.

Der 7. April begann im Wandsworth Prison zunächst wie jeder andere Tag. Nach der Reinigung der Zellen waren die anderen Insassen des Gefängnisses in die Werkstätten geführt worden. Um sieben Uhr begab sich ein Priester in die Todeszelle. Fünfundvierzig Minuten später wurde über dem Gefängnis die schwarze Flagge aufgezogen. In das Scheppern der Gefängnisglocke mischte sich das Geläut vom Turm der nahen Trinity Church.

Es war genau zwanzig Sekunden vor acht Uhr, als der Sheriff, der Direktor des Wandsworth Prison, der Gefängnisarzt und zwei Wärter die Tür zur Exekutionskammer durchschritten. Der Sheriff gab das übliche Zeichen, und der Henker, begleitet von zwei weiteren Gefängnisbeamten, betrat die Todeszelle. Die beiden Wärter faßten Chapmans Arme, rissen sie nach hinten und banden sie zusammen. Unter dem Gebet des Priesters führten sie den Delinquenten auf die Fallklappe in der Exekutionskammer. Dort stülpten sie ihm eine Kappe über den Kopf und fesselten schließlich noch die Beine. Der Henker legte Chapman die Schlinge um den Hals und überprüfte ihren Sitz. Dann betätigte er mit dem rechten Fuß den Hebel zur Fallklappe. Der ganze Vorgang hatte sich in sechzehn Sekunden abgespielt. George Chapman war tot. Um acht Uhr fünfzehn wurde die schwarze Flagge eingeholt, und das Läuten verstummte.

Drei Giftmorde waren gesühnt. Die Version, am Galgen des Wandsworth Prison habe Jack the Ripper gehangen, hatte sich nicht beweisen lassen. Gerade deshalb aber stellte sich die Frage, weshalb Scotland Yard so intensiv, wenn auch ohne Glück bemüht war, mit dem Fall Chapman auch die Akten im größten Londoner Kriminalfall des vorigen Jahrhunderts schließen zu können. Eine Antwort darauf gab Dr. Thomas Stowell 1970 in der Fachzeitschrift „The Criminilogist".

Hypothesen und damit neue Legenden hatte es bis dahin in schier unübersehbarer Anzahl gegeben. Sachkenner aber billigten den Behauptungen des bekannten englischen Arztes und Fachschriftstellers einen höheren Wahrscheinlichkeitswert zu, obwohl Stowell ohne jede Einschränkung feststellte: „Ich habe den Ripper endgültig identifiziert."

„Er war der Erbe von Macht und Reichtum", erläuterte er dann. „Seine Großmutter, die ihn überlebte, war die ernste viktorianische Mutterfigur. Sein Vater, dessen Titel er erben sollte, war ein aufgeschlossener Kosmopolit, der eine Menge dazu beitrug, Englands internationales Ansehen zu festigen."

Wenngleich Stowell den Namen des dämonischen Mörders deshalb verschweigt, um nicht „der Familie Leid anzutun, die ich liebe und verehre", sind seine Andeutungen nicht nur für Insider verständlich. Jack the Ripper soll kein anderer gewesen sein als Prinz Albert Victor, potentieller Thronfolger, der Enkel der Königin Victoria, Sohn Edwards VII. und damit Großonkel der heute residierenden Queen Elizabeth II.

Tatsache ist, daß sich besagter Prinz als Sechzehnjähriger in Westindien mit Syphilis infizierte und 1892 geistig umnachtet im Irrenhaus starb. Sein Vater bestieg 1901 als Edward VII. den Thron. Mehr als jeder andere mußte der neue Monarch an einem Schlußstrich unter dem Ripper-Fall interessiert gewesen sein, der keinerlei Makel am Hause Windsor hinterließ. Eine erste Gelegenheit dazu bot sich mit der im Jahr darauf beginnenden Affäre Chapman. Weil dieser Versuch mißglückte, erging später an den Yard die Aufforderung, die Ripper-Akten zu vernichten.

Eine lückenlos anmutende Kette von Ereignissen, deren Zusammenhänge aber nur dann zutreffen, wenn Stowells Theorie richtig ist. Dafür aber wird es wahrscheinlich nie einen endgültigen Beweis geben. Der Arzt starb wenige Wochen nach der Publikation im „Criminilogist" – eines natürlichen Todes, um das nebenbei zu vermerken –, und sein Sohn verbrannte danach alle Beweisstücke. Journalisten, die nach den Gründen des Autodafé fragten, bekamen dafür keine Erklärung.

Die Thronbesteigung Edwards VII. erfolgte im ersten Jahr des neuen Jahrhunderts, und dieser Beginn war eine Zäsur in mehrfacher Hinsicht. In England und in der Welt hatte sich vieles ereignet. Die über sechs Jahrzehnte während Regentschaft von Queen Victoria war zu Ende gegangen. In dieser Zeit verlor Großbritannien seine industrielle Monopolstellung, stieg aber gleichzeitig zur größten Kolonialmacht auf. Fast jeder fünfte Mensch der Erde lebte um 1900 unter britischer Herrschaft. Über Indien, Burma, Kanada, Australien, Neuseeland, weiten Teilen Afrikas und vielen pazifischen Inseln wehte der Union Jack. In einem grausam geführten Kolonialkrieg wurden zwischen 1899 und 1902 die Burenrepubliken Oranje und Transvaal unterworfen.

Zeitiger als andere Länder hatte Großbritannien mit dem Kapitalexport begonnen. Der so gewonnene Einfluß reichte weit über das Empire hinaus. Wie der Fall Balfour zeigte, standen auch formell selbständige Staaten unter britischer Bevormundung. Neben Argentinien waren weitere südamerikanische Staaten, China und viele andere schwachindustrialisierte Länder davon betroffen. Die Auslandsinvestitionen hatten solche Ausmaße angenommen, daß die nach London zurückfließenden Zinsen den Ertrag des Außenhandels überstiegen. Als Folge davon stagnierte die Industrie, und in vielen Bereichen übernahmen Deutschland und die USA die Führung.

Die Aufteilung der Welt entsprach nicht mehr den ökonomischen Realitäten. Deutschland, im Rennen um Kolonien weit zurückgeschlagen, drängte auf Veränderung. Da es keine nennenswerten Gebiete für koloniale Eroberungen mehr gab, konnte eine Neuaufteilung der Welt nur durch einen Krieg erreicht werden. Auf einem diplomatischen Zickzackweg entstanden die Entente zwischen Großbritannen, Frankreich und Rußland und der Dreibund zwischen Deutschland, Österreich-Ungarn und Italien. Die imperialistischen Widersprüche stürzten schließlich die Völker in den ersten Weltkrieg.

Im Innern führte der relative Rückgang der Industrie zur dauernden Arbeitslosigkeit. Die proletarische Bewegung Englands gewann an Schlagkraft. Nach den Wahlen vom Dezember 1905 zog erstmals eine Gruppe von 29 Mitgliedern der neuen Labour Party ins Unterhaus ein.

Auch die Kriminalistik war in eine neue Etappe eingetreten. Seit der Jahrhundertwende stellte die Polizei der industriell am weitesten fortgeschrittenen Länder in zunehmendem Maße Naturwissenschaft und Technik in ihren Dienst, um so der erschreckend angewachsenen Kriminalität zu begegnen. 1895 führte Scotland Yard die Bertillonage ein. Mit diesem Verfahren, das ein Mitarbeiter der Pariser Polizeipräfektur entwickelt hatte, konnten Personen durch Messen von körperlichen Merkmalen identifiziert werden. Schon 1901 wurde diese ziemlich umständliche Methode durch das Fingerabdruckverfahren abgelöst.

Ein Jahr später konnte die Daktyloskopie ihre ersten Erfolge nachweisen. Bei einem Derby in Epsom waren 45 Wettbetrüger, Taschendiebe und andere Kriminelle festgenommen worden. 29 Verhaftete wurden durch die Fingerabdruckkartei als vorbestraft entlarvt.

Der große Durchbruch des neuen Identifizierungsverfahrens gelang 1905. In den Morgenstunden eines Märztages waren die Brüder Alfred und Albert Stratton in einen kleinen Laden des Stadtteils Deptford eingestiegen. Als sie beim Aufbrechen der Kasse von den Besitzern, einem älteren Ehepaar namens Farrow, überrascht wurden, fielen sie mit brutalen Schlägen über die Wehrlosen her. Der Mann war sofort tot, die Frau starb nach drei Tagen. Durch einen Daumenabdruck des Alfred Stratton auf der Ladenkasse konnten die beiden Raubmörder überführt werden. Das Gericht erkannte das daktyloskopische Gutachten als vollwertigen Beweis an und schuf damit einen Präzedenzfall. Die Zusammenarbeit zwischen Kriminalistik und Wissenschaft hatte begonnen.

Chemie und Toxikologie stellten der Kriminalistik neue Verfahren des Giftnachweises im menschlichen Körper zur Verfügung. Nachdem schon 1870 die ersten Verbrecheralben angelegt worden waren, ermöglichte später die Tatortfotografie die Rekonstruktion mancher Ereignisse. Die Entwicklung der drahtlosen Telegrafie beschleunigte den Informationsaustausch zwischen den Polizeistellen. Auf dem Gebiet der Medizin entwickelte sich die forensische Wissenschaft. Die Gerichtsmedizin wurde zum engen Verbündeten der Kriminalistik. Im Yard entstanden die ersten wissenschaftlichen Untersuchungslaboratorien kurz nach 1900.

Vor dem ersten Weltkrieg baute die CID eine neue Verbrecherkartei auf, deren wichtigster Teil der Crime Index ist. Nach Planung, Vorbereitung und Ausführung der Tat und nach Persönlichkeitsmerkmalen der Gesetzesbrecher gegliedert, ermöglicht sie häufig eine rasche Identifizierung rückfälliger Krimineller. Manchmal stehen dort 40 bis 50 Karten für ein und denselben Täter, da alle falschen und auch die Spitznamen berücksichtigt werden. Den Rekord hält ein Hochstapler mit 440 falschen Namen.

Aber auch die Verbrecher nutzten die neuen Erkenntnisse der Technik. Ihre Aktionen erfolgten planvoller und schneller als früher. Die wissenschaftliche Durchdringung der Kriminalistik konnte somit die Kriminalität nicht beseitigen, die Zahl der Verbrechen stieg sogar noch an. Das Wettrennen zwischen Polizei und Gesetzesbrechern verlief jedoch vielfach in anderen Bahnen. Über einen Fall, in dem sich Scotland Yard einen Vorsprung sichern konnte, wollen wir im folgenden berichten.

161

Dr. Crippen an Bord

Die Leiche von Hilldrop Crescent

Die Sängerin Belle Elmore wurde am 1. Februar 1910, früh um ein Uhr dreißig, zum letzten Mal gesehen. Zusammen mit ihrem Gatten, dem Arzt Dr. Hawley Harvey Crippen, winkte sie den Gästen nach, die das Haus Hilldrop Crescent 39 im Nordwesten von London verließen. Das Ehepaar hatte einigen Freunden des Hauses eine Gesellschaft gegeben, und Belle Elmore und Dr. Crippen waren den ganzen Abend in bester Stimmung gewesen.

Die beiden gaben ein recht ungleiches Paar ab. Dr. Hawley Harvey Crippen war von kleiner, schmächtiger Statur. Seine großen hervorstehenden Augen wurden durch eine goldgeränderte Brille noch in besonderer Weise betont. Ein mächtiger Schnurrbart vervollständigte das ungewöhnliche Aussehen. Er war 1862 im amerikanischen Bundesstaat Michigan geboren worden, hatte in New York studiert und später in Detroit und Philadelphia als praktischer Arzt gearbeitet. Im Jahre 1892 lernte er ein siebzehnjähriges Mädchen polnischer Abstammung kennen, das sich durch außergewöhnliche Schönheit auszeichnete. Groß und schlank, von attraktiver Figur, überragte sie den Arzt um mehr als Kopfeslänge. Das Leben von Kunigunde Mackamotzky wurde von einem Wunsch beherrscht. Sie wollte als Schauspielerin oder Sängerin Karriere machen.

Die Werbungen des Dr. Crippen blieben nicht ungehört. Nach kurzer Zeit waren beide verheiratet. Der Arzt erfüllte seiner jungen Frau jeden Wunsch. Er finanzierte ungezählte Gesangsstunden und stattete sie mit immer neuer Garderobe aus, soweit es sein Einkommen nur zuließ.

Kunigunde Mackamotzky legte sich verschiedene Künstlernamen zu. Sie nannte sich Cora Turner oder Belle Elmore, aber die Namen waren klangvoller als ihre Stimme. Über ein dürftiges Mittelmaß kam sie trotz großer Anstrengungen nicht hinaus. Ihre musikalische Begabung erwies sich als unzureichend.

Belle Elmore wollte das nicht einsehen. Sie glaubte, daß nur die amerikanische Musikwelt ihr Talent nicht zu würdigen wüßte, und redete sich ein, in London bessere Voraussetzung zu finden. Hawley Harvey Crippen war bereit, mit seiner Gattin in die britische Hauptstadt überzusiedeln. Im Jahr 1900 traf das Ehepaar in London ein. Dr. Crippen hatte erfahren, daß zwei pharmazeutische Firmen aus den USA nach Leitern für ihre britischen Filialen suchten. Es gelang ihm, mit „Munyon's Remedies" für den Vertrieb von medizinischen Präparaten und mit „Tooth Specialists" für den Handel mit Zahnersatz vorteilhafte Verträge abzuschließen.

Die Londoner Musikliebhaber waren nicht anders als die New-Yorker Konzertbesucher. Belle Elmore suchte vergeblich nach den Stufen, die zu einer steilen Karriere führen sollten. Mehr als einige befristete Engagements in zweitklassigen Music Halls konnte sie nicht bekommen. Ihre Enttäuschung wuchs, und Dr. Crippen ertrug geduldig die temperamentvollen Zornesausbrüche seiner Frau.

1905 bezogen beide das Haus Hilldrop Crescent 39, das auch verwöhnten Wohnansprüchen gerecht wurde. Belle Elmore suchte nach weiteren Gelegenheiten, um die Enttäuschung über ihre künstlerischen Mißerfolge abzureagieren. Bald war das Haus Treffpunkt einer zweitrangigen Künstlergarnitur. Dr. Crippen nahm alles mit Gelassenheit hin und lehnte sich selbst dann nicht auf, als er gezwungen wurde, die Gäste seiner Frau zu bedienen, und feststellen mußte, daß Belle Elmore manchem ihrer Verehrer mehr gewährte als nur freundliche Worte.

Das war so geblieben bis zu jenem 1. Februar 1910. Die Gäste hatten nichts von einer möglicherweise tiefer gehenden Zerrüttung der Ehe bemerkt. Doch dann, in den ersten

Tagen des Monats Februar, machte Dr. Crippen den Eindruck eines Mannes, der von einem harten Schicksalsschlag getroffen worden ist. Den Freunden und Bekannten seines Hauses erzählte er, seine Frau habe ihn, ohne Abschied zu nehmen, verlassen. Etwa vier Wochen später sprach Dr. Crippen von einem Brief, den ihm seine Frau aus Amerika geschrieben und in dem sie mitgeteilt habe, daß sie schwer erkrankt sei. Am 24. März schließlich erfuhr der Bekanntenkreis durch eine Todesanzeige in der Zeitung „The Era", daß Belle Elmore in San Francisco plötzlich an einer Lungenentzündung verstorben war.

Die Lebensart, die Dr. Crippen nunmehr an den Tag legte, paßte allerdings nicht zu einem trauernden Witwer. Er hatte schon vor Veröffentlichung der Todesanzeige seine Sekretärin, die zwanzigjährige Ethel Le Neve, ins Haus genommen. Bald wurden die beiden immer häufiger zusammen in der Öffentlichkeit gesehen. Sie besuchten teure Vergnügungslokale, und Ethel Le Neve trug dabei Pelze und Schmuckstücke, die Eingeweihte als das Eigentum von Belle Elmore erkannten.

So entstanden Zweifel an der Geschichte, die Dr. Crippen allerorts erzählt hatte. Warum sollte Belle Elmore bei der Reise nach Amerika ausgerechnet ihre wertvollsten Sachen zurückgelassen haben? Hier schien einiges nicht mit rechten Dingen zugegangen zu sein. Am 30. Juni 1910 wandte sich ein gewisser Mr. Nash an Scotland Yard und bat, Nachforschungen über das Schicksal der mit ihm befreundeten Sängerin anzustellen.

Chefinspektor Walter Dew bekam den Auftrag, der Sache nachzugehen. Er zog zunächst Erkundigungen über Dr. Crippen ein, konnte aber dabei kaum mehr als das erfahren, was Nash schon erzählt hatte. Am 8. Juli 1910 begaben sich Dew und Sergeant Mitchell nach Hilldrop Crescent 39. Ethel Le Neve öffnete die Tür und führte die beiden Detektive ins Haus. Dr. Crippen war nicht überrascht. Bereitwillig erzählte er, daß ihn seine Frau verlassen habe und bald darauf in San Francisco verstorben sei. Dann bot er dem Inspektor die Durchsuchung des Hauses an.

Dew sah sich in allen Räumen um, ohne irgend etwas Verdächtiges zu bemerken. Doch Crippen spürte offenbar, daß der Detektiv noch immer einige Zweifel hegte. „Mr. Dew, ich glaube, es ist besser, wenn ich Ihnen die Wahrheit sage", meinte er unvermittelt.

„Das glaube ich auch", erwiderte Dew.

„Ich habe meine Frau geliebt, wie wohl nur selten ein Mann eine Frau lieben kann", begann der Arzt seinen Bericht. „Ich habe ihr jeden Wunsch erfüllt und bin ihr zuliebe nach London gezogen. Als sie auch hier keinen Erfolg hatte, begannen die Gelage in meinem Haus. Ich habe alles bezahlt, aber ihre Ansprüche stiegen ständig. Dann konnte ich die horrenden Summen nicht mehr aufbringen. Ich mußte Schulden machen, und trotzdem hat sie mich gepeinigt. Immer häufiger kam es zu heftigen Auftritten, und sie drohte mir, mich zu verlassen. Sie wollte zu einem Mann, einem Amerikaner, gehen, der sie besser als ich zu schätzen wußte. In der Nacht zum ersten Februar, nachdem die Gäste das Haus verlassen hatten, kam es zwischen uns wieder zum Streit, und dann passierte es. Als ich am Morgen erwachte, war meine Frau verschwunden. Sie hatte ihre Drohung wahr gemacht und ist mit dem Amerikaner abgereist. Sie werden verstehen, daß ich mich scheute, alles öffentlich zuzugeben. Deshalb habe ich später die Geschichte von ihrem Tod erfunden. Ich bin überzeugt, daß sie am Leben ist und sich bester Gesundheit erfreut."

Dr. Crippen war während seiner Erzählung aufgeregt im Zimmer auf und ab gelaufen und ließ sich nun erschöpft in einen Sessel fallen. „Ich hoffe", fügte er hinzu, „Sie sind jetzt überzeugt, daß dies hier keine Angelegenheit für Scotland Yard ist."

„Ich muß natürlich Ihre Frau suchen", sagte Dew.

„Es ist mein Wunsch, daß Sie sie finden", erwiderte Crippen. „Dann wird es ein Fall für das Ehescheidungsgericht."

Dew und Mitchell fuhren zum Victoria Embankment zurück. Dort begann der Chefinspektor das Protokoll zu schreiben. Er war befriedigt, daß sich die Angelegenheit so schnell geklärt hatte. Belle Elmore würde man sicherlich über kurz oder lang finden. Sie zählte nicht zu den Menschen, die im stillen leben konnten.

Als Dew das Protokoll schließen wollte, stellte er fest, daß ihm einige Angaben zur Person fehlten. Er nahm den ganzen Fall nicht sonderlich wichtig und fuhr erst am 11. Juli wieder nach Hilldrop Crescent. Das Haus war verschlossen. Erkundigungen in der Nachbarschaft ergaben, daß Dr. Crippen zusammen mit Ethel Le Neve am 9. Juli seinen Wohnsitz verlassen hatte. Die Abreise war, wie die Nachbarn beobachtet hatten, offenbar in allergrößter Eile erfolgt.

Der Detektiv war verärgert, daß es dem Arzt gelungen war, ihn hinters Licht zu führen. Diese überstürzte Abreise ist nichts anderes als eine Flucht, sagte sich Dew, und damit das Eingeständnis einer Schuld.

Vom Yard holte er sich die Genehmigung, das Haus Hilldrop Crescent 39 gründlich untersuchen zu dürfen. Diese Untersuchungen begannen noch am selben Tag. Dew und einige Detektive nahmen sich jedes Zimmer gründlich vor und überprüften es Stück für Stück. Nirgends ergab sich jedoch der geringste Anhaltspunkt für ein Verbrechen.

Der 12. Juli verlief ebenfalls erfolglos, und am 13. Juli wollte Dew die Aktion gerade abblasen, als ihm im Kohlenkeller unter einem Haufen von altem Gerümpel einige Ziegel auffielen, die nicht so fest miteinander verbunden waren wie die anderen Steine des Fußbodens. Dew beschaffte sich Hacke und Spaten und begann die lockeren Ziegelsteine zu entfernen. Dann nahm er sich die darunterliegende Lehmschicht vor.

Plötzlich bohrte sich der Spaten in eine weiche Masse. Der Anblick, der sich den Detektiven einige Zeit später bot, war grauenerregend. In einer Grube lagen die halb verwesten Überreste einer menschlichen Leiche. Der Kopf, alle Gliedmaßen, sämtliche Knochen, die Geschlechtsteile und einige innere Organe fehlten. So konnte zunächst nicht einmal festgestellt werden, ob es sich um die Überreste eines Mannes oder einer Frau handelte.

Die ersten Untersuchungen wurden noch dadurch erschwert, daß alle Teile in ungelöschtem Kalk eingebettet waren und daß auf der Grube selbst eine dicke Kalkschicht gelegen hatte. Der Kalk hatte die Leichenreste teilweise zerstört, teilweise aber konservierend gewirkt. Dennoch gelang es den Detektiven nicht, aus den Fragmenten die Identität des Opfers zu ermitteln. Knochen, Kopf, Gliedmaßen und anderes wurden trotz gründlichen Suchens nicht gefunden.

Ein mutmaßlicher Mörder konnte einer bestimmten Tat, für die es keine Zeugen gibt, nicht überführt werden, wenn das Opfer nicht zu identifizieren war. Die englische Justiz räumte einem Verbrecher die Chance ein, unter bestimmten Umständen seine Tat nicht sühnen zu müssen. Die Untersuchung gewaltsamer oder unklarer Todesfälle oblag einem Coroner und seiner Jury, die aus sieben bis elf Personen bestand. Für diese Tätigkeit wurde nur eine Voraussetzung verlangt: Ehrenhaftigkeit. Medizinische Kenntnisse waren nicht erforderlich.

Dieses überholte System war seit der zweiten Hälfte des vorigen Jahrhunderts häufig Zielscheibe der Kritik gewesen. 1893 hatte eine Untersuchungskommission festgestellt: „Das Coroner-System ist ungeeignet, die Angabe falscher Todesursachen bei Verbrechen zu verhindern. Ja, es begünstigt geradezu das Verbrechertum." Und 1910 kam eine weitere Kommission zum gleichen Schluß.

Der Mörder, dessen Opfer in Hilldrop Crescent gefunden worden war, hatte somit gute Aussichten, ungeschoren zu bleiben. Für einen Coroner war die Identifizierung der Leichenreste eine unlösbare Aufgabe.

Nun gab es aber in London seit der Jahrhundertwende einige Ausnahmefälle, in denen die Coroner von Experten unterstützt wurden. Im Laufe seiner Entwicklung hatte der Kapitalismus immer neue Arten von Verbrechen hervorgebracht. Parallel zum Aufkommen der Versicherungsgesellschaften entstand der Versicherungsbetrug. Die Lebensversicherungen forderten deshalb, bevor sie die Prämien auszahlten, eine eindeutige Feststellung der Todesursache.

Aus diesem Grund ordnete man in unklaren Fällen der Coroner-Jury Wissenschaftler zu, die eigens für diesen Zweck vom Innenministerium ernannt wurden. Die „Home Office Pathologists" und „Home Office Analysts" waren Fachärzte für Pathologie oder Chemiker, die jedoch in der Regel über keine speziellen Kenntnisse auf dem forensischen Arbeitsgebiet verfügten. Zu den Ausnahmen zählten der Chirurg Professor Augustus Joseph Pepper und die Chemiker Dr. William Willcox und Dr. A. Luff, die im Londoner St. Marys Hospital arbeiteten und sich aus eigenem Interesse mit Gerichtsmedizin und Giftanalyse beschäftigt hatten.

Der Leichenfund im Hause Dr. Crippens war außergewöhnlich. Scotland Yard entschloß sich deshalb, Professor Pepper als Sachverständigen hinzuzuziehen. Am Morgen des 14. Juli traf Pepper in Hilldrop Crescent 39 ein. „Eine solche Zerstückelung kann nur ein Mann mit medizinischen Kenntnissen vorgenommen haben", war seine erste Feststellung. Mit sachkundiger Hand hatte der Mörder die Knochen ausgeschält und alle Körperteile entfernt, aus denen Rückschlüsse auf die Person des Opfers gezogen werden konnten. Lediglich die Länge einiger vorgefundenen Haare deutete an, daß es sich um eine Frau handelte. Professor Pepper ließ alle Teile aus der Grube in das Leichenschauhaus von Islington bringen, um dort seine Untersuchungen fortsetzen zu können. Doch er kam zunächst nicht weiter voran.

Als einzigen einigermaßen erhaltenen Rest, der unverwest geblieben war, fand er ein Stück Haut. Es war nicht größer als fünfzehn mal siebzehn Zentimeter und wurde von einer sonderbaren Falte durchzogen. Später entdeckte Pepper noch einen Stoffetzen mit dem Firmenschild „Jones Brothers Holloway".

Ob die Leichenreste von Belle Elmore stammten und ob
Dr. Crippen seine Gattin umgebracht hatte, waren noch
unbeantwortete Fragen. Vermutungen lagen nahe. Auf alle
Fälle mußte der Arzt gefunden werden, um die Vorgänge
in seinem Haus zu klären. Am 16. Juli wurden gegen
Dr. Hawley Harvey Crippen und gegen Ethel Le Neve
Haftbefehle erlassen.
Die Fahndung lief an. Genaue Personenbeschreibungen
waren schnell über das ganze Land verbreitet worden. Da
die Gesuchten möglicherweise mit dem Schiff ins Ausland
fliehen wollten, wurden die Haftbefehle und Signalements
auch über Funk ausgestrahlt. Damit stellte Scotland Yard
erstmals die drahtlose Telegrafie in den Dienst der polizeilichen Fahndung. Das ist einer der Gründe, weshalb der
Fall Dr. Crippen zu einem Meilenstein in der Entwicklung
der Kriminalistik wurde.
1910 waren allerdings erst wenige Schiffe mit Funkgeräten
ausgerüstet. Der britische Passagierdampfer „Montrose"
verfügte über diese Neuerung. Das Schiff hatte seinen Hei-
mathafen verlassen und war auf dem Weg nach der kanadischen Stadt Quebec. Am 20. Juli lief der Dampfer Rotterdam an, um weitere Passagiere an Bord zu nehmen. Zu
den Menschen, die die Planken der „Montrose" betraten,
gehörten auch Mr. Robinson und dessen Sohn John. Beide
hatten eine luxuriöse Doppelkabine gebucht.
Während die „Montrose" über den stürmischen Atlantik
fuhr, lief bei Scotland Yard die Fahndung nach Dr. Crippen und Ethel Le Neve weiter. Am 21. Juli wurde der
Funkspruch erneut durchgegeben. Auch das Empfangsge-
rät der „Montrose" nahm die Meldung auf. Kapitän Kendall wurde davon unterrichtet. Er beschloß, sich seine Passagiere etwas näher anzusehen.
Dabei fiel ihm das sonderbare Verhalten des Mr. John Robinson auf. Während des Essens streichelte der junge
Mann die Hände seines Vaters, und noch ungewöhnlicher
waren die zärtlichen Blicke, die beide wechselten.

Als sich der Kapitän den jungen Mr. John daraufhin noch genauer anschaute, bemerkte er dessen kleine Hände, den geschmeidigen Gang und die für einen Mann ungewöhnlich gewölbte Brust. Dann verglich er die durch Funk aufgenommene Personenbeschreibung mit dem Aussehen des Vaters. Nunmehr war der Fall für ihn klar.

Kapitän Kendall gab seinen berühmt gewordenen Funkspruch an Scotland Yard auf: „. . . dr. crippen on bord – Dr. Crippen an Bord . . ."

Als Chefinspektor Walter Dew die Funkmeldung erhielt, suchte er sofort seinen Vorgesetzten, den CID-Commander Sir Melville Macnaghten, auf.

„Sir", sagte Dew, „von allen Meldungen der letzten Tage gefällt mir diese am besten. Ich habe mich bereits erkundigt. Wenn ich den Nachtexpreß nehme, kann ich morgen früh um sechs Uhr dreißig an Bord der ‚Laurentic' sein. Dieser Schnelldampfer ist früher in Quebec als die ‚Montrose'."

„Hoffen wir, daß es kein Irrtum ist. Wenn Sie die beiden festgenommen haben, senden Sie mir sofort ein Telegramm", erwiderte der Commander.

Chefinspektor Dew wurde von Sergeant Mitchell begleitet. Am 23. Juli hatten sich beide wie vorgesehen an Bord der „Laurentic" begeben, und acht Tage später überholten sie kurz vor Quebec die „Montrose".

Die Detektive hielten sich nicht lange in der kanadischen Stadt auf. Mit einer Barkasse fuhren sie der „Montrose" entgegen. Der Dampfer stoppte und nahm die Yard-Männer auf.

„Was hat das Halten auf offener See zu bedeuten?" fragte der angebliche John Robinson.

„Die Lotsen sind an Bord gekommen. Bald sind wir in Kanada", lautete die Antwort des Vaters.

Die beiden wechselten gerade wieder zärtliche Blicke, als ein Matrose sie ansprach. „Sie möchten bitte in die Kajüte des Kapitäns kommen", sagte er.

„Sicherlich wegen der Pässe", flüsterte Mr. Robinson seinem Sohn zu.

Die Befürchtung des Kapitäns, in seiner Kajüte würde es zu einer handfesten Auseinandersetzung kommen, erwies sich als unbegründet. „Wir kennen uns", sagte Chefinspektor Dew, als die beiden Passagiere den kleinen Raum betraten. „Mr. Crippen und Miss Le Neve, Sie sind verhaftet!"

Noch am selben Tage telegrafierte Dew nach London: „Crippen und Le Neve verhaftet."

Das Geheimnis der Narbe

Als Crippen vernommen wurde, zuerst auf dem Schiff, dann in London, blieb er bei der Geschichte, die er vor seiner Flucht dem Chefinspektor erzählt hatte. Von den in seinem Haus vergrabenen Leichenresten wollte er nichts wissen. Wahrscheinlich hätten sie schon dort gelegen, als das Anwesen 1905 in seinen Besitz übergegangen war. London habe er nur verlassen, weil er die über seine Person kursierenden Gerüchte nicht mehr ertragen konnte. Er sei Amerikaner und wollte in seine Heimat zurückkehren. Daß er dabei Ethel Le Neve mitgenommen habe, sei seine Privatangelegenheit. Schließlich hätte er auch in den Staaten eine Sekretärin gebraucht. Und die Verkleidung diente dazu, sie den neugierigen Blicken der Passagiere zu entziehen.

Die Fahndung und die dramatische Verhaftung von Dr. Crippen erregten beträchtliches Aufsehen. Für viele Zeitungen war der mutmaßliche Gattenmörder das Thema Nummer eins geworden. Millionen Engländer sahen dem Prozeßbeginn mit gespannter Aufmerksamkeit entgegen. Die Voraussetzungen für eine einwandfreie Beweisführung lagen vor, da vom sonst üblichen Coroner-System abgegangen worden war. Als ein weiterer glücklicher Umstand kam hinzu, daß gerade solche Sachverständigen die Untersuchung führten, die sich in ihrer bisherigen Arbeit eingehend mit den Fragen beschäftigt hatten, die jetzt im Fall Dr. Crippen beantwortet werden mußten.

Der Prozeßbeginn wurde auf den 18. Oktober 1910 festgesetzt. Die Verhandlung stand ganz im Zeichen der medizinischen und chemischen Sachverständigen. Ein neuer Abschnitt in der Entwicklung der Gerichtsmedizin begann, und das ist der zweite Grund, weshalb der Fall Dr. Crippen zu einem Meilenstein in der Entwicklung der Kriminalistik geworden ist.

Die Zusammensetzung des Gerichts von Old Bailey ließ die Bedeutung erkennen, die dem Prozeß von offizieller Seite beigemessen wurde. Den Vorsitz führte Lord Alverstone, der später zum Lord Chief Justice of England, so heißt der Präsident am höchsten Gerichtshof des Landes, ernannt wurde. Die Anklage vertrat Richard Muir. Dieser Mann hatte sich durch fast übermenschliche Anstrengungen vom Lebensmittelverkäufer zu einem der angesehensten Juristen jener Zeit emporgearbeitet. Fünf Stunden Schlaf reichten für ihn aus. Den größten Teil der übrigen Zeit saß er im Büro. Dort entwarf er die Taktik für sein Auftreten vor Gericht. Die ihm bekannten Fakten eines Falles notierte er in unterschiedlichen Farben auf verschiedenen Karten. Für alle Varianten des Prozeßverlaufs war er vorbereitet, und sein „Kartenspiel" wurde in Old Bailey gefürchtet.

Mit seiner Verteidigung hatte Dr. Crippen das Büro Arthur Newton & Co. beauftragt, das die drei Anwälte Alfred Tobin, Huntley Jenkins und Roome sowie einige Gutachter in den Gerichtssaal schickte.

Um Dr. Crippen zu überführen, mußten zwei Beweise erbracht werden: erstens, daß die gefundenen Leichenteile von Belle Elmore stammten, und zweitens, daß der Arzt seine Frau getötet und auf grausame Art zerstückelt hatte.

Als erster Sachverständiger der Anklagevertretung betrat Professor Pepper den Zeugenstand. Er hatte das unversehrt gefundene Hautstück in Formalin konserviert und berichtete über seine Untersuchungsergebnisse. „Am fünfzehnten Juli fand ich ein Stück Haut, sechs mal sieben Inch groß, das vom mittleren Teil des Unterleibs stammte. Auf der Haut war ein Mal, das meine Aufmerksamkeit erregte und das ich eingehend untersuchte. Es war die Spur einer Narbe, etwas über vier Inch lang. Es war eine sehr alte Narbe. Es haben sich unter den Leichenteilen keine Zeugungsorgane gefunden; es ist leicht möglich, daß diese bei Lebzeiten entfernt wurden. Diese Narbe würde an der Stelle sein, wenn eine solche Operation vorgenommen worden ist."

Durch die Ermittlungen von Chefinspektor Dew war bekannt geworden, daß sich Belle Elmore vor Jahren tatsächlich einer derartigen Operation unterzogen hatte. Verteidiger Tobin hielt Professor Pepper entgegen, er habe von dieser Operation gewußt und sei deshalb voreingenommen an die Untersuchung herangegangen. Außerdem stamme die Hautpartie vom Oberschenkel, und das Mal sei keine Narbe, sondern erst nach dem Tode durch Faltung der Haut entstanden. Schließlich könne man nirgends Stichspuren entdecken, die doch unbedingt zu einer Operationsnarbe gehören würden.

Tobin stützte sich dabei auf ein schriftliches Gutachten des Direktors vom Pathologischen Institut des Londoner Hospitals, Dr. Hubert M. Turnbull, und dessen Assistenten, Dr. Wall. Der Chef des Anwaltbüros, Arthur Newton, hatte den beiden Ärzten die Möglichkeit verschafft, sich das bewußte Hautstück anzusehen, was sie jedoch nur sehr flüchtig taten. In der Ansicht, Newton brauche ihre Meinung für eine interne Anweisung an die Verteidiger, ließen sie sich überreden, ihr oberflächliches Untersuchungsergebnis schriftlich niederzulegen.

Als sie erfuhren, daß die Verteidigung mit ihren Namen an die Öffentlichkeit trat, verglichen sie ihr Gutachten mit den Ausführungen Peppers und mußten feststellen, daß es auf recht schwachen Füßen stand. Da sie jedoch um ihr Ansehen fürchteten, scheuten sie einen Widerruf.

Die Verteidiger waren vom bisherigen Prozeßverlauf befriedigt. Gutachten stand gegen Gutachten, und die Geschworenen hätten kaum einen Schuldspruch fällen können. Der Angeklagte beteuerte immer wieder mit ruhiger und sachlicher Stimme, daß er unschuldig sei. Die Hoffnung der Verteidiger wuchs sogar noch, als Professor Pepper erklärte, die weiteren Ausführungen würde sein Schüler, Dr. Bernard Spilsbury, übernehmen. Dieser Name war bis dahin völlig unbekannt.

Der dritte und der vierte Prozeßtag gehörten Dr. Spilsbury. Mit großer Überzeugungskraft und klar formulierten Sätzen erläuterte er die Ergebnisse seiner mikroskopischen Untersuchungen, die das Gutachten von Professor Pepper in allen Punkten untermauerten. Turnbull und Wall, die auch geladen worden waren, mußten zugeben, daß das Hautstück aus der Bauchdecke stammte. Sie lehnten es aber weiterhin ab, das Mal als Narbe anzuerkennen.

„Diesen Nachweis", sagte Dr. Spilsbury mit unerschütterlicher Ruhe, „werde ich Ihnen mit dem Mikroskop vorführen." Dann zeigte er den beiden Ärzten und den Geschworenen zahlreiche mikroskopische Schnitte, die eindeutig das Mal als Operationsnarbe auswiesen.

Anschließend machte Chefinspektor Dew seine Aussage über die Nachforschungen bei „Jones Brothers Holloway". Ein Tuchfetzen mit dem Etikett dieser Firma war bekanntlich zwischen den Leichenteilen gefunden worden. Belle Elmore hatte, wie es sich herausstellte, drei Pyjamas bei der Firma gekauft.

Da aus dem Gutachten von Pepper und Spilsbury auch hervorging, daß die Leichenteile im Keller des Dr. Crippen höchstens acht Monate alt sein konnten, war der Beweis, daß die gefundenen Überreste von Belle Elmore stammten, erbracht.

Aber war Dr. Crippen tatsächlich der Mörder? Professor Pepper hatte bereits im Juli einige Gewebeproben von den bei den Leichenresten gefundenen inneren Organen seinem Kollegen Dr. Willcox zur chemischen Untersuchung übergeben. Der Chemiker hatte diese Proben wochenlang gründlich analysiert und komplizierte Berechnungen angestellt. Jetzt trug er seine Ergebnisse vor.

„Belle Elmore ist durch eine Menge von etwa einem halben Gran Hyoscin getötet worden. Dieses Gift hat einen etwas

174

salzigen und bitteren Geschmack. Bei Mischung mit Bier, süßem Kaffee, Tee oder Likör kann dieser Geschmack verdeckt werden. Ich bin der Meinung, daß in diesem speziellen Fall das Gift durch den Mund zugeführt wurde. Die tödliche Dosis beträgt ein viertel bis ein halbes Gran."

Hyoscin ist ein relativ seltenes Pflanzengift, ein Alkaloid, das aus dem Bilsenkraut gewonnen wird. Ähnliche Alkaloide entstehen in einer Leiche auch durch die Tätigkeit der Verwesungsbakterien. Dr. Willcox konnte jedoch einwandfrei nachweisen, daß eine Verwechslung mit einem Leichenalkaloid ausgeschlossen war. „Bei Zugabe von Bromwasserstoffsäure", sagte er, „ergab sich stets ein Niederschlag in Form vieler kleiner Kugeln. Das ist charakteristisch für Hyoscin. In den letzten Jahren habe ich solche Versuche weit über hundertmal gemacht. Ich widme einen großen Teil meiner Zeit solchen Untersuchungen, und sie sind für mich in keiner Weise etwas Neues."

Der zweite Sachverständige der Anklage für die Giftanalyse, Dr. Luff, erklärte ebenfalls, daß eine Verwechslung ausgeschlossen sei.

Auch die Verteidigung hatte einen Chemiker als Gutachter aufgeboten. Doch Dr. Blyth machte keine gute Figur. Er erzählte, daß er die Experimente von Dr. Willcox ebenfalls ausgeführt habe. Sie seien ihm aber nicht gelungen. Für diese Versuche hatte Dr. Blyth Gewebeproben übermittelt bekommen. Nun wollte er aus dem Mißlingen seiner Versuche den Schluß ziehen, daß Hyoscin nicht das tödliche Gift gewesen sein könnte. Seine Ausführungen wirkten jedoch nicht überzeugend. Im Kreuzverhör mußte er außerdem zugeben, solche Experimente zum ersten Mal unternommen zu haben.

Das Gutachten von Dr. Willcox wurde durch die Aussage von Chefinspektor Dew ergänzt. Der Detektiv hatte nämlich festgestellt, daß Dr. Crippen am 17. Januar bei der Firma Lewis & Burrows in London fünf Gran Hyoscin gekauft hatte. Es gab dafür in seiner Praxis keine Verwendung, und Dr. Crippen konnte keine plausible Erklärung für den Kauf abgeben. Aber nach wie vor erklärte er sich

für unschuldig, obwohl er von den Gutachten der Anklagevertretung keinen einzigen Punkt entkräften konnte.

Am 22. Oktober, nach fünf Prozeßtagen, zogen sich die Geschworenen zurück. Bereits nach vierundzwanzig Minuten
hatten sie sich geeinigt. Lord Alverstone sprach das Urteil:
„Tod durch Erhängen!" Dr. Crippen war ruhig und gefaßt
wie zu allen Phasen des Prozesses. Seine Verteidiger wandten sich an den Appellationsgerichtshof. Am 5. November
wurde die Revision verworfen.

Das Verfahren gegen Ethel Le Neve war von dem Prozeß
gegen Dr. Crippen abgetrennt worden. Die Anklagevertretung hatte anfangs auf Beihilfe zum Mord plädiert. Der
Nachweis einer Beteiligung oder Mitwisserschaft konnte
jedoch nicht geführt werden. Am 25. Oktober wurde Ethel
Le Neve freigesprochen. Über ihr weiteres Schicksal ist
nichts bekannt. Sie tauchte in der Millionenstadt London
unter.

Seine letzten Tage verbrachte Dr. Hawley Harvey Crippen
im Petonville-Gefängnis. Der Direktor des Zuchthauses,
O. E. Mython-Davies, berichtete später, daß der Delinquent bis zuletzt ruhig, bescheiden und dankbar für alles
gewesen sei, was ihm gemäß den Vorschriften zugebilligt
wurde.

Am Morgen des 23. November 1910 wurde Dr. Crippen
aus der Todeszelle geholt. Minuten später lag der Strick um
seinen Hals, und unter ihm öffnete sich die Fallklappe. Ein
Geständnis hatte er auch im letzten Moment nicht abgelegt. Das Urteil gegen ihn stützte sich allein auf wissenschaftliche Gutachten, die allerdings nicht angezweifelt
werden konnten.

Der Fall Dr. Crippen führte in England zu einer Anerkennung der Gerichtsmedizin als unentbehrliches Hilfsmittel
kriminalistischer Wahrheitsfindung. Dr. Bernard Spilsbury begann seine berühmte Laufbahn. Jahre später war er
als „Vater der britischen Gerichtsmedizin" allgemein aner-
kannt.

Der Funkspruch des Kapitäns der „Montrose" ist von vielen Stellen als große Sensation herausgestellt worden. Aber

Johanna Seymour.
Katharina Parr.

Anna von Kleve.
Heinrich VIII.
Katharina von Aragonien.

Katharina Howard.
Anna Boleyn.

Schafott und Scheiterhaufen waren für König Heinrich VIII. beliebte Mittel, um sich einer unliebsam gewordenen Gattin zu entledigen (vgl. S. 19 f.).

„Diebesfänger-General" Jonathan Wild herrschte in der Londoner Unterwelt bis 1725 (vgl. S. 26 f.).

Innenminister Robert Peel gilt als Begründer von Scotland Yard (vgl. S. 30 f.).

Der berühmteste „Bow Street Runner", Peter Townsend, hinterließ ein Vermögen von 20 000 Pfund (vgl. S. 28 f.).

Polizeirichter Dr. Patrick Colquhoun berechnete, daß es um 1800 in London 115 000 Verbrecher gab (vgl. S. 29 f.).

Ueber

Londons Polizey

besonders

in Bezug auf Verbesserungen

und

Verhütungsmittel der Verbrechen

von

P. Colquhoun Esq.

Nebst einem Anhange ähnlichen Inhalts,
im Auszuge aus Briefen.

Aus dem Englischen, nach der fünften Auflage, übersetzt
und mit einigen Erläuterungen versehen

von

J. W. Volkmann

der Rechte Doctor, und des Senats zu Leipzig
Mitglied.

Leipzig,
in der Baumgärtnerschen Buchhandlung.
1800.

Die „Bow Street Runner" galten als Meister der Verkleidung.

Im Londoner Zuchthaus Pentonville wurden die Häftlinge seit 1842 beim Hofgang maskiert, um jegliche Kontaktaufnahme zu vermeiden.

„Peeler" und „Bobby" waren Schimpfworte für die von Robert Peel geschaffene
Polizei (vgl. S. 31).

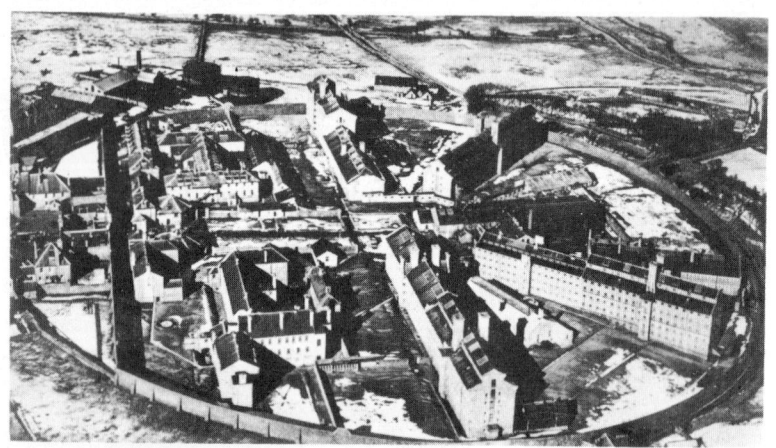

Das berüchtigte Zucht-
haus Dartmoor in der
Heide- und Moorland-
schaft von Devonshire
entstand 1806 als Lager
für französische Kriegs-
gefangene.

Die sechzehnjährige Con-
stance Kent ermordete
ihren Bruder. Dieser Fall
regte Collins zu dem Kri-
minalroman „Der Mond-
stein" an (vgl. S. 34 f.).

In der Frauenabteilung von Dartmoor verbüßte Constance Kent einen
Teil ihrer Strafe (vgl. S. 49).

Das „Zentrale Kriminalgericht"
liegt in der Straße „Old Bailey".
Hier fanden alle großen Londoner Kriminalprozesse statt.

Die „Grüne Minna" heißt in London „Schwarze Marie".

Die Jagd nach dem „ein-
brechenden Phantom"
Charles Peace wurde
1878 weidlich genutzt,
um den Ruhm von Scot-
land Yard zu vergrößern
(vgl. S. 85 f.).

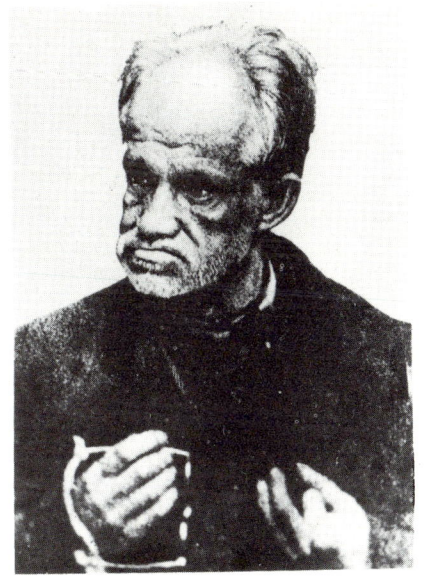

Prinz Albert Victor sei
identisch gewesen mit
Jack the Ripper, besagt
eine neue Hypothese aus
dem Jahr 1970 (vgl.
S. 158 f.).

Für den prunkvollen Bau des „Königlichen Justizpalastes" wurden 1882 weit über 3 Millionen Pfund ausgegeben.

Das Gebäude mit dem Hinterausgang zum Great Scotland Yard gab der Londoner Polizei den Namen. Hier war das Präsidium der Metropolitan Police von 1829 bis 1891 untergebracht (vgl. S. 32).

New Scotland Yard am Themseufer – Polizeizentrale von 1891 bis 1967.

Glashaus am Broadway in Westminster – Sitz von Scotland Yard seit 1967 (vgl. S. 336).

Im „Schwarzen Museum" von Scotland Yard werden die interessantesten Beweisstücke aus den großen Fällen gesammelt (vgl. S. 208 f.).

Der Norweger Adolf Beck (links) mußte sechs Jahre unschuldig im Gefängnis ver-
bringen für Verbrechen, die ein John Smith (rechts) begangen hatte (vgl. S. 127 f.).

Inspektor Frank Froest spielte unrühm-
liche Rollen in den Fällen Balfour und
Beck (vgl. S. 116 f.).

Horace Avory vertrat 1896 die Anklage
gegen den unschuldigen Beck (vgl.
S. 135 f.). Dieser Justizskandal behin-
derte seine Karriere nicht.

Zwischen 1910 und 1935 galt Horace Avory als berühmtester britischer Kriminal-
richter. Hier verkündet er mit der traditionellen schwarzen Kappe ein Todesurteil.

Sir Arthur Conan Doyle schuf 1886 den bisher berühmtesten Romandetektiv: Sherlock Holmes.

Sir Edward Henry, Polizeipräsident bis 1918, führte 1901 das Fingerabdruckverfahren bei Scotland Yard ein (vgl. S. 160 f.).

14 übereinstimmende Merkmale beweisen die Identität des Fingerabdrucks vom Tatort (links) mit dem Vergleichsbild aus der Kartei.

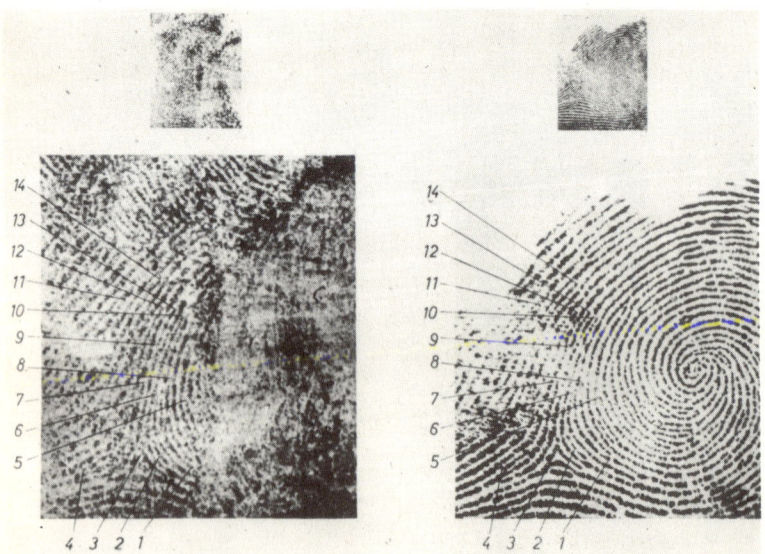

Dr. Crippen sorgte 1910 für einen der aufsehenerregendsten Mordfälle (vgl. S. 162 f.).

Belle Elmore, die Frau Dr. Crippens, wurde durch eine Operationsnarbe identifiziert.

„Crippen und Le Neve verhaftet", telegrafierte Chefinspektor Dew am 31. Juli 1910 nach London (vgl. S. 169 f.).

Chefinspektor Dew führte in Liverpool den festgenommenen Dr. Crippen (mit hoch-
geschlagenem Kragen) von Bord (vgl. S. 164 f.).

The Daily Mirror

THE MORNING JOURNAL WITH THE SECOND LARGEST NET SALE

No. 2.230.   Registered at the G. P. O. as a Newspaper.   MONDAY, DECEMBER 19, 1910   One Halfpenny.

HOW THREE LONDON POLICEMEN WERE MURDERED BY FOREIGN BURGLARS WHO WERE TRYING TO BREAK INTO A JEWELLER'S SHOP.

Sergeant Tucker, who died shortly after receiving his injuries. A bullet lodged in his throat.

Sergeant Bentley, who died in hospital on Saturday. A bullet penetrated his neck and shoulder.

Constable Choate, who succumbed to his wounds on Saturday. He was shot in several places.

Ein dreifacher Polizistenmord im Dezember 1910 zog spektakuläre Ereignisse nach
sich (vgl. S. 178 f.).

Innenminister Winston Churchill (Mitte) leitete den militärischen Kraft-
akt in der Sidney Street persönlich (vgl. S. 180 f.)

Auch die Scharfschützen der Scots Guards waren von Churchill in die Sidney Street
beordert worden (vgl. S. 184 f.).

Hugh Young war eine Ausnahmeerscheinung bei Scotland Yard. Vom Konstabler schaffte er den Aufstieg bis zum stellvertretenden Polizeipräsidenten von London (vgl. S. 8 f.).

Edgar Wallace war mit über 100 Romanen der produktivste englische Kriminalschriftsteller (vgl. S. 203 f.).

Säuremörder Haigh trank Blut und löste Kreuzworträtsel (vgl. S. 214 f.).

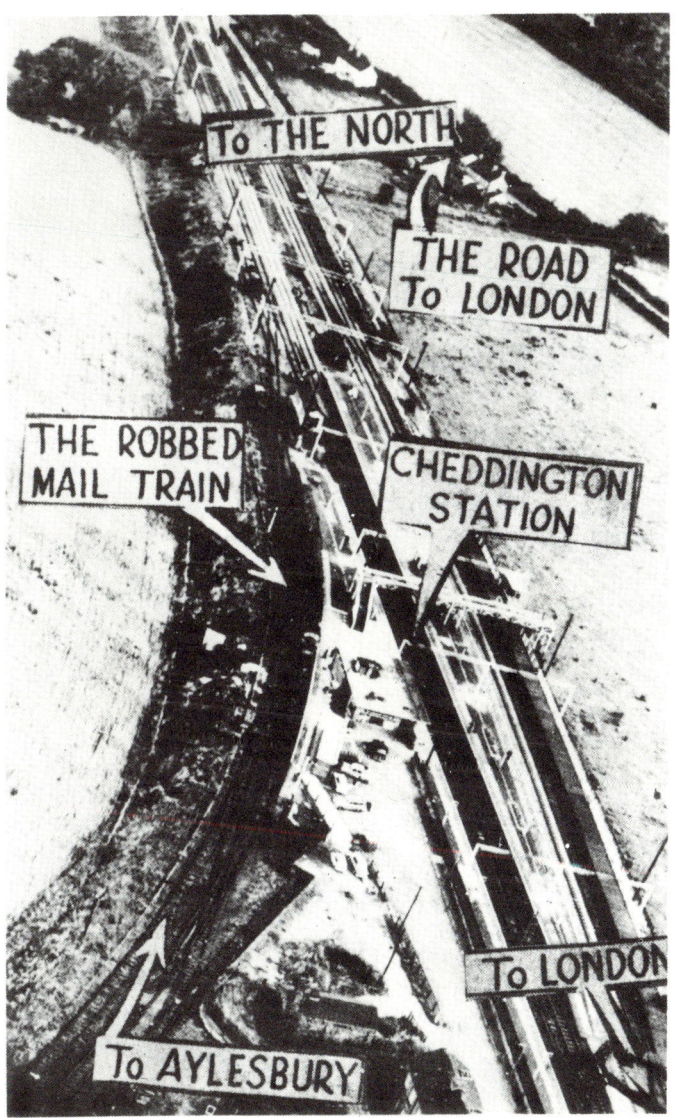

To THE NORTH

THE ROAD To LONDON

THE ROBBED MAIL TRAIN

CHEDDINGTON STATION

To LONDON

To AYLESBURY

8. August 1963: Der um 2,5 Millionen Pfund „erleichterte" Postzug wurde
auf der Cheddington Station abgestellt (vgl. S. 304 f.).

Auf der einsamen Leatherslade Farm verfolgten die Posträuber vor dem Fernseher die Arbeit von Scotland Yard (vgl. S. 307 f.).

Caféhausbesitzer James White hatte 30 000 Pfund der Beute in seinem Caravan versteckt (vgl. 310 f.).

Mit dem Möbelwagen wurde Ronald Biggs aus dem Zuchthaus Wandsworth geholt (vgl. S. 312 f.).

Nach den Ausbrüchen von Wilson und Biggs wurden die drei Posträuber, die in Durham einsaßen, streng bewacht. Ein Drahtnetz schirmte das Erdgeschoß von den oberen Stockwerken des Gefängnisses ab.

Innenminister Reginald Maudling ordnete die Untersuchung von Korruptionsfällen bei Scotland Yard an und war zur gleichen Zeit selbst in eine Bestechungsaffäre verwickelt (vgl. S. 326 f.).

Mit einem Konto auf Cayman Islands kassierte der ehemalige Kriegsminister Duncan Sandys Einnahmen ohne Steuerabzüge (vgl. S. 326).

Gegen den ehemaligen Postminister John Stonehouse ermittelte Scotland Yard in mehr als 20 Delikten. 1976 mußte er eine siebenjährige Gefängnisstrafe antreten.

es vergingen noch Jahre, bis die drahtlose Telegrafie voll in den Dienst der kriminalpolizeilichen Ermittlungen gestellt wurde. Die Übergabe einiger Funkgeräte aus Heeresbeständen an die britische Polizei im Jahre 1919 brachte noch keinen Durchbruch. Erst von 1923 ab stand der britische Rundfunk im Dienst von Scotland Yard. Bei schweren Fällen wurde die Bevölkerung zur Mitfahndung aufgerufen.

Während viele andere europäische Staaten in der Folgezeit ihre polizeilichen funktechnischen Ausrüstungen vervollständigten, hielt sich Scotland Yard bei der Einführung technischer Neuerungen zurück. 1939 gab es in Europa neun große Polizeifunkstationen. Keine von ihnen stand auf englischem Boden.

Die Schlacht in der Sidney Street

Schüsse in der Houndsditch

Scotland Yard registrierte in der zweiten Hälfte des Jahres 1910 ein spürbares Ansteigen der Raubüberfälle auf Juweliergeschäfte. Gleichzeitig häuften sich die Anzeigen gegen raffinierte Diebe, die in Gegenwart der Juweliere wertvollen Schmuck aus den Läden stahlen. Alle Bemühungen der CID, der Täter habhaft zu werden, blieben zunächst erfolglos.

In den ersten Dezembertagen hatte Mr. Isenstein, der Inhaber eines Juweliergeschäfts in der Houndsditch, der Polizei mitgeteilt, daß er durch verdächtige Geräusche hinter seinem Geschäft beunruhigt würde. Zwei Beamte von Scotland Yard untersuchten das Grundstück. Sie konnten jedoch nichts Verdächtiges feststellen.

Einige Tage war Ruhe, dann setzte das Klopfen und Kratzen erneut ein, und Mr. Isenstein wandte sich wieder an Scotland Yard. Er forderte polizeilichen Schutz an, weil er sich durch Einbrecher bedroht fühlte.

Der 16. Dezember 1910 war ein kalter Tag. Die Quecksilbersäulen der Thermometer blieben auch in den Mittagsstunden unter dem Gefrierpunkt. Eine frostige Nacht kündete sich an. Gegen zweiundzwanzig Uhr dreißig trafen ein Sergeant und fünf Konstabler in der Houndsditch ein, um der Anzeige von Mr. Isenstein auf den Grund zu gehen. Zwei Konstabler besetzten die Rückseite des Gebäudes, der Sergeant und die übrigen Polizisten nahmen sich das Haus von vorn vor. Der Sergeant klopfte an die Tür. Zuerst blieb alles ruhig. Dann näherten sich schlurfende Schritte. Der Eingang wurde einen Spalt breit geöffnet.

178

Der Sergeant stellte einige Fragen, die der Mann hinter der Tür mit unverständlichem Murmeln beantwortete. Schon wollte sich der Yard-Beamte zurückziehen, als die Tür plötzlich nach innen schwang. Der Sergeant betrat den Hausflur. Er sah, wie ein Unbekannter die schmale Stiege emporhastete und in einem der Räume im ersten Stockwerk verschwand.

Der Flur wurde von einer Gaslaterne nur dürftig erhellt. Die obere Etage lag im Dunkeln. Plötzlich wurde eine Tür aufgerissen. Pistolenschüsse peitschten durch die Stille. Der Sergeant sank, von drei Kugeln tödlich getroffen, auf die Steinfliesen. Einer der beiden an der Rückseite des Gebäudes postierten Konstabler lief nach vorn. Gemeinsam versuchten die vier Polizisten, ins Haus einzudringen. Aber sie erreichten nicht einmal die Tür. Das Mündungsfeuer von Schüssen aus einer automatischen Waffe zerriß die Dunkelheit.

Ein Polizist war sofort tot, die anderen brachen verletzt zusammen. Konstabler Choate, von zwei Kugeln getroffen, hatte das Bewußtsein nicht verloren. Obwohl er unbewaffnet war, stürzte er in den Hausflur und konnte den Schützen überwältigen. Plötzlich tauchte hinter ihm ein zweiter Verbrecher auf und schlug seinen Revolver an. Zehn Kugeln durchbohrten den Körper des Konstablers. Die Mörder hatten ihr drittes Opfer gefunden. Nur der an der Rückseite des Gebäudes stehende Konstabler war unverletzt geblieben. Doch er konnte natürlich nichts unternehmen, als die Verbrecher aus dem Haus flüchteten und im finsteren Labyrinth der schmutzigen Gassen von Stepney verschwanden.

Seit der Gründung von Scotland Yard versehen die Londoner Bobbies ihren Dienst unbewaffnet. Auf den Patrouillengängen tragen sie lediglich einen Schlagstock bei sich. Handfeuerwaffen werden nur in Fällen höchster Gefahr nach einer Genehmigung des Innenministers ausgehändigt. Diese Regelung gilt noch heute. Trotzdem wurde von Verbrechern nur selten auf Polizisten geschossen. Von 1850 bis 1910, so besagt eine Statistik, starben nicht mehr als sechzehn Angehörige des Yard eines gewaltsamen Todes. Die Tatsache, daß Polizistenmörder gnadenlos gejagt und fast immer gefaßt werden, wirkte abschreckend. Das britische Strafsystem sah noch bis vor kurzem die Todesstrafe schon gegen denjenigen vor, der eine Schußwaffe auf einen Polizisten anlegte, ohne auch nur einen Schuß abzufeuern.

Der dreifache Polizistenmord in der Nacht vom 16. zum 17. Dezember 1910 löste überall im Land eine Welle der Empörung und des Protestes aus. Ganz England nahm Anteil an der Jagd nach den Verbrechern. Daß in solcher Situation ein wildes Gerücht das andere ablöste, war verständlich. Bestimmten Kreisen war diese Lage sogar willkommen. Sie lancierten das Gerücht, die drei Polizisten seien von russischen Emigranten ermordet worden.

Mit Unbehagen hatte die englische Bourgeoisie das Anschwellen der Streikbewegungen verfolgt. 1910 standen mehr als eine Million britischer Arbeiter im Ausstand. Vergleiche zu den Ereignissen in Rußland im Jahre 1905 lagen nahe. Auch dort hatte es mit Streiks begonnen. Barrikadenkämpfe und bewaffnete Aufstände in Moskau und anderen Städten waren die nächsten Etappen. Die zaristischen Streitkräfte konnten die Revolution zwar noch einmal blutig unterdrücken, die britische Bourgeoisie befürchtete dennoch den Einfluß, der von Rußland als neuem internationalem Zentrum der revolutionären Bewegung ausstrahlte. Viele Russen, die ihre Heimat verlassen mußten und in Großbritannien Zuflucht suchten, gaben dieser Furcht ständig neue Nahrung.

Für die Überwachung der Einwanderer war seit jeher das Innenministerium zuständig. An dessen Spitze stand zu jener Zeit ein Mann, dessen hervorstechendste Eigenschaft abgrundtiefer Haß gegen jede revolutionäre Bewegung war – Winston Churchill. Juwelenraub, Mord, Anarchie, Revolution und Kommunismus gehörten aus seiner Sicht eng zusammen. Daß es sich bei den Polizistenmördern nur um russische Emigranten handeln konnte, erschien ihm einleuchtend. Er wechselte das Gerücht in bare Münze um.

Von leidenschaftlicher imperialistischer Überzeugung

durchdrungen, konnte Churchill im Alter von sechsunddreißig Jahren schon auf eine beachtliche Karriere zurückblicken. Als Kriegskorrespondent und Kolonialoffizier hatte er an Strafexpeditionen gegen die indische Bevölkerung teilgenommen und in der Armee des Lord Kitchener geholfen, den Sudan blutig zu unterwerfen.

Seine politische Laufbahn begann Churchill in der Konservativen Partei. Der Wunsch nach einer schnellen Karriere wurde von den Tories jedoch gedämpft. 1904 war der damals Achtundzwanzigjährige zu den Liberalen übergewechselt und stieg rasch Stufe um Stufe nach oben. Schon 1906 bekam er seine erste Regierungsfunktion als Unterstaatssekretär im Kolonialministerium. Zwei Jahre später war er Handelsminister, und 1910 avancierte er zum Chef des Home Office. In dieser Eigenschaft erteilte er den Befehl, die Polizistenmörder aus der Houndsditch unter allen Umständen zur Strecke zu bringen.

Scotland Yard bedurfte dieser Anweisung nicht. Schon seit Tagen waren die Detektive der CID unterwegs. Sie hatten sich als Straßenhändler, Schuhputzer, Zuhälter, Hausierer und Bettler verkleidet und durchstreiften das Straßen- und Gassenlabyrinth von Stepney.

Die Untersuchung hatte ergeben, daß in der Houndsditch tatsächlich ein Einbruch vorbereitet worden war, allerdings nicht bei dem Juwelier Isenstein, sondern in dessen Nachbarhaus. In diesem Gebäude lagen in einem Safe Schmuckgegenstände, deren Preis auf 30 000 Pfund Sterling beziffert wurde.

Zwei Wochen waren vergangen, als sich der erste Erfolg einstellte. Ein Detektiv, der sich als ständig betrunkener Flickschuster ausgegeben und in den düstersten Winkeln von Stepney genächtigt hatte, konnte ermitteln, daß sich die Mörder das Haus Sidney Street Nr. 100 als Schlupfwinkel ausgesucht hatten. Sie gehörten zur Bande eines Mannes, der sich „Peter der Maler" nannte und nach dem Scotland Yard schon seit vielen Monaten fahndete.

Die Sidney Street war eine Verbindungsstraße zwischen der Commercial Road und der Whitechapel Road. Sie lag in der Gegend, in der einst Jack the Ripper sein Unwesen getrieben hatte. Die Entfernung zum Ratcliffe Highway, der Verbrecherstraße des achtzehnten und neunzehnten Jahrhunderts, die jetzt St. George Street heißt, betrug weniger als fünfhundert Meter.

Das Haus Nr. 100 gehörte zu den sogenannten Martins-Häusern, einem Block aus acht Gebäuden, die durch vielfältige Gänge und Durchlässe miteinander in Verbindung standen. Mächtige Feuerwände trennten die einzelnen Häuser. Scotland Yard beschaffte sich Baupläne jener Gegend. CID-Detektive hatten inzwischen die Beobachtung der Umgebung übernommen, und am Abend des 2. Januar 1911 stellten sie fest, daß sich die gesamte Bande in der ersten Etage des Hauses Sidney Street Nr. 100 aufhielt.

Chief Commissioner Sir Edward Henry rief seine leitenden Mitarbeiter zu einer Beratung zusammen. Um nicht erneut eine nächtliche Schießerei zu riskieren, wurde festgelegt, daß man erst in den frühen Morgenstunden des folgenden Tages gegen die Bande vorgehen wollte. Die Leitung der Aktion wurde Detektivinspektor Frederick Wensley übertragen. Dieser Mann zählt zu den „Big Four" von Scotland Yard. Seine Laufbahn war außergewöhnlich. Er stand insgesamt vierzig Jahre im Dienst des Yard und brachte es vom einfachen Polizisten bis zum Chief Constable. Dieses Amt war sonst nur ausgedienten Armeeoffizieren vorbehalten. Ihm zur Seite standen Detektivinspektor Collinson von der City Police und die beiden Detektivsergeanten Hallam und Leeson von der Leman Street Station. Da die Bande mehrfach auf das Gebiet der City übergewechselt war, hatte man die dortige Polizei hinzugezogen.

Auf der Beratung im Yard, die bis spät in die Nacht hinein dauerte, wurde beschlossen, gegen die Houndsditch-Mörder mit bewaffneten Polizeikräften vorzugehen. Innenminister Winston Churchill erteilte die dafür erforderliche Sondergenehmigung. An Konstabler und Detektive der Metropolitan und City Police wurden Karabiner und Revolver ausgegeben.

Die Aktion begann pünktlich. Um vier Uhr früh hatten die

Polizisten der Einsatzgruppe einen Postenring um die Sidney Street gezogen. Gegenüber dem Haus Nr. 100 befand sich eine Brauerei. Dort und in den anderen Gebäuden der Umgebung waren Konstabler postiert worden.

Kurz nach vier Uhr betraten Inspektor Collinson und die beiden Sergeanten das Haus. Sie vermieden jedes Geräusch, als sie sich über die Beschaffenheit des Erdgeschosses orientierten. Zur linken Hand lag die Wohnung des Besitzers, des Schneidermeisters Fleishman; auf der rechten Seite wohnte ein alleinstehender älterer Mann namens Gardner.

Mit Mr. Fleishman konnten sich die Detektive schnell einigen. Er war sofort bereit, mit seiner Familie das Haus zu verlassen. Mr. Gardner jedoch machte Schwierigkeiten. „Ich protestiere feierlich gegen die Verletzung meiner Rechte als Untertan Seiner Majestät", rief er mit schlaftrunkener Stimme. „Ich werde mich an das Unterhaus wenden und die Einsetzung einer königlichen Untersuchungskommission verlangen."

Sergeant Leeson brachte den schimpfenden Mann gewaltsam auf die Straße. Collinson sah sich inzwischen in der ersten Etage um. Alle Türen waren verschlossen, und in Erinnerung an die Ereignisse in der Houndsditch zog er sich schnell wieder zurück.

Inspektor Wensley ordnete an, mit der nächsten Aktion bis zum Anbruch der Morgendämmerung zu warten. Gegen acht Uhr war es hell genug, und Wensley warf den ersten Stein. Im untersten Stockwerk des Hauses Sidney Street Nr. 100 klirrte eine Fensterscheibe. Mit mächtiger Stimme verkündete der Inspektor den Verbrechern, daß sie umstellt seien. Er forderte sie auf, sich sofort und bedingungslos zu ergeben.

Die Antwort erfolgte umgehend. Unter der ersten Salve brach Detektivsergeant Leeson schwerverletzt zusammen. Ein Arzt, den man herbeigerufen hatte, mußte über eine Mauer der Brauerei klettern.

Die Verbrecher reagierten nunmehr auf alle Bewegungen in der Sidney Street mit gezielten Schüssen. Die Polizisten schossen zurück, und das Geplänkel setzte sich bis in die Vormittagsstunden fort. Weitere Polizeiverstärkungen rückten an, aber auch sie konnten keine Entscheidung herbeiführen. In dieser Situation entschloß sich der Innenminister, die nächsten Aktionen selber zu leiten.

Die Kanonen vom St. Johns Wood

Als Winston Churchill in der Sidney Street eintraf, verfolgte eine große Menschenmenge das Geschehen. Der Innenminister wurde mit einem lang anhaltenden Pfeifkonzert empfangen. Die Zuschauer waren unzufrieden. Einigen hundert Polizisten war es bisher nicht gelungen, drei oder vier schießwütige Verbrecher festzunehmen.

In der Tat hatten die bewaffneten Konstabler wenig Initiative gezeigt. Auf jeden Schuß der Verbrecher antworteten sie zwar gleichfalls mit Schüssen, die aber meistens nur unbedeutende Schäden am Mauerwerk des Hauses verursachten. Eingedenk der Vermutung, daß sich in dem Gebäude möglicherweise russische Revolutionäre verborgen hielten, entschloß sich Churchill zu einem rigorosen Vorgehen: Er forderte Militär an.

Gegen zehn Uhr fünfzehn traf Captain Wickham mit seinen Scots Guards aus dem Tower in Stepney ein. Die Truppe hatte sich geteilt, und die Soldaten drangen von beiden Seiten in die Sidney Street vor.

Als die Verbrecher das Feuer eröffneten, kam der Angriff schnell zum Stehen.

Captain Wickham erbot sich, mit seinen Guards das Haus von hinten im Sturmangriff zu nehmen. Mit den Worten „Zu riskant!" lehnte Churchill diesen Vorschlag ab. Er hatte eine, wie er glaubte, bessere Idee. Kurz danach befand sich ein Bote auf dem Weg zum St. Johns Wood. Er sollte aus der dortigen Kaserne ein Feldgeschütz in die Sidney Street beordern. Über den Fernsprecher forderte Churchill gleichzeitig eine Pioniereinheit aus Chatham an, und aus den Armeearsenalen in Woolwich erbat er die Herbeischaffung von Stahlplatten, um seine Scharfschützen abschirmen zu können.

Inzwischen hatten die Diskussionen über das weitere Vorgehen nicht aufgehört. Inspektor Wensley schlug vor, daß die vorhandenen Polizei- und Militäreinheiten die Vorder- und Hinterseite des Hauses unter Beschuß nehmen sollten, während gleichzeitig eine starke Einsatzgruppe vom Dach her in das Haus eindrang. Aus den Bauplänen ging hervor, daß die Verbrecher in der ersten Etage gegen einen Angriff von oben kaum nennenswerten Widerstand leisten konnten.

Winston Churchill lehnte auch dies ab. Er wollte sein großes militärisches Spektakel. Wensley und andere Männer vom Victoria Embankment versuchten, den Minister umzustimmen. Doch unerwartet spitzte sich die Situation zu.

Konstabler, Detektive und Soldaten hatten mit dem Beschuß des Hauses Sidney Street Nr. 100 nicht aufgehört. Im Laufe der Morgenstunden bekamen sie weitere Hilfe. Schräg gegenüber befand sich die Gaststätte „The Rising Sun", und auf dem Dach des Lokals hatten sich Zivilisten postiert, die mit ihren Jagdgewehren die Schießerei der Polizisten unterstützten.

Plötzlich stieg aus dem Haus, in dem sich die Verbrecher verschanzt hatten, Rauch auf. Kurz danach stand der gesamte Dachstuhl in Flammen. Die Ursache des Brandes ist nie geklärt worden. Wahrscheinlich hatte eine Kugel auf dem Boden irgendwelche leicht brennbaren Gegenstände entzündet. Die Verbrecher zogen sich in das Erdgeschoß zurück, und ihr Feuer nahm an Heftigkeit zu.

Irgend jemand hatte die Feuerwehr alarmiert. Im gleichen Moment, als von Süden her der Löschzug in die Sidney Street einrückte, drangen von Norden her berittene Artilleristen mit einem Feldgeschütz in die Straße ein.

Die Feuerwehr wollte sofort mit den Löscharbeiten beginnen, doch Winston Churchill untersagte es. Schließlich einigten sich die Detektive der Metropolitan Police mit ihrem Minister dahingehend, daß die Feuerwehr ihre Löscharbeiten auf die Sicherung der benachbarten Gebäude beschränkte, während sich Polizei und Militär auf das brennende Haus konzentrierten.

Das Feldgeschütz vom St. Johns Wood entlud seine todbringenden Ladungen auf das in hellen Flammen stehende Haus. Die Schüsse der Verbrecher waren längst verstummt, als Churchills Artilleristen noch immer feuerten. In der Haustür erschien ein völlig entnervter Mann mit hocherhobenen Armen. Die Kanoniere stoppten den Beschuß immer noch nicht. Eine Kugel traf den Mann und zerfetzte ihn. Einige Reste von ihm klebten später am rechten Türpfosten.

Um dreizehn Uhr fünfundvierzig stürzte das Haus Sidney Street Nr. 100 in sich zusammen. Gegen sechzehn Uhr hatte die Feuerwehr die letzten schwelenden Brände gelöscht. In den Trümmern fand man die völlig verkohlten Reste zweier menschlicher Körper. Sachverständige von Scotland Yard untersuchten die verbrannten Leichenteile gründlich. Sie stellten fest, daß der Bandenchef „Peter der Maler" mit großer Wahrscheinlichkeit keins der beiden Flammenopfer war. In dem allgemeinen Durcheinander hatte er offenbar mit noch anderen Mitgliedern der Bande die Flucht ergriffen. Spätere Berichterstatter wollen erfahren haben, daß es den Verbrechern gelang, ins Ausland zu entkommen. In Großbritannien jedenfalls machten sie nie mehr von sich reden.

Somit schien die „Schlacht von London", wie zeitgenössische Zeitungen die Vorkommnisse nannten, abgeschlossen zu sein. Die in Umlauf gesetzten Gerüchte hatten sich nicht bestätigt. Dennoch mußten die Ereignisse in der Folgezeit immer wieder zur Diskreditierung der russischen Revolutionäre herhalten.

Gegen Ende des Jahres 1910 zählte man in London 6397 Kraftwagen und 4724 Pferdedroschken. In den ersten Tagen nach dem 3. Januar 1911 nahm ein nicht unbeträchtlicher Teil dieser Fahrzeuge Kurs auf die Sidney Street. Das Schlachtfeld mitten in der Stadt gehörte für einige Zeit zu den attraktivsten Sehenswürdigkeiten der englischen Metropole. Die „Times" schrieb, daß „die Bewohner des Elendsviertels den ungewöhnlichen Hochgenuß hatten, die Pelze und extravaganten Kleider der vornehmen Ladys zu bewundern, die eigens gekommen waren, um die Ruine des nun historisch gewordenen Wohnhauses zu besichtigen".

Im Parlament löste der Fall Sidney Street ein lebhaftes parteipolitisches Geplänkel aus. Für die Konservativen war er ein willkommener Anlaß zur Rache an ihrem ehemaligen Gefolgsmann, dem jetzigen Innenminister Winston Churchill. In verschiedenen Zeitungen waren Karikaturen erschienen, und der britische Home Secretary hatte den Spitznamen „Napoleon der Sidney Street" erhalten.

Lord Arthur Balfour, der konservative Oppositionsführer, erklärte während der Debatte im Unterhaus: „Wir sind überrascht, in den illustrierten Zeitungen Fotos mit dem Innenminister am Tatort zu sehen. Wir haben zwar Verständnis dafür, daß die Fotografen in der Sidney Street waren, verstehen aber nicht, was der Minister dort zu suchen hatte." Und der Abgeordnete Forde Ridley fügte hinzu: „Wir sahen auf den Fotos, wie Sie hinter einer Hausecke stehen und die Bemühungen der Polizei und des Militärs beobachten, die eine Störung der öffentlichen Ordnung beseitigen wollen, die Sie hervorgerufen haben. Könnte irgend etwas anderes lächerlicher wirken?"

Die liberalen Abgeordneten nahmen Churchill in Schutz, und die von den Tories vorgetragenen Attacken verpufften. Trotzdem blieb es natürlich verwerflich, daß Churchill die Polizeiaktion zu einer militärischen Kraftmeierei ausgenutzt hatte und sogar so weit gegangen war, das Geschützfeuer auf einen Menschen fortsetzen zu lassen, der sich unbewaffnet ergeben wollte und möglicherweise nichts mit der Bluttat in der Houndsditch zu tun hatte.

Nach der Unterhausdebatte wurden die Auseinandersetzungen noch eine Zeitlang in der Presse fortgesetzt. Einige Blätter, so „The Law Times", billigten den Einsatz des Militärs, andere dagegen verurteilten die Aktion in scharfer Form. Fast alle Meldungen hatten jedoch eines gemeinsam. In irgendeiner Weise kolportierten sie das Gerücht, bei den Verbrechern habe es sich um russische Anarchisten oder Revolutionäre gehandelt. Ein späterer Bericht gibt eine treffende Charakterisierung des allerorts beschworenen Kleinbürgerschrecks: „Die Bevölkerung war auf Grund der vielen Zeitungsveröffentlichungen äußerst besorgt. Viele hatten zum ersten Male von der Existenz der Anarchisten gehört, und es schien, daß sich ein gewisser ‚Anarchistenkomplex' breitmachte. Die Behörden des Landes erhielten viele unberechtigte Hinweise auf angeblich ‚anarchistenverdächtige' Personen, und man war für lange Zeit versucht, jedes ungeklärte Verbrechen diesem bisher unbekannten Personenkreis zuzuschieben."

Winston Churchill war für die Innenpolitik seines Landes verantwortlich. Ihm und seinesgleichen gelang es, aus einem Kriminalfall politisches Kapital zugunsten des Systems zu schlagen, das zu schützen und zu verteidigen sie als ihre vornehmste Aufgabe betrachteten. Daß die russischen Emigranten in Wirklichkeit jedoch nichts mit dem Geschehen zu tun hatten, dafür spricht noch ein anderes Indiz. Zur Bekämpfung politischer Gegner hatte Scotland Yard bereits 1884 eine besondere Abteilung gegründet. Sie arbeitete im Rahmen der CID und trug den Namen Special Branch. Ihre ersten Einsätze richteten sich gegen die irische Unabhängigkeitsbewegung, die unter der Forderung nach Homerule (Sebstregierung) gegen die Zwangsunion der Grünen Insel mit Großbritannien eintrat. Als am 27. Dezember 1885 in Bombay der Allindische Nationalkongreß gegründet wurde, dehnte die Special Branch ihre Tätigkeit auf die britischen Kolonien aus. Seitdem war diese Abteilung in ununterbrochenem Einsatz gegen die antiimperialistische Befreiungsbewegung und gegen alle fortschrittlichen Bestrebungen im eigenen Land.

Die Special Branch – heute die größte Abteilung der Londoner Polizei – entwickelte sich rasch zu einem Machtinstrument mit nahezu uneingeschränkten Vollmachten. Hugh Young, ein späterer Commander der CID, schrieb, daß die Special Branch zwar zu Scotland Yard gehöre, „aber ihr Tätigkeitsfeld unbegrenzt" sei. Und der Chef von Hugh Young, Polizeipräsident Scott, äußerte sich noch deutlicher zu den Zielen der Politischen Polizei: „Die Special Branch ist in erster Linie eine Nachrichtenabteilung. Ihre Aufgabe besteht darin, jedermann, gleichgültig aus welchem politischen Lager er kommt, zu überwachen, wenn aus seiner Tätigkeit früher oder später Aufruhr oder Unruhen entstehen können. Aus diesem Grunde hatte sich die Special Branch von Zeit zu Zeit mit der Irischen Republikanischen Bruderschaft, mit Kommunisten, Anarchisten, Suffragetten und indischen Nationalisten zu befassen." Dann erläuterte Scott weiter, daß die Special Branch beispielsweise von Anfang an ihre Agenten in jedem Hafen hatte und alle Ausländer im Lande überwachte.

Hätte es sich bei den Polizistenmördern der Houndsditch um russische Revolutionäre oder Anarchisten gehandelt, so wäre das ein eindeutiger Fall für die Special Branch gewesen. Daß diese Abteilung zu keiner Zeit mit dem Fall beschäftigt war, beweist zusätzlich die Verlogenheit der kolportierten Gerüchte.

Revolution mit einer Serviette verzögert

Der bekannteste Agent der Special Branch jener Jahre hieß H. T. Fitch. Er war für die Sicherheit des englischen Throns verantwortlich und leitete die Einsätze gegen politische Gegner, die dem Herrschaftssystem in Großbritannien gefährlich werden konnten. Nach der Pensionierung schrieb Fitch seine Memoiren. Die Erinnerungen dieses

189

Stardetektivs der Politischen Polizei geben nicht nur Aufschluß über die Rolle der Special Branch, sondern beleuchten auch anschaulich die Geisteshaltung eines Mannes, den Scotland Yard zu seinen fähigsten Mitarbeitern zählt. Hier einige Auszüge aus dieser Schrift:

„Es gibt in England zur Zeit eine beträchtliche Anzahl von Leuten, die es sich nicht träumen lassen, wie genau man in Scotland Yard über sie Bescheid weiß. Die Vorsichtsmaßnahmen der Polizei sind so vorbildlich, daß jedes verdächtige Element auf Schritt und Tritt beobachtet wird ... An allen wichtigen Stellen, über die ganze Welt verteilt, finden wir die Beamten der Spezialabteilung. Sie lassen sich überall einstellen, als Kellner in Kneipen und Restaurants, als Stewards auf den großen Schiffen, als Sekretäre in den Gewerkschaftshäusern, kurz überall, wo es etwas zu hören und zu erfahren gibt. Unsere Leute haben die Ohren überall. Tag und Nacht laufen ihre Berichte in Scotland Yard ein." Anschließend rühmte sich Fitch sogar, Wladimir Iljitsch Lenin zweimal bespitzelt zu haben.

Nach der sibirischen Verbannung war Lenin im Jahre 1900 ins Ausland emigriert, um von dort aus durch die Herausgabe einer illegalen Zeitung die marxistische Partei Rußlands zu organisieren. 1901 erschien die erste Nummer der „Iskra", die in Leipzig gedruckt wurde. Danach fanden Redaktion und Druckerei in München Unterschlupf. Als die Polizei auch dieses illegale Zentrum aufspürte, wurde die Herausgabe der „Iskra" nach England verlegt. Im April 1902 trafen Lenin und seine Frau in London ein. Unter dem Namen Richter mieteten sie eine kleine Zweizimmerwohnung in der Nähe des Britischen Museums. Lenin arbeitete dort täglich in der Bibliothek, in der Marx vier Jahrzehnte zuvor die Quellen zum „Kapital" studiert hatte. Er redigierte die „Iskra", organisierte den Vertrieb der Zeitung in Rußland und traf sich mit revolutionären Emigranten aus seiner Heimat. Mit Vertretern des Petersburger Komitees der Sozialdemokratischen Arbeiterpartei Rußlands und anderen Mitkämpfern bereitete er im August 1902 von London aus den II. Parteitag vor.

In dieser Zeit besuchte Lenin viele englische Arbeiterversammlungen. Zu Ehren des Jahrestages der Pariser Kommune sprach er im März 1903 auf einer Großkundgebung im Arbeiterviertel Whitechapel. Im Mai verließ er London, um die „Iskra" von Genf aus herauszugeben. Doch schon im August war Wladimir Iljitsch Lenin wieder in England. Der II. Parteitag der SDAPR, der in Brüssel begonnen hatte, mußte wegen der Verfolgungen durch die belgische Polizei seine Arbeit in London fortsetzen. Bei den Wahlen zu den zentralen Parteiorganen erhielten die Anhänger Lenins die Mehrheit und wurden von da ab Bolschewiki genannt.

Der III. Parteitag, der im April 1905 wiederum in London stattfand, wählte Lenin an die Spitze des Zentralkomitees der Partei der Bolschewiki. Zu jener Zeit hatte Lenin seinen festen Wohnsitz in Genf, bis er im November 1905 in das revolutionäre Rußland zurückkehrte und dort den bewaffneten Aufstand vorbereitete. Oft konnte er sich nur mit großer Mühe den Zugriffen der Ochrana, der zaristischen Geheimpolizei, entziehen. Die Revolution von 1905 bis 1907 scheiterte, weil das Bündnis zwischen Arbeiterklasse und Bauernschaft noch zu schwach war und das Proletariat politisch nicht einheitlich handelte. Eine gründliche Analyse dieser Situation nahm Lenin auf dem V. Parteitag vor, der im Mai 1907 ebenfalls in London zusammentrat und an dem auch Maxim Gorki teilnahm.

Vom Dezember 1907 an lebte Lenin erneut in Genf. Wiederholt sprach er in der folgenden Zeit auf internationalen Kundgebungen in London und anderen europäischen Hauptstädten. Um sein Werk „Materialismus und Empiriokritizismus" vorzubereiten, arbeitete er im Mai 1908 in der Bibliothek des Britischen Museums. Im November 1911 reiste Lenin nochmals in die Themsemetropole und hielt einen Vortrag zum Thema „Stolypin und die Revolution". Bei zwei von diesen Besuchen in London will Inspektor Fitch dabeigewesen sein. Er behauptete von sich, daß er wesentlichen Einfluß auf den Verlauf der Weltgeschichte genommen habe, indem er die Große Sozialistische Okto-

191

berrevolution um etwa zehn Jahre hinauszögerte. Und das geschah folgendermaßen: „Schon vor Beginn der ersten Beratung hockte ich geraume Zeit wohlverborgen, wenn auch etwas unbequem, in einem zugenagelten Wandschrank. So gut es in der Dunkelheit gehen wollte, machte ich stenografische Notizen von den Reden der Führer. Nachdem sie sich entfernt hatten, brachte ich meinen Bericht nach Scotland Yard." Für diese Aufgabe hatte man ihn erkoren, weil er der Klügste von allen war und „neben anderen Sprachen auch Deutsch und Russisch konnte".

Bei einer zweiten Zusammenkunft ging Fitch sogar noch forscher vor. Er hatte sich als Kellner verkleidet und durfte Lenin und seine Freunde bei ihrer Beratung bedienen. Dabei geschah es. Der Detektiv wedelte mit der Serviette, und die Zettel, auf denen Lenin die Termine der Revolution in Rußland notiert hatte, flatterten zu Boden. Fitch war sofort zur Stelle. Er bückte sich, seine scharfen Augen erspähten blitzschnell den richtigen Zettel, und „beim Aufheben behielt ich diesen in meiner Serviette".

Fitch war auf „dieses kleine Taschenspielerkunststück nicht wenig stolz" und behauptete, daß es nach Übermittlung seiner Informationen an die russische Polizei möglich gewesen sei, „die Unruhen zu unterdrücken und den Erfolg der bolschewistischen Revolution noch um etwa zehn Jahre hinauszuschieben".

Doch damit nicht genug. H. T. Fitch vertrat sogar die Ansicht, daß es ihm gelungen wäre, die Ereignisse, die den Lauf der Weltgeschichte so nachhaltig beeinflußten, ganz zu verhindern, wenn er nur ein Angebot angenommen hätte. Als nämlich der letzte russische Zar dem englischen König einen Besuch abstattete, hätte er schon am ersten Tag seines Aufenthaltes in Großbritannien um eine Unterredung mit Inspektor Fitch nachgesucht.

Als der Detektiv den Salon betrat, erkannte er die Lage sofort. Der Mann, der vor ihm saß, Nikolaus II., war der „friedfertigste aller Herrscher ... Es gab wohl kaum einen Monarchen, der so gute Absichten hatte wie dieser Zar." Dann begann die kameradschaftliche Unterhaltung. Nikolaus habe sich über die Person und Ziele Lenins und anderer Revolutionäre berichten lassen. Über die Lage im eigenen Land sei er nur ungenügend informiert gewesen, und deshalb habe er ihn, Fitch, zu sich gebeten. Der Zar wollte zum Beispiel wissen, was Lenin denn „eigentlich im Schilde führe", was Maxim Gorki „auf ihn für einen Eindruck gemacht habe" und was er über Maxim Maximowitsch Litwinow – den späteren sowjetischen Außenminister – denke. Fitch berichtete, daß er, als er im Schrank saß, in Lenin „bestimmt eine Führerpersönlichkeit mit einer ganz gefährlichen Beredsamkeit" erkannt hätte.

Der Zar lauschte mit Andacht den phantastischen Berichten des Stardetektivs. „Ich wollte", seufzte er schließlich, „Sie wären in unserem Polizeidienst. Wie gut werden Sie mit solchen Leuten fertig!".

Fitch schwieg und resümierte seine Informationen über die russische Polizei, über Vetternwirtschaft und Bestechlichkeit, und beschloß, „doch lieber bei Scotland Yard zu bleiben. Hätte ich nur ein Wort erwidert, so wäre mir ein hoher Posten bei der russischen Polizei sicher gewesen."

Die Erkenntnis, daß er dadurch die Oktoberrevolution hätte verhindern können, stellte sich allerdings erst ein, als es zu spät war. „Ich kann es kaum begreifen", lamentierte Fitch noch Jahre nach dem Roten Oktober. „Schließlich arbeitet ja unsereiner unaufhörlich gerade gegen eine derartige Umkehrung aller menschlichen Ordnung."

Einige Zeit nach den geschilderten Ereignissen brach der erste Weltkrieg aus. Während die britischen Truppen auf den Schlachtfeldern Frankreichs verbluteten, versuchten in der Heimat allerlei dunkle Elemente, die Wirren des Krieges zu ihrem Vorteil auszunutzen. Da die CID vornehmlich mit der Postkontrolle beschäftigt war und alle Briefe von und nach dem Ausland sowie eine große Anzahl der inländischen Sendungen öffnete und überprüfte, waren die Möglichkeiten der Verbrechensbekämpfung wesentlich eingeschränkt. Hinzu kam, daß ein Teil der Polizisten und Detektive zum Militär eingezogen wurde. Die Aufklärungsquote aller Delikte sank rapide ab.

Auch die Aufstellung von einhundert Frauenpatrouillen im Jahre 1917 konnte die Verbrechen natürlich nicht eindämmen. Der Aufgabenkreis der weiblichen Polizei war zudem anfangs recht begrenzt. Er erstreckte sich nur auf Sexualdelikte. Bald wurden Polizistinnen aber auch zu Streifengängen in Gaststätten und in der Nähe von solchen Fabriken eingesetzt, in denen der Anteil der Arbeiterinnen besonders hoch war. Erst Jahrzehnte später konnten Frauen mittlere Leitungsfunktionen im Yard wahrnehmen. Völlig gleichberechtigt sind sie jedoch bis heute nicht. Sie erhalten nur neunzig Prozent des Gehaltes, das an Polizisten mit gleichem Aufgabenbereich gezahlt wird.

Im Jahre 1919, als man, so gut es ging, wieder Ordnung schaffen wollte, begann die Zeit der harten Männer. Die ersten Patrouillen des Flying Squad – der Geisterstaffel – rasten durch London. Mit ihren wendigen Flitzern konnten die Fahrer der motorisierten Sonderkommandos meist schon wenige Minuten nach dem Einsatzbefehl an jeder Stelle der Stadt aufkreuzen. Der Name Flying Squad und manche Legenden um dieses Sonderkommando werden dem Kriminalschriftsteller Edgar Wallace zugeschrieben.

Die Zahl der von der Geisterstaffel jährlich festgenommenen Menschen stieg bald auf 70 000. Neunzig Prozent davon stellten sich allerdings als unschuldig heraus. Trotz wirksamer Verbesserung der technischen Grundlagen der kriminalpolizeilichen Arbeit mußte deshalb in einer Bilanz festgestellt werden: „Kein Rechenschaftsbericht über die Polizei um 1919 bis 1920 wäre vollständig ohne eine kurze Erwähnung der Tatsache, daß in dieser Zeit mehr Anklagen gegen die Metropolitan Police erhoben wurden als sonst. Sie bediente sich härtester Methoden bei Verhören, war korrupt und unzuverlässig in der Beibringung von Beweismitteln und behelligte überflüssigerweise das Publikum. Eine Reihe der bemerkenswertesten Zwischenfälle bot Ursache zur Unbehaglichkeit."

Daß auch das Nichteingreifen der Polizei Ursache zur Unbehaglichkeit sein kann, soll der nächste Fall zeigen.

Ein Brief aus Berlin

Gesetz gegen Fälscher

Die Fälschung ist ein uraltes Delikt. Meist war Gewinnsucht das treibende Motiv. Schon vor fünftausend Jahren wurden im alten Rom imitierte Edelsteine als echt ausgegeben. Zu Zeiten Cäsars gab es in der Stadt am Tiber mehrere Werkstätten, die solche Falsifikate herstellten. Auch die Kunstfälschung entwickelte sich zeitig. Nachgemacht wurde alles – von Ölgemälden über Skulpturen bis hin zu Noten –, was zahlungskräftige Sammler und Liebhaber anlockte und zu einem Preis abzusetzen war, der über den Herstellungskosten lag. Als strafwürdig galten derartige Unternehmen allerdings erst nach der Renaissancezeit.
Anders verhielt es sich mit Münzfälschungen. Schon vor zwei- oder dreitausend Jahren stand darauf die Todesstrafe. Dieses Strafmaß wurde später zwar gemildert, aber andererseits berücksichtigten die Gesetze in allen Ländern die vielfältigen Fälschungsdelikte immer umfassender. In den Rahmen der strafrechtlichen Verantwortung wurde auch die Nachahmung von Dokumenten, Urkunden und Erklärungen einbezogen.
Um die Wogen des Verbrechens, bei denen Fälschungen einen nicht geringen Prozentsatz ausmachten, einzudämmen, beschlossen 1923 auf einem „Internationalen Polizeikongreß" in Wien hundertdreißig Delegierte aus zwanzig Ländern die Gründung einer „Internationalen Kriminalpolizeilichen Kommission" (IKPK). Daraus entwickelte sich später die „Interpol". Mitarbeiter von Scotland Yard hatten maßgeblichen Anteil am Entstehen dieser Organisation, die über keine eigenen Exekutivorgane verfügt, son-

dern nur die Zusammenarbeit der Polizeiverwaltungen der Mitgliedsländer bei der Fahndung nach solchen Rechtsbrechern koordiniert, die von einem Staat in einen anderen geflohen sind.

Genau ein Jahr nach Gründung der IKPK begann der Fall, an dem Fälscher aus mehreren Ländern beteiligt waren. In Deutschland wurde ein Falsifikat hergestellt, das dann nach Großbritannien gelangte und dort einen Skandal ungeahnten Umfangs auslöste. Trotzdem griffen Scotland Yard und die IKPK nicht ein.

Scotland Yard schweigt

Es begann in Berlin an einem Herbstabend des Jahres 1924. Die Scheinwerfer einer dunklen BMW-Limousine tasteten sich langsam durch den Tiergarten. Der Wagen durchfuhr die Hofjägerallee in südlicher Richtung, rollte über den Lützowplatz und war nach wenigen Minuten am Nollendorfplatz angelangt. Dort bog die Limousine in eine scharfe Rechtskurve ein, ließ sich reichlich hundert Meter vom Verkehr der Kleiststraße treiben, um dann nach links in die Eisenacher Straße einzuschwenken. Vor dem Haus Nr. 117 stoppte der BMW.

Kurz danach stiegen drei Männer die Treppe zur dritten Etage empor. Die Klingel schepperte nur Sekundenbruchteile, dann öffnete sich die Wohnungstür, und die Besucher betraten ein luxuriös ausgestattetes Appartement.

Es war schon eine dubiose Gesellschaft, die sich hier versammelt hatte. Das Schild an der Wohnungstür wies einen gewissen Alexis Bellegarde als Besitzer des Appartements aus. Er gehörte zu der nicht unbeträchtlichen Schar russischer Emigranten, die seit der Großen Sozialistischen Oktoberrevolution die Stadt an der Spree unsicher machten. Bis 1917 stand Bellegarde im Dienst des Zaren, später befehligte er als Offizier eine weißgardistische Truppe, die das Rad der Geschichte zurückdrehen wollte. Vom gleichen

Haß gegen die junge Sowjetmacht waren die drei Besucher besessen. Der prominenteste unter ihnen war der ehemalige zaristische General Alexander Gumanski. Außerdem hatten sich der Litauer Edward Friede und ein Schwager des Wohnungsinhabers namens Shemtschushnikow im Haus Eisenacher Straße 117 eingefunden.

Die vier Männer machten sich sofort an die Arbeit. Der General erläuterte kurz den Auftrag, den er von „einer maßgeblichen Persönlichkeit in London" erhalten hatte. Ein Brief der Kommunistischen Internationale sollte hergestellt und der britischen Öffentlichkeit übergeben werden. „Die Grundlage für unsere Arbeit habe ich mitgebracht", sagte Gumanski und schwenkte einen Bogen Papier. „Der Genosse Drushilowski hat mir das gewünschte Formular besorgt. Er hat dafür nur die Hälfte der Summe verlangt, die wir geplant hatten."

Dieses günstige Geschäft wurde mit beifälligem Murmeln begrüßt. Jener „Genosse" Drushilowski war in einer Dienststelle der Sowjetischen Botschaft in Berlin tätig. Er hatte seine Heimat verraten, konnte sich aber eine Zeitlang tarnen und versorgte verschiedene Berliner Fälscherbanden mit Informationen und technischem Material.

Alexis Bellegarde und seine Komplicen nahmen zuerst einige Berichte, Thesen und andere Schriftstücke der Komintern zur Hand, um sich mit der ihnen fremden Ausdrucksweise und Terminologie vertraut zu machen. Dann formulierten sie gemeinsam einen Text, den Gumanski anschließend auf einer mitgebrachten Schreibmaschine tippte. Edward Friede, ein Spezialist auf diesem Gebiet, fälschte die Unterschrft von G. J. Sinowjew, der damals Vorsitzender des Exekutivkomitees der Komintern war, später jedoch wegen seines wiederholten Auftretens gegen die Leninsche Politik der Partei aus der KPdSU ausgeschlossen wurde.

Dabei begingen die Fälscher den Fehler, der anderen Verbrechern ihres Schlages unweigerlich zum Verhängnis geworden wäre. Sie übertrieben maßlos, spickten den gewünschten Brief mit ungewöhnlichen Phrasen und faßten ihn in einem schwülstigen Stil ab, der echten Komintern-Dokumenten fremd war.

Wladimir Orlow, ein früherer zaristischer Staatsanwalt, übernahm die Weiterleitung des Schreibens nach England. Er war Angestellter einer russischen Schiffahrtsgesellschaft, die nach der Oktoberrevolution ihren Sitz nach London verlegt hatte. Mit dunklen Aufträgen pendelte er ständig zwischen der britischen Hauptstadt und Berlin. Seine eigenen Fälschungen brachten ihn fünf Jahre später vor ein Berliner Gericht, das ihn jedoch von der Mehrzahl der Anklagepunkte freisprach und nur wegen Betrugs an einem amerikanischen Journalisten zu lächerlichen vier Monaten Gefängnis verurteilte.

Der britischen Öffentlichkeit wurde die Fälschung als offizielles Komintern-Dokument präsentiert. Die „Daily Mail" druckte das Elaborat mit folgender vierzeiliger Überschrift ab: „Moskaus Befehle an unsere Roten. – Großes Komplott gestern aufgedeckt. – Heer und Marine sollten gelähmt werden. – Und Mr. Macdonald wollte Rußland unser Geld leihen."

Im Text wurden die englischen Kommunisten aufgefordert, das in Großbritannien herrschende System zu stürzen und vor allem in die Streitkräfte einzudringen, um dort Parteigruppen zu gründen. „Die militärische Abteilung der Britischen Kommunistischen Partei empfindet einen Mangel an Fachleuten, künftigen Führern der Britischen Roten Armee", hieß es dazu in dem Falsifikat.

Der Zeitpunkt für die Fälschung war genau berechnet. 1924 hatte in Großbritannien zum ersten Mal die Labour Party die Regierungsgewalt übernommen. Mit den Stimmen der Liberalen war Ramsay Macdonald zum ersten Labour-Premier Englands gewählt worden.

Der kapitalistischen Gesellschaftsordnung drohte dadurch allerdings keine Gefahr, und Lord Arthur Balfour, ehemaliger Führer und langjähriger Premier und Außenminister der Konservativen, konnte beruhigt feststellen: Die Macht befindet sich immer in den Händen der Konservativen, unabhängig davon, „welche Partei am Ruder ist". Die Beamten in den Ministerien und anderen Dienststellen garantierten diese Macht, und die Affäre um den gefälschten Komintern-Brief sollte Lord Balfours Feststellung ein weiteres Mal bestätigen.

Ungeachtet der Tatsache, daß in Großbritannien kein Macht-, sondern nur ein Regierungswechsel stattgefunden hatte, waren dennoch einige Änderungen in der Politik zu verzeichnen. Unter dem Druck des Londoner Gewerkschaftsrats und des linken Parteiflügels wurden zunächst die diplomatischen Beziehungen zur Sowjetunion aufgenommen. Danach kam es in London zur Unterzeichnung von zwei Verträgen. Im ersten sicherte die Regierung der UdSSR den englischen Eigentümern zu, die durch die Revolution verlorenen Vermögenswerte teilweise zu ersetzen. Als Gegenleistung wollte die englische Regierung der sowjetischen Wirtschaft eine Anleihe gewähren. Außerdem vereinbarten beide Regierungen ein Handelsabkommen.

Die Konzerne und Banken der City, die Konservativen und Mitarbeiter des Staatsapparates eröffneten sofort eine großangelegte Kampagne gegen diese Verträge. Macdonald residierte erst neun Monate in der Downing Street, als er durch das Umschwenken der Liberalen im Unterhaus eine Niederlage einstecken mußte. Für den 29. Oktober 1924 wurden Neuwahlen ausgeschrieben.

Die Labour Party hatte gute Aussichten, einen beträchtlichen Teil der früheren liberalen Wähler für sich zu gewinnen. Um eine absolute Labour-Mehrheit zu verhindern, starteten einige konservative Politiker zur Täuschung und Abschreckung der britischen Öffentlichkeit jenen schmutzigen Coup, von dem hier die Rede ist. Auf dem Höhepunkt des Wahlkampfes übergab das Außenministerium Kopien des gefälschten Komintern-Briefes an die Zeitungen. Die Konservativen überboten sich gegenseitig an demagogischen Anschuldigungen, allen voran Winston Churchill, der gerade wieder einmal dabei war, die Partei zu wechseln und von den Liberalen zu den Konservativen überzulaufen. Er schockierte seine Zuhörer mit Schauermärchen von „bösartigen und schmutzigen Schlächtern in Moskau, denen die Labour-Regierung kameradschaftliche Gefühle gezeigt" habe. Wahlplakate der Konservativen stellten den Labour-Führer Macdonald dar, wie er die eine Hand zwei bärtigen Banditen entgegenstreckt und mit der anderen die britischen Wähler abwehrt.

Macdonald hatte Zweifel an der Echtheit des „Komintern-Briefes", unternahm jedoch nichts Entscheidendes, um die Fälschung aufzudecken. Auf eine Protestnote an die Regierung der UdSSR, die das Außenministerium vorbereitet hatte, setzte er lediglich den Vermerk: „Nicht absenden, bevor die Echtheit des Komintern-Briefes festgestellt ist!" Dann trat er eine Wahlreise an, und während seiner Abwesenheit wurde am 24. Oktober 1924 dem sowjetischen Botschafter die Protestnote überreicht.

Fünf Tage später ging die Rechnung der Konservativen auf. Die getäuschten Wähler verhalfen der Partei zur absoluten Mehrheit im Unterhaus. Winston Churchill wurde mit dem zweithöchsten Regierungsamt belohnt. Als Schatzkanzler zog er in die Downing Street Nr. 11 ein. Die Verträge mit der Sowjetunion wurden nicht ratifiziert.

Zu jenem Zeitpunkt war der Kreis derer, die über die Entstehungsgeschichte des „Komintern-Briefes" informiert waren, bereits ziemlich groß. Die „maßgebliche Persönlichkeit in London", von der Gumanski den Auftrag zur Fälschung erhalten hatte, hielt sich allerdings während der ganzen Zeit im Hintergrund und wurde nie ermittelt. Der Verdacht richtete sich gegen die führenden konservativen Politiker Jackson und Lord Younger sowie gegen den Geheimdienstchef Ball. Von einem dieser Männer liefen die Fäden zu dem konservativen Abgeordneten Major Kindersley, der seinerseits Beziehungen zu einem Mr. Donald im Thurn knüpfte. Dieser Mann – ein Engländer schweizerischer Abstammung – war seit dem ersten Weltkrieg für den britischen Geheimdienst tätig und arbeitete bei der bereits erwähnten russischen Schiffahrtsgesellschaft in London. Hier lernte er nicht nur den Fälscher Orlow, sondern auch andere russische Emigranten kennen, von denen er sich schließlich den gewünschten „Komintern-Brief" beschaffte. Dann lancierte Donald im Thurn das Falsifikat in das Außenministerium. Der Leiter der Nordabteilung im Foreign Office, Gregory, und der stellvertretende Außenminister, Sir Eyre Crowe, leiteten Kopien an die „Daily Mail" und die „Times" weiter. Die Redakteure der „Times" schöpften jedoch Verdacht und lehnten die Erstveröffentlichung ab.

Nach ihrem Wahlsieg gaben die Konservativen für Mr. Donald im Thurn einen festlichen Empfang. Zu den Gästen zählten unter anderen Premierminister Stanley Baldwin, Generalstaatsanwalt Hogg, Geheimdienstchef Ball und der Abgeordnete Major Kindersley.

Der Weg, auf dem die Konservativen zu dem gefälschten Brief gelangten, war nicht geradlinig gewesen und hatte viele Personen berührt. Kein Wunder also, daß in der britischen Öffentlichkeit immer wieder Stimmen laut wurden, die den Brief als Falsifikat bezeichneten. Die Sowjetregierung hatte außerdem gleich nach den ersten Zeitungsveröffentlichungen verlautbart, daß der „Komintern-Brief" eine eindeutige Fälschung sei, und vorgeschlagen, Sachverständigengutachten einzuholen.

Scotland Yard war über alle Vorgänge genauestens informiert, rührte aber keinen Finger, obwohl die Fälschung von Dokumenten durchaus in seinen Zuständigkeitsbereich fiel. So wurde denn auch niemals von polizeilicher Seite festgestellt, daß Mr. Donald im Thurn aus der Kasse der Konservativen Partei 5000 und aus einer anderen Quelle, vermutlich vom Geheimdienst, weitere 2500 Pfund erhalten hatte. Das Original des „Komintern-Briefes" und die Protestnote mit dem Vermerk Macdonalds, daß diese zunächst nicht abgeschickt werden solle, gingen auf geheimnisvolle Weise verloren. Die Note verschwand aus den Akten des Außenministeriums, nachdem der Wortlaut ohne den Vorbehalt des Premierministers dem sowjetischen Botschafter übermittelt worden war. Von dem „Komintern-Brief" befanden sich, wie später bekannt wurde, nur Kopien im Umlauf. Das Original selbst war bei keiner Londoner Dienststelle registriert worden.

Der große Unbekannte hatte seinen Strohmännern Kindersley und Donald im Thurn versprochen, daß sie nach erfolgreichem Abschluß des Unternehmens geadelt würden. Daraus wurde jedoch nichts, und die betrogenen Betrüger setzten die Führung der Konservativen Partei mit mehreren Briefen unter Druck. Zuerst beteuerten sie, „der Nation einen Dienst erwiesen zu haben, der ohne falsches Lob politisch kaum seinesgleichen hätte". Dann ließen sie durchblicken, daß bei weiterer Verzögerung ihrer Erhebung in den Adelsstand „die Gegner über den Betrug oder den politischen Trick des Hauptquartiers" aufgeklärt werden sollten. Den Mut, diese Aufklärung vorzunehmen, brachten die beiden Ganoven allerdings nicht auf.

Vier Jahre nach dem Skandal waren die kritischen Stimmen in der Öffentlichkeit immer noch nicht verstummt. Premierminister Baldwin, ein wortkarger Phlegmatiker, der nur selten seine geliebte Pfeife aus dem Mund nahm, galt als ehrlicher, unbestechlicher und anständiger Mann. Doch auch er konnte sich nicht entschließen, die Wahrheit zu bekennen. Vor dem Parlament behauptete er, der ehrenwerte Donald im Thurn habe den Brief von einem anderen Gentleman, der den Kommunisten nahestehe, erhalten und aus rein patriotischer Gesinnung sofort an das Außenministerium weitergeleitet.

Die Regierung der UdSSR blieb die Antwort nicht schuldig. In einer Erklärung nannte sie die Namen der Berliner Fälscher und wies auf die Londoner Verbindungsmänner hin. Scotland Yard griff jedoch auch jetzt nicht ein, sondern machte sich das Märchen des Premierministers zu eigen.

Erst mehr als vier Jahrzehnte später wurden die tatsächlichen Vorgänge im wesentlichen aufgedeckt – allerdings nicht durch Scotland Yard. Irina Bellegarde, die Witwe des nach dem zweiten Weltkrieg verstorbenen Alexis Bellegarde, gewährte 1966 der „Sunday Times" ein Interview. Sie berichtete, daß in ihrer Anwesenheit im Jahre 1924 in ihrer damaligen Berliner Wohnung der „Komintern-Brief" fabriziert worden sei. Einige Journalisten nahmen erneut die

Spuren des Falls auf und konnten sich schließlich sogar das Tagebuch des Donald im Thurn und diverse Briefe beschaffen. Auf Grund dieser Unterlagen rekonstruierten sie den genauen Ablauf des Geschehens. In einem sensationellen Bericht legte die Zeitung die Ergebnisse ihrer Recherchen dar und nannte die Namen aller Beteiligten. Dabei schwächte sie die Tatsachen allerdings mit der Bemerkung ab, die Führung der Konservativen Partei habe 1924 in Unkenntnis der genauen Umstände gehandelt. Bestimmte Schranken konnte und wollte auch die „Sunday Times" nicht überschreiten.

Am 19. Dezember 1966 richtete der Labour-Abgeordnete Emery Hughes im Unterhaus an den Außenminister der Labour-Regierung George Brown die Frage: „Wollen Sie dafür sorgen, daß diese skrupellose Unverschämtheit des Zentralvorstandes der Konservativen Partei, fünftausend Pfund für eine Fälschung zu zahlen, in dieser ernsten Enthüllung nicht nur der Geschichte angehört?"

Für die Konservativen war die Version, daß die damaligen und jetzt nicht mehr lebenden Parteiführer nichts von der Fälschung gewußt hätten, ein bequemer Ausweg. Irgendwelche Konsequenzen wurden nicht gezogen; denn in der Welt von gestern ist es nicht üblich, die eigene Vergangenheit kritisch zu untersuchen.

Die Geschichten des Edgar Wallace

Scotland Yard hatte, indem er 1924 einen weiten Bogen um einen der bedeutendsten Kriminalfälle jener Zeit machte, seinen „unpolitischen Charakter" erneut bewiesen. Waren es zu forsches Durchgreifen und Korruption der Polizei, die zu der im Bericht über die Jahre 1919 und 1920 registrierten Unbehaglichkeit unter der Bevölkerung geführt hatten, so verstärkte jetzt die Affäre um den gefälschten Brief den Argwohn gegenüber den staatlichen Machtorganen. Scotland Yard suchte nach spektakulären Erfolgen, um sein Renommee aufzubessern. Die Taktik war die gleiche wie eh und je. Einige Fälle sollten auf Biegen oder Brechen gelöst werden. Kleine Ganoven wurden hart angefaßt, und mehrere Zeitungen berichteten ausführlich über brutale Vernehmungsmethoden. Die Proteste der Öffentlichkeit nahmen einen solchen Umfang an, daß 1928 den Leiter der CID und der Polizeipräsident zurücktreten mußten.

Der neue Chief Commissioner of the Metropolitan Police hieß Viscount Byng of Vimy. Der sechsundsechzigjährige General konnte auf eine glänzende Karriere zurückblikken. Im ersten Weltkrieg hatte er die 3. Armee kommandiert. Von 1921 bis 1926 war er Generalgouverneur von Kanada gewesen. Für Scotland Yard verkündete er sein Programm in aller Offenheit: „Wir legen keinen so großen Wert auf die Metropolitan Police, denn im Inneren haben wir Ruhe, weil wir die unteren Schichten unseres Volkes ohnedies nicht zu groß werden lassen. Unser Blick geht nach dem Ausland, und deshalb richten wir unsere Aufmerksamkeit besonders auf unsere Schule in Black Castle in Devonshire. Dort sind wir auf der Höhe."

In Black Castle wurden Agenten ausgebildet. Sie lernten hier alles, was Leute dieses Schlages beherrschen müssen: Sabotageakte durchführen, Attentate vorbereiten, Flugschriften herstellen, Bestechungen organisieren und neue Agenten anwerben. Die Special Branch oder der Geheimdienst setzte diese Agenten hauptsächlich in den britischen Kolonien gegen die nationale Befreiungsbewegung ein, die nach der Oktoberrevolution einen mächtigen Aufschwung genommen hatte.

Beide Einrichtungen haben ihre Tätigkeit stets aufeinander abgestimmt. Während des ersten Weltkrieges war die Special Branch vorübergehend aus dem Yard herausgelöst worden. Einige Jahre gehörte sie zur Intelligence Department, so heißt der militärische Geheimdienstzweig in Großbritannien, und unterstand damit direkt dem Generalstab. Dann wurde sie wieder dem Innenministerium angegliedert. Da die verschiedenen Geheimdienstzweige offiziell keine Exekutivgewalt haben, werden die exekutiven geheimdienstlichen Aufgaben von der Special Branch wahrgenommen.

Trotz schmutziger politischer Geschäfte und zahlreicher Fehlschläge wuchs besonders in kleinbürgerlichen Kreisen der Ruhm von Scotland Yard weiter an. Der Schriftsteller Edgar Wallace trug mit seinen zahlreichen, teilweise recht phantasievoll erfundenen Romanen nicht unwesentlich dazu bei. Neben ihnen wucherte in unvorstellbarem Maße die Hintertreppen-Kolportage, die in der Londoner Polizei gleichfalls ein lohnendes Objekt fand.

Richard Horatio Edgar Wallace hat den in der bürgerlichen Gesellschaft Benachteiligten das gegeben, wovon sie träumten. Der Kleinbürger flüchtete in eine pseudoreale Märchenwelt und identifizierte sich mit unerschrockenen, tapferen und superklugen Detektiven, die es in Wirklichkeit niemals gegeben hat. Auf diese Weise entstand in den zwanziger Jahren ein Bild von Scotland Yard, das für lange Zeit erhalten geblieben ist.

Als Edgar Wallace 1932 an den Folgen einer Lungenentzündung starb, war er weltberühmt. Der britische Kreuzer „Berengaria" brachte ihn nach England zurück. Im Hafen von Southampton sanken die Flaggen auf Halbmast, und in London läuteten die Glocken. Der Mann, der lange Jahre als erfolgreichster Kriminalschriftsteller der Welt galt, wurde unter Anteilnahme der gesamten britischen Öffentlichkeit zu Grabe getragen.

Natürlich ist die Gloriole des Yard nicht allein durch die Literatur begründet worden. Es gab auch zu jener Zeit eine Reihe von Fällen, die auf ungewöhnliche Weise geklärt wurden. Solche Erfolge fanden breite Publizierung und gaben manchem Literaten neue Anregungen für noch phantastischere Darstellungen. Einer dieser Fälle war die „Kofferleiche von Charing Cross", den wir am Anfang dieses Buches geschildert haben.

Da die Kriminalität noch immer beträchtlich anstieg, wurde die Ausbildung der Detektive neu organisiert. 1934 nahm die Polizeischule in Hendon ihre Arbeit auf. Die Inspektoren und Superintendenten mußten Lehrgänge am Kriminalistischen Institut in Ryton on Dunsmore absolvieren.

Einige Zeitungen hatten damals den Inspektoren Carlin, Hawkins, Neil und Wensley das ehrenvolle Prädikat „Big Four" – die „Großen Vier" – verliehen. Die Verbrecher schraubten die Erfolgsspirale jedoch bereits wenig später um einige Windungen zurück. Unbekannten Tätern gelang es in kurzen Abständen, in die Wohnungen dieser Beamten einzubrechen. Ohne irgendwelches Aufsehen zu erregen, räumten die Gangster die Zimmer der „Big Four" aus. Sie wurden nie gefaßt, und der Spott füllte die Spalten der Gazetten. Doch bald machte ein Mann, dem man den Spitznamen „Flanellfuß" gab, die Taten der humorvollen Meisterdiebe wieder vergessen.

Flanellfuß kam am Sonnabend

Der erste Coup erfolgte Anfang 1933, und bald war es zur Gewohnheit geworden: Nahezu jede Woche liefen im Yard die gleichen Anzeigen ein. In der Nacht vom Sonnabend zum Sonntag brach ein Unbekannter in mehrere nebeneinanderliegende kleine Häuser ein. Den Tatort hatte der Dieb zuvor offenbar genau erkundet. In den Londoner Außenbezirken suchte er sich stets solche Häuser aus, deren Bewohner verreist waren oder sich aus anderen Gründen nicht an ihrem Wohnsitz aufhielten.

Die Untersuchungen durch Detektive der CID ergaben, daß der Unbekannte immer eine von drei Methoden anwandte, um in die Gebäude einzudringen. Entweder entfernte er an einem Fenster den Kitt und nahm die Scheibe aus dem Rahmen, oder er schob mit einem scharfen Gegenstand einen Fensterriegel zurück, oder es gelang ihm, mit einem Draht das Türschloß zu öffnen. Das geschah jedesmal völlig geräuschlos, denn niemals hatten die Nachbarn auch nur das Geringste gehört. Mit sicherem Instinkt spürte der Einbrecher in den Häusern Geld und Wertgegenstände auf.

Die Detektive konnten in keinem Fall Fingerabdrücke sicherstellen. Ebensowenig hinterließ der Täter Fußabdrücke. Er trug entweder Gummiüberschuhe oder hatte sich Lappen um die Füße gewickelt. Scotland Yard gab ihm deshalb den Spitznamen „Flanellfuß".

Nach seinen Einbrüchen stahl der Täter meistens ein Fahrrad, fuhr damit zur nächsten Eisenbahnstation oder zu einer Straßenbahn-Endhaltestelle, ließ es dort stehen und kehrte mit dem Zug oder der Straßenbahn in die Londoner Innenstadt zurück.

Flanellfuß foppte die Polizei nahezu fünf Jahre lang. Von 1933 bis 1936 wurden von Scotland Yard außer einigen routinemäßigen Untersuchungen und Befragungen keine entscheidenden Schritte gegen den Serieneinbrecher eingeleitet. Die Zeitungen überschütteten die Polizei mit Spott und Hohn. Erst 1937 entschloß sich der Yard, ein Sonderkommando einzusetzen.

Auf einer Spezialkarte wurden sämtliche bekannt gewordenen Tatorte und die Stellen, an denen die gestohlenen Fahrräder aufgefunden worden waren, markiert. Aus den benutzten Verkehrsverbindungen ließen sich Rückschlüsse auf die Gegend ziehen, in der der Einbrecher seinen Wohnsitz haben mußte. Nach der „Modus-operandi-Kartei" wurden alle Verbrecher ermittelt, die früher einmal nach der glcichen Methode wie Flanellfuß gearbeitet hatten und die in der fraglichen Gegend wohnten. Der Verdacht des Sonderkommandos richtete sich schließlich gegen einen gewissen Edward Vicars, der wegen ähnlicher Delikte vor mehr als zwanzig Jahren bereits einmal verurteilt worden war. Scotland Yard hatte fünf Jahre gebraucht, um sich zu diesen relativ einfachen Ermittlungen zu entschließen.

Die Wohnung des Verdächtigen war nunmehr bekannt. Jetzt mußte nur noch nachgewiesen werden, daß Vicars mit Flanellfuß identisch war. Die Detektive beschatteten den Mann, hatten aber damit zunächst keinen Erfolg. Vicars konnte seine Verfolger stets abschütteln.

Dann wurde gegenüber von Vicars Haus eine Wohnung frei. Das Sonderkommando nutzte diese Gelegenheit. Als neue Mieter zogen einige Detektive – Männer und Frauen – ein und nahmen Vicars Wohnsitz unter ständige Kontrolle. In verschiedenen Straßen standen Autos und Taxis bereit, um den Verdächtigen jederzeit verfolgen und beobachten zu können. Im Oktober 1937 führten diese Bemühungen schließlich zum Ziel.

Edward Vicars verließ seine Wohnung, benutzte zuerst einen Autobus und fuhr später mit der Eisenbahn bis zur Eastcoak Station in Westlondon. Bis dahin hatten ihm die Detektive folgen können. Dann war Vicars plötzlich in der Dunkelheit verschwunden. Wieder deutete sich ein Mißlingen der Aktion an. Doch diesmal kam der Zufall zu Hilfe. Als Vicars den Garten eines unbewohnten Hauses verlassen wollte, lief er den Kriminalbeamten direkt in die Arme. Die Polizisten durchsuchten ihn und fanden eine komplette Kollektion von Einbrecherwerkzeugen. In seiner Wohnung stellten sie schließlich die Reste der Beute aus zahlreichen Einbrüchen sicher, die Flanellfuß begangen hatte.

Vicars gab nur das zu, was ihm nachgewiesen werden konnte. Das waren vierzig Einbrüche. Dabei hatte Scotland Yard allein in den ersten zehn Monaten des Jahres 1937 hundertfünfunddreißig Einbrüche registriert, die wahrscheinlich auf das Konto von Flanellfuß kamen. Nach dessen Verhaftung hörten Verbrechen dieser Art schlagartig auf.

Das „Handwerkszeug" von Flanellfuß umfaßte unter anderem einen großen Schlüsselbund, Plastilin zum Abdruck von Schlüsseln, einen Hobel, zwei Holzbohrer, mehrere Zangen, Messer, Draht, Lederhandschuhe, Gummigaloschen und jene Füßlinge, die ihm den Spitznamen eingebracht hatten.

Diese Gegenstände wurden in das „Schwarze Museum" von Scotland Yard gebracht, wo man Erinnerungsstücke an die großen Fälle der Londoner Polizei aufbewahrt. Hier findet der Besucher zum Beispiel die Totenmasken der Sträflinge, die im Newgate Prison hingerichtet worden sind, oder die Einbruchs- und Mordwerkzeuge von Charles Peace, die medizinischen Instrumente des Heilpraktikers Neill Cream und viele Erinnerungsstücke an Dr. Crippen – darunter das Telegramm von Inspektor Dew an Scotland Yard, das wir in unserem Bericht erwähnt haben.

Die Gespenster des Yard

Scotland Yard registrierte 1945 128 954 verschiedene Verbrechen. Frühere Erfahrungen hatten gezeigt, daß die
durch die Wirren eines Krieges bedingte hohe Kriminalität
später wieder zurückging. Das war diesmal jedoch nicht
der Fall. 1961 mußten schon rund 200 000 Straftaten in die
Londoner Kriminalstatistik aufgenommen werden. Durch
Einbruch, Bankraub, Warenhausdiebstahl und andere Delikte erbeuteten die Verbrecher Werte von mehr als 140
Millionen Mark, von denen die Detektive des Yard nur
23,5 Millionen zurückerobern konnten. Vier Jahre später,
1965, sah die Bilanz noch trauriger aus. Die Beute hatte die
200-Millionen-Mark-Grenze überschritten, und die Zahl
der Verbrechen war gegenüber 1945 auf das Doppelte angewachsen.

An Hand der jeweiligen Jahresberichte von Scotland Yard
können die verschiedenen Aufklärungsquoten leicht ermittelt werden. Bei Diebstählen betrugen sie 1965 28,5 Prozent, bei Hauseinbrüchen 15,3 Prozent, bei Einbrüchen in
Warenhäuser und Geschäfte 15,9 Prozent, und Raubüberfälle auf Banken und Geldtransporte wurden zu 25,9 Prozent aufgeklärt. Lediglich bei Mordfällen weist die Statistik ein relativ günstiges Bild auf. Von sechsunddreißig
Mördern wurden 1965 immerhin zweiunddreißig ermittelt
und vor Gericht gestellt.

Geisterdetektive

Um der wachsenden Kriminalität begegnen zu können, führte Scotland Yard bald nach Kriegsende verschiedene Neuerungen ein. Der stellvertretende Polizeipräsident Ronald Howe gründete die „Ghost Squad" – die „Gespensterabteilung". Dreißig sorgfältig ausgewählte männliche und weibliche Detektive wurden auf den gefährlichen Dienst vorbereitet und dann, als Verbrecher und Vorbestrafte getarnt, in die Unterwelt geschleust. Aus Sicherheitsgründen kannten sie sich häufig nicht einmal untereinander.

Die Geisterdetektive warben um das Vertrauen der Gangster und ihrer Organisationen. Vier Jahre lang wußten nur einige leitende Mitarbeiter des Yard etwas von ihrer Existenz. Die Öffentlichkeit hörte von der „Ghost Squad" zum ersten Mal nach der erfolgreichen Verhinderung eines geplanten Postraubes.

Nach monatelangen vorsichtigen Bemühungen hatten zwei Geisterdetektive das Vertrauen einer Bande erworben. Sie erfuhren von den Vorbereitungen eines Überfalls auf ein Postauto in Hornchurch, fünf Meilen westlich von London. Ort und Zeitpunkt des geplanten Verbrechens konnten genau ermittelt werden. Über einen Geheimcode leiteten die Detektive ihren Bericht an den Yard weiter.

Dann lief alles wie am Schnürchen. Bereits Stunden vor dem Überfall bezogen Polizisten und Detektive Stellung in der Umgebung des Postamtes. Schließlich kam ein rotes Postauto angefahren und wurde mit Säcken beladen, die Wert- und Geldsendungen enthielten. Als der Fahrer noch einmal in das Postamt zurückging, rollte ein mittelgroßer Lastwagen heran und stoppte an der Bordsteinkante.

Die Detektive beobachteten einen Mann, der auf der anderen Straßenseite stand, sich kurz umblickte und dann – beide Hände in den Hosentaschen – gemächlich über die Fahrbahn schlenderte. Als er das Postauto erreicht hatte, streckte er für einen Augenblick den rechten Arm aus. Im selben Moment sprangen aus dem Lastwagen zwei Männer in der Uniform von Postangestellten, liefen nach vorn und kletterten in das Führerhaus des Autos. Jetzt griff Scotland Yard ein, und die Gangster wurden überwältigt, ehe sie an Gegenwehr denken konnten.

Während der Gerichtsverhandlung fiel der Name „Ghost Squad" kein einziges Mal. Erst als einige Reporter Näheres über die neue Geheimabteilung von Scotland Yard eruierten, erfuhren Millionen Engländer von ihrer Existenz. In der Unterwelt lief der Name von Mund zu Mund. Die Gangsterchefs überprüften die Mitglieder ihrer Banden, und überall nistete sich Mißtrauen ein. Von den Gespensterdetektiven wurde jedoch keiner entdeckt. Sie hatten genügend Zeit gehabt, sich vollständig der neuen Umgebung anzupassen.

Die Männer und Frauen der „Ghost Squad" konnten noch einige spektakuläre Erfolge verbuchen. In vier Jahren veranlaßten sie die Verhaftung von mehr als tausend Gesetzesbrechern und stellten Beutegut im Wert von etwa sechs Millionen Mark sicher. Die Gesamtbilanz des Yard wurde dadurch allerdings nur unwesentlich aufgebessert.

Eine andere aufsehenerregende Neuerung war die „Fraud Squad". Dieses Dezernat zur Bekämpfung von Betrugsdelikten entstand im März 1946. Da viele Betrügereien ihren Ausgang in der City nahmen, war die „Fraud Squad" die erste gemeinsame Abteilung der Metropolitan und City Police. Schon im ersten Jahr seines Bestehens hatte das Dezernat zweihundertundneunzig Fälle zu untersuchen.

1948 verbreitete sich das Gerücht, daß mehrere Minister und andere hohe Staatsbeamte von verschiedenen Firmen Bestechungssummen angenommen hatten. Die erste große Untersuchung der „Fraud Squad" lief an. Das Ergebnis war gleich Null. Trotzdem mußten zwei „angesehene Persönlichkeiten" zurücktreten. Der damalige Londoner Polizeipräsident Sir Harald Scott verschweigt in seinen Memoiren jedoch diskret die Namen der Betroffenen.

Einige der großen Fälle, die Scotland Yard nach 1945 klärte und denen wir uns jetzt zuwenden wollen, hatten ihren Anfang in den Kriegsjahren. Zwei bestialische Mörder nutzten die Wirren dieser Zeit, um ihre ersten Verbre-

chen zu tarnen. Trotz der Ungewöhnlichkeit des Geschehe-
nen sind diese Fälle in mancherlei Hinsicht typisch. Das
gilt sowohl für die Umstände, unter denen die Londoner
Kriminalpolizei arbeiten muß, als auch für die Methoden,
die sie bei der Aufklärung von Kapitalverbrechen mitunter
anwendet.

Der Säuremörder

„Ich habe Blut getrunken!"

Das Hotel „Onslow Court" im Londoner Stadtteil South Kensington gehört zu den ruhigsten seiner Art. Der Trubel, den ankommende und abreisende Gäste anderenorts verursachen, ist hier unbekannt. Die Mehrheit der Bewohner sind Stammgäste, die nicht selten erst nach Monaten oder sogar Jahren ihre Zimmer aufgeben.

Zu den Leuten, die seit der Wiedereröffnung nach dem Krieg noch im Februar 1949 hier wohnten, zählte Mr. John George Haigh. Im Gästebuch hatte er sich als Direktor der „Hurstlea Products Ltd." in Crawley, einem Städtchen südlich von London, eingetragen.

Er galt als Mann mit einem kleinen Spleen. Seinen Tischnachbarn erzählte er unentwegt von Erfindungen, die er gerade gemacht hatte oder an denen er arbeitete. Das waren nun freilich keine großen Dinge, die Mr. Haigh erfand. Patentmetallknöpfe für Sportjacken, kleine Wagen für den Golfschlägersack und ein musikalischer Spielzeugkasten – in dieser Preislage bewegten sich die schöpferischen Ambitionen des Direktors.

Am 14. Februar 1949 wandten sich Mr. Haigh und Mrs. Olive Durand-Deacon, eine Witwe von etwa fünfundsechzig Jahren und seit vielleicht drei Jahren mit dem Erfinder befreundet, wieder ihrem Lieblingsthema zu. Zu jener Zeit waren in England blaßrosa gefärbte Papierblättchen aus den USA in Mode gekommen, die junge Damen über ihre Fingernägel klebten, um damit bestimmte Schönheitsfehler zu verbergen. Mrs. Durand-Deacon war von diesem kosmetischen Erzeugnis begeistert und wollte wissen, ob Mr. Haigh solche künstlichen Fingernägel nicht auch in seinem Betrieb herstellen könnte. Sie würde sich unter Umständen finanziell an dem Vorhaben beteiligen.

„Ich werde mir die Sache überlegen", erwiderte Mr. Haigh. „Zur Zeit arbeite ich zwar gerade an der Verbesserung meiner Spieldose, aber mit den Fingernägeln läßt sich bestimmt ein gutes Geschäft machen. Am besten ist es vielleicht, wenn wir uns in Crawley einmal gemeinsam die Möglichkeiten hierfür ansehen." Sie vereinbarten, sich am 18. Februar um vierzehn Uhr am Marinearsenal zu treffen und anschließend nach Crawley zu fahren.

Einen Tag nach dieser Verabredung fragte Mr. Haigh beim Lunch einen anderen Hotelgast, Mrs. Lane, ob Mrs. Durand-Deacon etwa erkrankt sei. „Ich hatte mich gestern mit ihr am Marinearsenal verabredet. Bis kurz nach halb vier habe ich gewartet und bin dann allein nach Crawley gefahren."

Mrs. Lane erwiderte, daß sie die Witwe seit den Mittagsstunden des vergangenen Tages nicht mehr gesehen habe. Als auch am 20. Februar Mrs. Durand-Deacon noch nicht wieder aufgetaucht war, beschlossen Mr. Haigh und Mrs. Lane, eine Vermißtenanzeige aufzugeben. Sie suchten gemeinsam die Polizeistation von Chelsea auf. Haigh berichtete über die Verabredung am 18. Februar, und Mrs. Lane bestätigte, daß die Vermißte am Mittag desselben Tages etwa zwei Stunden vor dem vereinbarten Termin das Hotel verlassen hatte.

Solche Anzeigen liefen häufig auf der Polizeistation ein, und die meisten Fälle klärten sich nach wenigen Tagen von selbst. Auch im Fall der Witwe Durand-Deacon begannen die Recherchen nicht anders als sonst. Die Assistentin Lambourne bekam den Auftrag, sich nach dem Verbleib von Mrs. Durand-Deacon zu erkundigen. Die Polizistin sah sich das Hotelzimmer der Vermißten an und konnte nichts Auffälliges feststellen. Sie befragte einige Hotelgäste und führte anschließend ein Gespräch mit Mrs. Lane und Mr. Haigh, das ebenfalls keine Neuigkeiten erbrachte.

Auf der Polizeistation von Chelsea berichtete die Assistentin über die Erfolglosigkeit ihrer Nachforschungen. „Irgend etwas stimmt hier nicht“, sagte sie abschließend. „Eine ältere Frau, deren Tagesablauf bisher ganz regelmäßig erfolgte, bleibt nicht einfach mehrere Tage und Nächte aus dem Hotel fort. Ich habe auch mit der Schwester der Vermißten gesprochen. Dieser Dame ist das Verschwinden der Witwe gleichfalls unerklärlich.“

Scotland Yard richtete daraufhin an die Kriminalpolizei von West Sussex das Ersuchen, sich in Crawley in der Leopold Road die Räume der „Hurstlea Products Ltd.“ anzusehen und einige Auskünfte über Mr. Haigh einzuholen.

Das Anwesen der „Hurstlea-Gesellschaft mit beschränkter Haftpflicht“ machte einen verkommenen Eindruck. Der Detektivsergeant, der mit den Untersuchungen beauftragt worden war, entdeckte hinter der Toreinfahrt, über der ein protziges Firmenschild prangte, zunächst nicht mehr als einen kleinen schmutzigen Hof und ein schäbiges Lagerhaus. Keine Menschenseele war zu sehen. Der Sergeant überquerte den Hof und machte sich an der Tür des Schuppens zu schaffen. Sie war nicht verschlossen und ließ sich leicht öffnen.

Im Inneren des Lagerraumes deutete nichts auf eine geschäftliche Tätigkeit hin. Der Sergeant registrierte nur drei Ballons, die offenbar mit einer Säure gefüllt waren. Dann bemerkte er in einer finsteren Ecke eine lederne Hutschachtel, die nicht recht in diese Umgebung passen wollte. Als der Detektiv den Behälter öffnete, fand er einen Enfield-Revolver und acht Schuß Munition. Darunter lag ein ganzer Packen von Ausweispapieren und Lebensmittelkarten, ausgestellt auf die Namen Dr. Archibald Henderson, Mrs. Rosalie Mary Henderson, William Donald McSwann, Donald McSwann und Anny B. McSwann. Schließlich entdeckte der Sergeant in der Hutschachtel noch die Quittung einer Londoner Reinigungsfirma über einen am 19. Februar 1949 eingelieferten Lammfellmantel.

Der Polizist stellte die Funde sicher, und die Behörden von West Sussex leiteten die Waffe sowie die Papiere an Scotland Yard weiter. Im ballistischen Laboratorium des Yard wurde zunächst der Revolver untersucht. Es ergab sich, daß erst vor kurzem aus ihm geschossen worden war.

Zwei Angestellte der Reinigungsanstalt, von der die Quittung stammte, konnten sich erinnern, daß ein Mann den Pelzmantel abgegeben hatte. Das Kleidungsstück wanderte gleichfalls in ein Laboratorium der Metropolitan Police. Dort wurden Vergleiche mit einigen Fellresten angestellt, die im Hotelzimmer von Mrs. Durand-Deacon gefunden worden waren. Das Ergebnis lautete: Die Reste gehörten zum Lammfellmantel! Mrs. Lane, die zusammen mit Haigh die Vermißtenanzeige aufgegeben hatte, erinnerte sich, die Witwe am 18. Februar in diesem Mantel gesehen zu haben.

Inzwischen hatten verschiedene Zeitungen über das Verschwinden von Mrs. Olive Durand-Deacon berichtet und dabei einen Umstand erwähnt, der sich erst nach einer zweiten, gründlicheren Durchsuchung ihres Zimmers im „Onslow Court" bestätigte. Die Witwe hatte einigen Schmuck besessen, von dem nichts mehr aufzufinden war. Kurz nach Veröffentlichung dieser Berichte meldete sich ein Pfandleiher aus dem Stadtteil Horsham bei Scotland Yard. Am 19. Februar hätte ihm ein Mann Schmuck angeboten, der im einzelnen aus fünf Ringen, einer Kette, einem Paar Ohrringen, einer Krawattennadel mit einem Opal, einem Clip aus imitierten Edelsteinen, einer Smaragd- und einer Diamantschnalle bestand. Er habe dafür hundert Pfund gezahlt. Der Mann hätte sich Mr. Pearson genannt, aber dieser Name sei wahrscheinlich falsch. Schon 1948 hätte er ein Geschäft mit diesem Mann gemacht, und da habe er den Namen Haigh geführt.

Die Schmuckgegenstände wurden der Schwester von Mrs. Durand-Deacon vorgelegt. „Das alles", erklärte sie, „gehört meiner Schwester."

John George Haigh war somit in hohem Maße verdächtig, in irgendeinem Zusammenhang mit dem Verschwinden der Witwe aus dem „Onslow Court" zu stehen. Scotland Yard überprüfte die Karteien auf eine eventuelle frühere Bekanntschaft mit dem Direktor aus Crawley: Die Strafaktenkartei enthielt folgende Eintragung:

„Haigh, John George, geboren am 29. Juni 1909 in Stamford, Vater Ingenieur. 6. Juli 1934 Heirat mit einem Fotomodell, bekannt als Betty. November 1934 Prozeß und Verurteilung zu fünfzehn Monaten Gefängnis. Schuldspruch auf Grund von Fälschungen der Kaufverträge in einem Autoverleihbüro und Unterschlagung eines Alfa-Romeo. 1936 Geschäftsführer einer Färberei; nach fünf Monaten Liquidation der Firma. 1937 Gründung eines Finanzierungsbüros, Erschwindelung größerer Beträge durch gefälschte Rundschreiben. September 1937 Prozeß und Verurteilung zu vier Jahren Zuchthaus. Schuldspruch auf Grund schwerer Betrügereien. 1940 vorfristige Entlassung. Empfehlung eines Mitgefangenen an die ‚Hurstlea Products Ltd.' in Crawley. Hat sich wiederholt als Ingenieur und Erfinder ausgegeben. Kein Ingenieurspatent.
Nachtrag. Verhandlung 1937 ergab zwei bemerkenswerte Eingeständnisse vom H.: 1. Vorliebe für Grausamkeiten. Ersann als Schüler geistreiche Vorrichtungen, um Lehrer den Stuhl wegzuziehen, wenn sie sich setzen wollten. Hetzte in einem engen Stall ein Schwein zu Tode und empfing dafür eine schwere Tracht Prügel. 2. Vorliebe für große Wagen. Hat deshalb als Siebzehnjähriger die Schule verlassen, anschließend Garagenarbeiter. Hier Enttäuschung, da keine Gelegenheit zum Chauffieren. Füllte deshalb seinem Chef Zucker in den Tank. Anschließend Entlassung. Oktober 1944 Überprüfung durch Special Branch: politisch unverdächtig."

Für den 26. Februar 1949 wurde John George Haigh zu einem Verhör auf die Polizeistation von Chelsea vorgeladen. Als man ihn nochmals nach den Ereignissen des 18. Februar befragte, erzählte er die gleiche Geschichte, die er schon der Assistentin Lambourne zu Protokoll gegeben hatte. Dann konfrontierten ihn die Detektive mit den Funden in seinem Lagerhaus in Crawley.

„Wem gehört der Pelzmantel, den Sie am neunzehnten Februar in die Reinigung gebracht haben?"

„Dieser Mantel gehört Mrs. Henderson, einer alten Bekannten, der ich den Weg in die Reinigungsanstalt abgenommen habe", erwiderte Haigh.

„Ist der Schmuck, den Sie in Horsham versetzten, auch das Eigentum jener Mrs. Henderson?"

„Aber nein", erklärte Haigh, „diese Gegenstände hat mir Mrs. Durand-Deacon überlassen. Mit dem darauf geliehenen Geld wollten wir die Herstellung künstlicher Fingernägel finanzieren."

Mr. Haigh zeigte bei keiner Frage auch nur eine Spur von Verlegenheit. Er gab Antworten, die durchaus plausibel klangen. Völlig unvermittelt stellte er dann die Frage: „Sagen Sie, Inspektor, welche Chancen hat ein Mensch, aus der Irrenanstalt Bradmoor entlassen zu werden?" Der Yard-Detektiv lehnte eine Diskussion darüber ab.

„Wissen Sie", sagte Haigh plötzlich, „ich habe geglaubt, daß die Polizei die Sache nicht aufklären kann. Aber Sie sind schon verdammt weit vorangekommen. Es hat keinen Zweck mehr, und ich will Ihnen jetzt die Wahrheit erzählen. Also, die Sache ist so: Die Witwe Durand-Deacon existiert nicht mehr. Sie ist völlig verschwunden. Wo keine Leiche ist, kann es keinen Mörder geben. Deshalb packe ich aus. Ich habe die alte Dame umgebracht. Ein Schuß in den Hinterkopf, als sie sich das Papier für die künstlichen Fingernägel angeschaut hat. Sie sank sofort zusammen, aber mein Glas stand in der Nähe. Ein rascher Schnitt in die Gurgel, und der Becher war voll Blut. Das habe ich getrunken."

Der CID-Detektiv unterbrach den Redeschwall. Er, Haigh, solle sich überlegen, was er da erzähle. Man wolle die Wahrheit hören, aber keine Phantastereien.

„Wenn Sie die Wahrheit wissen wollen", erwiderte Haigh, „dann unterbrechen Sie mich nicht mehr. Diese Mrs. Durand-Deacon werden Sie nie finden. Ich habe ihre Leiche in ein Faß gesteckt und fünfundvierzig Gallonen Schwefelsäure reingepumpt. Dann bin ich in ein Lokal gefahren und habe Tee getrunken. Nach drei Tagen war der Körper noch nicht völlig zersetzt. Da habe ich die Säure erneuert.

Einen Tag später war nichts mehr übrig, und ich habe den Schlamm auf den Hof gekippt. Nun weisen Sie mir das erst einmal nach."

Auf Grund dieses Geständnisses richtete die Polizei von West Sussex an Scotland Yard das Ersuchen, auch in Crawley die weiteren Ermittlungen durch CID-Detektive vornehmen zu lassen. Ein Chefinspektor und einige wissenschaftliche Experten aus London unterzogen das Grundstück in der Leopold Road einer gründlichen Untersuchung. Im Schuppen fanden sie eine Gummischürze und Gummihandschuhe. Vom Hof entnahmen sie zahlreiche Bodenproben, die anschließend in den Laboratorien der Metropolitan Police analysiert wurden.

Schon eine grobe Untersuchung förderte den Griff einer roten Gummihandtasche, einige künstliche Zähne, drei Gallensteine und einige zersetzte Knochenreste zutage. Der Zahnarzt, der seinerzeit Mrs. Durand-Deacon behandelt hatte, konnte nachweisen, daß er die im Schlamm gefundenen Zähne seiner Patientin eingesetzt hatte. Im Hotel wußte man, daß die Witwe oft mit einer roten Gummihandtasche ausgegangen war.

Nach den ersten Überprüfungen der Einzelheiten des Geständnisses von Haigh stand außer Zweifel, daß der inzwischen Verhaftete die Wahrheit gesagt hatte. Scotland Yard registrierte in seinen Annalen ein neues Verbrechen: Säuremord.

Das Bild der abscheulichen Vorgänge vom 18. Februar 1949 in Crawley rundete sich ab. Einige Einwohner der kleinen Stadt bezeugten, daß sie an dem bewußten Tag Haigh zusammen mit einer älteren Frau im Wagen gesehen hätten. Ein Mr. Jones, mit dem Haigh ab und zu kleine Geschäfte abwickelte, sagte aus, daß schon vor dem 18. Februar die Säure angeliefert worden war und daß er den Auftrag bekam, eine Pumpe zu besorgen. Haigh habe ihm die Säureballons und das Faß gezeigt, von neuen Experimenten gesprochen und ihm die Maße der gewünschten Pumpe mitgeteilt. Später, am 22. Februar, hätte ihm Haigh eine Schuld von dreiunddreißig Pfund bezahlt.

Dieses Geld stammte zweifellos von dem Pfandleiher aus Horsham. Einen anderen Teil dieser Einnahme hatte Haigh benutzt, um eine vom Hotel „Onslow Court" angemahnte Rechnung, die auf neunundvierzig Pfund angewachsen war, zu begleichen. Außerdem forderte die Bank die sofortige Rückzahlung von dreiundachtzig Pfund. Um diesen Betrag war Haighs Konto überzogen.

Um dem Drängen seiner Schuldner nachzukommen, hatte Haigh mit Vorbedacht kaltblütig und brutal gemordet. Er war dabei von dem Irrtum ausgegangen, daß in einem Fall, bei dem kein Toter gefunden wird, auch keine Mordanklage erhoben werden kann. Deshalb hatte er in Crawley nichts unternommen, um die Spuren der Tat zu beseitigen. Er fühlte sich sicher. Zugleich aber drückte sich in seinem Verhalten eine hochgradige geistige Abnormität aus. Beim Verhör erzählte er, daß er gern Blut trinke, und im Polizeigefängnis konnten Detektive beobachten, wie er heimlich seinen Urin zu sich nahm.

Als Haigh erkannte, daß die Beseitigung des Opfers ihn nicht vor der Anklage bewahren würde, sah er die einzige Chance, seinen Kopf zu retten, in der Möglichkeit, für unzurechnungsfähig erklärt zu werden. Deshalb hatte er auch vor dem Geständnis die Frage nach der Irrenanstalt Bradmoor gestellt.

Bei den folgenden Verhören behauptete Haigh, weitere acht Menschen auf die gleiche Weise wie Mrs. Durand-Deacon getötet und beseitigt zu haben. In fünf Fällen konnte Scotland Yard den sicheren Nachweis der Richtigkeit dieser Selbstbezichtigung führen. Bei den letzten drei Fällen hingegen mußte angenommen werden, daß Haigh die Einzelheiten erfunden hatte, um seine Unzurechnungsfähigkeit noch mehr unter Beweis zu stellen.

Das erste Opfer des Säuremörders hieß William Donald McSwann.

1944 lockte Haigh den jungen Mann unter einem Vorwand in seine damalige Wohnung in der Cloucester Road, tötete ihn mit einem Totschläger und trank einen Becher Blut. Die Leiche beseitigte er mit Schwefelsäure.

Haigh war mit den Eltern seines Opfers bekannt und erzählte ihnen, ihr Sohn verberge sich, um sich der Wehrpflicht zu entziehen. Durch mehrere fingierte Briefe des Sohnes unterstützte er sein Lügengebäude.

Einige Monate später ermordete Haigh das Ehepaar McSwann, trank zwei Becher Blut und zersetzte die Leichen ebenfalls mit Schwefelsäure. Mit einer gefälschten Vollmacht verkaufte er das Grundstück des Ehepaars für 5000 Pfund. Dann erfüllte er sich einen alten Wunsch und erwarb das neueste Ford-Modell. Von dem restlichen Geld lebte er während der letzten Kriegsmonate und zu Beginn der Nachkriegszeit auf angenehme Weise. Er kleidete sich nach der neuesten Mode und trug stets weiße Handschuhe. Auf die drei Personalausweise der Toten besorgte er sich zusätzliche Lebensmittelkarten. Da die McSwanns keine Verwandten besaßen, blieb eine Vermißtenanzeige aus.

1947 annoncierte ein gewisser Dr. Henderson, daß er sein Grundstück verkaufen wolle. Haigh meldete sich und lernte den Besitzer einer gutgehenden Puppenklinik und dessen Frau kennen. Dem Verbrecher gelang es, auch dieses Ehepaar heimtückisch zu ermorden. Als sich eine Woche später ein Bruder von Mrs. Rosalie Mary Henderson meldete, konnte Haigh ihn mit einigen gefälschten Briefen von weiteren Besuchen in London abhalten.

Schon drei Tage nach dem Doppelmord stellte sich Haigh mit einer gefälschten Erklärung den Bewohnern von Hendersons Grundstück als neuer Besitzer vor und kassierte die Mieten. Ein Jahr später verkaufte er das Anwesen für einige tausend Pfund. Eine Vermißtenanzeige hatte es auch in diesem Fall nicht gegeben.

Das waren die Tatsachen, die Scotland Yard nach den Selbstbeschuldigungen des Säuremörders ermitteln konnte. In den folgenden drei Fällen gelang es nicht, die Angaben zu überprüfen.

John George Haigh behauptete, er hätte im Februar 1945 eine fünfunddreißigjährige Frau auf der Straße angesprochen und ihr seine Begleitung nach South Kensington angeboten. Die Frau willigte ein, folgte ihm in die Wohnung, und dort habe er sie getötet. Die Handtasche enthielt keinerlei Wertgegenstände. Der Name des Opfers sei ihm unbekannt, aber das Blut habe er auch in diesem Fall getrunken. Auf diese Feststellung legte Haigh besonderen Wert.

Ähnlich sei es mit einem Mann gewesen, dessen Namen er ebenfalls nicht kannte, der aber auch fünfunddreißig Jahre alt gewesen sein soll. Haigh und sein Opfer hätte das gemeinsame Interesse an Glücksspielautomaten verbunden. Und schließlich wollte Haigh im Herbst 1948 in Eastbourne ein Mädchen namens Mary getötet, ihr Blut getrunken und die Leiche wiederum mit Schwefelsäure beseitigt haben. Die ganze Beute hätte in einer kleinen Flasche Parfüm bestanden.

Drei Monate für den Chefredakteur

Der Fall der Witwe vom „Onslow Court" war klar. Der Mörder hatte gestanden, und seine Angaben konnten bis ins kleinste Detail nachgeprüft werden.

Sir Harold Richard Scott, von 1945 bis 1953 Chief Commissioner of the Metropolitan Police und damit Chef von Scotland Yard, bezeichnete den Fall Haigh als „Mordfall, wie er nicht klarer hätte sein können". Dennoch mußte Scott an anderer Stelle feststellen, „daß es in einem bestimmten Stadium der Untersuchung so aussah, als ob wir unsere Hauptbeschuldigungen gegen John George Haigh fallenlassen mußten".

Durch inoffizielle Kanäle waren Einzelheiten der Aussage des Massenmörders durch die Wände des Yard in verschiedene Zeitungsredaktionen gesickert. Einen Säuremörder, der das Blut seiner Opfer trank, hatte es noch nicht gegeben. Für die Asphaltpresse waren solche Informationen Anlaß zu den phantastischsten Berichten. Die Blätter überboten sich in ihren reißerischen Aufmachungen. Journalisten gingen den Vermißtenmeldungen der letzten Jahre

223

nach und stellten spaltenlange Namenlisten zusammen. Zuerst waren es nur Fragen nach einer möglichen Täterschaft Haighs. Dann gingen die Zeitungen zu Vermutungen und schließlich zu Behauptungen über. Von Tag zu Tag wuchs die Zahl der Opfer, die der Säuremörder umgebracht haben sollte.

Im britischen Strafrecht gibt es das Vergehen des „Contempt of Court" (Mißachtung des Gerichts). Wer einen Angeklagten vor dem Spruch der Geschworenen öffentlich der Tat bezichtigt und ihn als schuldig bezeichnet, kann selbst angeklagt werden. Er hat einer Entscheidung der Jury vorgegriffen und damit, wie es das englische Recht sieht, eine Mißachtung des Gerichts zum Ausdruck gebracht. Die Geschworenen gelten in solchen Fällen als beeinflußt und sind nicht mehr in der Lage, nach ihrem eigenen Gewissen zu entscheiden. Der Verteidiger kann der Jury Befangenheit vorwerfen und unter Umständen die Niederschlagung der ganzen Anklage verlangen.

Im Fall Haigh war die Londoner Boulevardpresse auf dem besten Weg, eine Verurteilung des Säuremörders zu verhindern. Scotland Yard machte deshalb in einem Rundschreiben die Journalisten zunächst einmal auf das „Contempt of Court" aufmerksam. Doch diese Warnung half nichts. Die offiziellen Polizeiberichte wurden weiterhin im Inneren der Zeitungen veröffentlicht, und auf den Titelseiten prangten reißerische Überschriften. Unter der Schlagzeile „Vampirmörder trinkt das Blut der Toten" stieg am 4. März 1949 die Auflage einer Zeitung auf das anderthalbfache. Andere Blätter ergingen sich in Mutmaßungen darüber, wieviel Menschenblut Haigh schon getrunken hatte.

„Die Rechtsabteilung von Scotland Yard ist ernstlich darum besorgt, daß die Anklage Haighs wegen Mordes an Mrs. Durand-Deacon durch die Veröffentlichungen derart hoffnungslos entwertet werden könnte, daß man sie letzten Endes völlig fallenlassen muß", hieß es in einem Schreiben an den Londoner Polizeipräsidenten. Und Mr. Fearnley, der Leiter der Pressestelle des Yard, richtete folgende vertrauliche Mitteilung an alle Zeitungsredaktionen: „Der Polizeipräsident macht die Chefredakteure darauf aufmerksam, daß Veröffentlichungen über den Inhalt der Aussagen des Haigh oder irgendwelche Kommentare dazu nicht am Platze sind und ohne Zweifel vom Gericht, vor dem der Angeklagte erscheint, gerügt werden würden. Darüber hinaus wären weitere Berichte gegebenenfalls der Anlaß zu direkten gerichtlichen Schritten gegen die Autoren. Es liegt nicht im öffentlichen Interesse, daß ferner Spekulationen über den Aufenthalt verschiedener vermißter Personen angestellt werden, wie es laufend bisher in der Presse geschieht. Jedes neue Ergebnis in der Verfolgung dieser Fälle wird künftig über die üblichen Kanäle durch Scotland Yard mitgeteilt werden."

Das war eine recht massive Warnung, und die meisten Zeitungen stellten ihre unbewiesenen Behauptungen ein. Ein Blatt setzte jedoch die Veröffentlichung der bluttriefenden Geschichten fort. Der Chefredakteur wurde tatsächlich angeklagt und wanderte für drei Monate ins Gefängnis.

Der Prozeß gegen John George Haigh begann am 18. Juli 1949 und dauerte zwei Tage. Der Angeklagte hatte einen prominenten Verteidiger engagiert, Sir David Maxwell Fyfe, der zwei Jahre später, nach dem Wahlsieg der Konservativen, britischer Innenminister wurde. Er plädierte für die Unzurechnungsfähigkeit seines Mandanten. „John George Haigh wird durch Traumbilder gelenkt", sagte Sir David. „Er träumt von einem Wald von Kreuzen, von denen Blut tropft. Und dann hat er einen unwiderstehlichen Drang nach Blut. Er glaubt, unter einer höheren Leitung zu stehen und Blut und sein eigenes Wasser trinken zu müssen, um seine Lebenskraft zu erhöhen. Der Angeklagte war zum Zeitpunkt der Tat geisteskrank und ist infolge Blutdurstmanie nicht verantwortlich."

Haigh quittierte diese Ausführungen mit heftigem Kopfnicken. Dann wandte er sich wieder jener Beschäftigung zu, die er während der zwei Prozeßtage nur selten unterbrach und die seine Unzurechnungsfähigkeit unterstreichen sollte: Er löste Kreuzworträtsel.

Für die Verantwortlichkeit des Mörders sprachen die sorgfältigen tagelangen Vorbereitungen, die nicht mit einer augenblicklichen Blutdurstmanie erklärt werden konnten. Dafür sprachen außerdem die ausgewählten Opfer, die über wenige oder gar keine Verwandten, dafür aber über einigen Besitz verfügten. In den sechs nachgewiesenen Fällen hatte sich Haigh diesen Besitz auf geschickte Weise angeeignet. Die anderen drei Opfer, an denen er sich angeblich nicht bereicherte, waren vom Mörder offenbar nur erfunden worden, um seine pathologische Veranlagung glaubhaft zu machen.

Als Kriterium der Zurechnungsfähigkeit gelten im britischen Recht die „M'Naughton Rules". Nach diesen Regeln entscheiden die Geschworenen, ob ein Verbrecher weiß, daß seine Tat verwerflich ist oder nicht. Diese Frage war im Fall Haigh klar zu bejahen. Der Säuremörder wurde zum Tode verurteilt und im August 1949 hingerichtet. In die englische Kriminalgeschichte ist er als eine der bestialischsten Verbrechergestalten eingegangen.

Der Würger von Notting Hill

Überraschung in Merthyr Vale

Rillington Place ist eine düstere Sackgasse im Londoner Stadtteil Notting Hill. Sie zweigt von der St. Mark's Road ab und wird am anderen Ende von einem Garagenhof begrenzt. Die zehn Häuser auf beiden Seiten sind durchweg dreigeschossig, wirken jedoch klein und gepreßt. An den Fassaden dieser Häuser ist kaum eine Spur von frischer Farbe zu entdecken. Der herunterbröckelnde Putz erweckt den Eindruck allgemeinen Verfalls.

Das Haus Rillington Place 10 liegt am hinteren Ende auf der linken Seite der Sackgasse. Dieses Gebäude ist so schmal, daß es in jedem Stockwerk nur zwei kleine Räume gibt. Bad und Keller sind hier unbekannt. Eine einzige Toilette im Garten wird von allen Bewohnern benutzt. Außerdem ist im Erdgeschoß eine Waschküche angebaut.

Heute wird man auf einem Londoner Stadtplan Rillington Place vergeblich suchen. Den Namen gibt es nicht mehr. Wegen der grauenvollen Ereignisse, die sich vor einigen Jahren dort abgespielt haben und die durch alle Zeitungen gingen, wurde der Name geändert. Die Sackgasse heißt jetzt Ruston Close.

Und noch etwas hat sich geändert. Zu der Zeit, als Rillington Place ein Ort des Grauens war, wohnten hier nur Engländer. Im Durchschnitt stand jedem Bewohner ein Raum zur Verfügung. Seitdem aber die Sackgasse Ruston Close genannt wird, meiden Weiße diese Häuser. Heute wohnen hier überwiegend Westindier, die in London vergeblich nach ihrem Glück suchen. Jeweils zwei bis drei aus der Schar der Ärmsten der Armen müssen sich ein Zimmer teilen.

Rillington Place hat in den Annalen der Londoner Kriminalgeschichte einen berüchtigten Klang. Kein Prospekt eines Reisebüros fordert zum Besuch dieser Gegend auf, obwohl die Entfernung vom Hyde Park kaum mehr als eine Meile beträgt. Die Ursache dafür sind nicht nur die überbelegten verfallenden Häuser mit dem abbröckelnden Putz. Der Fall „Rillington Place 10" stellt einen der größten Londoner Skandale dieses Jahrhunderts dar, und zu dem Platz der Schande von Scotland Yard und der englischen Justiz werden keine Touristen eingeladen.

Kurz vor den Ostertagen des Jahres 1948 gab es im Haus Rillington Place 10 einen Mieterwechsel. In die oberste Etage zogen Timothy John Evans und seine Frau Beryl ein. Evans zählte vierundzwanzig Jahre. Er war von kleiner und zierlicher Statur und maß nur ein Meter fünfundsechzig. Als Kind hatte er sich beim Baden eine Schnittverletzung am rechten Fuß zugezogen, die nicht richtig behandelt worden war und deshalb nie ausheilte. Oft schwoll das ganze Bein an. Timothy mußte das Bett hüten oder sogar ins Krankenhaus gebracht werden. Die Schule konnte er nur unregelmäßig besuchen. Da er schon von frühester Kindheit an in seiner geistigen Entwicklung zurückgeblieben war – er hatte beispielsweise erst mit fünf Jahren Sprechen gelernt –, überstiegen selbst die einfachsten schulischen Anforderungen sein Fassungsvermögen. Außer seinem Namen konnte er kein Wort schreiben oder lesen. Mit vierundzwanzig Jahren verfügte er etwa über die Intelligenz eines Elfjährigen.

Die Phantasie des Timothy Evans war dagegen in überreichem Maße entwickelt. Freunden erzählte er gelegentlich, sein Vater – in Wirklichkeit ein Bergarbeiter, der die Familie noch vor der Geburt seines Sohnes auf Nimmerwiedersehen verlassen hatte – sei ein italienischer Graf, der in England große Ländereien kaufen wolle, um sie Timothy zu vermachen. Sein Bruder lebe auf dem väterlichen Schloß in Italien und sei ein berühmter Rennfahrer. Im nächsten Jahr würde er auch in England starten.

Timothy Evans schwindelte nicht, um sich irgendwelche

Vorteile zu verschaffen oder um sich aus peinlichen Situationen zu befreien. Vielleicht wollte er, den die Natur mit keinerlei besonderen Vorzügen ausgestattet hatte, nur ein bißchen bewundert werden, oder er fand ganz einfach Spaß an seinen Spinnereien.

An einem Sommertag des Jahres 1947 war Timothy Evans mit einem Freund ausgegangen und hatte dabei Beryl Thorley kennengelernt, ein attraktives, hübsches Mädchen von achtzehn Jahren. Sie arbeitete als Telefonistin, war lebenslustig und intelligent. Schon nach wenigen Wochen verlobten sich Timothy und Beryl, und am 20. September 1947 wurde die Hochzeit gefeiert. Was die hübsche Beryl zu dem kümmerlich aussehenden und geistig beschränkten Evans hingezogen hat, ist bis heute ein Rätsel geblieben.

Beide wohnten zunächst bei Evans' Mutter in der St. Mark's Road. Als Beryl Anfang 1948 merkte, daß sie schwanger war, sahen sie sich nach einer eigenen Wohnung um. Sie fanden sie in Rillington Place 10.

Die beiden Zimmer, die in einem ziemlich verwahrlosten Zustand waren, richteten sie sich gemütlich ein. Evans, der als Chauffeur arbeitete, machte viele Überstunden und verdiente wöchentlich sieben bis acht Pfund. Seine Mutter hatte in der Nähe eine Wohnung ausfindig gemacht, mit eigener Toilette und einem kleinen Garten. Doch Beryl wollte nicht umziehen. Ihr gefielen die beiden winzigen Räume. „Außerdem kommen wir mit den Christies recht gut aus. Es sind nette Leute", sagte sie zu Evans Mutter.

Das Ehepaar John Halliday Reginald und Ethel Christie bewohnte das Erdgeschoß des Hauses Rillington Place 10. Beide waren wesentlich älter als die Evans und hätten deren Eltern sein können. Mrs. Christie hatte bei der Einrichtung der Wohnung mit Hand angelegt und so das Vertrauen der jungen Leute gewonnen.

Im Oktober 1948 schenkte Beryl einer Tochter das Leben. Sie erhielt den Namen Geraldine. Von dieser Zeit an kam es zu ständigen Streitereien zwischen dem jungen Ehepaar. Beryl zeigte sich den Anforderungen des kleinen Haushaltes und der Säuglingspflege nicht gewachsen. Nur noch sel-

229

ten bekam Timothy ein warmes Essen, und das Baby schrie stundenlang, weil es im eigenen Schmutz liegen mußte. Das Kind hatte neue finanzielle Belastungen mit sich gebracht, und Evans Verdienst reichte weder vorn noch hinten. Die gespannte Atmosphäre entlud sich nicht nur in lauten Wortwechseln. Die Nachbarn wurden sogar Zeugen von Schlägereien, wobei die ersten Handgreiflichkeiten fast immer von der temperamentvollen Beryl ausgingen.

Im August 1949 nahm Beryl ihre siebzehnjährige Freundin Lucy Endecott bei sich auf. Die beiden Mädchen schliefen in dem einzigen Bett, und Evans mußte sich ein Nachtlager auf dem Fußboden der Küche herrichten. Evans Mutter versuchte der Freundin begreiflich zu machen, daß sie durch ihre Anwesenheit die Ehe völlig zerrütten würde. Dabei kam es zwischen den vier Personen zuerst zum Streit und dann zur Schlägerei. Beryl ging auf Lucy los, Lucy warf einen Krug nach Evans Mutter, Evans schrie, er werde die ganze Bande zum Fenster hinauswerfen, Lucy stellte ihm ein Bein, und Timothy fiel hin. Scheiben klirrten, und die Nachbarn konnten alles gut beobachten. Zu guter Letzt verließen Evans und Lucy das Haus und verbrachten die folgende Nacht zusammen. Dann kehrte Timothy zu seiner Frau zurück, der häusliche Frieden schien für kurze Zeit gesichert, bis Beryl bemerkte, daß sie erneut schwanger war.

Sie hatte zuvor eine Halbtagsarbeit aufgenommen, um den kärglichen Familienetat etwas aufzubessern. Diese Tätigkeit wäre durch die Geburt eines zweiten Kindes unmöglich geworden, und Beryl nahm deshalb einige Abtreibungsversuche vor, die jedoch fehlschlugen. Ihrem Mann erzählte sie, daß sie das Kind auf keinen Fall austragen wollte. Evans versuchte zunächst, ihr das auszureden, fragte dann aber seine Mutter, ob sie jemand kenne, der das mache. Sie kannte niemanden. Beryl berichtete von ihrem Vorhaben den beiden Schwestern von Evans, ihrem Bruder, einigen Bekannten und der Familie Christie.

Die Mieter von Rillington Place 10 wohnten so dicht zusammen, daß kein Ereignis unbemerkt blieb. Die Familien

Evans und Christie pflegten nach wie vor Beziehungen, die man durchaus als freundschaftlich bezeichnen konnte. Anders verhielt es sich mit einem Mr. Kitchener, der die mittlere Etage bewohnte. Dieser Mann hatte die Siebzig überschritten und war nahezu erblindet. Er verstand sich weder mit den Christies noch mit den Evans und hielt seine Mitbewohner für Diebe. Immer wieder klagte er, daß ihm dies oder jenes fehle. Aber das konnte auch an seiner mangelnden Sehkraft liegen. Er hatte die fehlenden Dinge einfach verlegt und fand sie nicht mehr wieder. Am 3. November 1949 begab sich Mr. Kitchener, da sich sein Augenleiden weiter verschlimmert hatte, in das Western Ophthalmic Hospital, um sich einer Operation zu unterziehen. Dort blieb er fünf Wochen. Für die Ereignisse, die sich im November in Rillington Place 10 abspielten, konnte er deshalb später nicht als Zeuge vernommen werden.

Es begann damit, daß Timothy Evans am 10. November einigen Leuten aus seiner Straße erzählte, daß er seine Stellung als Chauffeur gekündigt habe. In Wirklichkeit war er entlassen worden. Er hatte in der letzten Zeit recht nachlässig gearbeitet, noch mehr als vorher geschwindelt, den Kunden seiner Firma immer unwahrscheinlichere Märchen aufgetischt und schließlich in kurzen Abständen um Vorschuß gebeten. So war er just an diesem 10. November auf die Straße gesetzt worden – ein Zufall, der die Umstände um zwei Morde verschleiern half.

Am Abend desselben Tages besuchte Evans seine Mutter und berichtete ihr, daß Beryl und Geraldine zu Beryls Vater nach Brighton gereist seien. Er hätte sich mit seiner Frau überworfen, und wahrscheinlich würde sie mit dem Kind für immer dort bleiben. Auch er wollte von London wegziehen.

Am nächsten Tag suchte Timothy Evans den Möbelhändler Hookway in der Portobello Road auf, einen Freund von Mr. Christie, der auch den Besuch vermittelt hatte, und erzählte, er sei gerade aus Ägypten zurückgekehrt und im Moment bereite er sich auf eine neue Überseereise vor. Er wisse nicht, ob er jemals wieder nach London käme, und wolle deshalb seine Möbel verkaufen. Hookway schaute sich tags darauf die Einrichtung in der dritten Etage von Rillington Place 10 an und zahlte Evans dafür vierzig Pfund.

Am 14. November, kurz nach Mitternacht, bestieg Timothy Evans auf der Paddington Station den Zug nach Cardiff. Dort wechselte er in einen Vorortzug über und traf gegen sieben Uhr in Merthyr Vale ein. Nur wenig später hatte er das Haus Mount Pleasant 93 erreicht. Hier wohnten sein Onkel und seine Tante, das Ehepaar Lynch. Diese waren nicht schlecht erstaunt, als plötzlich ihr Neffe vor ihnen stand.

Evans erklärte, er sei mit seinem Chef unterwegs, um in der Grafschaft Glamorgan neue Kunden zu gewinnen. In Cardiff hätten sie eine Autopanne gehabt, und der Chef habe ihm einige Tage Urlaub gegeben. Onkel und Tante waren darüber erfreut, und Evans benahm sich wie jeder andere Mensch, der unerwartet in den Genuß zusätzlichen Urlaubs kommt. Er schwärmte von seiner Tochter Geraldine und erzählte, daß diese gegenwärtig mit seiner Frau in Brighton weile. Deshalb sei er auch nicht in die Hauptstadt zurückgefahren.

Nach einigen Tagen gab Evans vor, nach London reisen zu müssen, um seinen Lohn zu holen. Am 23. November früh fuhr er ab, und noch am Abend desselben Tages war er wieder zurück. Seinen Verwandten tischte er das Märchen auf, Beryl erwarte von einem anderen Mann ein Kind und habe ihn verlassen. Die kleine Geraldine sei gegenwärtig bei Bekannten in Newport untergebracht.

Den Lynchs kam nunmehr das Benehmen ihres Neffen sonderbar vor, und am 27. November schrieb Mrs. Lynch einen Brief an Evans' Mutter. Jetzt kam eine Lawine ins Rollen. Die Mutter Timothy Evans' hatte ihren Sohn seit zweieinhalb Wochen und Schwiegertochter und Enkelin über einen Monat nicht gesehen. Der in Brighton lebende Vater von Beryl antwortete umgehend auf eine telegrafische Anfrage, daß seine Tochter nicht bei ihm sei. Er habe schon mehrere Wochen nichts mehr von ihr gehört.

Evans' Mutter und seine beiden Schwestern versuchten, in Rillington Place 10 Näheres zu erfahren. Mr. Christie berichtete ihnen, daß Beryl und Geraldine nach Brighton gefahren wären – so jedenfalls hätte es ihm Mr. Evans erzählt – und daß Timothy die Wohnungseinrichtung verkauft habe und gleichfalls weggezogen sei. Darauf erwiderte Evans' Mutter, daß hier irgend etwas nicht stimme und daß sie zur Polizei gehen werde. Mr. Christie riet ihr davon ab. Er sei früher bei der CID gewesen und wisse allerhand über Timothy Evans. Wenn sie jetzt Scotland Yard benachrichtige, könne das unangenehme Folgen für ihren Sohn haben.

Am Abend dieses Tages schrieb Evans' Mutter einen Brief nach Merthyr Vale. „Liebe Schwägerin", hieß es darin, „ich weiß nicht, was Tim Dir alles vorgeschwindelt hat. Ich habe ihn hier schon seit drei Wochen und Beryl seit mehr als einem Monat nicht mehr gesehen. Beryl und Geraldine sind nicht in Brighton angekommen. Frage Tim, was er mit den Möbeln aus seiner Wohnung gemacht hat. Hier stimmt etwas nicht. Seinen guten Job hat er einfach hingeschmissen. Überall hat er Schulden. Die Leute fragen mich, wann sie endlich ihr Geld bekommen . . ."

Timothy saß mit Onkel und Tante am Frühstückstisch, als am 30. November der Postbote den Brief ins Haus brachte. Mrs. Lynch las ihn vor und sagte ihrem Neffen auf den Kopf zu, daß er sie belogen habe.

„Nur einmal", gestand Evans, „als ich aus London zurückkam. Beryl hat mich nicht verlassen. Sie ist wirklich in Brighton, und die Möbel sind auch da. Nicht ich habe gelogen, sondern meine Mutter."

Als er später allein war, sah er ein, daß er sich so in Lügen verstrickt hatte, daß es kein Entrinnen mehr gab. Am Nachmittag des 30. November meldete sich Timothy Evans auf der Polizeistation von Merthyr Vale.

„Ich möchte mich ergeben", sagte er zu dem anwesenden Polizeibeamten. „Ich habe mich meiner Frau entledigt. Ich habe sie in einen Abwasserkanal gesteckt."

Dann legte Evans in Anwesenheit des CID-Detektivs

Gough, der herbeigeholt wurde, ein ausführliches Geständnis ab. Anfang Oktober hätte ihm seine Frau gesagt, daß sie wieder ein Baby erwarte, es aber nicht austragen wolle. Er wäre jedoch für ein zweites Kind gewesen. Nach einigen vergeblichen Abtreibungsversuchen habe Beryl sehr schlecht ausgesehen und gesagt, daß sie sich und Geraldine das Leben nehmen würde. Auf einer Fernfahrt sei er in einem Café zwischen Ipswich und Colchester mit einem ihm unbekannten Mann ins Gespräch gekommen, der ihm eine Flasche mit Abtreibungstropfen geschenkt und erklärt hätte, daß diese morgens auf nüchternen Magen genommen werden sollten und nach einigen Stunden wirken würden. Er habe die Flasche seiner Frau nicht geben wollen, aber sie hätte sie in seiner Tasche entdeckt. Von einem Gebrauch habe er ganz entschieden abgeraten. Als er abends von der Arbeit gekommen wäre, hätte in der Wohnung kein Licht gebrannt. Er habe es angezündet und sei ins Schlafzimmer gegangen. Dort hätte seine Frau im Bett gelegen und nicht mehr geatmet.

„Zwischen ein und zwei Uhr morgens", erklärte Evans wörtlich, „habe ich meine Frau die Treppe runtergetragen und durch die Haustür. Ich habe den Schachtdeckel vor der Haustür – Rillington Place zehn ist das – aufgehoben und sie mit dem Kopf zuerst in den Kanalschacht geworfen. Dann habe ich den Deckel wieder zugemacht und bin ins Haus zurückgegangen. Ich habe mich neben den Herd gesetzt und eine Zigarette geraucht." Am nächsten Tag habe er sich von der Arbeitsstelle seine Papiere geholt, jemanden gesucht, der sich um Geraldine kümmerte, die Möbel verkauft und sei nach Merthyr Vale gefahren. „Seitdem bin ich da gewesen. Das ist alles – T. J. Evans."

Dieses Geständnis wurde umgehend telefonisch an Scotland Yard weitergeleitet. Wenig später bog ein Polizeiwagen in Rillington Place ein. Drei Detektive mußten ihre ganze Kraft aufbieten, um den Kanalisationsdeckel vor dem Haus Nummer 10 anzuheben. Dann blickten sie in den Schacht. Er war leer. Das Resultat wurde nach Merthyr Vale übermittelt. Evans befand sich erst knapp sechs

234

Stunden auf der Polizeistation, als er erneut vernommen wurde.

„Der Schacht ist untersucht worden", sagte Detektivsergeant Gough, „aber die Leiche Ihrer Frau steckte da nicht drin."

„Ich habe sie aber reingetan", erwiderte Evans unsicher.

„Wer hat Ihnen denn beim Hochheben des Deckels geholfen?"

„Das habe ich allein gemacht."

„Das glaube ich nicht", sagte der Detektiv. „Drei Polizisten haben ihn nur mit Mühe hochgebracht."

„Na schön", entgegnete Evans nach einigem Zögern, „dann will ich Ihnen jetzt die Wahrheit sagen. Die Sache mit dem Mann im Café stimmt nicht. Ich habe das nur gesagt, um Mr. Christie zu decken."

Kurz nach einundzwanzig Uhr legte Timothy John Evans ein zweites Geständnis ab. Eine Woche vor dem Tod seiner Frau habe ihn Mr. Christie, der Mieter des Erdgeschosses von Rillington Place 10, angesprochen und gesagt, er wisse, daß seine Frau Abtreibungsversuche unternehme. Wenn sie gleich zu ihm gekommen wäre, hätte er das schnell erledigen können. Auf die Frage, ob er denn davon etwas verstehe, habe Christie erwidert, daß er vor dem Krieg für einen Arzt gearbeitet und auch mit einem Medizinstudium begonnen hätte. Dann habe ihm Christie medizinische Bücher gezeigt, die er aber nicht lesen konnte. Allerdings, habe Christie gemeint, sei der Eingriff nicht gefahrlos. Von zehn Frauen würde eine daran sterben.

Am 7. November sei alles für den Eingriff, der einen Tag später erfolgen sollte, vorbereitet worden. Am 8. November wäre er wie immer zur Arbeit gegangen. Als er abends zurückgekommen sei, hätte ihn Mr. Christie mit den Worten empfangen: „Nichts Gutes zu berichten, es ist schiefgegangen!" Im Schlafzimmer habe er seine Frau tot im Bett aufgefunden. Auf dem Laken seien Blutflecke gewesen.

„Der Magen Ihrer Frau ist vergiftet gewesen", soll Mr. Christie gesagt haben, „noch einen Tag, und sie hätte ins Krankenhaus gemußt."

Mr. Christie habe dann die Wohnungstür von Mr. Kitchener aufgebrochen und die Leiche dort versteckt. „Ich lasse sie im Kanalisationsschacht verschwinden", hätte Christie gesagt und ihn aufgefordert, am nächsten Tag zur Arbeit zu gehen. Er wollte sich um alles kümmern und auch jemand besorgen, der die Kleine aufnimmt. Er kenne in East Acton ein junges Ehepaar, bei dem Geraldine gut aufgehoben sei.

Am übernächsten Tag, dem 10. November, sei er zu seiner Firma gegangen und habe gekündigt. Am Abend hätte ihm Mr. Christie gesagt, daß Geraldine bei den Leuten in East Acton wäre und daß er die Leiche im Kanalisationsschacht versteckt hätte.

Dieses zweite Geständnis enthielt zwar auch eine ganze Reihe von Unwahrscheinlichkeiten, aber es klang doch plausibler als die erste Geschichte, die Evans erzählt hatte. Wiederum wurde Scotland Yard umgehend informiert. Noch in der Nacht suchte Detektivsergeant Corfield von der Notting Hill Police Station zusammen mit einem Konstabler Evans' Mutter auf.

„Mein Sohn", sagte die Frau, „besitzt eine lebhafte Phantasie. Er ist ein fürchterlicher Lügner."

Einen Tag nachdem sich Evans gestellt hatte, wurde er in Merthyr Vale erneut verhört.

„Haben Sie", fragte der Polizist, „Mr. Christie geholfen, die Leiche hinunterzutragen?"

„Das war so", begann Evans mit der Schilderung einer teilweise neuen Version. „Mr. Christie sagte, ich soll in der Küche bleiben, und da habe ich gehorcht. Dann hörte ich ihn schnaufen. Da bin ich rausgegangen. Die Leiche lag auf der Treppe. ‚Ich bringe sie nicht weiter', sagte Mr. Christie, ‚fassen Sie an den Beinen an.' Das habe ich gemacht, und wir haben sie in die Küche von Mr. Kitchener geschafft. Dort habe ich sie zum letzten Mal gesehen."

Inzwischen gingen auch die Untersuchungen in London weiter. Eine Gruppe von Yard-Detektiven der Notting Hill Police Station durchsuchte am 1. Dezember das Haus Rillington Place 10, um eventuelle Spuren des Verbrechens zu ermitteln. Die Detektive gaben sich jedoch keine große Mühe und erledigten ihren Auftrag oberflächlich. Sie schauten nur flüchtig in die einzelnen Räume und in den Garten. So entging ihnen ein menschlicher Hüftknochen, der als Stütze für den wackligen Zaun diente. Sie hielten es auch nicht für erwähnenswert, daß in Evans' Wohnung Berichte über Mordfälle lagen, ausgeschnitten aus Zeitungen, die in jenen Tagen erschienen waren, da sich Evans allein in der Wohnung aufhielt. Dabei hatte der Verhaftete während der Verhöre mehrfach betont, nicht lesen zu können.

In die Waschküche schauten die Detektive gar nicht erst hinein. Ein Mülleimer blieb unbeachtet stehen. Hätten ihn die Polizisten untersucht, wäre ihnen ein grausiger Anblick beschert worden. In dem Eimer lag ein Menschenschädel.

Einige Tage später entdeckten spielende Kinder diesen Schädel auf einem Ruinengrundstück ganz in der Nähe des Hauses Rillington Place 10. Sie brachten ihren Fund zur Polizeistation Notting Hill. Von dort wurde er zur gerichtsmedizinischen Untersuchung an die Zentrale am Victoria Embankment weitergeleitet. Ein Anlaß zu genaueren Ermittlungen war für den Yard trotz der Nähe des Fundortes bei Rillington Place 10 jedoch nicht gegeben. Es sei der Schädel einer etwa dreiunddreißigjährigen Frau, die an Polypen litt, hieß es im Untersuchungsbefund. Der Untersuchungsrichter wurde um eine Stellungnahme ersucht. „Wahrscheinlich das Überbleibsel eines Bombenopfers", war die lakonische Antwort. Dann ordnete er die Vernichtung des Schädels an. Diese offensichtlichen Nachlässigkeiten verschleierten die wahren Tatumstände und ebneten den Weg für eins der ungeheuerlichsten Justizverbrechen der Nachkriegszeit.

Am Abend des 1. Dezember 1949 waren in London mehrere Menschen unterwegs, um auf ihre Weise zur Klärung des Falles Evans beizutragen. Inspektor Black und Detektivsergeant Corfield verließen die Stadt, um Timothy Evans von Merthyr Vale nach London zu holen. Zur gleichen Zeit schlenderte John Halliday Reginald Christie von Rillington Place 10 zur Notting Hill Police Station, um einer Vorladung Folge zu leisten. Und in der umgekehrten Richtung rollte ein Polizeiwagen mit zwei Detektiven, die Mrs. Christie in ihrer Wohnung vernehmen wollten.

Als Christie die Polizeistation von Notting Hill betrat, gab es für ihn eine freudige Überraschung. In einem der anwesenden Sergeanten erkannte er einen früheren Kollegen aus der Zeit zwischen 1939 und 1943 wieder, als er selbst im Dienst von Scotland Yard gestanden hatte. In jenen Jahren war Christie Hilfspolizist bei der War Reserve Police gewesen. Jetzt wurden alte Erinnerungen an gemeinsame Erlebnisse aufgetischt, an die Einsätze, bei denen Christie mit Leib und Seele dabeigewesen war und für die er zweimal die begehrte Belobigung „Für kriminalistische Fähigkeiten" erhalten hatte. Christie bedauerte, daß er damals den Dienst quittieren mußte. Vielleicht wäre er heute schon Inspektor!

Dann kam man langsam zur Sache. Christie erfuhr von den Geständnissen Evans' in Merthyr Vale. „Das ist einfach lächerlich", erwiderte er. „Ich habe weder bei Mrs. Evans noch bei irgendeiner anderen Frau eine Abtreibung vorgenommen. Mir ist einfach schleierhaft, wie Mr. Evans zu solchen ungeheuren Beschuldigungen gegen mich kommt. Meine Frau und ich haben das junge Ehepaar oft unterstützt."

Im weiteren Verlauf des Gesprächs – der Begriff Vernehmung wäre hier sicherlich fehl am Platze – berichtete Christie über die ständigen Streitereien und Tätlichkeiten zwischen den beiden Evans, über manche Drohung, die Timothy ausgestoßen hatte, und auch über die Abtreibungsversuche der jungen Frau. Er selbst habe Mrs. Evans davon abgeraten, weil sie so schlecht aussah. Um den 8. November herum – genau könne er sich nicht mehr an das Datum erinnern – habe ihm Mr. Evans erzählt, daß seine Frau und die Tochter verreist seien. Wenige Tage später erkundigte er sich nach einem Möbelhändler. Er, Christie, habe das vermittelt, und dann sei auch Mr. Evans weggezogen.

Bei der Vernehmung von Mrs. Christie ergaben sich im wesentlichen die gleichen Momente. Nur konnte sie noch einige Einzelheiten über die Abtreibungsversuche hinzufügen, die Mrs. Evans ihr von Frau zu Frau erzählt hatte.

Aus Brighton war inzwischen die Bestätigung eingetroffen, daß sich Mrs. Evans dort tatsächlich nicht aufhielt. Obwohl Rillington Place 10 schon einmal durchsucht worden war, ordnete Detektiv-Chefinspektor George Jennings, der den Fall übertragen bekommen hatte, eine erneute Tatortbesichtigung an. Zusammen mit Inspektor Barrat durchsuchte er das Haus in allen Etagen. Im Garten sahen auch diese Männer nicht den Hüftknochen, der den Zaun stützte. Und in dem Mülleimer, in dem zu dieser Zeit noch der Schädel lag, stocherte Barrat etwas herum, ohne jedoch genauer hinzusehen.

Dann wollte Chefinspektor Jennings die Waschhaustür öffnen. Sie war verschlossen. Mrs. Christie zeigte den Detektiven die Stelle, an der der Schlüssel aufbewahrt wurde, und sperrte das Schloß auf. Der kleine Raum war dunkel. Jennings ließ seine Taschenlampe aufleuchten. Neben dem Ausguß sah er einen Stapel alter Bretter. Er rückte sie ein wenig zur Seite, und seine Hand griff in etwas Weiches.

Als die Bretter weggeräumt waren, kam ein Paket zum Vorschein. Mrs. Christie, die in der Nähe stand, sagte, daß sie es noch nie gesehen hätte. Die Detektive zerrten das Bündel ins Freie und wickelten aus einer grünen Decke die Leiche der Beryl Evans. Jennings drang erneut in das Waschhaus ein. Hinter der Tür fand er die tote dreizehn Monate alte Geraldine.

Mr. Christie hatte den ganzen Vorgang schweigend beobachtet. Ein altes Leiden machte ihm zu schaffen, und er hatte große Schmerzen, wie er erklärte. Jetzt brach er in Rufe des Entsetzens aus. „Das ist zuviel, diesen furchtbaren Anblick kann ich nicht ertragen!" Unter großen Anstrengungen humpelte er ins Haus zurück.

Die gerichtsmedizinische Untersuchung ergab, daß man Mutter und Tochter erdrosselt hatte. Das rechte Auge und die Oberlippe von Beryl Evans waren geschwollen. Sie mußte einen Faustschlag ins Gesicht erhalten haben. Von einer Abtreibung konnten keine Spuren gefunden werden.

Am Abend jenes Tages – es war der 2. Dezember – trafen Inspektor Black und Sergeant Corfield mit Timothy Evans auf der Paddington Station ein. Die beiden Detektive fuhren mit ihrem Gefangenen sofort nach Notting Hill weiter.

Chefinspektor Jennings hatte sich inzwischen mit dem bisherigen Verlauf des Falls bekannt gemacht. Er wußte, daß Evans gerne schwindelte, und kannte die Geschichten, die dieser in Merthyr Vale den dortigen Kollegen erzählt hatte. Nach den Ergebnissen der gerichtsmedizinischen Untersuchung konnte an diesen „Geständnissen" nicht viel Wahres dran sein. Er wollte diesen Burschen schon zwingen, mit der Wahrheit herauszurücken. Immerhin war man hier in London und nicht in der Provinz, und Scotland Yard war schon mit ganz anderen Leuten fertig geworden.

Wie lange das Verhör dauerte, ist nicht bekannt geworden. Manche Quellen sprechen von zwölf, andere von vierundzwanzig Stunden. Jennings und Black lösten sich dabei ab. Wer von beiden Evans erbarmungsloser ausquetschte, entzieht sich ebenfalls unserer Kenntnis. Fest steht nur, daß Chefinspektor Jennings zu Beginn die Sachen, mit denen die beiden Leichen bekleidet waren, vor Evans ausbreitete. „Heute haben wir Ihre Frau und Ihre Tochter tot im Waschhaus gefunden", sagte er. „Diese Kleidungsstücke hatten sie an. Beide sind erdrosselt worden. Ich nehme an, daß Sie dafür verantwortlich sind."

„Ja", erwiderte Evans mühsam, „jawohl, das bin ich."

Dann ging es um die Einzelheiten der grausamen Tat. Nach einigen Stunden hatte Jennings den Beschuldigten so weit, daß er ein erstes Protokoll unterzeichnete. Hier ist der Wortlaut:

„Sie lud sich Schulden über Schulden auf, da habe ich es nicht mehr ausgehalten und habe sie mit einem Stück Strick ermordet. In der Nacht habe ich sie in die Wohnung unter mir gebracht, während der alte Mann im Krankenhaus war. Ich habe gewartet, bis die Christies unten ins Bett gegangen waren, dann habe ich sie nach Mitternacht ins Waschhaus getragen. Das war am Dienstag, dem 8. November. Donnerstag abend, als ich von der Arbeit nach Hause kam, habe ich meine Kleine in unserem Schlafzimmer mit einer Krawatte erdrosselt, und als die Christies ins Bett gegangen sind, habe ich sie ins Waschhaus gebracht.
21.55 Uhr, 2. Dezember 1949   T. J. Evans"

Gegen einundzwanzig Uhr dreißig war Evans mit seinen Bewachern auf dem Bahnhof Paddington angekommen. Fünfundzwanzig Minuten später dürfte er dieses Geständnis kaum abgelegt haben. Chefinspektor Jennings wollte keine Rechenschaft über die Länge des Verhörs ablegen und trug deshalb – entgegen der Vorschrift – nicht das Ende, sondern den Beginn der Vernehmung ein.
Mit diesem Geständnis gaben sich die Detektive der CID freilich noch nicht zufrieden. Das Verhör ging gnadenlos Stunde um Stunde weiter. Evans erzählte schließlich alles, was die Yard-Detektive hören wollten. Er schilderte, wie seine Frau Schulden gemacht hatte, und beschrieb mit allen Einzelheiten die dauernden ehelichen Auseinandersetzungen und Tätlichkeiten. Am 8. November sei dann folgendes passiert: „Dienstag früh bin ich gleich zur Arbeit gegangen, abends kam ich halb sieben nach Hause. Meine Frau fing wieder Streit an, da habe ich sie mit der flachen Hand ins Gesicht geschlagen. Sie hat mit der Hand zurückgeschlagen. Da habe ich die Wut gekriegt, nach einem Strick gegriffen, den ich aus meinem Lastwagen mit nach Hause

241

gebracht hatte, und habe sie damit erdrosselt." – Für die Ermordung seiner Tochter Geraldine gab Evans keinen Grund an.

Scotland Yard nahm weitere Untersuchungen vor. Dabei stellte sich heraus, daß in der ersten Novemberhälte ständig Handwerker in Rillington Place 10 beschäftigt gewesen waren. Die ersten Aussagen der Handwerker ergaben folgendes Bild: Vom 1. bis zum 5. November reparierten Frederick Willis und Frederick Jones die Dächer eines Erkers der Wohnung des Ehepaars Christie, des Waschhauses und der Toilette. Danach erneuerten sie einen Wasserabfluß in der Christieschen Wohnung und besserten mehrere durch Feuchtigkeit schadhaft gewordene Wände aus. Der Zimmermann Robert Anderson schließlich renovierte die Dielen im Erdgeschoß des Hauses. Diese Arbeiten zogen sich bis zum 14. November hin, und mindestens bis zum Nachmittag des 11. November gingen die Handwerker ständig in dem kleinen Waschhaus aus und ein, holten Wasser und wuschen sich dort. Als schließlich vom 11. bis zum 14. November nur noch die Dielen zu legen waren, hatte sich Anderson jeweils nach Arbeitsschluß in der Wohnung der Christies gewaschen. Am 14. November übergab der Zimmermann die herausgerissenen alten Dielen an Mr. Christie, der sie im Waschhaus stapelte. Keiner der Handwerker hatte bis dahin etwas von zwei Leichen in dem winzigen, nur wenige Quadratmeter großen Waschhaus bemerkt. Auch Mr. Christie war, wie er aussagte, nichts Ungewöhnliches aufgefallen. – Am 14. November, null Uhr fünfundfünfzig, war aber Evans, wie wir wissen, von der Paddington Station nach Merthyr Vale gefahren. Daß er dort gegen sieben Uhr eintraf, wurde von Mr. und Mrs. Lynch bestätigt.

Also klaffte ein Widerspruch zwischen dem Geständnis von Evans und den Aussagen der Handwerker. Völlig ungeklärt blieb, wann die beiden Leichen in das Waschhaus gebracht worden waren. Scotland Yard unternahm nichts, um diesen Widerspruch zu klären. Chefinspektor Jennings war der Meinung, daß sich die Handwerker getäuscht hatten, und verfuhr dementsprechend mit ihnen. Als Willis und Jones ein zweites Mal vorgeladen wurden, ließen Jennings und Black sie drei Stunden im Vorzimmer warten. Dann wurde als erster Mr. Jones hereingeholt.

„Ich habe mich keinesfalls getäuscht", sagte er. „Im Waschhaus lagen keine Leichen." Bei dieser Meinung blieb er. Doch Jennings hatte vorgebaut. Der unmittelbare Vorgesetzte von Jones, der Bauleiter der Firma, war gleichfalls vorgeladen worden. Jennings ließ ihn ins Zimmer bitten.

„Wir haben dreißig oder vierzig Zeugen", behauptete der Chefinspektor wider besseren Wissens, „die beweisen können, daß die Leichen im Waschhaus waren, aber ihr Angestellter behauptet das Gegenteil."

„Wenn die Herren von der Polizei sagen, daß es so ist", hielt der Bauleiter Jones entgegen, „dann muß es schon stimmen."

„Na schön", erklärte Jones endlich, und es war ihm anzumerken, daß er diese Aussage gegen seine Überzeugung machte, „dann habe ich mich eben im Datum geirrt. Dann war es nicht der elfte, sondern der achte November, als ich das Waschhaus aufgeräumt habe."

„Und was haben Sie am elften November noch in dem Haus erledigt?" fragte Jennings.

„Da holte ich bloß unser restliches Handwerkszeug und das übriggebliebene Material, ohne mich weiter um das Waschhaus zu kümmern."

Der Chefinspektor war mit diesem Ergebnis zufrieden. Dann kam Willis, der mittlerweile über vier Stunden gewartet hatte, an die Reihe. Auch er behauptete anfangs, am 11. November hätten weder Leichen noch Bretter im Waschhaus gelegen. Auch die Anwesenheit seines Vorgesetzten konnten ihn nicht umstimmen. Das Verhör drehte sich im Kreis und zog sich in die Länge. Schließlich war Willis so erschöpft, daß er sagte, was die Detektive hören wollten. „Jetzt scheint es mir hingegen durchaus möglich", erzählte er müde, „daß in der Ecke etwas hinter dem Holz gelegen hat – denn wir gaben den Mietern die alten Dielen zum Verfeuern. Da ich wußte, daß das Holz war, habe ich an diese Möglichkeit gar nicht gedacht und mich bloß flüchtig im Raum umgesehen."

Damit waren die Widersprüche in den Aussagen von Evans und den Handwerkern scheinbar beseitigt. Die beiden Maurer durften nach Hause gehen. Später geschah allerdings noch etwas Merkwürdiges. Aus den Akten der Firma, die die Reparaturarbeiten in Rillington Place 10 ausgeführt hatte, verschwand der Arbeitsbericht von Willis, der eine genaue Aufzeichnung der an den einzelnen Tagen ausgeführten Arbeiten enthielt.

Am folgenden Tag lud Chefinspektor Jennings nochmals Mr. Christie vor. Dieser sagte aus, daß die Handwerker seit dem 8. November ihr Werkzeug und das Baumaterial in seiner Wohnung aufbewahrt hätten. In das Waschhaus wären sie von diesem Tage an wohl nicht mehr gekommen, da die dortigen Arbeiten beendet gewesen seien. Er jedenfalls hätte nicht gesehen, daß sich jemand in das Waschhaus begeben habe. Als man ihn nach den alten Dielen fragte, antwortete Mr. Christie ausweichend. Eigentlich hätte er dieses Holz gar nicht nehmen dürfen. Einige Dielenbretter habe er im Waschhaus gestapelt, unter großen körperlichen Schmerzen übrigens, denn er sei damals krank gewesen. Jetzt, nach einem Monat, könne er sich nicht mehr an das genaue Datum erinnern. Es wäre „so um den 8. November herum" gewesen.

Dann ging alles ziemlich rasch. Evans wurde unter Mordanklage vor den Magistrates Court gestellt. Die vom Gesetz vorgeschriebenen Formalitäten waren nach wenigen Minuten erledigt, und Evans wurde in das Brixton Prison übergeführt.

Als ihn seine Mutter wenig später besuchte, war ihre erste Frage: „Warum hast du das getan, Tim?"

„Ich tat es nicht, Mama", erwiderte Evans, „Christie tat es. Sag Mr. Christie, er soll herkommen. Er ist der einzige, der mir helfen kann."

Christie wies diesen Vorwurf und das Ansinnen, Evans im Gefängnis aufzusuchen, entrüstet von sich. Dem Gefängnisarzt Dr. Matheson schilderte der Häftling das Gesche-

hen in gleicher Weise, wie er es gegenüber Chefinspektor
Jennings getan hatte.

Die Verteidigung für den bevorstehenden Prozeß übernahm Barrister Malcolm Morris. Er besuchte seinen Mandanten im Gefängnis, und Evans schilderte ihm die Sache
so, wie er sie in dem zweiten Geständnis in Merthyr Vale
beschrieben hatte. Seine Frau sei bei einem durch Christie
vorgenommenen Abtreibungsversuch gestorben. Und diesem Mr. Christie hätte er auch seine Tochter übergeben.
Die Frage, warum er sich dann gegenüber Jennings selbst
beschuldigt habe, beantwortete Evans dahingehend, daß er
sicher geschlagen worden wäre, wenn er etwas anderes ausgesagt hätte. Er habe einfach Angst vor dem Chefinspektor gehabt.

Hauptbelastungszeuge Christie

Der Prozeß begann am 11. Januar 1950 im Schwurgerichtssaal von Old Bailey. Den Vorsitz führte Richter Lewis,
dem ein altes Leberleiden schwer zu schaffen machte und
der schon vom Tode gezeichnet war. Er starb wenige Tage
nach der Urteilsverkündung. Der Verhandlung gegen
Evans konnte er sich nicht mehr mit ungeteilter Aufmerksamkeit widmen. Die Anklage vertrat Christmas Humphreys.

Nach dem englischen Strafprozeßrecht kann ein Angeklag-
ter nur wegen *eines* Mordes verurteilt werden. Timothy
Evans wurde des Mordes an seiner Tochter Geraldine angeklagt. Da es zwischen den Eheleuten Evans oft hand-
greifliche Auseinandersetzungen gegeben hatte, konnte
Timothy Evans möglicherweise zu einem fahrlässigen Totschlag provoziert worden sein. Eine Anklage wegen Tötung der Frau wurde deshalb fallengelassen.

Evans erklärte sich nach der Eröffnung der Verhandlung
für nicht schuldig. Christmas Humphreys trug seine Anklage vor und stützte sich dabei auf das Geständnis Timothy Evans' in der Notting Hill Police Station.

Dann wurde der Hauptzeuge der Anklage in den Gerichtssaal gerufen. Ein seriös wirkender zweiundfünfzigjähriger Mann, kahlköpfig, mit hoher Stirn und einer starken Brille betrat den Zeugenstand. „Ich schwöre bei Gott, die Wahrheit zu sagen, die volle Wahrheit und nichts als die Wahrheit." Mit feierlicher und ruhiger Stimme sprach John Halliday Reginald Christie diese Worte.

Anschließend stellte Humphreys den Geschworenen seinen Hauptzeugen vor. Er stammte aus guter Familie, war im ersten Weltkrieg vier Jahre lang Soldat gewesen, hatte Auszeichnungen erhalten, eine Gasvergiftung erlitten, diente im zweiten Weltkrieg als Polizist, wurde zweimal belobigt und war jetzt, noch immer an den Nebenwirkungen der Kriegsverletzung leidend, ziemlich krank. Das stimmte zwar nicht alles – Christie hatte mit der Gasvergiftung und mit den vier Jahren Kriegsdienst etwas aufgeschnitten, in Wirklichkeit war er nur zwei Jahre eingezogen gewesen –, aber er wollte in seiner Rolle als Hauptbelastungszeuge einen guten Eindruck auf die Geschworenen machen und hatte deshalb einige Kleinigkeiten erfunden. Dem Gericht war das natürlich nicht bekannt. Christie machte zudem seine Aussagen in höflicher, klarer und prägnanter Form und hinterließ tatsächlich den besten Eindruck.

Malcolm Morris baute seine Verteidigung auf der Version auf, die Evans den Polizisten in Merthyr Vale erzählt und auch ihm gegenüber immer wieder als die Wahrheit beteuert hatte. In diesem Sinne richtete der Verteidiger seine Fragen an Christie. Der Zeuge wies jedoch die Behauptung, an Beryl Evans eine mißlungene Abtreibung unternommen zu haben, als niederträchtige Unterstellung zurück.

Dann fragte der Verteidiger, ob Christie medizinische Bücher besitze.

„Ja, aber nur zwei Stück, und eins davon ist veraltet."

Ob er ein solches Buch einmal dem Angeklagten gezeigt habe?

„Nein", sagte Christie, „ich habe es ihm nicht gezeigt."

„Können Sie mir dann erklären", fragte der Verteidiger,

„woher Mr. Evans gewußt hat, daß Sie ein solches Buch besitzen? Bekanntlich kann er doch nicht lesen."

Der Ankläger Humphreys erhob an dieser Stelle Einspruch, und Richter Lewis gab dem Einspruch statt.

„Ich wage anzunehmen", sagte Morris im weiteren Verlauf der Vernehmung zu Christie, „daß Sie am Abend des achten November Mrs. Evans Leiche mit Hilfe des Angeklagten in Mr. Kitcheners Küche trugen."

„Das ist völlig lächerlich", erwiderte Christie, „denn damals hatte ich starke Rückenschmerzen, und wegen eines Darmkatarrhs mußte ich diät leben. Ich habe mehrere Wochen bloß Milchbrei gegessen, so daß ich mich kaum bücken konnte. Ich mußte aus dem Bett kriechen, und wenn ich was vom Boden aufheben wollte, mußte ich auf alle viere 'runter. Rein kräftemäßig war das unmöglich."

Schließlich wandte sich Morris der Persönlichkeit des Zeugen zu. Dem Ankläger warf er vor, „bedauerlicherweise gegen die herrschende Regel den Charakter des Zeugen angepriesen zu haben, bevor er angefochten wurde". Mr. Christie sei nämlich gar nicht so ein makelloser Ehrenmann, als den man ihn hier vorgestellt hatte. Er wolle nur an einige Vorstrafen des Zeugen erinnern: 1923 eine Geldstrafe, 1924 neun Monate Gefängnis wegen Diebstahls, 1929 sechs Monate Zwangsarbeit wegen vorsätzlicher Körperverletzung, 1933 drei Monate Gefängnis wegen Autodiebstahls.

Ankläger Humphreys stellte das angeschlagene Prestige seines Hauptzeugen jedoch rasch wieder her. Das liege mehr als siebzehn Jahre zurück, argumentierte er, und seither habe sich Mr. Christie nie wieder etwas zuschulden kommen lassen. Im Gegenteil! Trotz seiner Verletzung aus dem ersten Weltkrieg hätte er im letzten Krieg keinen Moment gezögert und sich der Polizei zur Verfügung gestellt.

Mrs. Christie, die als nächste Zeugin vernommen wurde, bestätigte die Aussagen ihres Mannes. Dann war Chefinspektor Jennings an der Reihe. Er schilderte das Geständnis von Evans, vermied es aber, auf die Widersprüche zwischen den Aussagen des Angeklagten und denen der Handwerker einzugehen. Die Handwerker selbst waren nicht als Zeugen geladen worden. Die Protokolle ihrer Vernehmung durch Scotland Yard befanden sich bei den Akten des Anklägers, und Mr. Christmas Humphreys wäre verpflichtet gewesen, den Verteidiger darüber zu informieren. Doch aus naheliegenden Gründen hatte er dies unterlassen.

Nach der englischen Prozeßordnung ist es üblich, daß der Angeklagte als Zeuge in eigener Sache vernommen wird. Bleich, mit ängstlichem Gesichtsausdruck betrat Timothy John Evans den Zeugenstand. Er blieb bei seiner Behauptung, Frau und Tochter nicht getötet zu haben. Das sei das Werk von Christie gewesen. Erst auf der Notting Hill Police Station hätte er vom Tod seiner Tochter erfahren. Bis dahin wäre er der Meinung gewesen, Mr. Christie habe sie zu einem jungen Ehepaar nach East Acton gebracht. Durch die schreckliche Nachricht wäre er stark verwirrt gewesen. Es hätte nichts mehr gegeben, wofür es sich zu leben lohnte. Um endlich Ruhe zu finden, habe er dem Chefinspektor Jennings Lügen erzählt.

Die einzelnen Geständnisse von Evans und die Beweisstücke – Strick, Schlips, grüne Decke usw. – waren numeriert worden. Christmas Humphreys benutzte, als er den Angeklagten verhörte, diese Kurzbezeichnungen. Der einfältige Evans brachte die Zahlen rasch durcheinander und wußte nicht, von welcher Sache eigentlich die Rede war. So verstrickte er sich in neue Widersprüche, beteuerte aber immer wieder, die Morde nicht begangen zu haben.

Humphreys stellte Evans als pathologischen Lügner hin, dem man kein Wort glauben dürfte. „Sie sind derjenige", sagte er dann, „der behauptet, daß Mr. Christie der Mörder sei. Können Sie erklären, warum er Ihre Frau erdrosselt haben soll?"

„Allerdings, er war den ganzen Tag zu Hause."

„Sie sollen sagen, *warum* er Ihre Frau erdrosselt hat!"

„Das kann ich nicht, Sir."

„Können Sie uns dann wenigstens erklären, warum er zwei Tage später Ihre Tochter ermordet haben soll?"

248

„Nein."

Das Schlußplädoyer des Anklägers dauerte nur fünf Minuten. „Ein Mann, der wegen Mordes vor Gericht steht, behauptet, unterstützt von seinem Anwalt", rief Humphreys, „daß einer der Hauptbelastungszeugen auf die Anklagebank gehöre, daß dieser Mann ein Mörder, ein Abtreiber, ein Meineidiger sei. Aber schauen Sie sich Mr. Christie einmal genauer an. In beiden Kriegen hat er dem Vaterland mit Auszeichnung gedient und dabei sogar seine Gesundheit geopfert. Einige kleinere Verfehlungen liegen schon lange zurück. In den kritischen Novembertagen ist er bettlägerig und deshalb physisch völlig außerstande gewesen, zwei Morde zu begehen. Kein Wort der Anschuldigung gegen Mr. Christie ist somit wahr. Es gibt außerdem nicht die geringste Spur eines Motivs. Deshalb heißt der Mörder ohne jeden Zweifel Timothy John Evans."

Malcolm Morris hatte eine schwere Position. Er verwies auf die makellose Vergangenheit des Angeklagten. Nichts deutete darauf hin, daß dieser schon vor der Vernehmung durch Chefinspektor Jennings etwas vom Tod seiner Tochter Geraldine gewußt hatte. Dann erinnerte Morris an das Geständnis vom 30. November in Merthyr Vale und an die Tatsache, daß Evans weder lesen noch schreiben konnte. „Der dreißigste November ist lange her, etwa sechs Wochen", knüpfte er an diese Feststellung an. „Als Evans aber den Zeugenstand betrat und befragt wurde, wiederholte er seine Aussage beinahe Wort für Wort. Bedenken Sie, das ist für einen Mann, der von der Anklage als Lügner hingestellt wird und der selbst gesteht, gelogen zu haben, außerordentlich bemerkenswert. Er kann, ohne wie ein Polizist mit einem Notizbuch sein Gedächtnis aufzufrischen, einfach aus dem Kopf genau die gleichen Lügen – wenn es Lügen sind – wiederholen, die er am Abend des dreißigsten November erzählt hat."

Morris erwähnte dann die Sache mit dem medizinischen Buch, die für den Ankläger Anlaß zum Einspruch gewesen war. „Können Sie sich denken", fragte er die Geschworenen, „auf welche Weise ein Mensch, der nicht lesen kann,

249

von der Existenz eines solchen Buches in einer fremden Wohnung erfahren haben sollte? Das Buch muß ihm gezeigt worden sein! In dieser Angelegenheit hat Mr. Evans zweifellos die Wahrheit gesagt und Mr. Christie gelogen."

Vor den Geschworenen entwickelte Malcolm die Version einer Täterschaft Christies. Evans hätte keine überzeugenden Motive für die beiden Morde gehabt, und es gäbe beträchtliche Bedenken, daß Christie die Wahrheit gesagt habe. Mit der beschwörenden Aufforderung, Evans Gerechtigkeit widerfahren zu lassen, schloß Malcolm Morris sein Plädoyer.

Richter Lewis faßte die Ergebnisse der Verhandlung ganz im Sinne der Anklage zusammen. Die Tatsachen, die Evans entlasteten, erwähnte er nicht oder stellte sie als bedeutungslos hin.

Die Beratung der Geschworenen war kurz. Dann fragte Richter Lewis den Angeklagten: „Timothy John Evans, Sie sind des Mordes überführt. Können Sie etwas vorbringen, warum Sie das Gericht nicht zum Tode verurteilen soll, wie es das Gesetz verlangt?"

„Nein, Sir", erwiderte Evans mit vor Entsetzen bebender Stimme, und der Richter erklärte: „Timothy John Evans, der Gerichtshof verurteilt Sie, daß man Sie von hier fort in ein rechtmäßiges Gefängnis bringt und von dort zu einem Richtplatz, wo Sie den Tod durch Erhängen erleiden, und daß Ihr Leichnam im Bereich des Gefängnisses begraben wird. Gott sei Ihrer Seele gnädig."

Die Totenstille im Gerichtssaal wurde zuerst von Christie unterbrochen. Er fing hemmungslos zu weinen an. Evans wurde aus dem Saal geführt und in das Pentonville Prison gebracht.

Morris legte Berufung gegen das Urteil ein. Am 20. Februar 1950 wies der Appellationsgerichtshof unter Vorsitz des Lord-Oberrichters Lord Goddard diese Berufung zurück. Im Pentonville Prison fiel Evans in der Folgezeit durch seine fatalistische Gelassenheit auf. Er aß reichlich und schlief gut. Sein Benehmen gab nie Anlaß zu einem Tadel. Er zeigte weder Reue noch Gewissensbisse. Niemand fand ihn bösartig. Alle, die mit ihm zusammenkamen, hatten bisher andere Vorstellungen von einem Gatten- und Kindesmörder gehabt.

Der Innenminister, der Labour-Politiker Chuter Ede, empfahl dem König die Ablehnung eines Gnadengesuchs, das tausendachthundert Unterschriften trug. Am 9. März 1950, früh um neun Uhr, wurde Timothy John Evans von dem Henker Pierrepoint im Pentonville Prison hingerichtet.

Die Toten hinter der Wand

In Rillington Place 10 war es still geworden. Die Wohnung der Evans blieb leer. Mr. Kitchener aus der ersten Etage war völlig erblindet und zog aus. Die Londoner Postsparkasse entließ ihren Angestellten John Halliday Reginald Christie, da durch den Prozeß dessen Vorstrafen bekannt geworden waren. Dieser Prozeß hatte ihm offenbar physisch sehr zugesetzt, denn während des ganzen Sommers war Christie wegen Schlafstörungen und nervlicher Überreizung in ärztlicher Behandlung.

Am 3. August 1950 wechselte Rillington Place 10 seinen Besitzer. Der Jamaikaner Charles Brown kaufte das Haus und vermietete die beiden oberen Etagen an Einwanderer aus seinem Heimatland. Die Christies konnten im Erdgeschoß wohnen bleiben, lebten jedoch mit den neuen Bewohnern in dauerndem Streit.

Mit einer Klage wegen Hausfriedensbruchs hatte Mr. Christie Erfolg. Er mußte zwar weiterhin die einzige Toilette im Haus mit den übrigen Mietern teilen, durfte aber den kleinen Garten allein benutzen. Vom Herbst 1950 an arbeitete er als Schreiber bei einer Straßenbaufirma. Am 6. Dezember 1952 kündigte er diese Stellung mit der Begründung, daß er und seine Frau nach Sheffield ziehen wollten, um ein günstiges Angebot einer dortigen Firma anzunehmen.

Sechs Tage später, am 12. Dezember, brachte Mrs. Ethel Christie ihre Wäsche in die Waschanstalt in der Walmer

Road. Sie wurde danach nicht mehr in Rillington Place gesehen, und Mr. Christie erzählte Mrs. Swan, einer Nachbarin, seine Frau sei schon nach Sheffield gereist und er würde bald nachfolgen.

Die Weihnachtstage verbrachte Christie noch in London. Anfang Januar verkaufte er die spärliche Wohnungseinrichtung an seinen Freund Hookway, den Möbelhändler aus der Portobello Road. Er wollte fünfzehn Pfund haben, bekam aber nur zwölf. In der Wohnung blieben eine alte Matratze, ein Liegestuhl, ein Tisch und zwei Küchenstühle zurück. Mr. Christie löste das Sparbuch seiner Frau auf und quittierte den Empfang von reichlich zehn Pfund mit „E. Christie (Mrs.)". Am 13. März 1953 schließlich verließ er Rillington Place 10.

Der Hausbesitzer Charles Brown vermietete das Erdgeschoß an seinen Landsmann Beresford Brown. Die Wohnung war verschmutzt und verkommen. Der neue Mieter räumte das alte Gerümpel fort und hatte große Mühe mit dem Säubern der Räume. Er scheuerte Dielen und Wände, doch den Gestank, der der Wohnung anhaftete, konnte er nicht beseitigen.

Am 24. März wollte er in der Küche ein kleines Wandbrett für sein Radio anbringen. Die Hammerschläge klangen hohl, die Nägel fanden keinen Halt. Mr. Brown versuchte es an einer anderen Stelle. Ein Schlag, und wieder war der Nagel verschwunden. Beresford Brown fluchte. Dann riß er ein kleines Stück Tapete herunter. Er hatte geglaubt, daß es die Außenwand sei, aber offenbar gab es hier so etwas wie einen Alkoven. Seine Neugier war geweckt, und Beresford Brown suchte eine Taschenlampe. Dann schaute er in die Öffnung hinein und erstarrte. Der Lichtstrahl ertastete eine nackte, aufrecht sitzende Frauenleiche.

Mit einem Schrei ließ Brown die Taschenlampe fallen. Nach wenigen Sekunden stand er vor der Tür in der zweiten Etage und berichtete den Nachbarn aufgeregt von der furchtbaren Entdeckung. Dann rannte er zur Notting Hill Police Station. „Schnell, kommen Sie", rief er den Konstablern zu, „ein grausamer Fund! Eine Frauenleiche in Rillington Place zehn, in der ehemaligen Wohnung von Mr. Christie."

Rillington Place 10 war den Polizisten noch ein Begriff, und schneller als sonst üblich traf das Einsatzkommando in dem Haus des Grauens ein. Die Verkleidung des Alkovens wurde rasch entfernt, und der Anblick, der sich bot, war furchtbarer als erwartet. Insgesamt drei Frauenleichen steckten in dem engen Verschlag. Die Polizisten durchsuchten das ganze Haus, klopften die Wände ab, stocherten in den Dielen herum, rückten Schränke zur Seite und leuchteten in jeden Winkel. Am späten Abend fanden sie die vierte Tote. Sie lag unter den Dielen des Wohnzimmers im Erdgeschoß. Es war die Leiche von Mrs. Ethel Christie.

Die Identifizierung der drei Frauen aus dem Alkoven erwies sich als relativ einfach. Ihre Namen waren bei Scotland Yard bekannt. Sie wurden dort als Prostituierte geführt und waren außerdem in der Vermißtenkartei registriert. Es handelte sich um Kathleen Maloney, Rita Nelson und Hectorina MacLennan.

Die gerichtsmedizinische Untersuchung ergab als Todesursache in allen drei Fällen Erdrosselung im Zustand einer beginnenden, aber nicht tödlichen Gasvergiftung. Die Gasdosis mußte jedoch so stark gewesen sein, daß die Frauen keinen Widerstand mehr leisten konnten. Spuren einer Abwehrreaktion wurden nicht festgestellt. Zum Zeitpunkt des Todes oder kurz danach waren an den Frauen außerdem sexuelle Handlungen vorgenommen worden. Ihr Tod lag schätzungsweise elf, zehn beziehungsweise drei Wochen zurück.

Bei Mrs. Christie konnten nur die Symptome einer Erdrosselung gefunden werden. Der Tod mußte vor etwa fünfzehn Wochen eingetreten sein. Die Londoner Zeitungen waren mit sensationellen Berichten über die Funde in Rillington Place 10 gefüllt. Die Leser wurden in Panik versetzt. „Wann schlägt der Mörder wieder zu?" So oder ähnlich lauteten die Schlagzeilen. Manches erinnerte an die Zeiten von Jack the Ripper.

Scotland Yard suchte fieberhaft nach John Halliday Regi-

nald Christie, „um ihn zu befragen", wie es in dem Steckbrief hieß, „da er nach Meinung der Metropolitan Police
bei der Aufklärung behilflich sein könnte". Das Bild des
Glatzkopfes mit der Brille ging durch alle Zeitungen, und
aus vielen Teilen des Inselreichs meldeten sich Menschen,
die den Gesuchten gesehen haben wollten. Aber sämtliche
Hinweise erwiesen sich als falsch. Mr. Christie blieb zunächst verschwunden.

Inzwischen stellten die Detektive weitere Recherchen an.
Nach dem Haus nahmen sie sich den Garten vor. Am
27. März fanden sie in einem Blumenbeet mehrere Knochen. Ein Arzt identifizierte den Fund als Teile eines
menschlichen Skeletts. Die Detektive gruben den ganzen
Garten um. Menschenhaare und weitere Knochen kamen
zum Vorschein. Am Zaun fanden sie schließlich einen
Hüftknochen, der dort jahrelang als Stütze gedient hatte.

Im Gerichtsmedizinischen Institut von Scotland Yard und
in zwei anderen Instituten wurden die Knochen untersucht.
Sie gehörten zu zwei Frauenleichen. Bei einem Skelett
fehlte der Schädel.

Eine Zahnkrone ermöglichte die Identifizierung der ersten
Leiche. Es waren die Überreste von Ruth Fuerst, die seit
August 1943 als vermißt galt. Kurz vor Kriegsausbruch
war die gebürtige Wienerin im Alter von siebzehn Jahren
nach London gekommen, wo sie zunächst als Lehrkranken-
schwester arbeitete. Bei Kriegsausbruch nahm sie eine Stellung in einer Munitionsfabrik an. 1943, als sie einundzwanzig Jahre alt war, bewohnte sie ein möbliertes Zimmer in
Oxford Gardens 41, nur wenige Minuten von Rillington
Place entfernt. An einem August war sie früh zur Arbeit
gegangen und nicht mehr zurückgekehrt. Das andere Skelett gehörte Muriel Eady, die im Oktober 1944 im Alter von
einunddreißig Jahren plötzlich verschwunden war. Sie
hatte zuvor im selben Betrieb wie Mr. Christie gearbeitet
und freundschaftliche Beziehungen zu dem Ehepaar unterhalten.

Damals, in den Kriegsjahren, liefen bei der Londoner Polizei zahlreiche Vermißtenmeldungen ein. Viele Menschen

kamen bei Bombenangriffen der Faschisten fern von ihren Wohnungen ums Leben und waren auf diese Weise unerkannt und plötzlich verstorben. Die Nachforschungen wurden meist bald wieder eingestellt.

Nach den Knochenfunden im Garten suchte Scotland Yard in verstärktem Maße nach dem Mann, der wahrscheinlich als einziger Auskunft über die sechs Verbrechen geben konnte. Eine erste Spur, die Christie hinterlassen hatte, verlief im Sande. Am 13. März war er in das Rowton House in der King's Road gegangen und hatte zunächst eine Bettkarte für sieben Nächte gekauft. Als am 25. März die Zeitungen erste Meldungen über die Leichenfunde in Rillington Place 10 brachten, verschwand er von dort. Weitere Anhaltspunkte konnten nicht gefunden werden.

In den Morgenstunden des 31. März patrouillierte Sergeant Thomas Ledger durch den Stadtteil Putney. Gegen neun Uhr erreichte er die Themse in der Höhe der Putney Bridge. Der Fluß ist an dieser Stelle von einer Ufermauer begrenzt. Der Sergeant erkannte im milchigen Nebel einen Mann, der sich über die Mauer beugte. „Was machen Sie da?" fragte er ohne besondere Absicht. „Suchen Sie Arbeit?"

Der Mann drehte sich langsam um. „So ist es", antwortete er, „aber ich habe keine Arbeitslosenkarte erhalten."

„Darf ich Ihren Ausweis sehen?"

„Ich habe keinen bei mir."

Dem Sergeant kam der Mann irgendwie bekannt vor. „Nehmen Sie Ihren Hut ab!" forderte er ihn auf.

Der Mann entblößte seinen Kopf. Er hatte eine Glatze und trug außerdem eine starke Brille. Für den Sergeanten gab es keinen Zweifel mehr. Vor ihm stand John Halliday Reginald Christie.

Auf dem Weg zur Putney Police Station unternahm Christie keinen Versuch zu entkommen. Bei der Durchsuchung auf dem Polizeirevier wurden eine Identitätskarte auf den Namen John Halliday Reginald Christie und andere Legitimationspapiere gefunden.

Chefinspektor Griffin, der vom Victoria Embankment in aller Eile nach Putney geholt worden war, begann mit dem

Verhör. Noch am Tage seiner Verhaftung legte Christie ein erstes Geständnis ab. Nach dem Tod seiner Frau befragt, erklärte er: „Am vierzehnten Dezember neunzehnhundertzweiundfünfzig erwachte ich früh kurz nach acht Uhr und sah, wie meine Frau, von Krämpfen geschüttelt, im Bett hin und her geworfen wurde. Ihr Gesicht war blau angelaufen, und sie rang nach Atem. Ich habe getan, was in meinen Kräften stand, um ihr Luft zu verschaffen, aber es war hoffnungslos. Ich konnte es nicht mehr ertragen, sie leiden zu sehen. Da habe ich einen Strumpf ergriffen und um ihren Hals gebunden, um sie einzuschläfern. Dann sah ich, daß sie zuvor dreiundzwanzig Schlaftabletten genommen hatte. Zwei oder drei Tage habe ich den Leichnam im Bett gelassen, um ihn dann unter die Dielen des Vorderzimmers der Wohnung zu legen."

Bei der gerichtsmedizinischen Untersuchung waren im Körper von Ethel Christie keine Spuren von Schlafmitteln gefunden worden. Es stand aber einwandfrei fest, daß sie erdrosselt worden war. John Halliday Reginald Christie hatte seine Frau kaltblütig ermordet.

Bei den zahlreichen Verhören verfolgte er immer die gleiche Taktik: Er gab einiges zu, dann erzählte er Lügen oder übertrieb maßlos, und an vieles wollte er sich nicht mehr erinnern. Sein Ziel bestand offenbar darin, für verrückt erklärt zu werden.

Die drei Frauen im Alkoven habe er ebenfalls umgebracht. Auch Mrs. Evans, für deren Tod der Henker das Leben des Timothy Evans gefordert hatte. An die kleine Geraldine konnte er sich angeblich nicht mehr erinnern, ebensowenig wie an die beiden Frauen im Garten. Doch wahrscheinlich habe er auch sie damals getötet.

Ein dämonischer Mörder, der sieben Frauen und ein Kind umgebracht hatte, befand sich in den Händen von Scotland Yard. Genau drei Jahre und zweiundzwanzig Tage vor der Verhaftung von John Halliday Reginald Christie war im Pentonville Prison der unschuldige Timothy John Evans gehenkt worden, von erbarmungslosen Detektiven zum falschen Geständnis gezwungen, von einem oberflächlich und verantwortungslos leichtsinnig arbeitenden Polizeiapparat mit falschen Indizien belastet, von einem bestialischen Mörder im Biedermannfrack zur Selbstbeschuldigung veranlaßt und vom Gericht fälschlicherweise zum Tode verurteilt.

Während der Ermittlungen durch Scotland Yard und noch während des Prozesses hatte es eine Fülle von Hinweisen gegeben, die gegen eine Schuld von Evans sprachen. Doch keiner wurde von den Verantwortlichen ernsthaft geprüft. Scotland Yard veranlaßte die Handwerker Jones und Willis durch Druck zu falschen Aussagen, um schnell einen Fall abschließen und einen Täter präsentieren zu können. Hätten die Detektive Rillington Place 10 seinerzeit etwas gründlicher durchsucht, wäre ihnen der Hüftknochen am Zaun und der Menschenschädel im Mülleimer nicht entgangen. Gerade in diesen Tagen hatte Christies Hund in den Gartenbeeten gewühlt und dabei den Kopf der Ruth Fuerst ausgebuddelt. Der Mörder warf den Schädel zunächst in einen Eimer und brachte ihn dann auf ein benachbartes Ruinengrundstück. Dort wurde das Corpus delicti gefunden und nur oberflächlich untersucht. Eine Identifizierung wäre möglich gewesen, zumal sie drei Jahre später nur anhand eines kleinen Restes des Schädels – einer Zahnkrone – eindeutig erfolgte. Bei präziser Arbeit wären die Detektive zu irgendeinem Zeitpunkt des Falles Evans auf die Verbrechen des John Halliday Reginald Christie gestoßen, und vier weitere Frauen wären vom Zugriff des Mörders verschont geblieben.

Während des Prozesses hatte der Ankläger Humphreys – obwohl er die widersprüchlichen Aussagen der Handwerker kannte und von dem Verteidiger auf zahlreiche entlastende Momente aufmerksam gemacht wurde – nur ein Ziel: Der Kopf von Evans mußte rollen! Die gegen Christie vorgebrachten Beschuldigungen ließ er nicht nachprüfen und verstieg sich sogar – obwohl die Vorstrafen seines Zeugen offenbar geworden waren – zu der Behauptung, Christie wäre ein völlig ehrenwerter Mann.

Wenige Tage vor dem Prozeß war Humphreys zum Senior

Treasury Counsel ernannt worden. Im Prozeß gegen Evans wollte er offenbar durch unerschütterliche Konsequenz seine Qualitäten für dieses hohe Amt unter Beweis stellen. Timothy John Evans, ein Mann mit der Intelligenz eines Elfjährigen, in seinem Wesen jedoch gutmütig, ein unschuldiger Mensch, der lediglich durch seine Phantastereien manchmal etwas Anerkennung suchte, mußte dafür sein Leben opfern.

Am naheliegendsten ist wohl die Frage, welche Konsequenzen aus dem Justizmord an Timothy Evans gezogen wurden. Doch bevor wir darauf eine Antwort geben, wollen wir erst noch die Verbrechen des John Halliday Reginald Christie und ihre Sühne aufzeichnen.

„Halliday & Midgley" war vor der Jahrhundertwende die größte Schuhfabrik von Halifax. Die Tochter des Mitinhabers Halliday heiratete einen Mann namens Ernest John Christie, der als Gestalter von Teppichmustern bekannt war. Ihnen wurde am 8. April 1898 ein Sohn geboren. Den beiden Vornamen John Reginald fügten sie noch einen dritten – Halliday – hinzu, um ihren Sohn immer an seine vornehme Herkunft zu erinnern.

Als Christie mit fünfzehn Jahren sein erstes sexuelles Erlebnis suchte, versagte er kläglich. Das Mädchen plauderte dieses Fiasko aus, und Christie hatte seinen Spitznamen gefunden. „Reggie – ohne was", riefen ihm die Jungen und Mädchen auf der Straße nach. Jene beschämenden Szenen, die er nie vergaß, und eine dauernde sexuelle Unvollkommenheit bestimmten fortan sein Verhältnis zu Frauen, das mehr und mehr von einem pathologischen Haß geprägt wurde.

Im ersten Weltkrieg war er zwei Jahre Soldat, arbeitete dann als Buchhalter und heiratete 1920 die gleichaltrige Ethel Waddington. Dann wechselte er zur Post über und machte dort seine erste Unterschlagung. Die Kette der im Prozeß gegen Evans genannten Vorstrafen hatte ihren Anfang genommen. Diese Vergehen und seine Versuche, bei Prostituierten sexuelle Befriedigung zu erlangen, waren für seine Eltern der Anlaß, ihn zu enterben. 1924 verließ

Christie seine Frau und übersiedelte nach London. Neun Jahre später nahmen beide das gemeinsame Leben wieder auf, und 1938 bezogen sie das Erdgeschoß in Rillington Place 10.

Ein Jahr später gelang es Christie durch Verschweigen seiner Vorstrafen, als Hilfspolizist bei der War Reserve Police eingestellt zu werden. In dieser Eigenschaft lernte er die Österreicherin Ruth Fuerst kennen.

Als Christie nach seiner Verhaftung über den ersten Mord verhört wurde, konnte er sich angeblich an nichts erinnern. Später gab er jedoch zu, daß die Fuerst ihn in Abwesenheit seiner Frau mehrfach besucht hätte. Er sei immer anständig gewesen, aber das Mädchen wollte mit ihm Geschlechtsverkehr haben. „Während des Geschlechtsaktes erdrosselte ich sie mit einem Strick“, gestand Christie. Später habe er sie im Garten vergraben.

Muriel Eady, das zweite Opfer, war eine Arbeitskollegin von Christie. Als sie über einen Katarrh klagte, versicherte Christie, er könne ihr helfen. Sein Inhalationsapparat sei dafür gerade das richtige. Muriel Eady kam nach Rillington Place 10 und verließ das Haus nicht mehr lebend. Sie inhalierte eine Mischung von Balsam und Leuchtgas und wurde bewußtlos.

„Ich habe eine vage Erinnerung daran“, schilderte Christie das weitere Geschehen, „daß ich einen Strumpf nahm und ihn ihr um den Hals band. Ich bin mir aber nicht ganz sicher. Ich glaube, ich hatte auch Verkehr mit ihr, als ich sie erdrosselte. Dann schaffte ich sie wohl in die Waschküche und vergrub sie später im Garten.“

Für den Zeitraum von 1944 bis 1949 wurden keine Verbrechen Christies bekannt. Er war gefragt worden, ob er in jenen fünf Jahren einen Mord begangen hätte, und er antwortete: „Kann schon sein, ich weiß es nicht. Kann mich jetzt gar nicht daran erinnern.“

Für den Mord an Beryl Evans im November 1949, den Christie ohne Einschränkung gestand, gab er folgende Darstellung: Die junge Frau hätte sich mit Gas vergiften wollen. Er sei dazugekommen, habe Fenster und Türen geöffnet und sie dadurch gerettet. Am nächsten Tage hätte sie ihn um Intimitäten gebeten, zu denen er körperlich aber nicht in der Lage gewesen wäre. Daraufhin habe ihn Mrs. Evans ersucht, ihr beim Selbstmord behilflich zu sein. „Ich drehte den Gashahn auf und hielt den Schlauch, soweit ich mich erinnere, nahe an ihren Kopf. Ich versuchte noch einmal, mit ihr Verkehr zu haben. Aber das war unmöglich. Ich konnte mich nicht bewegen. Ich glaube, dann habe ich sie erdrosselt. Ich glaube, mit einem Strumpf, der im Zimmer lag." Von einem Verstecken der Leiche im Waschhaus wollte Christie ebensowenig wissen wie von einer Tötung der kleinen Geraldine.

Diese Version war offenbar falsch, denn die Obduktion hatte seinerzeit keine Spuren einer Gasvergiftung ergeben. In Wirklichkeit dürfte das Verbrechen mit dem Angebot Christies, an Mrs. Evans die Abtreibung auszuführen, vorbereitet worden sein. Zum verabredeten Zeitpunkt hat dann der Mörder einen aborteinleitenden Eingriff vorgetäuscht, die Frau erdrosselt und geschlechtlich mißbraucht.

Die Ermordung der drei Prostituierten, die in dem Alkoven gefunden worden waren, schilderte Christie jeweils mit fast den gleichen Worten. Sie seien zu ihm in die Wohnung gekommen, ein Streit wäre ausgebrochen, und die Prostituierten hätten ihn tätlich angegriffen. „Ich weiß nicht, was passiert ist", erzählte Christie im Fall der Kathleen Maloney, „aber ich muß völlig den Verstand verloren haben. Ich erinnere mich nur noch, daß sie dann in dem Lehnstuhl lag, mit der Schnur um den Hals."

Die psychiatrische Untersuchung ergab, daß Christie auf Grund seiner sexuellen Unvollkommenheit zwar abnorm veranlagt, aber keinesfalls geisteskrank und unzurechnungsfähig war.

Vom 22. bis 25. Juni 1953 wurde in Old Bailey gegen Christie verhandelt. Die Anklage stützte sich auf die Ermordung von Mrs. Christie. Das Plädoyer der Verteidigung auf Unzurechnungsfähigkeit wurde von den Sachverständigen widerlegt. Nach der Verkündung des Todesurteils brachte man Christie in dieselbe Zelle, in der dreieinhalb Jahre zuvor Evans gesessen hatte. Am 15. Juli 1953 knüpfte ihn der Henker an den gleichen Galgen, an dem auch der unschuldige Timothy Evans starb.

Persilschein für den Yard

Noch während des Prozesses gegen John Halliday Reginald Christie begann ein makabres Spiel. Scotland Yard und die britische Justiz wollten unter allen Umständen ihre Unfehlbarkeit beweisen. Kronanwalt Sir Lionel Heald, Ankläger gegen Christie, konnte in seinem Plädoyer den Fall Evans nicht umgehen. In der Öffentlichkeit verdichtete sich immer mehr der Verdacht, daß Evans das Opfer eines Justizmordes geworden war. So wies dann der ehrenwerte Kronanwalt mit Nachdruck darauf hin, daß Evans nur wegen Tötung seiner Tochter verurteilt worden sei, nicht aber wegen des Mordes an seiner Frau. Und das Verbrechen an Geraldine Evans leugne der nunmehrige Angeklagte Christie, der so freimütig sieben andere Morde eingestanden hatte, ganz entschieden.

„Haben Sie im Hinblick auf die Ermittlungen, die Sie in dieser Sache angestellt haben, irgendeinen Grund anzunehmen", fragte der Kronanwalt Chefinspektor Griffin, „daß im Fall Evans der falsche Mann gehenkt worden ist?"

„Nicht im geringsten", antwortete der Detektiv mit Sicherheit wider besseres Wissen.

Scotland Yard versuchte allen Ernstes glaubhaft zu machen, daß in dem kleinen Haus in Rillington Place ganz zufällig zwei dämonische Mörder wohnten, die ihre Opfer auf die gleiche Art umgebracht und am gleichen Ort versteckt hatten.

Die Mutter von Timothy Evans wandte sich an den Unterhausabgeordneten George Rogers. Andere Abgeordnete nahmen sich ebenfalls der Sache an. Der Innenminister, Sir David Maxwell Fyfe – jetzt bekannt als Lord Kilmuir –, konnte nicht umhin, etwas zu unternehmen. Am 6. Juli 1953 beauftragte er den Stadtrichter von Portsmouth, Scott Henderson, und den Assistant Chief Constable von Scotland Yard, George Blackburn, mit der erneuten Untersuchung des Falles Evans.

Welche Instruktionen Sir David den beiden Beamten gab, ist nicht bekannt. Wir wissen nur, daß er durch zwei einfache Tricks einen Erfolg von vornherein ausschalten wollte. Henderson, mit der Materie nicht vertraut, mußte sich durch einige tausend Aktenseiten durcharbeiten und sollte noch vor der für den 15. Juli angesetzten Hinrichtung Christies das Ergebnis vorlegen. Außerdem durften die Untersuchungen nicht öffentlich erfolgen und keine Anwälte hinzugezogen werden.

Henderson und Blackburn hielten es nicht für nötig, die Handwerker, denen seinerzeit Chefinspektor Jennings die revidierten Aussagen abgepreßt hatte, vorzuladen, obwohl davon einiges in die Öffentlichkeit durchgesickert war. Sie hörten sich statt dessen neue Märchen von Christie an.

Am 13. Juli schloß Henderson den Bericht ab, der ein Dokument der Irrtümer, Fälschungen und Unterlassungen war. Es fehlten alle Tatsachen, die für Evans Unschuld und für Christies Schuld an den Vorgängen des Jahres 1949 sprachen. Die Behauptung Christies, hieß es in dem Untersuchungsergebnis, er habe Mrs. Evans erdrosselt, sei höchst unglaubwürdig. Das Geständnis, mit dem sich Evans selbst der beiden Morde bezichtigt hatte, wäre das einzig richtige, und von einer Erpressung durch Scotland Yard könne keine Rede sein. Der Bericht schloß mit der ungeheuerlichen Feststellung, daß im Fall Evans „aus Gründen von überwältigender Überzeugungskraft kein Fehlurteil vorliege".

Der ehemalige Innenminister, Chuter Ede, der seinerzeit eine Begnadigung Evans' abgelehnt hatte, gestand jedoch ein: „Ich glaube, im Fall Evans ist der Justiz ein Irrtum unterlaufen." Nach der Niederlage seiner Partei bei den Unterhauswahlen des Jahres 1951 hatte der Labour-Politiker Ede seinen Ministerposten an den Konservativen Sir

David Maxwell Fyfe abtreten müssen. Timothy Evans war von der Justizmaschinerie ermordet worden, als die Labour Party die Regierung stellte.

Am 29. Juli 1953 debattierte das britische Unterhaus über den Fall Evans. Gegen den Henderson-Report, noch mehr aber gegen das Verhalten von Polizei und Justiz in der Zeit von November 1949 bis März 1950 wurden von Abgeordneten der Labour Party scharfe Angriffe vorgetragen. Daß gerade diese Partei die Initiative ergriff, war nicht so erstaunlich, wie es auf den ersten Blick erscheinen mag. Die Übernahme der Regierungsgeschäfte durch die Labour Party im Jahre 1945 hatte zu keinerlei Veränderungen im Polizei- und Justizapparat geführt. Beide Behörden waren immer konservativ gewesen, und die Labour-Abgeordneten brauchten nicht zu befürchten, daß sie sich ins eigene Fleisch schnitten.

An den jetzigen Innenminister wurde unter anderen die Frage gerichtet, weshalb die Untersuchung durch Henderson in so kurzer Zeit und unter Ausschluß der Öffentlichkeit durchgepeitscht worden sei. Wenn der Bericht vor der Hinrichtung Christies fertiggestellt werden mußte, warum hätte man dann die Exekution nicht aufgeschoben, um eine gründlichere Analyse vornehmen zu können? Oder habe der Innenminister vielleicht die Absicht gehabt, Polizei und Justiz weißzuwaschen?

Sir David wies alle Vorwürfe entschieden zurück. Er habe schon früher die Ansicht geäußert, daß in England bei einem Mordprozeß praktisch keine Möglichkeit eines Justizirrtums bestehe. Und die Untersuchung durch Mr. Scott Henderson hätte diese Ansicht voll und ganz bestätigt. Die Hinrichtung Christies konnte nicht aufgeschoben werden, weil er, Sir David, ein durch und durch humaner Mensch sei. Wenn jemand wisse, daß er sterben müsse, dürfe man ihn nicht warten lassen. Insgesamt gesehen wären also die Vorwürfe der ehrenwerten Abgeordneten nicht gerechtfertigt. Trotzdem wolle man Mr. Henderson bitten, seine Untersuchung nochmals zu überprüfen.

Am 28. August 1953 legte Scott Henderson einen neuen Re-

263

port vor. Mit anderen Worten sagte er das gleiche wie im ersten Bericht. Die Abgeordneten fühlten sich an der Nase herumgeführt, und am 5. November debattierte das Unterhaus nochmals über den Fall Evans, zu dem nun ein Fall Henderson hinzugekommen war. Sir David stellte sich erneut schützend vor den Richter aus Portsmouth, und auch diese Debatte führte zu keinem Ergebnis.

Die britische Öffentlichkeit ließ sich durch dieses Ringelspiel jedoch nicht täuschen. Die Forderungen, den Fall Evans wieder aufzurollen und einen Unschuldigen zu rehabilitieren, verstummten nicht. Mehr als zwölf Jahre praktizierten die britischen Behörden ihre Hinhaltetaktik. Erst 1965 gaben sie dem Drängen der Öffentlichkeit nach. An einem Herbsttag jenes Jahres wurde im Hof des Pentonville Prison in aller Heimlichkeit das Grab von Timothy John Evans geöffnet. Die Exhumierung war gegen jedermann abgeschirmt worden. Auf Wunsch der Mutter wurden die Gebeine des Hingerichteten auf den Friedhof von Greenville übergeführt. Von dem Verbrechen, einen Unschuldigen gehenkt zu haben, konnten sich Justiz und Scotland Yard dadurch jedoch nicht reinwaschen.

Um den Kopf von Derek

Der Kampf auf dem Dach

Als Sergeant Fairfax seinen Blick auf die Uhr richtete, rückte der Zeiger gerade auf einundzwanzig Uhr fünfzehn. Seine Gedanken, daß der Sonntagsdienst zum Glück ruhig verlaufen war und in einer Dreiviertelstunde beendet sein würde, wurden durch das Läuten des Telefons unterbrochen. Der Sergeant griff zum Hörer. „Hier Croydon Police Station", meldete er sich. Eine aufgeregte Frauenstimme berichtete, daß vor wenigen Minuten zwei junge Burschen den Zaun des Warenhauses in der Tamworth Road überklettert hätten. Jetzt würden sie sich auf dem Dach des Gebäudes zu schaffen machen. Sie wohne dem Kaufhaus direkt gegenüber und könne es genau beobachten.
Fairfax ließ sich noch Namen und Telefonnummer der Frau nennen und bedankte sich für den Anruf. Dann erteilte er den Einsatzbefehl. Wenige Minuten später hatten zwei Polizeiwagen die in der Nähe der Croydon Police Station gelegene Tamworth Road erreicht. Im ersten Fahrzeug saßen außer Fairfax die Konstabler Harrison, Pain und McDonald. In einem Funkstreifenwagen folgten die Konstabler Miles und Bugden.
Der Sergeant kletterte als erster über den Zaun. Die einzige Möglichkeit, rasch auf das etwa sieben Meter hohe Gebäude zu gelangen, bot die Regenrinne. Nach einigen Anstrengungen hatte Fairfax das flache Dach erklommen. Im fahlen Mondlicht konnte er gerade noch erkennen, wie sich zwei Personen hinter einem Schornstein versteckten. Dann war das Dach in völlige Dunkelheit getaucht. Eine Wolke hatte sich vor die Mondsichel geschoben.

265

Als sich der Sergeant dem Schornstein bis auf knapp zwei Meter genähert hatte, ließ er seine Taschenlampe aufleuchten. „Hier ist die Polizei. Kommen Sie sofort hervor!"

„Wenn du uns haben willst", antwortete eine höhnische Stimme, „dann komm nur her und sieh zu, wie du uns erwischst."

Fairfax sprang vor und ergriff einen der Burschen. Der konnte sich jedoch wieder losreißen und rief: „Gib's ihm, Chris!" Diese Worte wurden auch von den Konstablern Miles, Harrison und McDonald gehört, die inzwischen gleichfalls aufs Dach geklettert waren.

Unmittelbar danach fiel der erste Schuß. Fairfax stürzte zu Boden. Die Revolverkugel hatte ihn an der Schulter getroffen. Ein zweiter Schuß verfehlte das Ziel. Trotz der Verwundung war der Sergeant schnell wieder auf den Beinen, stürzte sich erneut auf den Burschen, der sich eben von ihm losgerissen hatte, und konnte ihn zu Boden schlagen.

„Ich habe dem blöden Hund gesagt", versicherte der Überwältigte, „er soll nicht schießen." Konstabler McDonald überquerte mit einigen Sprüngen das Dach und übernahm die Bewachung des Gefangenen.

„Werfen Sie den Revolver weg", rief Fairfax dem schießwütigen Einbrecher hinter dem Schornstein zu. Die Antwort bestand aus einer ganzen Serie von Schüssen. Konstabler Bugden, der im Funkwagen zurückgeblieben war, meldete daraufhin die Schießerei an die Zentrale am Victoria Embankment und bat um Verstärkung.

Fairfax und seine Männer waren unbewaffnet, als sie gegen die beiden Burschen auf dem Dach des Warenhauses vorgingen. An das Einsatzkommando, das man nunmehr zur Verstärkung in die Tamworth Road beorderte, wurden jedoch Waffen ausgegeben.

Auf dem Warenhaus spitzte sich inzwischen die Jagd nach dem Verbrecher zu. Konstabler Miles, der zu einer Dachluke laufen wollte, wurde vom nächsten Schuß getroffen. Die Kugel saß genau zwischen den Augen, und der Polizist war sofort tot. Harrison sprang nach vorn. Irgendwie hatte sich eine Flasche auf das Dach verirrt. Harrison ergriff sie

266

und warf sie nach dem Schützen. Ein Brett folgte. Doch der Bursche konnte ausweichen und sich wieder hinter dem Schornstein verbergen. Von dort aus feuerte er eine weitere Serie von Schüssen über das Dach. Der Revolver in seiner Hand schien ihm das Gefühl der Unüberwindbarkeit zu verleihen. Er wurde von einem Gewaltrausch gepackt, richtete sich auf und schrie: „Hier steht Christopher Craig, ich bin der Rächer meines Bruders. Ihr habt ihn zu zwölf Jahren verknackt. Kommt nur her, ihr Polizeischweine! Denkt an eure Frauen! Ich bin erst sechzehn."

Währenddessen hatte Konstabler McDonald den zweiten, bereits festgenommenen Einbrecher zu einer Dachluke gezerrt und schickte sich an, ihn die Treppe hinunterzuschieben. „Paß auf, Chris", rief in diesem Augenblick der Bursche, „sie bringen mich 'runter!" Craig antwortete mit einem Fluch und erneuten Schüssen aus seinem Revolver.

Inzwischen war das bewaffnete Einsatzkommando in der Tamworth Road eingetroffen. Die Polizisten umstellten das Kaufhaus, drangen in das Gebäude ein und stürmten die Treppen nach oben. Andere versuchten, über die Regenrinne auf das Dach zu gelangen. Durch eine Luke bekam Fairfax eine Schußwaffe gereicht.

„Werfen Sie den Revolver weg!" rief der Sergeant. „Ich habe jetzt auch einen."

„Machen wir ein Duell?" höhnte Craig. „Das habe ich mir immer gewünscht." Der Revolver klickte. „Verdammt, jetzt, wo es richtig losgehen soll, ist die Kanone leer." Er machte einige Sätze, erreichte den Rand des Daches und stürzte sich in die Tiefe. Dort wurde er, schwerverletzt am Boden liegend, verhaftet. „Ich wünschte, ich wäre tot", sagte Craig, als er abtransportiert wurde. „Hoffentlich habe ich die ganze Bande umgelegt."

Wer war jener Christopher Craig, der am Abend des 2. November 1952 durch eine sinnlose Schießerei soviel Unheil angerichtet hatte? Er zählte in der Tat erst sechzehn Jahre und stammte aus einer Familie, die man als gut bürgerlich bezeichnen würde. Sein Vater hatte lange Zeit in der Royal Army gedient und es bis zum Hauptmann gebracht. Nach seiner Entlassung arbeitete er als Hauptkassierer bei einer Bank. Ein hübsches Vorstadthäuschen im Süden von London konnte er sein eigen nennen. Er war nie mit den Gesetzen in Konflikt geraten und hatte sich einige Mühe gegeben, seine beiden Söhne zu einem ehrbaren Lebenswandel anzuhalten. Das mißlang ihm jedoch gründlich.

Am 30. Oktober 1952 wurde vor Old Bailey gegen Niven Craig, mit sechsundzwanzig Jahren der ältere Sprößling der Familie, verhandelt. Er war des bewaffneten Raubes angeklagt und wurde, wie wir bereits wissen, zu zwölf Jahren Gefängnis verurteilt. Der zehn Jahre jüngere Christopher hatte seinen Bruder abgöttisch verehrt. Er wußte von dessen verbrecherischen Taten, und seine Wünsche zielten darauf ab, an den nächtlichen Fischzügen teilnehmen zu können. Niven hatte das jedoch stets abgelehnt.

Über die Umstände, die Niven Craig auf die Bahn des Verbrechens führten, ist uns nichts bekannt. Anders liegen die Dinge bei Christopher. Zum kriminellen Vorbild des Bruders kamen noch einige andere Faktoren hinzu. In der Schule hatte er nie Lesen und Schreiben gelernt. Sein Vater bemühte sich in unzähligen Stunden, dem Sohn das beizubringen, was der Schule nicht gelungen war. Schließlich aber kapitulierte auch er vor der Eigenart seines jüngsten Sohnes, die er Wortblindheit nannte.

Die Altersgenossen hänselten Christopher ständig wegen seines Analphabetentums. Er bekam Minderwertigkeitskomplexe und suchte nach Wegen, um diese abzureagieren. Die besten Möglichkeiten dazu fand er beim Besuch von Gangsterfilmen. Hier konnte er sich mit den Revolverhelden identifizieren. Keiner fragte die Killer, ob sie lesen oder schreiben konnten. Christopher Craig träumte, und die Verbrecher mit den bellenden Colts wurden die Idole seines jungen Lebens.

Bei seinen Überlegungen, wie er von der Illusion zur Wirklichkeit übergehen könnte, entdeckte Christopher Craig eines Tages seine Liebe zu den Schußwaffen. Ein englisches Gesetz aus dem Jahre 1937 hatte zwar festgelegt, daß niemand ohne polizeiliche Erlaubnis eine Schußwaffe besitzen dürfe. Die Möglichkeiten, sich auf illegalem Weg einen Revolver zu beschaffen, waren jedoch zahlreich. Schwarzhändler boten ihre Waffen zu relativ niedrigen Preisen an, und Christopher Craig nützte die günstigen Gelegenheiten. Schon als Schüler hatte er sich verschiedene Male einen Revolver besorgt. Er nahm seine Neuerwerbung sogar mit zur Schule, um damit den Klassenkameraden zu imponieren. Einmal hatten ihm diese Prahlereien eine Geldstrafe von dreißig Shilling wegen unbefugten Waffenbesitzes eingebracht.

Christopher Craig hatte allerdings auch versucht – und das muß man ihm zugute halten –, seine Liebe zu den Waffen in geordnete Bahnen zu lenken. Er bemühte sich um eine Ausbildung als Waffenschmied. Dieses Vorhaben scheiterte jedoch an seinem schlechten Wissensstand.

Eine ähnliche Geisteshaltung zeichnete den anderen Burschen aus, der zusammen mit Craig das Warenhausdach bestiegen hatte. Derek Bentley zählte zwar schon neunzehn Jahre, aber er war geistig noch weiter als Craig zurückgeblieben. Als Kind hatte er zweimal schreckliche Erlebnisse bei deutschen Luftangriffen gehabt. Seine Eltern wurden beide Male ausgebombt, und Derek war einmal im Keller verschüttet worden. Daraufhin stellten sich epileptische Anfälle ein und kehrten in bestimmten Abständen wieder. In der Schule hatte der Junge genau wie Christopher Craig weder Lesen noch Schreiben gelernt.

Mit vierzehn Jahren beging Bentley einen Ladendiebstahl. Das brachte ihm einundzwanzig Monate Jugendhaft ein. Später verdiente er als Müllkutscher und Möbelpacker einen kärglichen Unterhalt. Die Armee hatte ihn als untauglich abgewiesen. Dann schloß er sich dem jüngeren, aber in seiner Persönlichkeit stärker wirkenden Craig an. Infolge der Epilepsie waren Bentleys Minderwertigkeitskomplexe noch ausgeprägter als die von Craig. Bald stand Bentley unter dem Einfluß seines Freundes und war diesem vollkommen hörig.

Am Nachmittag des 2. November 1952 war Christopher Craig im Kino gewesen. Der amerikanische Film, den er sah, hatte in Großaufnahmen zahlreiche Schlachten zwischen Verbrechern und Polizisten gezeigt. Anschließend holte Craig aus seiner Wohnung einen Revolver und einen Schlagring und beschloß, „ein Ding zu drehen". Dann traf er sich mit Bentley, den er seit achtzehn Monaten kannte. Beide benutzten den Bus nach Croydon. Bentley erhielt während der Fahrt den Schlagring ausgehändigt. Vor dem Warenhaus in der Tamworth Road sagte Craig: „Den Bau knacken wir. Wir holen, was zu kriegen ist." Beide versuchten, vom Dach aus in das Kaufhaus einzudringen. Dabei wurden sie von den Polizisten überrascht. Christopher Craig verhielt sich so, wie er es Hunderte Male in Filmen gesehen hatte. Der Konstabler P. C. Miles mußte dafür mit seinem Leben bezahlen.

Das Geheimnis der Droge

Craig und Bentley wurden angeklagt, gemeinsam den Polizisten ermordet zu haben. Der Prozeß währte vier Tage. Vom 9. bis 12. Dezember 1952 wurde vor den Schranken von Old Bailey unter dem Lord-Oberrichter Lord Goddard verhandelt. Christmas Humphreys vertrat die Anklage, jener Mann, der knapp drei Jahre zuvor die Verurteilung des unschuldigen Timothy Evans gefordert hatte.

„Die Theorie der Anklage ist", verkündete Humphreys, „daß Craig mit Vorbedacht und voller Absicht den Polizisten ermordete, daß er sich hinterher seiner Tat rühmte und nur bedauerte, nicht noch mehr Leute erschossen zu haben. Bentley stiftete Craig an, die Schießerei zu beginnen. Obwohl er – technisch gesehen – bereits in den Händen der Polizei war, leistete er dem Schützen weiterhin moralische Unterstützung. Nach englischem Recht – und Sie können genausogut sagen: nach dem gesunden Menschenverstand – war er jederzeit an dem Mord beteiligt."

Mit dem gesunden Menschenverstand ist das jedoch so eine Sache. Die Ermordung des unbewaffneten Polizisten war zweifellos ein Verbrechen, das gesühnt werden mußte. Dennoch gab es sowohl in der Voruntersuchung durch Scotland Yard als auch im Prozeßverlauf, noch deutlicher aber in den Urteilen, Dinge, die durchaus nicht mit dem gesunden Menschenverstand zu vereinbaren waren. In den ersten Worten des Anklägers deutete sich davon schon einiges an.

Derek Bentley, durch die Folgen eines Bombenangriffes in seiner geistigen Entwicklung geschädigt und zurückgeblieben, sollte Craig, dem er hörig war, zu einem Mord angestiftet haben. Offenbar wollten Polizei und Justiz ein Exempel statuieren, das in Anbetracht der enorm gestiegenen Jugendkriminalität abschreckend wirken sollte. Dazu brauchte man aber einen vor dem Gesetz strafrechtlich voll verantwortlichen Jugendlichen. Bentley mit seinen neunzehn Jahren war dafür geeignet, der sechzehnjährige Craig hingegen nicht. Außerdem mußte, wenn eine Anstiftung zum Mord vorliegen sollte, nachgewiesen werden, daß Craig den Polizisten in voller Absicht erschossen hatte. Anderenfalls wäre es, trotz des tragischen Todes des Konstablers, nur ein Totschlag gewesen.

Die dümmlichen Kraftmeiereien Craigs auf dem Dach des Warenhauses und seine Worte, die er, schwerverletzt auf dem Boden liegend, gesprochen hatte, reichten zum Nachweis des vorsätzlichen Mordes offenbar nicht aus. Noch während Craigs Aufenthalt im Krankenhaus des Untersuchungsgefängnisses hatten sich deshalb die Detektive des Yard um ein Geständnis bemüht, und Craig hatte es geliefert. „Ich habe nach dem Kopf gezielt", sagte er, „und er fiel um wie ein Sack. Ich wollte unbedingt töten, denn ich hatte so viel Haß in mir nach all dem, was sie meinem Bruder angetan hatten."

Als beim Prozeß dieses Geständnis zur Sprache kam, erklärte Craig, daß er sich nicht erinnern könne, jemals so etwas gesagt zu haben. Es stellte sich heraus, daß er im Krankenhaus vor der Vernehmung mit Penthotal behandelt worden war. Dieses Präparat werde, hieß es in einem Prozeßbericht, „mitunter unzutreffend Wahrheitsserum genannt". Der Bericht enthielt außerdem das Eingeständnis, daß bei Scotland Yard die „Präparierung" von Verhafteten vor dem Verhör durchaus nicht zu den Seltenheiten gehört. „Penthotal wird zuweilen benutzt, um Menschen dazu zu bringen, freier zu sprechen, als sie es gewöhnlich tun."

Während des ganzen Prozesses fiel kein Wort der Kritik an Scotland Yard wegen der Anwendung des sogenannten Wahrheitsserums. Ankläger Humphreys fegte mögliche Bedenken rasch vom Tisch. „Noch bevor Sie überhaupt irgendeine Droge bekamen", hielt er Craig entgegen, „haben Sie gesagt: ‚Hoffentlich habe ich die ganze Bande umgelegt.' Schon dadurch haben Sie die Vorsätzlichkeit Ihrer Tat eingestanden."

Als Craig zu den Ereignissen in der Nacht des 2. November vernommen wurde, bestritt er, den Polizisten mit Absicht getötet zu haben.

Auf die Frage des Vorsitzenden, gegen welches Ziel er den Revolver angeschlagen hätte, als er den ersten Schuß abgab, antwortete der Angeklagte: „Auf den Boden, kurz vor mir. Gezielt habe ich nicht."

„Und trotzdem haben Sie den Sergeanten getroffen, der aufrecht vor Ihnen stand. Wie erklären Sie diese Tatsache?"

„Ich weiß nicht. Vielleicht ist die Kugel abgeprallt. Oder ich habe den Revolver anders gehalten. Hinter dem Schornstein konnte ich nichts sehen."

„Weshalb haben Sie überhaupt geschossen?"

„Ich wollte die Polizisten verscheuchen, damit wir nicht festgenommen werden."

„Wie weit war Konstabler Miles entfernt, als er durch Ihren Schuß getötet wurde?"

„Das konnte ich nicht sehen. Es war finster. Ich bemerkte nur, daß sich ein Polizist auf mich zu bewegte.",

„Hatten Sie die Absicht, den Konstabler zu erschießen?"

„Ich habe nie die Absicht gehabt, einen Polizisten zu töten. Ich wollte nur nicht festgenommen werden. Deshalb habe ich um mich geschossen."

„Vorhin wurde hier erwähnt, was Sie auf dem Dach den

Polizisten zugerufen haben. Mit welcher Absicht haben Sie das gesagt?"

„Ich wollte die Polizisten einschüchtern, damit sie nicht herankommen."

„Wie kamen Sie sich vor, als Sie mit dem Revolver in der Hand auf dem Dach standen?"

Craig überlegte kurz. „Wie im Film", sagte er dann mit leiser Stimme. Die anderen Antworten hatte er schnell und laut gegeben.

Schließlich wurde Craig über Bentleys Anteil an der Tat befragt. „Derek Bentley hat Ihnen mehrmals etwas zugerufen. Welchen Einfluß hatten diese Worte auf Ihr Handeln?"

„Den ersten Zuruf habe ich nicht verstanden. Die Polizisten riefen auch von allen Seiten. Aber Dereks Geschwafel hat mich gar nicht interessiert."

„Weshalb?"

„Derek ist kein Mann, er ist ein Feigling. Weil er mir immerzu hinterhergelaufen ist, bin ich manchmal mit ihm ins Kino gegangen."

„Hatten Sie sich für den Einbruch am zweiten November verabredet?"

„Nein, Sir. Ich traf Derek zufällig, und dann sind wir losgezogen."

Nach Christopher Craig betrat Bentley den Zeugenstand, um in eigener Sache befragt zu werden.

„Berichten Sie uns", forderte Lord Goddard den Angeklagten auf, „über die Ereignisse nach Ihrem Eintreffen vor dem Warenhaus!"

„Chris kletterte über den Zaun, und ich bin nachgestiegen." Bentley gab seine Antworten mit stockender und brüchiger Stimme. Er machte einen unsicheren, ja geradezu ängstlichen Eindruck und geriet oft ins Stottern.

„Hatten Sie den Einbruch zuvor mit Craig abgesprochen?" fragte der Lord-Oberrichter.

„Nein, Sir. Im Bus sagte Chris zu mir, daß wir einen Laden knacken wollten. Ich wollte so etwas einmal mitmachen und habe dann getan, was Chris sagte."

„Was hat er Ihnen denn gesagt?"

„Ich soll ruhig sein und hinter ihm herklettern. Und dann sollte ich alles tun, was auch er macht."

„Sie wurden ziemlich schnell überwältigt. Haben Sie versucht, wieder freizukommen?"

„Zuerst konnte ich mich noch einmal losreißen. Aber dann habe ich nichts mehr unternommen."

„Sie hatten in der Tasche einen Schlagring. Haben Sie diesen benutzt?"

„Ich habe gar nicht mehr an das Ding gedacht. Als ich überwältigt war, habe ich die ganze Sache bereut und hatte Angst!"

„Sie haben Ihrem Kumpanen zugerufen, daß er es den Polizisten geben soll. Welche Absicht hatten Sie dabei?"

„Ich habe vorher so etwas im Film gesehen, und Chris sollte die Polizisten verjagen."

„Wußten Sie, daß Craig schießen würde?"

„Ich wußte gar nicht, daß er einen Revolver bei sich hatte." Diese Antwort war offenbar eine Lüge, und Bentley verärgerte damit die Geschworenen. Für das spätere Urteil war das nicht ohne Belang. Und eine nächste Aussage, mit der Bentley sich in ein gutes Licht rücken wollte, wurde ihm vollends zum Verhängnis.

„Welche Gedanken bewegten Sie", fragte Lord Goddard, „als Sie festgenommen waren und Craig mit der Schießerei begann?"

„Ich bin eigentlich gar nicht festgenommen worden. Der eine Polizist hat mich niedergeschlagen, und da bin ich einfach liegengeblieben. Dann war ein anderer Polizist in meiner Nähe und paßte wohl etwas auf. Wenn ich gewollt hätte, wäre es ein leichtes gewesen, zu entkommen. Aber ich wollte nicht wieder zu Chris hinter den Schornstein."

An dieser Stelle griff der Ankläger in die Vernehmung Bentleys ein und bat ums Wort. „Ich darf feststellen", rief Humphreys, während er seinen Blick den Geschworenen zuwandte, „daß sich der Angeklagte Bentley nicht als im Gewahrsam der Polizei befindlich betrachtete, als er seinen Kumpanen zum Mord an den Polizisten aufforderte und als Craig dieser Aufforderung durch die Schießerei nachkam. Und wer sich nicht im Gewahrsam der Polizei befindet, ist mitverantwortlich für alles, was zu dieser Zeit geschieht. In diesem Sinne ist Bentley in gleicher Weise des vorsätzlichen Mordes schuldig wie Craig. Hat der Angeklagte etwa seinem Kumpanen zugerufen, er solle mit dem Schießen aufhören? Kein derariges Wort ist gefallen. Im Gegenteil! Als Bentley später vom Dach weggebracht wurde, teilte er das noch durch Zuruf seinem Freund mit. Das war doch sicherlich eine Aufforderung", fragte Humphreys den Angeklagten, „weiterzuschießen, da nunmehr das Dach frei war?"

„Ich fürchtete", stotterte Bentley, „er könne jemanden treffen, als wir uns bewegten, einen Polizisten oder mich. Wir wollten nur einbrechen, aber nicht töten."

Der Verteidiger Craigs, der Anwalt E. J. Parris, erkannte im Schlußwort die Schuld seines Mandanten für die Tötung des Konstablers Miles an. Er plädierte dafür, die Untat als Totschlag zu werten. In Anbetracht der herrschenden Finsternis habe Craig gar keinen gezielten Schuß abgeben können. Die Tatsache, daß die Kugel den Polizisten genau zwischen die Augen traf, sei ein Zufall gewesen. Diese Feststellung des Verteidigers war zweifellos richtig. Die am 2. November eingesetzten Polizisten bestätigten, daß ganz am Anfang, noch vor der Schießerei, der Mond die Szene dürftig erhellt hätte. Doch dann sei es völlig dunkel geworden.

Parris verwies außerdem auf die Wertlosigkeit des Geständnisses von Craig vor den Detektiven des Yard, da dieses unter der Einwirkung einer Droge abgelegt worden war, und hob schließlich nochmals die charakterliche Entwicklung seines Mandanten und die daraus resultierende Renommiersucht mit Schußwaffen hervor.

Der Anwalt F. H. Cassels hatte die Verteidigung von Derek Bentley übernommen. Er plädierte ungeschickt. Sein Gedankengebäude stützte sich auf zwei Säulen, von denen eine morsch war. Die Geschworenen könnten seinen Mandanten nur schuldig sprechen, argumentierte Cassels, wenn dieser tatsächlich gewußt hätte, daß Craig einen Revolver bei sich führte.

Bentley hatte das bekanntlich geleugnet und somit die Geschworenen verärgert. Da er gleich nach seiner Festnahme versichert hatte, daß Craig von ihm aufgefordert worden sei, nicht zu schießen, mußte er von der Existenz des Revolvers gewußt haben. Das war außerdem auch auf Grund der ständigen Prahlereien Craigs mit seinen Waffen anzunehmen.

Das zweite Argument, das Cassels anführte, faßte alle Tatsachen zusammen, die gegen eine Anstifterrolle Bentleys sprachen. Dieses Argument war an sich beweiskräftig. Da der Anwalt jedoch auf Grund seines ersten Winkelzugs an Überzeugungskraft verloren und außerdem versäumt hatte, die zweifellos verminderte Zurechnungsfähigkeit seines Mandanten durch ein psychiatrisches Gutachten unter Beweis zu stellen, machten seine Worte keinen großen Eindruck im Gerichtssaal.

Der Ankläger stellte trotz der von beiden Angeklagten eingestandenen Führerschaft Craigs die Taten als gleichwertig hin. Im Falle Craig liege vorsätzlicher Mord vor, und Bentley sei der Anstifter gewesen. „Ich fordere Sie daher auf", wandte sich Christmas Humphreys an die Geschworenen, „die beiden jungen Männer des vorsätzlichen Mordes schuldig zu sprechen."

In seinem Schlußwort versuchte der Lord-Oberrichter zunächst, die tieferen Ursachen des Verbrechens von Craig von der Entscheidung über den Schuldspruch abzutrennen. „Lassen Sie in diesem Fall", sagte Goddard, „alle Gedanken an Filme, Comics und ähnliche Arten von Literatur außer acht. Sie werden heutzutage immer vorgebracht, wenn junge Leute auf der Anklagebank sitzen, und haben wirklich sehr wenig mit dem Vorgang in der Tamworth Road zu tun."

Dann verwies er auf den besonderen Schutz, den in England Polizisten bei der Ausübung ihres Dienstes genießen, und leitete daraus seine Meinung über die Bewertung des Verbrechens ab. „Daher ist es Mord, wenn im Verlaufe der rechtmäßigen Verhaftung der Gefangene eine Handlung vornimmt, durch die ein Polizist getötet wird."

Die Zusammenfassung der Verhandlungsergebnisse ließ den Eindruck entstehen, daß Goddard der Theorie der Anklage mehr Gewicht als den Zeugenaussagen und den Plädoyers der Verteidigung zuerkannte. Bentleys Krankheit und die damit verbundene geistige Zurückgebliebenheit, seine Hörigkeit gegenüber Craig und die daraus zu folgernde Unwahrscheinlichkeit einer Anstifterrolle wurden nicht erwähnt. Außerdem griff der Lord-Oberrichter der Entscheidung der Jury vor, als er sagte: „Diese beiden Jugendlichen verbindet der Mord an einem Polizisten. Dort, wo zwei oder mehrere Personen eine rechtswidrige oder kriminelle Handlung begehen, ist es unnötig, zu zeigen, daß beide sie eigenhändig begangen haben. Ich glaube, ich habe Sie hinreichend daran erinnert, was die Anklage vorbringt. Mit diesen Worten bitte ich Sie, sich mit der schweren Pflicht zu befassen, Ihren Schuldspruch zu fällen."

Die Jury bestand aus zwölf Männern. Sie konnten sich nicht sofort einigen und berieten siebenundsiebzig Minuten. Dann gaben sie ihre Entscheidung bekannt: „Craig und Bentley sind schuldig im Sinne der Anklage." Für Bentley empfahlen sie eine Gnadenentscheidung.

Der Lord-Oberrichter verkündete die Urteile: „Derek Bentley, Sie sind neunzehn Jahre alt. Es ist deshalb meine Pflicht, über Sie die einzige Strafe zu verhängen, die das Gesetz für das Verbrechen des vorsätzlichen Mordes vorsieht. Ich verurteile Sie zum Tode. – Christopher Craig, Sie sind noch nicht achtzehn Jahre alt, aber in meinen Augen trifft Sie die größere Schuld. Ich kann Sie nur dazu verurteilen, so lange in Haft zu bleiben, wie es Ihrer Majestät gefällt. Nach meiner Auffassung sind Sie einer der gefährlichsten jugendlichen Kriminellen, die je auf dieser Anklagebank gesessen haben."

Ob Craig den Polizisten P. C. Miles mit oder ohne Absicht erschossen hat, soll dahingestellt bleiben. Gegen ihn war das härteste Strafmaß angebracht. Nur die Tatsache, daß er noch nicht achtzehn war, rettete ihn vor dem Henker.

Das Todesurteil gegen Derek Bentley dagegen stellte eine Ungeheuerlichkeit dar. Nach englischem Recht sind mehrere Täter bei einem gemeinschaftlich begangenen Verbrechen unabhängig von ihrem Anteil an der Tat in gleicher Weise schuldig. Die Teilnahme an einem Gemeinschaftsverbrechen ist für den einzelnen mit der Verhaftung beendet. Derek Bentley war an jenem 2. November bereits fünfzehn Minuten in Polizeigewahrsam, als der tödliche Schuß fiel. Um auf die Geschworenen einen guten Eindruck zu machen, hatte er ausgesagt, er sei freiwillig in der Nähe des Konstablers McDonald geblieben. Der Ankläger drehte ihm daraus im wahrsten Sinne des Wortes den Strick.

Bentleys Anwalt legte Revision ein. Der Richter habe den Geschworenen den Fall zu einseitig vorgetragen, und das „bewußte und gewollte Zusammenwirken" mit Craig sei fünfzehn Minuten vor der Tötung des Polizisten beendet gewesen. Der Appellationsgerichtshof wies die Revision zurück. Die Geschworenen hätten das Zusammenwirken beider Täter eben nicht mit der Verhaftung des einen als beendet angesehen, denn Bentley habe eingestandenermaßen zum Zeitpunkt der Erschießung des Konstablers nicht das Empfinden gehabt, festgenommen zu sein. Daß diese Aussage nicht in das Konzept der Verteidigung passe, sei verständlich. Doch „die Antworten", hieß es im Urteil des Appellationsgerichtshofes wörtlich, „die eine beschuldigte Person während eines Prozesses im Kreuzverhör gibt, haben zuweilen das Ergebnis, daß sie verhindern, daß eine von einem Verteidiger vor den Geschworenen aufgebaute Rechtsposition verfolgt werden kann. Nach unserer Auffassung liegt nicht mehr als eine gewöhnliche Revision in einem Mordprozeß vor, die nicht begründet ist und daher zurückgewiesen wird."

Die Leichtfertigkeit, mit der diese Ablehnung nach dem Motto „Pech gehabt im Kreuzverhör" vollzogen wurde, war genauso ungeheuerlich wie das Todesurteil gegen Bentley selbst. Über den Vollzug des Urteils hatte Innenminister Sir David Maxwell Fyfe zu entscheiden. Ein Gnadengesuch Bentleys lehnte er ab. Das abschreckende Exempel sollte unter allen Umständen statuiert werden.

Die britische Öffentlichkeit war empört. Das Unterhaus debattierte über den Fall Bentley. „Ein nur zu drei Vierteln denkfähiger Junge von neunzehn Jahren", rief der Labour-Abgeordnete Aneurin Bevan dem Innenminister zu, „soll gehenkt werden für einen Mord, den er nicht begangen hat und der erst fünfzehn Minuten später, nachdem er selbst verhaftet ist, geschehen ist. Kann man uns zwingen, schweigend zuzusehen, wenn etwas derart Grauenvolles und Schockierendes geschieht?"

Doch auch die Unterhausdebatte führte zu keiner Wendung. Derek Bentley wurde im Wandsworth Prison gehenkt. Eine fragwürdige Justiz hatte ihr Opfer gefunden. Der Jugendkriminalität konnte dadurch allerdings kein Riegel vorgeschoben werden. Die unzureichende Erziehung im Jugendstrafrecht brachte es außerdem mit sich, daß sechzig Prozent aller einmal verurteilten Jugendlichen wieder rückfällig wurden.

007 lehrt das Killen

Die Filme, die Christopher Craig gesehen hatte und durch die er zum Verbrechen angeregt wurde, waren noch harmlos gegenüber dem, was 1953 in Großbritannien begann. Während der Lord-Oberrichter in seinem Schlußwort die Geschworenen aufforderte, „alle Gedanken an Filme, Comics und ähnliche Arten von Literatur außer acht zu lassen", war ein anderer Engländer dabei, letzte Hand an sein erstes Buch zu legen. Auf der Insel Ocarabessa in der Karibischen See beendete Jan Lancaster Fleming den Roman

„Casino Royale". James Bond, Geheimagent des Secret Service mit der Nummer 007, beginnt seinen Kampf gegen die Feinde der westlichen Welt. Die Doppelnull weist ihn als Killer aus, der töten darf, ohne der britischen Justiz darüber Rechenschaft ablegen zu müssen. „Eine doppelte Null zu bekommen ist nicht schwer", bekennt Bond, „wenn man bereit ist, den Gegner abzuschießen."

Als der erste Bond-Band in England erscheint, werden sofort 500 000 Exemplare verkauft. In zwölf Jahren erreichen die dreizehn Bücher des Jan Fleming eine Auflage von fünfundzwanzig Millionen. Das ist mehr als die Gesamtauflage aller Werke Balzacs oder Hemingways. In achtzehn Sprachen wird die an Psychose grenzende Gewalttätigkeit des 007 verherrlicht. Alles bisher Dagewesene an Brutalität und Mord, an Rassen- und Völkerhetze wird überboten. Wer überleben will, lehrt James Bond, muß auf alle moralischen Werte verzichten. Er muß sich einen Verhaltenskodex schaffen, in dem das Faustrecht mehr gilt als die Gesetze. Faschistischer Ungeist, gepaart mit der Technik der fünfziger und sechziger Jahre, feiert blutige Auferstehung.

Es dauert nicht lange, bis in den westlichen Ländern die Saat aufgeht. Bond imponiert mit der Manie, seinem „Aston-Martin DBD" irrsinnige Geschwindigkeiten abzutrotzen. Die unreifen Leser äffen ihn nach, sie wollen rasen wie ihr Idol. In England bricht die Kampagne für die Sicherheit auf den Straßen zusammen. Die Bond-Fans organisieren sich in Clubs. In London wenden sich einsichtige Jugendliche gegen den Kult, der alle Untugenden in Tugenden verkehrt. Die Bond-Anhänger zeigen, was Jan Fleming sie gelehrt hat. Es kommt zu einer erbitterten und blutigen Straßenschlacht. Dreißig Jugendliche müssen ins Krankenhaus eingeliefert werden.

Die Jugendkriminalität schnellt erneut nach oben. James Bond bleibt in tausend Ängsten und Gefahren stets Sieger und lebt in einer Traumwelt, in der die entfesselte Anarchie die Nöte des Alltags vergessen läßt.

Die Bedürfnisse steigen. Wem diese Traumwelt nicht mehr

ausreicht, der greift zu wirkungsvolleren Mitteln. Die Rauschgiftwelle schwillt sprunghaft an. Jeder neunte Oxfordstudent raucht Haschisch oder benutzt das unauffälligere Heroin. Das prominenteste Rauschgiftopfer jener Zeit heißt Josue Macmillan, Enkel des britischen Premierministers. Der zwanzigjährige Student stirbt im April 1965 an einer Überdosis Heroin.

Jan Fleming lehrt, daß ein Menschenleben nichts wert ist. Seine Bücher und Filme tragen nicht unwesentlich zur Ausbreitung grausamer Gewaltverbrechen bei, die seit Anfang der sechziger Jahre besonders die USA und die BRD überschwemmen. Aber auch in England, der Heimat der Doppelnull, beginnen die Verbrecher bald, sich die Methoden eines James Bond zum Vorbild zu nehmen.

Mord im Morris Minor

Der Oxfordstudent John Kerr, der am Morgen des 23. August 1961 seine tägliche Ferienbeschäftigung als Helfer bei einer Verkehrszählung aufnahm, wußte zu diesem Zeitpunkt noch nicht, daß er durch die Entdeckung der Opfer eines scheußlichen Verbrechens den Anstoß zu einigen bemerkenswerten Ereignissen geben sollte. An jenem Morgen begann eine Verbrecherjagd, bei der der Zufall eine große Rolle spielte und bei der am Ende keinesfalls feststand, ob der Täter wirklich gefaßt worden war. Die Folge war ein Mordprozeß, der als längster der englischen Kriminalgeschichte gilt, und ein unsicheres Urteil auf Grund zweifelhafter Indizien, das mit einer Wahrscheinlichkeit von wenigstens fünfzig Prozent als Justizmord zu werten ist.

„Hands up!"

Die Fernstraße A 6 verläßt London im Nordwesten und führt über Luton und Bedford in Richtung Leicester. John Kerr war an dieser vielbefahrenen Straße in der Höhe von Deadmans Hill, etwas mehr als dreißig Meilen vom Stadtrand entfernt, zur Ermittlung der Verkehrsdichte eingesetzt. Um sechs Uhr hatte er mit der Zählung der Fahrzeuge begonnen. Sein erster Beobachtungsstand erschien ihm etwas unübersichtlich, und nach dreißig Minuten wollte er eine günstigere Stelle aufsuchen.
Der Student schlenderte gemächlich am Straßenrand ent-

lang, als er plötzlich einen gequälten Hilferuf vernahm. Er schaute sich um. Im hohen Gras, nur knapp vier Meter von der Straße entfernt, sah er eine weibliche Person, die sich mühsam zu bewegen suchte. Nach wenigen Schritten stand Kerr bei der Frau, die er auf kaum mehr als zwanzig Jahre schätzte. Er registrierte, daß ihre Kleidung an mehreren Stellen zerfetzt und über und über mit Blut verschmiert war.

„Wir sind überfallen worden", sagte die Frau mit leiser Stimme, „holen Sie bitte Hilfe." Dann wies sie mit dem Kopf nach rechts. „Mike ist tot, erschossen."

Erst jetzt sah der Student einen Mann von vielleicht dreißig bis vierzig Jahren. Zwei Einschußstellen im Hinterkopf ließen erkennen, daß jede Hilfe zu spät kam.

John Kerr handelte rasch. Auf der Straße stoppte er die nächsten beiden Autos, informierte die Fahrer von dem Vorfall und bat sie, in Luton Polizei und Krankenhaus zu verständigen. Dann wartete er bei der jungen Frau das Eintreffen des Rettungswagens ab. In der Zwischenzeit erfuhr er ihren Namen – Valerie Jean Storie – und den ihres ermordeten Begleiters – Michael John Gregsten. Am vergangenen Abend hatte sich ein Unbekannter mit Waffengewalt Zugang zu dem Wagen verschafft, mit dem die beiden unterwegs waren, und sie unter ständiger Bedrohung zu Kreuzfahrten durch die ganze Grafschaft Buckinghamshire gezwungen. Gegen drei Uhr morgens erschoß der Mann zuerst Michael Gregsten und verletzte später die Frau durch mehrere Schüsse.

Valerie Storie wurde in das Krankenhaus von Luton gebracht. Dort entfernten die Ärzte fünf Kugeln aus ihrem Körper, der durch die schweren Verletzungen von der Hüfte abwärts gelähmt war. Inspektor Bob Acott von Scotland Yard bekam den Auftrag, die Ermittlungen zu leiten. Als erstes erfuhr er, daß der Täter einen 0,38-Enfield-Revolver benutzt hatte. Im ballistischen Laboratorium des Yard wurde festgestellt, daß alle Geschosse, die aus den Körpern von Valerie Storie und Michael Gregsten entfernt worden waren, mit derselben Waffe abgefeuert wurden.

Nach wenigen Stunden konnte Inspektor Acott Valerie Storie vernehmen. Dabei ergab sich folgendes Bild: Am Dienstagabend, also am 22. August, hatte der sechsunddreißigjährige Michael Gregsten mit einem hellgrauen Morris Minor seine Freundin Valerie abgeholt. Sie waren von Slough bis zu den südlichen Ausläufern der Chiltern Hills gefahren und dann umgekehrt. Auf der Rückfahrt bog Gregsten etwa fünf Meilen von Slough in einen Feldweg ab und lenkte den Wagen an den Rand eines Kornfeldes.

Die beiden Verliebten verbrachten dort die Zeit vom Einbruch der Dunkelheit bis etwa zweiundzwanzig Uhr. Plötzlich wurden sie von einem leisen Klopfen am Wagenfenster überrascht. Neben dem Auto erkannten sie eine männliche Person, die durch lebhaftes Winken auf sich aufmerksam machte. Gregsten kurbelte die Scheibe herunter. Als er sich hinausbeugen wollte, blickte er in den Lauf eines Revolvers.

„Hands up!" schrie der Unbekannte. Michael und Valerie waren zuerst starr vor Schreck, kamen aber dann rasch der Aufforderung nach. „Keine falsche Bewegung", kommandierte der Mann mit dem Revolver. „Seit vier Monaten werde ich gejagt. Wenn ihr Dummheiten machen wollt, geht die Kanone los. Tut jetzt, was ich euch sage, dann passiert nichts." Er öffnete die rechte hintere Tür des Wagens und warf sich in den Fond. „Die Kanone ist geladen", warnte er und befahl dann: „Los, Motor an und 'rein in das Feld!"

Nach fünfzig Metern ließ er anhalten. Als sich Michael und Valerie umdrehen wollten, bellte der Unbekannte erneut los: „Hier hinten ist kein Kino, guckt nach vorn. Jetzt will ich erst mal was essen. Habe seit zwei Tagen nichts mehr in den Magen bekommen und die Nächte im Freien geschlafen."

Im Wagen befand sich nichts Eßbares. Der Mann fluchte. „Dann muß ich mir etwas kaufen. Dazu brauche ich euer Geld. Gib deine Brieftasche nach hinten", forderte er Gregsten auf. Von Valerie verlangte er die Handtasche.

284

Aus beiden nahm er das Bargeld und legte die Taschen neben sich.

„Kann ich vielleicht noch gebrauchen", erklärte er. Eine kurze Zeit schien der Unbekannte zu überlegen. „Wir fahren jetzt nach Slough", ordnete er dann an.

Gregsten wendete den Wagen und näherte sich langsam der Straße. Einem Radfahrer, der gerade die Einmündung des Feldweges passierte, kam der zu nächtlicher Stunde aus dem Kornfeld rollende Wagen offenbar verdächtig vor. Er hielt an und kletterte von seinem Rad.

„Kein lautes Wort", zischte der Gangster, „sonst knallt es. Zuerst der Radfahrer, dann seid ihr dran. Gib Gas und dann rechts vorbei."

Der Wagen schoß auf die Chaussee. Die Räder radierten den Asphalt, und nach kurzer Zeit war die kleine Stadt erreicht. Der Zeiger der Uhr am Postamt zeigte auf zweiundzwanzig Uhr fünfundvierzig, als der Morris Minor den Marktplatz von Slough passierte. „Jetzt weiter nach Northolt", kommandierte der Unbekannte.

Er war bisher – abgesehen von seinen Befehlen – schweigsam gewesen. Nachdem der Wagen Slough verlassen hatte, machte es sich der Mann in den Polstern bequem und begann zu erzählen. Das Leben hätte ihm bisher nichts geboten. Als Kind wäre er oft in den Keller gesperrt worden, und etwas anderes als Wasser und Brot habe man ihm dann nicht gegeben. Er kenne alle Schattenseiten des Daseins – Erziehungsanstalt, Untersuchungshaft und Zuchthaus. Wegen eines Einbruchs hätte er fünf Jahre gesessen, und zuvor sei er achtzehn Monate lang gejagt worden. „Da fällt mir ein", sagte er zum Schluß seiner Erzählung, „daß ich mich noch gar nicht vorgestellt habe. Ihr könnt Jim zu mir sagen."

Der Wagen hatte inzwischen die Londoner Peripherie erreicht, als der Mann fragte, wieviel Benzin noch im Tank sei.

„Vielleicht vier Liter", antwortete Gregsten.

„Ob das stimmt oder nicht", erwiderte der Gangster, „wir werden tanken."

Kurz hinter dem Londoner Flughafen tauchte die Leuchtreklame einer Tankstelle auf. „Ich gebe dir keine Chance", sagte der Unbekannte zu Gregsten, „höre deshalb genau zu: Du bleibst im Wagen, kurbelst nur die Scheibe 'runter und verlangst, daß der Tank voll gemacht wird. Ich habe den Revolver hinter dir im Anschlag. Ein einziges unbedachtes Wort, und du bist ein toter Mann. Ich rate dir, verdammt vorsichtig zu sein. Hier gebe ich dir zwei Pfund von deinem Geld für das Benzin zurück."

Die Abfertigung an der Tankstelle erfolgte schnell, und Gregsten hatte keine Möglichkeit, irgend jemanden auf den Gangster im Fond seines Wagens aufmerksam zu machen. Mitternacht war vorüber, als der Wagen auf der A 6 die Richtung nach Bedford einschlug. Von Michael und Valerie war der größte Schrecken allmählich gewichen. Sie gewannen den Eindruck, daß der Gangster offenbar nur zu einem Ort gefahren werden wollte, den sie allerdings noch nicht kannten. Aus seinen Erzählungen hatten sie entnehmen können, daß er einiges von Autos verstand. Sie wunderten sich deshalb, daß er ihnen vor Slough den Wagen nicht einfach weggenommen hatte. Aber entweder war er tatsächlich übermüdet, um selbst fahren zu können, oder hinter ihnen saß ein Verrückter. Dann mußte man allerdings auf das Schlimmste gefaßt sein. Der Gedanke, in der Gewalt eines Wahnsinnigen zu sein, ließ die Furcht erneut um sich greifen. Flüsternd berieten Valerie und Michael, was sie tun könnten, um die Aufmerksamkeit anderer Fahrer oder eines Polizisten zu erwecken. Gregsten wollte schließlich bei erstbester Gelegenheit eine Panne vortäuschen. Doch dazu sollte es nicht mehr kommen.

Kurz vor Luton befahl der Gangster anzuhalten. „Ich will jetzt pennen", erklärte er, „aber zuvor muß ich euch fesseln. Im Kofferraum gibt es bestimmt einen Strick. Deshalb bitte ich meinen Chauffeur, daß er mit mir aussteigt. Aber vorher gibst du mir noch deine Krawatte, damit ich der Lady die Hände zusammenbinden kann."

Gregsten überreichte dem Gangster seinen Schlips und kletterte ins Freie. Aus dem Kofferraum mußte er das Abschleppseil herausnehmen und es neben den Wagen legen. „Damit kann ich zwei schöne Bündel schnüren", sagte der Mann, „aber bevor ich damit anfange, steigst du erst noch einmal ein und nimmst schön deine Hände hoch."

Als Michael Gregsten dieser Forderung nachgekommen war, wollte er sich kurz zu Valerie umdrehen. In diesem Moment fielen zwei Schüsse. Gregsten sank über dem Lenkrad zusammen. Das Blut tropfte vom Armaturenbrett auf den Boden des Wagens. Valerie begann zu schreien.

„Hör sofort auf zu schreien", rief der Mann, „sonst geht meine Kanone noch einmal los!"

„Ich will ja ruhig sein", erklärte Valerie, „aber geben Sie mir den Wagen, damit ich Mike zu einem Arzt bringen kann."

„Hier kann kein Arzt helfen. Er ist tot."

Der Gangster stieg wieder in den Fond. „Dreh dich um", forderte er die junge Frau auf. „Küß mich!"

Das Mädchen warf sich entsetzt nach vorn, schluchzte auf und wendete langsam den Kopf. In diesem Augenblick kam ein Wagen aus der Richtung Luton. Seine Scheinwerfer erhellten für Sekundenbruchteile das Innere des Morris Minor. Das war die erste und zugleich letzte Gelegenheit in dieser Nacht, bei der Valerie Storie das Gesicht des Mörders sehen konnte.

Eine zweite Aufforderung des Verbrechers, ihn zu küssen, lehnte das Mädchen wiederum ab. „Lassen Sie mich bitte gehen", bat sie.

„Ich zähle jetzt bis fünf. Wenn du mich dann nicht küßt, wirst du nie wieder einen Mann küssen können." Er hob seinen Revolver und begann zu zählen.

Valerie mußte sich fügen. Sie beugte sich dabei über die Rückenlehne und versuchte, den Revolver zu fassen. Mit einem brutalen Schlag stieß sie der Mann zurück. „Solche Dummheiten werde ich dir abgewöhnen. Du steigst jetzt über die Lehne zu mir in den Fond", befahl er mit barscher Stimme.

Als sich Valerie weigerte, begann er wieder zu zählen. So mußte das Mädchen ein zweites Mal gehorchen. Sie kletterte nach hinten und versuchte, so gut es ging, den gierigen Griffen auszuweichen. Dabei bemerkte sie, daß der Mann Handschuhe aus dünnem Nylon trug.

Der Fremde schlug zweimal kurz und hart zu, riß dem Mädchen die Bluse auf und vergewaltigte es. Später zerrte er die Leiche aus dem Auto und forderte Valerie auf, ebenfalls herauszukommen. „Ich glaube, es ist besser, ich erledige auch dich. Sonst rufst du um Hilfe und haust mich in die Pfanne."

„Ich werde nichts tun", erwiderte das Mädchen leise, „fahren Sie weg!" Sie beugte sich über den Toten, und der Verbrecher wandte sich dem Morris Minor zu. Aus einer Entfernung von drei Metern begann er zu schießen. Valerie wurde von zwei Kugeln getroffen und stürzte vornüber. Drei weitere Schüsse zerrissen die nächtliche Stille.

Der Mann drehte die Verletzte um. Sie bemühte sich, den Atem anzuhalten. Der Mörder stand einige Sekunden unschlüssig, dann lief er zum Wagen, startete den Motor und fuhr in Richtung Luton davon. Valerie konnte ihre Beine nicht bewegen. Sie versuchte, sich zur Straße zu wälzen. Dann verlor sie das Bewußtsein.

Wie lange sie gelegen hatte, vermochte sie später nicht zu sagen. Als die Sonne bereits am Himmel stand, kam sie wieder zu sich.

Plötzlich sah sie die Beine eines Mannes am Straßenrand. Sie rief um Hilfe, und der Student John Kerr entdeckte die Opfer des Verbrechens.

Nach der Vernehmung der dreiundzwanzigjährigen Valerie Jean Storie fuhr Inspektor Bob Acott zum Yard zurück und überdachte seine nächsten Schritte. Die Anhaltspunkte waren mager. Er kannte zwar Marke und Kaliber des Revolvers, hatte aber nur eine ungenaue Beschreibung des Täters. Mit dem schnellen Morris Minor konnte der Bursche rasch seinen Aufenthaltsort wechseln. Acott beschloß, als erstes die Fahndung nach dem grauen Wagen einzuleiten.

Vom Verkehrsdezernat wurde wenig später mitgeteilt, daß der Taxichauffeur John Skillet Anzeige gegen den Fahrer eines grauen Morris Minor, polizeiliches Kennzeichen BHN 847, erstattet hatte. In der Eastern Avenue im Stadtteil Ilford war er um sieben Uhr dreißig von diesem Fahrzeug gerammt worden. Gleich darauf lief eine zweite Meldung ein: Morris Minor, BHN 847, in Ilford verlassen aufgefunden. Der Wagen, der dem toten Michael Gregsten gehörte, trug dieses Kennzeichen.

Tags darauf ließ sich der Fahrer eines Autobusses der Linie 36 A bei Inspektor Acott melden. Er habe in den Zeitungen von der Bluttat bei Luton gelesen, sagte er, und verstehe auch etwas von Waffen. Unter einem Rücksitz auf dem Oberdeck seines Busses habe er nach Beendigung der Fahrt von Peckham nach Maida Vale einen 0,38-Enfield-Revolver mit Munition gefunden. Vielleicht sei das die Waffe des Mörders. Die ballistische Untersuchung ergab, daß der Autobusfahrer richtig vermutet hatte. Scotland Yard erhielt auf diese Weise die Mordwaffe sozusagen frei Haus geliefert.

In den folgenden zweieinhalb Wochen kam Acott keinen Schritt voran. Den nächsten Hinweis erhielt der Inspektor am 11. September, ebenfalls ohne daß er von seinem Schreibtisch aufzustehen brauchte. Ein Hoteldirektor brachte ihm zwei 0,38-Patronenhülsen, die ein Zimmermädchen im „Vienna-Hotel" in der Sutherland Avenue in einem Sessel entdeckt hatte. Der Hoteldirektor legte auch die Gästeliste des betreffenden Zimmers vor, aus der sich Inspektor Acott die Namen von zwei Verdächtigen notierte. „Nacht vom 20. bis 21. August: J. Ryan, Woodlane 72, Kingsbury, London N. W. – Nacht vom 21. zum 22. August: Peter Louis Alphon, Hurst Road, Horsham." Vor dem 20. August war das Zimmer eine ganze Woche lang und vom 22. August an überhaupt nicht mehr benutzt worden. Die Patronenhülsen stammten, wie ein erneutes ballistisches Gutachten besagte, aus der Mordwaffe.

Peter Louis Alphon war bei Scotland Yard nicht unbekannt. Seine Karteikarte registrierte mehrere Vorstrafen. Acott ließ ihn aus der Hurst Road in den Yard holen. In einer Gruppe von mehreren Männern wurde er Valerie Storie gegenübergestellt. Sie identifizierte ihn nicht, sondern wies auf einen anderen Mann, der jedoch zu den Mitarbeitern von Acott gehörte und die fragliche Nacht im Yard verbracht hatte.

Der Inspektor saß am Schreibtisch, kombinierte und kam zu dem Ergebnis, daß Alphon nicht der Täter sein konnte. Ob dieser Mann tatsächlich etwas mit dem Fall zu tun hatte, wollen wir dahingestellt sein lassen. Die Gründe jedenfalls, die Acott später für die Einstellung der Ermittlungen angab, waren derart dilettantisch, daß jedem Kriminalisten die Haare zu Berge stehen mußten.

Der Mörder nannte sich Jim, argumentierte Acott, Alphon aber trug den Vornamen Peter. Der Verbrecher hatte ein großes Schlafbedürfnis besessen und verwendete das Wort „pennen". Alphon zeigte auch nach dem langen Verhör keine Anzeichen von Müdigkeit, und das Wort „pennen" sprach er nicht ein einziges Mal aus. Der Gangster benutzte den Morris Minor. Alphon gab an, nur Motorrad fahren zu können. Der Unbekannte hatte zahlreiche Ausdrücke aus dem Verbrecherjargon verwendet, Alphon sprach in gewählten Worten. Valerie Storie beschrieb den Verdächtigen als fündundzwanzigjährigen Mann, ein Meter siebzig groß, blauäugig. Alphon zählte einunddreißig Jahre, war ein Meter fünfundsiebzig groß und hatte braune Augen.

Die Personenbeschreibung mußte jedoch als überaus unsicher gelten. Valerie Storie hatte das Gesicht des Täters nur einen winzigen Augenblick gesehen. Die falsche Identifizierung bewies diese Unsicherheit, und es war mehr als fraglich, ob sie jemals den wirklichen Mörder wiedererkennen würde.

Für den Inspektor genügten die aufgezählten Vergleiche, um Alphon ohne gründliche Nachprüfung seines Alibis von der Liste der Verdächtigen zu streichen. Nun blieb nur

290

noch ein Name – J. Ryan – übrig, und Acott schickte sich an, diesen Mann zu suchen.

In Woodlane 72 gab es keinen Bewohner dieses Namens. Beim Hausmeister lag aber ein unzustellbarer Brief, adressiert an einen Mr. Ryan in Woodlane 72. Er enthielt die unbezahlte Rechnung einer Autovermietung in der irischen Stadt Limerick. Der Detektiv flog nach Irland, und die Kette der Zufälle riß auch weiterhin nicht ab. In Limerick erfuhr Acott, daß ein Mann, der sich Ryan nannte, dort in den ersten Septembertagen einen Leihwagen benutzte und dabei einen Unfall verursacht hatte. Bei seinen weiteren Nachforschungen stieß der Detektiv auf einen Handelsvertreter, der mit jenem Ryan in Dublin ein Hotelzimmer geteilt hatte. Dieser Mann erzählte dem Inspektor, daß Ryan durch den Autounfall an der rechten Hand verletzt worden sei und ihn deshalb gebeten habe, eine Postkarte an seine Mutter zu schreiben. Die Adresse lautete Mrs. Hanratty, Sycamor Lane, London.

Acott glaubte, nicht richtig gehört zu haben. Ihm war bekannt, daß Scotland Yard nach einem James Hanratty fahndete, der in dringendem Verdacht stand, sich an einem schweren Einbruchsdiebstahl beteiligt zu haben. Dieser Hanratty wohnte in der Sycamore Lane.

Sein Steckbrief war schon durch alle Zeitungen gegangen. Jetzt wurde die Bevölkerung nochmals zur Mitfahndung aufgerufen. Der wegen Einbruchs gesuchte James Hanratty alias J. Ryan, hieß es, sei auch des Mordes an der Fernstraße A 6 verdächtig.

Am Morgen des 6. Oktober hatte Acott gerade sein Dienstzimmer im Yard betreten, als das Telefon klingelte. „Hier ist James Hanratty", meldete sich eine Stimme. „Ich rufe Sie an, Mr. Acott, weil ich alles gestehen will. Bei dem Einbruch war ich dabei, aber mit dem scheußlichen Verbrechen bei Luton habe ich nichts zu tun. In London war ich eine Nacht im ‚Vienna-Hotel' und habe mich unter dem Namen J. Ryan eingetragen. Dann bin ich nach Liverpool gefahren. Hier habe ich meine Freunde getroffen und mich fünf Tage in der Stadt und ihrer Umgebung aufgehalten.

Meine Freunde werden Ihnen das bestätigen. Für die Nacht vom zweiundzwanzigsten zum dreiundzwanzigsten August habe ich ein sicheres Alibi. Aber heute kann ich noch nicht zum Yard kommen, um Ihnen alles persönlich zu erzählen."

Einen Tag später meldete sich Hanratty erneut. Er rief aus Liverpool an und sagte, daß er seine Freunde gebeten hätte, das Alibi zu bestätigen. Sie wollten jedoch mit der Sache nichts zu tun haben und wären nicht bereit, zum Yard zu kommen. Ihre Namen könne er nicht nennen, da er sonst der Feme verfalle. Aber es gäbe noch andere Leute, die sein Alibi bezeugen könnten.

Am 11. Oktober wurde James Hanratty in Blackpool verhaftet. Acott holte ihn aus dem mittelenglischen Seebad persönlich nach London. Während des tagelangen Verhörs legte Hanratty kein Geständnis ab. Der Inspektor wollte ihn in Widersprüche verwickeln. Er behauptete, die Patronenhülsen seien im „Vienna-Hotel" gefunden worden, noch bevor ein anderer Gast das Zimmer benutzt hätte. Das war eine Lüge, denn bekanntlich hatte Alphon einen Tag später dort gewohnt. Hanratty konnte für diesen Fund keine Erklärung geben und behauptete, nie einen Revolver besessen zu haben.

Für die Unschuld des Verdächtigen sprach die Tatsache, daß weder an den Patronenhülsen noch an dem 0,38-Enfield-Revolver oder der Munition Fingerabdrücke von Hanratty gefunden wurden. Auch der Morris Minor zeigte keinerlei Spuren, die von ihm stammten. Der Mörder hatte zwar schwarze Handschuhe getragen, kurz vor der Vergewaltigung der Valerie Storie zog er sie jedoch aus. Bei dem Notzuchtverbrechen und der Gegenwehr des Opfers mußten in dem engen Wagen Spuren des Täters zurückgeblieben sein. Nichts deutete aber auf Hanratty hin.

Der Inspektor suchte nach anderen Beweisen einer Täterschaft. Er nahm sich das Alibi vor, das zweifellos recht dünn war. Hanratty hatte erzählt, daß er nach einer Übernachtung im „Vienna-Hotel" am 21. August nach Liverpool gefahren wäre, um dort Schmuck zu verkaufen. Er sei um sechzehn Uhr dreißig in der Hafenstadt angekommen und habe in einem Süßwarenladen nach dem Weg gefragt. Außer der Verkäuferin wäre noch ein Kind in dem Geschäft gewesen. Am Abend dieses Tages sei er mit dem Bus nach Rhyl gefahren. Nach längerem Suchen habe er an einer Pension ein Schild „Zimmer frei" gesehen. Dort sei er dann bis zum 24. August geblieben. „Auch in der Nacht vom zweiundzwanzigsten zum dreiundzwanzigsten August, als an der A sechs der schreckliche Mord geschah, war ich in Rhyl", betonte Hanratty.

„Dann nennen Sie mir die Anschrift dieser Pension", forderte Acott ihn auf.

„Das kann ich leider nicht. Als ich ankam, war es dunkel, und dann habe ich mich nicht mehr um den Straßennamen gekümmert. Aber ich kann Ihnen die Pension genau beschreiben." Er habe dort im zweiten Stock gewohnt, und zwar in einem Zimmer an der Rückseite des Hauses. Nachts sei er wiederholt durch rangierende Eisenbahnzüge gestört worden. Das Bad wäre mit grünen Fliesen ausgelegt gewesen, und neben dem Eingang habe er einen Kleiderständer bemerkt. Er hoffe, der Inspektor könne diese Pension ausfindig machen.

Acott konnte das nicht. Welche Mühe er darauf verwendete, ist unbekannt. Am 14. Oktober ließ er Hanratty zusammen mit zwölf anderen Männern Valerie Storie gegenüberstellen. Beim ersten Versuch konnte sie niemand als Täter identifizieren. Dann mußte jeder der dreizehn Männer einige Worte sprechen. Valerie Storie zeigte auf Hanratty. „Das ist er. Dieser Mann hat Michael Gregsten erschossen."

Acott hatte sich außerdem einige Häftlinge des Untersuchungsgefängnisses in Brixton, in dem James Hanratty saß, vorgenommen. „Ich habe mit ihm zusammen Hofgang gehabt", berichtete ein gewisser William Roy Langdale dem Inspektor, „und da hat er mit mir ein Gespräch angefangen. Hanratty erzählte gleich zu Anfang, daß er der Mörder von der A sechs sei. Er hat mir genau beschrieben, wie er es auf dem Rücksitz gemacht hat. Und mehrmals hat er gesagt, daß er die Storie gern in seiner Zelle hätte, um ein wenig Sex zu haben."

Mit diesem Ergebnis war Inspektor Acott zufrieden. Ohne weitere Nachforschungen anzustellen, schloß er den Fall ab und übergab die Unterlagen dem Gericht.

Ein britischer Chessman

Am 22. Januar 1962 begann in der Shire Hall in Bedford der Prozeß gegen James Hanratty. Er endete am 17. Februar und war mit einundzwanzig Verhandlungstagen der seinerzeit längste Mordprozeß in England. Schon diese ungewöhnliche Zeitspanne deutete darauf hin, daß die Ermittlungsergebnisse von Scotland Yard manche Ungereimtheit enthielten, die im Prozeßverlauf Anlaß zu langen Auseinandersetzungen waren.

Den Vorsitz führte Richter Gorman, die Anklage vertrat Kronanwalt Graham Swanwick, und Michael Sherrard hatte die Verteidigung übernommen. Hanratty erklärte sich nach der Eröffnung für „nicht schuldig".

Einer der Hauptzeugen der Anklage war jener William Roy Langdale, dem Hanratty die Tat gestanden haben sollte. Im Zeugenstand von Bedford erzählte Langdale die gleiche Geschichte. Dann wurde er von Michael Sherrard ins Kreuzverhör genommen.

„Woher haben Sie zuerst von dem Mord auf der A sechs erfahren?",

„Aus den Zeitungen. Außerdem spricht es sich im Gefängnis rasch herum, wenn ein Mörder eingeliefert wird."

„Sie wußten somit über dieses Verbrechen schon Bescheid, bevor Sie James Hanratty zu Gesicht bekamen?"

„Ja, Sir."

„Stimmt es, Mr. Langdale, daß Sie im Zusammenhang mit dem Fall Geld angeboten bekamen?"

„Einige Zeitungen, die über den Mord berichten wollten, haben mir Geld geboten."

294

„Haben Sie schon etwas von den Zeitungen bekommen?"

„Fünfundzwanzig Pfund."

„Was verlangte man von Ihnen dafür?"

„Ich sollte möglichst viel über Hanratty erzählen, und sie wollten eine Serie mit meinem Namen bringen."

„Ist Ihnen bekannt, welcher Titel für diese Serie vorgesehen war?"

„Das weiß ich nicht genau. Ich glaube: ‚Meine Stunden mit dem Mörder von Luton' oder so ähnlich."

„Können Sie uns noch sagen, wie oft Sie gemeinsam mit Hanratty Hofgang hatten?"

„Vier- oder oder fünfmal."

Als später die Zeugen der Verteidigung vernommen wurden, ließ Michael Sherrard nacheinander zwei Aufseher des Brixton Prison in den Zeugenstand treten. „Ich habe nur eine Frage an Sie", sagte er zu dem ersten. „Teilen Sie uns bitte mit, wie oft Hanratty und Langdale zur gleichen Zeit Hofgang hatten."

„Hanratty und Langdale haben nie gemeinsam Hofgang gehabt, und es bestand keine Möglichkeit, daß sie je zusammentreffen konnten." Der zweite Aufseher bestätigte die Aussage seines Kollegen.

„Ich darf feststellen", rief der Verteidiger in den Saal, „daß Langdale offensichtlich für Geld bereit ist, das Leben eines Unschuldigen aufs Spiel zu setzen. Die Aussage dieses Zeugen wirft zugleich ein bezeichnendes Licht auf einige unserer Zeitungen. Sie jagen nach Sensationen und kaufen alles, was ihnen ein großes Geschäft verspricht, und sei es um den Preis eines Menschenlebens!"

Valerie Storie wurde auf einem Rollstuhl in den Gerichtssaal gefahren. In der durch die Tradition bestimmten Form begann Kronanwalt Swanwick mit der Vernehmung.

„Können Sie dem Hohen Gericht in diesem Saal die Person zeigen, die Michael Gregsten erschossen hat?" fragte er die Zeugin.

„Ich habe keine Zweifel, daß dies der Mann ist", erwiderte Valerie Storie und deutete auf Hanratty, „der auf Mike und mich geschossen hat."

Nach der Behandlung der Ereignisse in der Nacht vom 22. zum 23. August 1961 richtete Verteidiger Sherrard seine Fragen an die Zeugin. „Ist es wahr, Miss Storie, daß Sie am vierundzwanzigsten September einen anderen Mann als Mörder identifiziert haben?"

„Ja, Sir."

„Dieser Mann, ein Detektiv von Scotland Yard, konnte die Tat unmöglich begangen haben. Waren Sie bei der ersten Gegenüberstellung sicher, den Täter vor sich zu haben?"

„Allerdings, aber ich war nach den schrecklichen Erlebnissen noch sehr aufgeregt."

„Haben Sie bei der zweiten Identifizierung in dem Angeklagten sofort den Täter erkannt?"

„Im ersten Moment war ich mir nicht sicher, aber an der Sprache habe ich es dann gemerkt. Jetzt bin ich völlig davon überzeugt, daß das der Mann war."

Sherrard verwies darauf, daß diese Identifizierung dennoch eine sehr unsichere Angelegenheit sei. Die Zeugin habe das Gesicht des Täters nicht länger als eine Sekunde gesehen. Hanratty wäre nur auf Grund sprachlicher Ähnlichkeiten mit dem Täter als Mörder von der A 6 bezeichnet worden. Wie sich aber jeder im Gerichtssaal überzeugen könne, weise die Sprache seines Mandanten keinerlei Besonderheiten auf. Hanratty spreche im gleichen Tonfall wie tausend andere Menschen auch. Immer und immer wieder erlebe man es, daß sich die Zeugen ganz einfach irren. Valerie Storie hätte bei der ersten Identifizierung ein Beispiel dafür geliefert, und es sei durchaus möglich, daß auch bei der zweiten Gegenüberstellung ein Irrtum vorliege.

Über den Aufenthalt Hanrattys am 21. August gab es zwei sich widersprechende Zeugenaussagen. Ein Mr. France wollte den Angeklagten an diesem Tag noch um neunzehn Uhr in London gesehen haben. Inzwischen war aber in Liverpool der Süßwarenladen ausfindig gemacht worden, in dem sich Hanratty nach dem Weg erkundigt hatte. Die Geschäftsinhaberin, Mrs. Olive Dinwoodie, war bereit, nach Bedford zu kommen und in den Zeugenstand zu treten. Sie erklärte, am Montag, dem 21. August, den ganzen Tag über mit ihrer Enkelin im Geschäft gewesen zu sein, und erinnerte sich, daß gegen sechzehn Uhr dreißig ein Mann gekommen sei, um sie nach einem Weg zu fragen. Das Gespräch hätte nicht lange gedauert, aber sie erkenne in Hanratty den Mann wieder, der sie seinerzeit um Auskunft gebeten habe. Schon vorher hatte Mrs. Dinwoodie bei einer polizeilichen Vernehmung in Liverpool aus einem Stapel von Fotografien Hanrattys Bild herausgegriffen und gesagt, daß dieser Mann in ihrem Laden gewesen sei.

Das Auftreten der Süßwarenhändlerin aus Liverpool war eine Sensation. Der erste Teil des Alibis von James Hanratty, an das bisher kaum jemand geglaubt hatte, wurde bestätigt. Dem entgegen stand zwar die Behauptung des Mr. France, die aber auf Grund der detaillierten Übereinstimmung der Aussagen des Angeklagten und der Zeugin aus Liverpool als Irrtum angesehen werden mußte. Für den kritischen 22. August blieb allerdings noch alles offen.

Inspektor Bob Acott von Scotland Yard berichtete als Zeuge über die kriminalpolizeilichen Ermittlungen. Das anschließende Kreuzverhör durch den Verteidiger dauerte zwei volle Tage. Mr. Sherrard hielt dem Inspektor vor, die Untersuchungen nicht gründlich, ungenau und unfair geführt zu haben. Er verwies auf die falsche Behauptung, daß die Patronenhülsen in dem Hotel gefunden worden seien, bevor das Zimmer wieder belegt worden wäre. Dann fragte der Verteidiger: „Mr. Acott, Sie haben die Gründe genannt, die Sie bewogen haben, die Ermittlungen gegen Peter Alphon einzustellen. Eine wichtige Rolle spielten dabei Äußerungen und Handlungen des Täters, die nicht mit der Person des Mr. Alphon zu vereinbaren waren. Diese Äußerungen und Handlungen lassen sich aber ebenfalls nicht mit der Person des Mr. Hanratty vereinbaren. Es heißt, der Täter habe sich Jim genannt und großes Schlafbedürfnis gezeigt. Das trifft doch wohl nicht auf den Angeklagten zu?"

„Nein."

„Der Täter hat behauptet, daß er als Kind oft in den Keller gesperrt worden sei und viele Jahre in Erziehungsanstalten zugebracht habe. Das paßt doch ebenfalls nicht zu Hanrattys Lebenslauf."

„Nein."

„Der Täter hat außerdem gesagt, er wäre wegen eines Einbruchsdiebstahls achtzehn Monate gejagt und dann fünf Jahre eingesperrt worden. Auch das paßt nicht zu meinem Mandanten!"

Inspektor Acott konnte keine überzeugenden Beweise für eine Schuld von James Hanratty anführen. Dann wurde der Angeklagte als Zeuge in eigener Sache vernommen. Er schilderte die Reise nach Liverpool und den Aufenthalt in Rhyl. Der Ankläger warf ihm vor, die Geschichte erfunden und ein falsches Alibi konstruiert zu haben.

„Ich kann nur hoffen", erwiderte Hanratty, „daß mein Aufenthalt in der Pension bewiesen wird." Und der Verteidiger fügte hinzu, daß gegenwärtig die ganze Stadt nach diesem Haus abgesucht würde.

Hanratty beteuerte seine Unschuld. „Ich bin kein Wahnsinniger, der solch grausame Tat begehen kann", sagte er abschließend. „Meine früheren Freundinnen werden Ihnen das bestätigen. Ich weiß, daß ich kein Mann bin, den das Gericht gutheißt. Ich bin viermal vorbestraft, aber niemals wegen eines Gewalt- oder Notzuchtverbrechens. Außer den Einbrüchen habe ich mir nichts zuschulden kommen lassen."

Der Prozeß erreichte seinen Höhepunkt, als der Gerichtsdiener ankündigte: „Mrs. Grace Jones, Besitzerin der Pension ‚Ingledene' zu Rhyl!" Eine achtundfünfzigjährige blonde Frau betrat den Saal. Der Verteidiger bat die Zeugin, ihre Pension zu schildern. Die Aussage stimmte mit der Beschreibung überein, die Hanratty gegeben hatte.

„Erkennen Sie jemanden im Gerichtssaal, der in Ihrer Pension gewohnt hat?" fragte Sherrard.

Mrs. Jones wies auf Hanratty.

„Können Sie Seiner Lordschaft und den Geschworenen sagen, wann das gewesen ist?"

„Es war im Laufe der Woche vom neunzehnten zum sechsundzwanzigsten August letzten Jahres." An das genaue

Ankunftsdatum konnte sich Mrs. Jones nicht erinnern. Das Gästebuch, das hätte Aufschluß geben können, existierte leider nicht mehr.

Kronanwalt Swanwick war über diese Wendung ganz offensichtlich verärgert. Er versuchte zunächst, die Zeugin im Kreuzverhör in Widersprüche zu verwickeln, und wurde dann sogar unsachlich. „Wie stark war ihre Pension belegt", fragte er, „als Sie von Rhyl weggefahren sind?"

„Ich habe jetzt im Winter nur wenige Gäste."

„Ist Ihnen bekannt, daß die Zeitungen ausführlich über diesen Prozeß berichten?"

„Das ist mir bekannt. Ich habe selbst davon gelesen."

„Glauben Sie, daß durch die Berichte über den heutigen Tag die Leute nicht Lust bekommen, auch in den Wintermonaten Ihre Pension zu besuchen?"

„Das weiß ich nicht. Aber es ist schon möglich."

„Ich darf also feststellen", schloß der Ankläger sein Kreuzverhör, „daß die Zeugin ihre Aussage als Werbung für ihre Pension betrachtet."

Später ließ Mr. Swanwick drei Männer in den Zeugenstand treten, die behaupteten, in der Zeit vom 19. bis 26. August 1961 in der Pension „Ingledene" in Rhyl gewohnt zu haben. Alle drei wurden aufgefordert, sich Hanratty anzusehen, und verneinten übereinstimmend die Frage, ob sie dem Angeklagten schon einmal begegnet wären.

Diese Bekundungen konnten jedoch in Anbetracht der Tatsache, daß während der Saison in Rhyl Hochbetrieb herrschte und daß seitdem Monate vergangen waren, nicht überzeugen. William Langdale, der Hauptzeuge der Anklage, war einwandfrei der Lüge überführt worden. Die Identifizierung durch Miss Storie mußte als unsicher gelten. Das Alibi des Angeklagten für die Zeit des Mordes hatte sich mit hoher Wahrscheinlichkeit als richtig erwiesen. Am Tatort und an der Mordwaffe fanden sich keinerlei Spuren von Hanratty. Yard-Inspektor Acott hatte die Ermittlung in eine andere Richtung ohne triftige Gründe abgebrochen und konnte auch im Prozeß den Vorwurf, oberflächlich gearbeitet zu haben, nicht entkräften.

Nach dem im englischen Strafrecht geltenden Prinzip muß nicht der Angeklagte seine Unschuld, sondern der Ankläger seine Schuld beweisen. Kronanwalt Swanwick hatte das nicht vermocht. Trotzdem verstieg er sich im Plädoyer zu der Behauptung, das ganze sei ein „sicherer Fall". Die Identifizierung wäre eindeutig. Hanratty habe gelogen, und Langdales Zeugenaussage „reiche noch immer für das klarste Mordgeständnis" aus. Die Aussage von Mrs. Jones sei dagegen unzuverlässig. Außerdem habe Hanratty von einer Dame mit graumeliertem Haar gesprochen, Mrs. Jones sei aber, wie man gesehen habe, blond. „So hat sich auch dieses Alibi als falsch herausgestellt", schloß Swanwick. „Eine weitere Lüge ist entlarvt. Das Beweismaterial deutet unzweifelhaft auf die Schuld des Angeklagten hin."

Der Verteidiger führte alle Tatsachen an, die auf die Unschuld des Angeklagten hinwiesen. Nur Indizien lägen gegen ihn vor, und die meisten davon wären nicht stichhaltig. Hanratty sei von allen, die ihn kennen, als ruhig und besonnen, nicht aber als brutal oder irgendwie auffällig in sexuellen Dingen beschrieben worden. Die Geschworenen müßten sich deshalb die Frage vorlegen: „Ist über jeden vernünftigen Zweifel hinaus bewiesen, daß Hanratty die Tat vollbracht hat?"

Richter Gorman benötigte für sein Schlußwort zehn Stunden. Er versuchte, die Argumente von Anklage und Verteidigung sachlich abzuwägen. Wenn Behauptungen und Beweise einander widersprächen, sagte er, dann müßte stets im Sinne des Beschuldigten entschieden werden.

Am 17. Februar 1962, gegen elf Uhr, begannen die Geschworenen ihre Beratung. Um achtzehn Uhr baten sie Richter Gorman, den Begriff „vernünftiger Zweifel" zu erklären. Gegen einundzwanzig Uhr zehn kehrten sie in den Saal zurück und sprachen Hanratty schuldig. Danach verkündete Richter Gorman das Todesurteil. Der längste Mordprozeß in England hatte sein Ende gefunden.

Die Revision Hanrattys wurde abgelehnt. Am 4. April 1962 forderte der Henker im Gefängnis von Bedford sein

Leben. Wie bereits im Fall des Timothy Evans konnten Polizei und Justiz durch nichts von ihrer vorgefaßten Meinung abgebracht werden. Nachdem Peter Alphon aus dem Ermittlungsverfahren ausgeklammert worden war, blieb als einziger Verdächtiger James Hanratty übrig. Er war vorbestraft und damit prädestiniert, auch das Verbrechen an der Fernstraße A 6 begangen zu haben.

Hanrattys Hinrichtung wurde nicht achtmal aufgeschoben und nicht erst nach zwölf Jahren vollzogen wie bei dem Amerikaner Caryl Chessman. Trotzdem ähneln sich die Fälle. Beide, Hanratty und Chessman, waren durch Vorstrafen gebrandmarkt, als sie in die unerbittlichen Mühlen von Polizei und Justiz gerieten und ihnen Verbrechen angelastet wurden, die sie mit hoher Wahrscheinlichkeit nicht begangen hatten. In beiden Fällen bedienten sich Polizei und Justiz übler Tricks, mit denen sie die Schuld der Verdächtigen nachzuweisen suchten. Man brauchte dringend einen Täter, um die durch die scheußlichen Verbrechen empörte Öffentlichkeit zu beruhigen. Und die Polizei wollte den Vorwurf der Unfähigkeit widerlegen: das amerikanische FBI durch die Vergasung von Caryl Chessman im Zuchthaus von San Quentin, Scotland Yard durch James Hanrattys Tod am Galgen in Bedford.

In einem Bericht der britischen Law Society an die Königliche Polizeikommission von Februar 1961 hieß es unter anderem: „Übereifrige Polizisten haben bei der Festnahme unangebrachte Gewalt angewandt und Beweismittel gefärbt oder sogar fabriziert. In einzelnen Fällen wurde Belastungsmaterial in die Kleider von Beschuldigten gesteckt, wurden gestohlene Güter einem angeblichen Dieb untergeschoben und in Verhörprotokolle Ausdrücke aus dem Kriminaljargon aufgenommen, um den Beschuldigten verdächtig erscheinen zu lassen." Ein Jahr später wurde, wie wir gesehen haben, ein Mann zum Tode verurteilt, den man mit ähnlichen Methoden überführt hatte und der möglicherweise unschuldig gehenkt worden ist.

Die Gentlemen
am Schienenstrang

Probe bei BOAC

Die beiden blauen Jaguars fielen kaum auf. Seit Anfang November 1962 scherten sie täglich aus dem Verkehrsstrom in der Nähe des Londoner Flughafens aus und parkten für kurze Zeit vor dem Verwaltungsgebäude der „British Overseas Airways Corporation". Aus den Wagen kletterten acht Männer, deren Aussehen und Redeweise einen vornehmen Eindruck machten. Sie schlenderten durch das Foyer des BOAC-Gebäudes, betrachteten das hektische Treiben und kehrten dann zu ihren Autos zurück.

Am 27. November begann alles in gewohnter Weise. Die beiden Wagen fuhren vor, und die acht Gentlemen verschwanden im Haus der BOAC-Verwaltung. Kurze Zeit später parkte vor dem Eingang ein Geldtransporter. Zwei Bankbeamte luden eine Kassette von beachtlicher Größe aus. Sie schleppten sie zum Lift, um die Gelder in das in der dritten Etage gelegene Lohnbüro zu bringen.

Als der Lift in das Erdgeschoß hinuntergeglitten war, öffnete sich automatisch die Tür. Aus dem Fahrstuhl stürzten einige der kurz zuvor eingetroffenen Männer heraus, schlugen mit Eisenstangen die beiden Bankbeamten nieder, rissen die Kassette an sich und sprangen Sekundenbruchteile später in die beiden Jaguars vor der Tür. Die anderen Gangster deckten geschickt den Rückzug und warfen sich dann gleichfalls in die Wagen. Die Motoren heulten auf, die Räder quietschten auf dem Asphalt, und in halsbrecherischer Fahrt rasten die Autos davon. Einige Passanten vor der Eingangstür des Flughafengebäudes konnten noch sehen, wie die Männer beim Anfahren Nylonstrümpfe von den Köpfen zogen. Die Beute betrug 62 500 Pfund. Das waren umgerechnet etwa 700 000 Mark.

Das Verbrechen war gründlich vorbereitet worden. Die Detektive des Yard konnten dennoch schnell einen Erfolg verbuchen. Sechs der Gangster wurden bald nach dem Raub verhaftet. Ihre Namen waren Bruce Reynolds, John Daly, Charlie Wilson, Roy James, Douglas Goody und Michael Ball. Die übrigen zwei blieben unbekannt.

Im bürgerlichen Leben galten diese Männer als angesehene Persönlichkeiten. Bruce Reynolds hatte sich im zweiten Weltkrieg freiwillig zu den „Commander Troops" gemeldet. Das war eine Spezialtruppe des Geheimdienstes, die hinter den deutschen Linien operierte, Sabotageakte ausführte, Eisenbahnzüge in die Luft sprengte und Jagd auf prominente Nazis machte. An vielen Dutzend solcher Einsätze war Reynolds beteiligt gewesen. Er hatte sich durch besondere Tollkühnheit ausgezeichnet und war, kaum zweiundzwanzigjährig, zum Major befördert worden. Später betrieb er in einem vornehmen Londoner Stadtteil ein Antiquitätengeschäft. Dem gleichen Metier hatte sich John Daly, der Schwager Reynolds, verschrieben. Charlie Wilson, ein früherer Roßschlächter, unterhielt einen Rennstall, Goody konnte sich als gutsituierter Besitzer eines Friseursalons bezeichnen, und Ball arbeitete als Kreditagent. Roy James schließlich war ein Autorennfahrer, den man nicht nur in Fachkreisen kannte.

Der Prozeß gegen die sechs Gentlemen ging aus wie das Hornberger Schießen. Michael Ball hatte sich in den vorangegangenen Verhören in einige Widersprüche verwickelt, die anderen fünf Männer aber wiesen entrüstet jede Anschuldigung zurück. Sie ließen Zeugen aufmarschieren, die zur Creme der britischen Hauptstadt gehörten und den Angeklagten „todsichere Alibis" bescheinigten. Ball erhielt eine unbedeutende Gefängnisstrafe, die anderen Gangster wurden „mangels Beweise" freigesprochen. Sie konnten natürlich auch die geraubten 62 500 Pfund behalten.

Dieses Geld benutzten sie, um einen Coup vorzubereiten, der als das bis dahin einträglichste Verbrechen in die englische Kriminalgeschichte eingehen sollte. Geheimdienstagent a. D. Bruce Reynolds, dem die Planung des Vorhabens übertragen wurde, arbeitete mit einer Präzision, die einem Generalstab alle Ehre gemacht hätte. Aus den Gangstern, mit denen er die Lohnkasse der BOAC geraubt hatte, und aus Kumpanen anderer gemeinsamer Verbrechen stellte er eine Bande zusammen, die er länger als ein halbes Jahr drillte und zu minutiöser Zusammenarbeit erzog. Seine Erfahrungen aus der Zeit in den „Commander Troops" kamen ihm dabei zugute.

Außer Reynolds und einem bis heute mysteriösen, aber noch einflußreicheren Gangsterboß hatte kein Bandenmitglied einen vollständigen Überblick über das Verbrechen. Die Einzelheiten waren ausschließlich von den Chefs mit mathematischer Genauigkeit berechnet und präzise aufeinander abgestimmt worden.

Es begann in den Morgenstunden des 8. August 1963. Der Postzug der Royal Mail von Glasgow nach London donnerte durch die Nacht. Die schwere Diesellok hatte außer den Postwagen noch einen fensterlosen, gepanzerten Spezialwaggon zu ziehen. In bestimmten Zeitabständen wurde auf diese Weise eine beachtliche Anzahl von Geldsäcken aus Schottland in die britische Hauptstadt transportiert. Diese Säcke enthielten unansehnlich gewordene Geldscheine, die in den Tresorkellern der Bank of England gesammelt und – wenn alle Scheine einer Serie eingegangen waren – vernichtet werden sollten.

Wenige Minuten nach drei Uhr lief die Aktion an. Der Postzug befand sich noch achtundfünfzig Kilometer von seinem Ziel entfernt. Die Gangster hatten Vorwarn- und Durchfahrtsignal von der Cheddington Station präpariert. Lokführer Jack Mills sah zuerst gelbes, dann rotes Licht. Er mußte den Zug auf freier Strecke stoppen.

Die Verbrecher handelten rasch. Sie überwältigten den Maschinisten und koppelten die zwei vorderen Wagen vom übrigen Zug ab. Jack Mills, der zuerst mit einer umwickelten Brechstange einen Schlag über den Kopf erhalten hatte, wurde gezwungen, die Lokomotive mit den beiden

304

Wagen bis zur nahe gelegenen Bridego Bridge zu fahren. Dort überquerte der Bahnkörper eine Landstraße. Mit Äxten und Brechstangen drangen die Gangster von der Stirnseite her in den Spezialwaggon ein. Die vier unbewaffneten Wachmänner leisteten keinen Widerstand.

Roy James war mit einem Lastauto bis Bridego Bridge gefahren. Es dauerte nicht länger als fünf Minuten, bis die Posträuber die hundertvierundzwanzig Geldsäcke mit einem Inhalt von mehr als 2,5 Millionen Pfund auf den Lastwagen umgeladen hatten. Den vier Wachmännern, dem Lokführer und dem Maschinisten wurde angedroht, daß man sie „fertigmachen" würde, wenn sie sich innerhalb der nächsten halben Stunde von der Stelle rührten. Dann kletterten die Gangster auf den LKW, machten es sich neben der Beute bequem, und Roy James steuerte das vorgesehene Ziel – die dreiunddreißig Kilometer entfernte Leatherslade-Farm – an. Der Londoner Rechtsanwalt und Unterwelt-Intimus Brian Field hatte seinem Freund Reynolds das abgelegene Anwesen eigens für diesen Zweck besorgt. Von einer wenig befahrenen Landstraße aus war die Farm nur über einen schmalen Sandweg zu erreichen.

Neunzig Minuten nach dem Überfall begann die Fahndung nach den Posträubern, allerdings mit recht beschaulicher Gelassenheit. Malcolm Fewtrell, Superintendent der Kriminalpolizei der Grafschaft Buckinghamshire, wollte die Nachricht zuerst gar nicht glauben. Dann entschloß er sich jedoch schweren Herzens, den Tatort zu inspizieren.

Sechs Männer des Zug- und Begleitpersonals hatten die Posträuber gesehen, aber niemand konnte eine brauchbare Beschreibung liefern. Die Gangster sahen alle nahzu gleich aus. Sie trugen dunkle Kombinationen und schwarze Nylonmasken. Auch Handschuhe, so daß nirgends Fingerabdrücke sichergestellt werden konnten.

Superintendent Fewtrell ordnete noch an, im Umkreis von fünfzig Kilometern alle Lastkraftwagen zu kontrollieren. Dann war er mit seinem Latein am Ende. Neun Stunden nach dem Postraub telegrafierte er nach London und bat Scotland Yard, den Fall zu übernehmen.

Superintendent Gerald McArthur, am Victoria Embankment nur „Mr. Mac" genannt, fuhr sofort nach Cheddington. Wenig später wurde die Bevölkerung zur Mithilfe aufgefordert. Die Höhe der ausgesetzten Belohnung erregte Erstaunen. 260 000 Pfund! Das waren fast drei Millionen Mark.

Bei genauerem Hinsehen erscheint dieser Betrag jedoch nicht verwunderlich. Die konservative Regierung McMillan hatte gerade die Krise vom Juni desselben Jahres überstanden, die durch den Skandal und anschließenden Rücktritt des Kriegsministers John Profumo ausgelöst worden war. Der Stuhl des Premierministers war mächtig ins Schwanken geraten. Hinzu kam, daß schon einen Monat vor der Profumo-Affäre die Konservativen bei Kommunalwahlen beträchtliche Stimmenverluste einstecken mußten. Im folgenden Jahr, 1964, waren Unterhauswahlen fällig. Die Tories konnten ganz einfach keinen neuen Skandal brauchen, der durch langjährige Ermittlungen im Posträuberfall zweifelsohne ausgelöst worden wäre.

Der zwei Zentner schwere „Mr. Mac" erweckte zunächst den Eindruck, daß Scotland Yard alles unternahm, um die Räuber von Cheddington zu fassen. Nicht nur die Gegend im Umkreis von fünfzig Kilometern vom Tatort, sondern alle Flugplätze, Bahnhöfe und Häfen des Inselreiches wurden genau überwacht. Ein Erfolg blieb jedoch vorerst aus.

Auf das Naheliegendste, auf einen Vergleich des Postraubes mit dem wenige Monate zuvor erfolgten Überfall auf das BOAC-Gebäude in London, kamen die Detektive nicht, obwohl zwei Momente einen solchen Vergleich geradezu herausforderten. Beide Raubüberfälle waren mit der gleichen Präzision vorbereitet und ausgeführt worden. Der exakte Ablauf des Postraubes ließ deutlich erkennen, daß hier keine Anfänger am Werk gewesen waren. Außerdem hatte der Lokführer Jack Mills bei seiner Vernehmung einen deutlichen Hinweis gegeben. „Das waren keine kleinen Ganoven", sagte er, „sie sprachen ein einwandfreies

Oxford-Englisch mit einem schwachen Londoner Akzent. So reden nur gebildete Leute." Und in der Sprache der Gebildeten hatten sich auch die Flughafenräuber ausgedrückt.

Ob die Gedanken mancher Detektive dennoch zu dem BOAC-Fall zurückliefen, wissen wir nicht. Erinnerungen an den Ausgang des damaligen Prozesses dürften jedenfalls kaum die Initiative in diese Richtung gelenkt haben. Zahlreiche Stimmen aus der High-Society hatten damals mit versteckten Drohungen nicht gegeizt. Es sei empörend, wie ehrenwerte Gentlemen von unqualifizierten Detektiven in schmutzige Affären hineingezogen würden, und man werde sich in Zukunft vor solchen Übergriffen zu schützen wissen!

Im Konvoi nach London

Während „Mr. Mac" und die Spurensachverständigen des Yard auf einem Abstellgleis in Cheddington die Lokomotive und den aufgebrochenen Spezialwagen Zoll für Zoll untersuchten, saßen die Posträuber seelenruhig in den Räumen der Leatherslade-Farm. Sie spielten Rommé, aßen, schliefen und hockten am Radio und vor dem Fernsehapparat und informierten sich über den Stand der Ermittlungen von Scotland Yard.

Die Massenmedien berichteten ausführlich über das Verbrechen und ermunterten unter Hinweis auf die Belohnung die Bevölkerung zur Mitarbeit. Sachdienliche Hinweise sollten telefonisch über die Nummer 5010 nach Aylesbury an die Leitstelle von Superintendent McArthur gegeben werden.

Dort klingelte fast ununterbrochen das Telefon. Tausende von Amateurdetektiven wollten etwas gesehen haben. Dann wieder war die Leitung stundenlang blockiert. Einige Londoner Komplicen wählten immer wieder den Polizeianschluß und legten ihn auf diese Weise lahm. Wenige Stunden nach dem Postraub landete in der Nähe der Leatherslade-Farm ein einmotoriges Sportflugzeug. Major Reynolds ließ sich zusammen mit einem beachtlichen Teil der Beute aus dem langsam heiß werdenden Gebiet ausfliegen. Rennstallbesitzer Charlie Wilson übernahm das Kommando.

„Mr. Mac" hatte eine Mitteilung über jenes Flugzeug erhalten. Er unterließ es jedoch, Untersuchungen in dieser Richtung anzustellen. Auch einem anderen Anruf schenkte er zuerst keine Aufmerksamkeit. Ein Mann, der sich als Schäfer ausgab, hatte mitgeteilt, daß er in der Nähe der Leatherslade-Farm arbeite und dort sonderbare Dinge beobachtet habe. Bis zum 8. August hätte die Farm leer gestanden. Seit jenem Tag aber halte sich dort eine größere Anzahl von Männern auf, und auf dem Anwesen stehe außerdem ein großer Lastwagen.

Später wurden Vermutungen laut, daß Bruce Reynolds selbst der Anrufer gewesen sei. Er habe den größten Teil seiner Bande Scotland Yard in die Hände spielen wollen, um so die Erregung über den Postraub abklingen zu lassen und in aller Ruhe seinen Beuteanteil genießen zu können.

Inzwischen wurde über Funk und Fernsehen mitgeteilt, daß in einem bestimmten Gebiet rings um den Tatort alle einsam gelegenen Gehöfte, Scheunen, Farmen und Häuser systematisch durchsucht würden. Damit war die Bande gewarnt. Am 13. August 1963 meldete sich der ominöse Schäfer erneut bei „Mr. Mac". Eine motorisierte Einsatzgruppe bekam daraufhin den Befehl zur Durchsuchung der Leatherslade-Farm. Als sie dort eintraf, war das Räubernest leer.

Charlie Wilson hatte kurz zuvor mit Unterstützung von Brian Field, dem Rechtsanwalt und Londoner Mittelsmann, den Rückzug in die Hauptstadt organisiert. Einige der Räuber wurden von ihren Frauen mit dem Wagen direkt von der Farm abgeholt. Sie hatten nichts von der Beute bei sich und konnten die Polizeisperren ungehindert passieren.

Das Geld selbst war auf folgende Weise abtransportiert worden: Karin Field, die junge, attraktive Gattin des

Rechtsanwalts, fuhr mit ihrem Sportwagen zur Leather-slade-Farm. Dort kletterte einer der Posträuber auf den freien Sitz neben ihr und schaltete sein Funkgerät ein. Die noch auf der Farm verbliebenen Gangster hatten schon vorher die Geldsäcke auf dem Lastwagen verstaut und setzten sich nun neben ihre Beute.

Auf einem genau festgelegten Kurs, meist auf Feldwegen, sollte Karin Field mit dem Sportwagen voranfahren, um per Funk dem nachfolgenden LKW das eventuelle Auftauchen von Polizeistreifen zu melden. Der Konvoi gelangte jedoch nach London, ohne auch nur einem einzigen Polizisten aus dem Riesenaufgebot begegnet zu sein. Dort verstreute sich die Bande in alle Winde.

Auf der Leatherslade-Farm hatten die Spezialisten des Yard Erfolg. Vergleiche von Reifenabdrücken auf dem Gelände der Farm und aus der Nähe der Bridego Bridge deuteten darauf hin, daß der zeitweilige Unterschlupf der Posträuber gefunden worden war. Vor ihrem Rückzug nach London hatten die Gangster zwar alle benutzten Gegenstände abgewischt, um eventuelle Fingerabdrücke zu beseitigen. Ein Würfelspiel war jedoch übersehen worden. Die Sachverständigen stellten die Abdrücke von zehn Männern fest, von denen auf Grund früherer Bekanntschaft mit dem Yard schon Karteikarten in der Fingerprint Branch standen. Die Detektive griffen jedoch nicht zu. Noch wurde kein Posträuber verhaftet.

Eine Woche war vergangen. Die bisherigen Ermittlungen hatten zu keinem sichtbaren Erfolg geführt. Die Zeitungen sparten nicht mit kritischen Kommentaren. Scotland Yard antwortete mit zwei Erklärungen. Erstmalig habe man eine moderne mathematische Planungsmethode, die Netzwerktechnik, zur Ermittlung von Gangstern eingesetzt und hoffe, daß über die Knotenpunkte dieses Netzwerkes bald einige der Posträuber stolpern würden. Außerdem seien „Mr. Mac" nunmehr zwei weitere Stardetektive zur Seite gestellt worden: Thomas Butler und Peter Vibart.

Diese beiden Männer waren unter dem Spitznamen „Die schrecklichen Zwillinge" durch Zeitungsberichte bekannt und durch ihr Vorgehen gegen Gesetzesbrecher berüchtigt. Den Beinamen hatten sie allerdings nicht im Kampf gegen die Londoner Unterwelt, sondern zwischen 1955 und 1959 durch ihre brutale und erbarmungslose Jagd nach Freiheitskämpfern der EOKA auf der Mittelmeerinsel Zypern erworben.

Einige der Posträuber gingen inzwischen wieder ihren bürgerlichen Geschäften nach. Roy James trainierte für das nächste Rennen. Charlie Wilson verhandelte mit Geschäftsfreunden, Douglas Goody besaß sogar die Kühnheit, zum Yard zu gehn und zu fragen, weshalb in der Nachbarschaft über ihn Erkundigungen eingeholt worden seien. Er konnte die Zentrale der Londoner Polizei ungehindert wieder verlassen. Andere Bandenmitglieder hatten sich unter falschem Namen in Pensionen niedergelassen oder verbrachten nach den gehabten Strapazen ihren Urlaub in den teuersten Seebädern.

Am 23. August entschloß sich Scotland Yard zuzuschlagen. Früh um fünf Uhr dreißig lief eine Großrazzia an. Plakate in allen Teilen des Landes und Durchsagen im Rundfunk verkündeten die Namen der durch die Fingerabdrücke überführten Posträuber. Die Razzia und einige Hinweise aus der Bevölkerung führten schließlich zur Verhaftung von dreizehn Gangstern und einer Frau. Mary Swanson war der Beihilfe verdächtig. Drei namentlich bekannte Posträuber blieben verschwunden: Geheimdienstagent a. D. Bruce Reynolds, Perückenmacher Ronald Edward und Cafébesitzer James White.

Der Prozeß begann am 20. Januar 1964 in der kleinen, nordwestlich von London gelegenen Stadt Aylesbury, dem Verwaltungssitz der Grafschaft Buckinghamshire. Mit achtundsechzig Verhandlungstagen war er der längste Prozeß vor einem britischen Gericht. Die Unkosten beliefen sich umgerechnet auf rund vier Millionen Mark. Das war ein höherer Betrag als die Beute, die die Detektive bis dahin in den Wohnungen der Verhafteten sicherstellen konnten. Neunzig Prozent des Inhalts der Geldsäcke mußte vorerst als unauffindbar verbucht werden.

Die Angeklagten saßen in einem Holzkäfig, der mitten im Gerichtssaal stand, und schwiegen. Wenn sie während der achtundsechzig Tage einmal den Mund aufmachten, dann nur, um alle Schuld zu leugnen. Die Anklage stützte sich im wesentlichen auf die Fingerabdrücke aus der Leatherslade-Farm. John Daly, Reynolds' Schwager und einer der Hauptangeklagten, erklärte, wie die seinigen dorthin gekommen sein könnten. Das Würfelspiel, auf dem die Abdrücke gefunden worden waren, hätte er einmal verborgt und nicht mehr zurückerhalten. Wahrscheinlich habe es irgend jemand mit zur Farm gebracht.

Das Unerwartete traf ein. Das Gericht kaufte Daly das Märchen ab und sprach ihn „mangels Beweise" frei. Auch Mary Swanson, die Freundin des noch immer flüchtigen Anführers Bruce Reynolds, durfte den Weg in die Freiheit antreten.

Einige Zeitungen äußerten im Zusammenhang mit diesen mehr als merkwürdigen Umständen den nicht unbegründeten Verdacht, daß Reynolds noch immer Mitarbeiter des Geheimdienstes sei. Seine Beziehungen hätten nicht nur zur Abschirmung der Flucht, sondern auch für den Freispruch von Schwager und Freundin ausgereicht. Einige spätere Ereignisse verstärkten diesen Verdacht.

Die übrigen Urteile von Aylesbury waren ungewöhnlich hart. Dreißig Jahre Zuchthaus für James, Goody, Wilson, Wisbey, Welch, Hussey und Biggs, zwischen fünfundzwanzig und vierzehn Jahren für die anderen Angeklagten. Damit gehörte der Postraub von Cheddington aber noch keinesfalls der Geschichte an.

Vom Yard gepflegt

Am 12. August 1964, früh um drei Uhr – auf die Minute genau ein Jahr und vier Tage nach dem Postraub – wurde Charlie Wilson aus der Strafanstalt Winson bei Birmingham befreit. An der Gefängnismauer fuhr eine Limousine

311

vor. Die Insassen sprangen heraus, fanden eine Leiter, gerade lang genug, um die Mauer zu überklettern, und öffneten mit einem Universalschlüssel alle Türen bis zu Wilsons Zelle. Dort übergaben sie dem Gefangenen Zivilkleidung. Ein Wärter, der wie vorgeschrieben alle fünfzehn Minuten einen Blick durch den Türspion werfen wollte, wurde niedergeschlagen. Kurz danach war Wilson in Freiheit.

Im Juni des folgenden Jahres entdeckte Scotland Yard den Ausbrecher in Irland. England und Irland verhandelten gerade über ein Auslieferungsabkommen, das im Juli 1965 in Kraft treten sollte. Bis dahin übernahmen dreißig Yard-Detektive die pausenlose Beschattung des Posträubers. Kurz vor dem Auslieferungstermin konnte Charlie Wilson seinen Bewachern entweichen. Erst im Januar 1968 wurde er in Mexiko erneut verhaftet.

Am 9. Juli 1965 befreiten maskierte Männer auch Ronald Biggs aus dem Londoner Wandsworth Prison. Während des Hofganges stoppte an der Gefängnismauer ein Möbelwagen. Kurz danach preschten drei Jaguars heran. Ein paar Männer sprangen aus den Autos und verschwanden im Möbelwagen. Was dann folgte, ist ansonsten nur in besonders reißerischen Kriminalfilmen zu sehen.

Aus dem Dach des Möbelwagens wurde eine Plattform nach oben ausgefahren, auf der drei mit Maschinenpistolen bewaffnete Männer standen. Sie richteten ihre Waffen auf die Aufseher und warfen Biggs eine Strickleiter zu. In Sekundenbruchteilen kletterte der ehemalige Postzugräuber auf die Plattform. Drei andere Verbrecher, die mit dem Postraub nichts zu tun hatten, nutzten die Gelegenheit und kletterten hinterher. Dann verschwand die Plattform wieder. Die sieben Gangster sprangen aus dem Möbelwagen und stürzten in die bereitstehenden Autos. Als die Alarmsirenen aufheulten, waren die Wagen längst im Verkehr der Millionenstadt untergetaucht.

Die Befreiung von Biggs wurde organisiert, nachdem der Posträuber angedeutet hatte, er wolle demnächst „auspakken". Um das zu verhindern, holte man ihn aus dem Zuchthaus. Die Aktion verlief so glatt, daß als Organisator nur eine aus dem Hintergrund wirkende starke Hand in Frage kam. Dies und die anderen Merkwürdigkeiten ließen immer wieder Vermutungen aufkommen, daß der Secret Service von Anfang an seine Finger im Spiel gehabt hat.

Das Jahr 1966 brachte die Verhaftung von zwei weiteren Posträubern. Am 21. April wurden James White und am 10. September Ronald Edwards festgenommen. White hatte die Gefangennahme nur seiner unglaublichen Frechheit zuzuschreiben. Über Mittelsmänner knüpfte er Verbindungen zu einigen Journalisten und lud sie zu einer Pressekonferenz ein – am hellen Tage und mitten in London. Dort verteilte er Tonbänder mit seiner Lebensgeschichte. Scotland Yard bekam Hinweise und nahm die Spur auf. In Kent wurde White schließlich gestellt.

Noch dreister hatte sich jedoch Bruce Reynolds aufgeführt. Er fühlte sich nach seinem Rückzug von der Leatherslade-Farm völlig sicher und schlenderte in jenen Tagen, da die Polizei einen Ring um Cheddington gezogen hatte, in der Kleidung eines Sportanglers durch den Kordon, ließ sich kontrollieren und beobachtete von einem bequemen Fleckchen aus seelenruhig die Arbeit der Polizei.

Als später Detektive in seiner Wohnung auftauchten, hielt er es nicht einmal für nötig, aus dem Bett aufzustehen. Seine Ehefrau Frances bat die Yard-Männer, noch nicht ins Schlafzimmer zu gehen. Verschämt erklärte sie, daß sich dort ihr Freund aufhalte, und davon dürfe Bruce keinesfalls etwas erfahren. Die Detektive sicherten Diskretion und zogen sich zurück.

Anfang 1964 traten Bruce und Frances Reynolds eine Weltreise an. Ein Freund flog das Paar zuerst nach Brüssel. Frances kehrte noch einmal nach London zurück, um den zweijährigen Sohn Nicky zu holen. Sie suchte dabei auch Scotland Yard auf und beteuerte, nichts mit dem Postraub zu tun zu haben. Einige Detektive, die ihr folgten, schüttelte sie rasch wieder ab.

In Mexiko traf Frances wieder mit ihrem Mann zusammen, der inzwischen eine komfortable Villa gekauft hatte. Von dort unternahmen beide kürzere oder längere Reisen in die

USA, nach Kanada und an die französische Riviera. In den Spielhöllen von Las Vegas war Reynolds ein oft gesehener Gast.

Nach vier Jahren, Anfang 1968, erhielt Scotland Yard Informationen über den mexikanischen Aufenthalt Reynolds'. Der Gangster witterte Gefahr und sah sich nach einem sicheren Ort um. Unter dem Namen Keith und Angela Hillier kehrten die beiden Reynolds nach England zurück. Im südwestenglischen Badeort Torquai bezogen sie die exklusive Villa „Cape Martin".

Bruce Reynolds fühlte sich bald so sicher, daß er regelmäßig nach London fuhr und dort sogar eine Fahrprüfung ablegte. Mit seinen Fahrkünsten scheint es jedoch nicht weit hergewesen zu sein, denn schon kurz danach verursachte er einen schweren Verkehrsunfall. Als er wieder zu sich kam, lag er im Krankenhaus von Scotland Yard. Ärzte und Schwestern der Metropolitan Police gaben sich alle Mühe, um „Mr. Hillier" recht schnell wieder auf die Beine zu bringen.

Nach der Entlassung aus dem Hospital suchte Reynolds einige Male einen alten Londoner Freund auf. Das wurde ihm zum Verhängnis. Aus der Unterwelt lief ein anonymer Tip im Yard ein. Superintendent Thomas Butler wollte seine Laufbahn mit einem spektakulären Erfolg beenden. Als er am 31. Dezember 1967 pensioniert werden sollte, bat er um einen einjährigen Aufschub. Er versprach, den Gangsterchef zu fangen, und die Frist wurde ihm gewährt. Elf Wochen vor Ablauf der Zeit erhielt Butler den erwähnten Hinweis.

Der Superintendent griff jedoch nicht gleich zu. Zwei Wochen lang beschattete er „Mr. Hillier", den er sofort als den gesuchten Reynolds erkannte. Er hoffte, Hinweise auf das Versteck des größten Teiles des Postraubes zu erhalten. Als sich Reynolds alias Hillier auf eine neue Auslandsreise vorbereitete, rief Thomas Butler seine acht besten Detektive zu sich. Er deutete ihnen lediglich an, daß ein großer Fang bevorstünde.

In drei schweren Limousinen fuhren in der Nacht vom 7.

zum 8. November 1968 die neun Männer von London in das dreihundertzwanzig Kilometer entfernte Seebad Torquai. Dort wurden noch drei uniformierte Konstabler dem Kommando zugeordnet.

Es war zehn Minuten nach sechs Uhr, als Thomas Butler in der Villa „Cape Martin" die Tür des luxuriösen Schlafzimmers öffnete. „Good morning, Mr. Reynolds!"

Der Posträuber fuhr überrascht zusammen. Dann murmelte er: „Well, ich werde keine Schwierigkeiten machen, Mr. Butler."

Auch während der Verhöre und dann vor dem Gericht in Aylesbury gab sich Reynolds höflich, ruhig und gelassen. Am 14. Januar 1969 bekannte er sich schuldig und wurde zu fünfundzwanzig Jahren Zuchthaus verurteilt. Achtundachtzig Prozent der Beute blieben jedoch weiterhin verschwunden.

Mister Big, den keiner kennt

Superintendent Butler hatte sein Versprechen eingelöst. Am 31. Dezember 1968 übergab er sein Amt an Frank Davies, um selbst den hochdotierten Posten des Sicherheitschefs einer der großen City-Banken zu übernehmen. Wenig später, Anfang 1970, ist Butler gestorben.

Unter den Opfern, welche die Grippewelle in jenen Wochen forderte, befand sich noch ein anderer Mann, der durch den Postraub weithin bekannt geworden war – Jack Mills.

In ländlicher Abgeschiedenheit hatte der ehemalige Lokführer des Postzuges seit 1963 ein beschauliches Rentnerdasein geführt, soweit das ihm die Folgen seiner damaligen Verletzung gestatteten. Eine leichte Lähmung war zurückgeblieben. Er bekam deshalb weiterhin sein volles Gehalt. Außerdem konnte er manche Geldspende vereinnahmen.

Mills galt als angesehener und tapferer Mann, denn als einziger habe er den Posträubern Widerstand geleistet. So jedenfalls wurde es offiziell dargestellt. Diese Version

315

aber mußte mit dem Hinscheiden des Lokführers korrigiert werden.

Den Anstoß gab Peta Fordham, Gattin eines Posträuber-Anwaltes, die sich bereits durch ihr Buch über den Raub von Cheddington einen Namen gemacht hatte. „Der Tod des Lokführers entbindet mich von einem Schweigeversprechen", so begann sie einen Bericht für die „Times", „das ich Jack Mills vor fünf Jahren gab, um die Wahrheit zu erfahren." Dann enthüllte sie zwei Geheimnisse, die ihr dereinst streng vertraulich mitgeteilt worden seien.

Nicht vom Schlag mit der umwickelten Brechstange habe Mills die Lähmungserscheinungen davongetragen, sondern durch eigenes Verschulden: er sei später in der Lokomotive gestolpert und dabei auf ein eisernes Rohr aufgeschlagen. Allein aus Befürchtungen um seine Pension habe der Lokführer die wahre Ursache für seine schwere Verletzung verschwiegen.

Glaubhaft erscheint diese Version, weil Mills nach dem Schlag, den ihm der Posträuber „X" verpaßte, immerhin noch fähig war, den Leitstand der Lokomotive zu bedienen und den Zug mit Zentimetergenauigkeit zur Bridego Bridge zu dirigieren. Weshalb er allerdings sein pensionsgefährdendes Geheimnis ausgerechnet einer sensationsgierigen Bücherschreiberin anvertraut haben soll, bleibt fraglich. So liegt der Verdacht nahe, daß Peta Fordham dieses „Geheimnis Nummer 1" durch ein paar eigene Gedanken anreicherte, zu denen wohl auch der Anwaltsgatte und Posträuber-Verteidiger etwas beigetragen haben dürfte.

Denn gerade die schwere Verletzung von Mills war es gewesen, die beim Prozeß in Aylesbury die Anklage von „Raub" auf „Gewaltverbrechen" erweiterte und die jedem verurteilten Posträuber zusätzlich zehn Jahre einbrachte. Entsprechend hart fielen bekanntlich die Strafen aus. Unter anderem hatte es für sieben Gangster jeweils dreißig Jahre Zuchthaus gegeben. Für solche Strafmaße sieht das englische Recht aber kaum Möglichkeiten zur Begnadigung vor.

Im anderen Lichte mußte nun das Ganze erscheinen, wenn

sich Mills seine schwere Wunde durch eigenes Mißgeschick zugezogen und dann vor Gericht falsches Zeugnis abgelegt hatte. Wenngleich keine Revision der Urteile erfolgen konnte, so waren dennoch Denkanstöße gegeben, um die Strafen zu verkürzen – wenn nicht durch Begnadigung, dann auf dem Wege der Aussetzung zur Bewährung.

In welchem Maße solche Überlegungen eine Rolle spielten, sei dahingestellt. Jedenfalls öffneten sich Anfang 1973 zum ersten Male die Gefängnistore: Roger Cordrey wurde „auf Bewährung entlassen". Er hatte sieben von vierzehn Jahren abgesessen.

Nach und nach und ohne großes Aufsehen wiederholte sich diese Prozedur. Die ersten „Dreißigjährigen" kamen 1975, nach elfjähriger Haft, auf freien Fuß, und das Neujahrsfest 1977 mußten nur noch zwei Posträuber hinter Gittern feiern: Charlie Wilson und Bruce Reynolds.

Scotland Yard hatte natürlich die Hoffnung nicht aufgegeben, an die „eingefrorene" Millionenbeute heranzukommen. Das dürfte auch ein ausschlaggebender Grund für die vorzeitigen Entlassungen gewesen sein. Detektive verfolgten vom Gefängnistor an die Spuren jener Posträuber, die sich nun „bewähren" sollten. Aber keiner von ihnen leistete Pfadfinderdienste zu einem Versteck.

Als im Herbst 1975 ein Detektiv mit dem erst kurz zuvor entlassenen „Buster" Edwards wieder im Yard auftauchte, war die Freude nur kurz, hatte man doch lediglich etwas recht Bescheidenes entdeckt: Der Mann führte seinen Spitznamen „Buster" („Reinfaller") mit vollem Recht, denn er war bei einem Ladendiebstahl gestellt worden. Erpresser hätten ihm damals seinen Beuteanteil abgejagt, und sein nunmehriger Job als Blumenhändler am Waterloo-Bahnhof bringe kaum etwas ein, erklärte Edwards zur Rechtfertigung.

In ihrem Bericht für die „Times" hatte Peta Fordham noch ein „Geheimnis Nummer 2" gelüftet: Posträuber „X", von dem Mills den einen Schlag erhielt, hat nie vor Gericht gestanden; sein Name wurde nie erwähnt. Der Lokführer habe diesen Mann gedeckt! Weshalb, das wisse sie nicht.

Jener Gangster „X" war nun keine Erfindung von Autorin Fordham. Von Anfang an hatte sich hartnäckig das Gerücht gehalten, daß in Aylesbury keinesfalls alle Mitglieder der Bande zur Verantwortung gezogen wurden. Die Befreiungsaktionen für Wilson und Biggs lieferten dafür neue Nahrung. Und schließlich vermutete man sogar, daß nicht Bruce Reynolds der eigentliche Boß war, sondern ein mysteriöser „Mister Big", der nun mit starker Hand aus dem Hintergrund seine Fäden zog.

Daß solches Raunen mehr war als eine Fama aus der Unterwelt, wurde Anfang 1973 bestätigt. Frank Williams, einstmals Stellvertreter von Butler und damit ein Mann, der es genau wissen muß, veröffentlichte sein Buch „No fixed address" („Ohne festen Wohnsitz").

Die Posträuber wollten das Lokpersonal ganz ausschalten, berichtete der Ex-Detektiv. Der Gangster aber, der die Lokomotive mit dem Postwagen zur Bridego-Bridge fahren sollte, bekam im letzten Moment kalte Füße. So zwang eine Panne zur Improvisation, wobei Mills den Schlag abbekam. Und Williams bestätigte, was schon Peta Fordham enthüllt hatte: Der Mann, der in den Leitstand der Lokomotive kletterte, wurde nicht gefaßt. Alle Posträuber weigerten sich ganz entschieden, den Namen dieses Schlägers zu verraten.

Das aber konnte durchaus jener „Mister Big" gewesen sein. Denn wer sonst, wenn nicht der Boß, sollte sich einer Sache annehmen, die einen derart präzise vorbereiteten Coup in letzter Minute zum Scheitern bringen konnte. Und für irgendeinen kleinen Fisch würden sich die Gangster wohl kaum so engagiert haben.

Zur Person des „Mister Big" gab es nur Mutmaßungen. Aber alle waren sich darin einig, daß es eine „hochgestellte Persönlichkeit" sein müsse – ein Mann aus dem Geheimdienst vielleicht, oder ein „Lord" oder auch beides zugleich? Die ihn kennen, schweigen sich wohlweislich aus, und andere wollen ihn nicht kennen. So bleibt er umnebelt von einem ähnlich geheimnisvollen Fluidum wie einst der Ripper.

318

Auch Frank Williams kann oder darf oder will nicht den Schleier zerreißen. Dafür entschädigt er aber seine Leser mit anderer Brisanz; der Ex-Detektiv präsentiert den „Schwarzen Peter" des Posträuber-Falles. Für alle Versager und Nachlässigkeiten von Scotland Yard gibt es nach seinen Worten nämlich einen Hauptschuldigen. Und das ist kein geringerer als Thomas Butler!

Übersteigerte Geheimniskrämerei auf der einen und hochgradige Publizitätssucht auf der anderen Seite seien schlimme Eigenheiten des ehemaligen Superintendenten gewesen. So habe er seine Mitarbeiter und untergeordnete Dienststellen nur sehr unzulänglich informiert. Eine Folge: „Danny aus Pembroke" und ein anderer des Postraubes Verdächtiger wurden nach oberflächlichen Verhören wieder freigelassen und tauchten unter.

Den größten Fehler aber sieht Williams darin, daß vor der Großrazzia Namen und Bilder der Gesuchten veröffentlicht wurden. Damit waren alle Posträuber gewarnt, und einigen gelang es, in neuen und sicheren Verstecken zu verschwinden.

Mit dem Buch „No fixed address" wurde der bereits schwer angeschlagene Nimbus von Scotland Yard weiter lädiert, freilich nicht in dem Maße, wie das üblicherweise bei Enthüllungen aus erster Hand zu erwarten ist. Denn Williams konnte seine Schrift nur in dem kleinen Verlag „W. A. Allen" unterbringen. So zeigten die wenigen tausend Exemplare bei weitem nicht jene Wirkung wie die zu Dutzenden ausgestrahlten Fernsehserien oder die ungezählten „Tatsachenberichte" in Boulevardblättern, mit denen manche Posträuber nach ihrem Millionencoup einen zweiten Reibach machen konnten.

Um mit den nun langsam vergilbenden Storys noch einige Zeit im Geschäft bleiben zu können, verfielen zehn Bandenmitglieder auf einen besonderen Gag. Die Londoner „Evening News" berichteten am 5. April 1976 über die Gründung einer „GmbH zur Verwertung der Erfahrungen". Als „freie Unternehmer" wollten die Gangster alle gesetzlichen Möglichkeiten ausloten, um über Buch- und

Filmrechte und auf anderen kommerziellen Wegen das Verbrechen von Cheddington noch so profitträchtig wie nur möglich auszuschlachten.

In diesem legalen Teamwork der Verbrecher fehlte ein Räuber, der im Pressegeschäft ganz große Erfahrungen sammeln konnte: Ronald Biggs, der 1965 mit einem Möbelwagen aus dem Wandsworth Prison geholt wurde und seither dem Yard eine lange Nase machte.

Eine Party in Rio

„Wer zählt die Völker, nennt die Namen?" könnte man mit Schiller fragen, wollte jemand alle Länder zusammentragen, in denen Biggs aufgetaucht oder untergetaucht sein soll. In Frankreich, Belgien, der BRD, Spanien, Malta, Südafrika, Hongkong, Indonesien, Panama, in den USA und wer weiß noch wo habe er sich aufgehalten. Dort suchte die Polizei nach ihm und griff jedesmal ins Leere. Und zwischendurch Meldungen aus Großbritannien: Biggs sei in einen Verkehrsunfall verwickelt gewesen, Biggs habe sich zahnärztlich behandeln lassen, Biggs müsse den Viermillionenraub in Croyden organisiert haben.

In solchen Zeiten liefen bei Scotland Yard täglich etwa fünfzig Hinweise ein, wo man den Biggs gesehen haben wollte. Unter dem Strich kam dabei aber nicht mehr heraus als das, was findige Reporter die „Biggs-Psychose des Yard" nannten. In manchen Ländern jener langen Liste mag sich Biggs für kurze Zeit aufgehalten haben, die meisten Meldungen aber sind Legende.

Posträuber Biggs war mit seiner Frau und drei Kindern nach Australien geflohen. Unter dem Namen Terence Furminger betrieb er in Adelaide eine Pension. Dann arbeitete er als Zimmermann auf dem Melbourner Flughafen. Er wechselte einige Male den Wohnsitz und mehrfach seinen Namen. Aus Terence Furminger wurde Terry Kind, dann Terry Cooke, schließlich Terry Lamb.

Dennoch konnte die australische Polizei im Herbst 1969 eine heiße Spur aufnehmen. Sie verfolgte den Weg von Biggs seit seiner Einwanderung im Jahr 1966, der schließlich im Haus Hibiscus Street 52 im Melbourner Vorort Blackburn endete. Als das Polizeikommando am 17. Oktober 1969 den Bungalow umstellte, waren aber alle Mühen vergebens. Die Spur löste sich in der Luft auf.

Neun Stunden vor der Aktion hatte Biggs per Flugzeug den fünften Kontinent verlassen, denn tags zuvor konnte er in seiner Morgenzeitung lesen, daß die Melbourner Polizei den „letzten Posträuber" in ihrer Stadt vermutete.

Ganovengattin Charmaine war verhaftet und wieder freigelassen worden. „Das Geld ist restlos ausgegeben", klagte sie. Doch eine amerikanische Fernsehgesellschaft setzte der vermeintlichen Not ein rasches Ende. Sie bot ihr 60 000 Dollar für die Weltrechte an der Story „Ich war die Frau eines großen Posträubers". Eine australische Fernsehgesellschaft zahlte 35 000 Dollar.

Ronald Biggs galt offiziell als verschwunden – aber nicht für die Sensationsreporter des „Daily Express". Dieses auflagenstärkste Londoner Boulevardblatt sollte, so vermutete man später, schon bei der Flucht aus Melbourne seine Hände im Spiel gehabt haben. Eine mit umgerechnet 200 000 Mark honorierte Serie schilderte das dramatische Geschehen, wobei natürlich das Reiseziel von Biggs ungenannt blieb.

In den Redaktionsstuben des „Daily Express" wurde schließlich ein übles Gaunerstück ausgebrütet: Der Yard bekam einen diskreten Tip über den Aufenthalt von Biggs, nachdem sich das Skandalblatt von dem zur Gallionsfigur stilisierten Posträuber die Alleinrechte zur Berichterstattung über das folgende Geschehen ausbedungen hatte. Die Zeitung konnte mit ihrem Tip auch den Beschuldigungen wegen Beihilfe zur Flucht die Spitze abbrechen. Und schließlich garantierte der Ort des Geschehens, daß das geplante Spiel auf keinen Fall zum letzten Akt im Posträuberdrama werden mußte.

Am 2. Februar 1974 klopften die Yard-Detektive Slipper

und Jones an das Zimmer 909 im Trocadero-Hotel von Rio de Janeiro. „Hat fast neun Jahre gedauert", sagte Inspektor Slipper, „aber wir freuen uns, Sie wiederzusehen, Mister Biggs."

„Hier lebe ich unter dem Namen Haynes", erwiderte der Posträuber, und dann stellte er die auf dem dicken Teppich hockende junge Brasilianerin vor: „Meine kleine Freundin – Miss Raimunda Nascimento de Castro. Aber Sie dürfen ‚Xuxu' sagen, Inspektor."

Biggs ließ sich dann widerspruchslos die Handschellen anlegen, wobei er allerdings dem Bildreporter des „Daily Express" nicht mehr das gleiche freundliche Lächeln schenkte wie noch bei der Begrüßungsszene.

Die brasilianische Polizei nahm den Londoner Kollegen den festgenommenen Posträuber noch ab, um ihn vereinbarungsgemäß zu verwahren. Aber dann kam alles anders, als sich das die Yard-Detektive erhofft hatten. Schon mit dem nächsten Flugzeug mußten sie Rio verlassen – ohne Biggs –, wollten sie nicht selbst wegen ihres Alleingangs im Hotel ins Gefängnis wandern.

In dieser Sache ging es dann einige Wochen zwischen London und Brasilien hin und her, und der Rest ist rasch erzählt. Ein britischer Antrag auf Auslieferung wurde abgelehnt, weil zwischen beiden Ländern kein entsprechendes Abkommen besteht. Und da „Xuxu" von Biggs ein Kind erwartete, konnte er auch weiterhin in Brasilien bleiben. Väter brasilianischer Kinder dürfen nicht ausgewiesen werden, bestimmt ein Gesetz des südamerikanischen Staates.

So kann sich der Posträuber dort recht sicher fühlen. Als Anfang 1977 britische Kriegsschiffe besuchsweise in Rio vor Anker gingen, wurde er sogar zu einem Umtrunk an Bord der Fregatte „Danae" eingeladen. Ronald Biggs revanchierte sich anschließend mit einer Party in seinem Bungalow.

Bilanz der Skandale und Schrecken

Die Leiden der Lords

Bei Waterloo wurde Napoleons Schicksal endgültig besiegelt. Bürgerliche Geschichtsschreiber ordnen den Herzog von Wellington, der das Schlachtfeld als Sieger verließ, in die Reihe jener großen englischen Persönlichkeiten ein, zu denen sie auch die Premierminister Palmerstone, Disraeli, Balfour und Lloyd George rechnen. Verschämt wird aber in den puritanischen Annalen verschwiegen, daß ein gemeinsames Syndrom diesen Notabeln schwer zu schaffen machte. Ein englischer Psychologe hat dieses Leiden, das er bei vielen britischen Aristokraten zu erkennen glaubte, gründlich untersucht, und er bezeichnete jene Manie kurz und bündig als „Prostituierten-Madonna-Syndrom".

Die Peers, Lords oder Earls, so meinte der Gelehrte, finden bei ihren madonnenhaften, aber steifbeinigen Gräfinnen kein ausreichendes Vergnügen. Deshalb werden sie, ob sie es wollen oder nicht, in die Arme sinnenfreudiger Edeldirnen getrieben.

Als John Dennis Profumo 1963 über die hübschen Beine der Christine Keeler stolperte, befand er sich somit in bester Gesellschaft großer historischer Vorbilder. Der von dem Heeresminister der Torys heraufbeschworene Sittenskandal wurde seinerzeit als „beispiellos" bezeichnet, was sich aber akkurat zehn Jahre darauf als mächtig übertrieben herausstellen sollte.

Ausgelöst wurde der neue Fall durch eine routinemäßige Razzia. Im Januar 1973 kontrollierte Scotland Yard einige Striptease-Lokale in Soho, die auch als Porno-Shops bekannt waren. Daß die Detektive dabei auf einen Callgirl-

Ring stießen, war noch nichts Außergewöhnliches. Aber dann fanden sie eine Serie von Pornofotos, die nicht nur wegen ihrer besonderen Obszönitäten auffielen: zwei Damen jeweils, nicht ganz nackt, noch mit Sonnenbrillen „bekleidet", und dazu in ziemlich abnormer Pose ein Mann, der ihnen seit mehr als zwanzig Jahren bekannt war – Lord Anthony Lambton.

Dieses Mal also nicht der Heeresminister, sondern der Luftwaffenminister Ihrer Majestät.

Lord Anthony konnte auf eine Ahnengalerie zurückblikken, die bis zum Jahre 1066 reichte, und bei so vornehmem Adel versuchte man schon einiges. Aber die Sache ließ sich nicht unter den Teppich kehren, denn der Chef der Royal Air Force war mehr als leichtsinnig gewesen.

Um rasch auf die Wonneweiden in der Maida Vale zu gelangen, hatte er ständig seinen Dienstwagen mit Chauffeur benutzt. Die dort anfallenden Verbindlichkeiten beglich er nicht in bar, sondern mit Schecks. Und nach gehabtem Vergnügen protzte er mit der schönen Norma Levy in exklusiven West-End-Restaurants. Zu allem Unglück stellte sich dann noch heraus, daß der Lord auch rauschgiftsüchtig war.

Scotland Yard setzte eine Sonderkommission ein, und weil man im Boudoir der Luxusdirne ein Mini-Mikrofon und Tonbänder entdeckte, mußten auch die „Scheißer vom anderen Ufer" informiert werden. In Londoner Agentenkreisen ist das der despektierliche Name für die „MI-5"-Leute, für die Männer vom innenpolitischen Geheimdienstzweig, deren Kommandozentrale an der Themse vis-à-vis zu jenem „Century House" liegt, das offiziell als Umweltschutz-Ministerium gilt, tatsächlich aber den außenpolitischen Geheimdienstzweig SIS beherbergt. MI-5 und Scotland Yard recherchierten, ob der Lord im Liebestaumel oder beim Trip mit dem „braunen Zucker" Geheimnisse der Royal Air Force ausgeplaudert hatte. Am Ende verblieb aber nur eine Anklage wegen „Rauschgiftbesitzes".

Eingedenk des seinerzeitigen Lügenfiaskos seines Parteifreundes und Ministerkollegen Profumo verlegte Lust-

Lord Lambton sein Fluchtziel nach vorn. Er nahm rasch seinen Zylinder, und in einer kurzen Fernseherklärung gab er alles zu. Bewunderung und Verständnis erheischend für das, was er mit seinen fünfzig Jahren noch vollbracht hatte, wandte er sich an die männlichen Zuschauer: „Eine sehr große Anzahl der Herren, die dieses Programm sehen, haben schon genau dasselbe gemacht wie ich. Mein Fehler war es, mich dabei erwischen zu lassen."

Nur Stunden später wiederholte sich das pikante Schauspiel. Lordsiegelbewahrer Lord Jellicoe, der Führer der Konservativen im Oberhaus, erklärte seinen Rücktritt. Auch er hatte sich als Kunde des Callgirl-Ringes um Norma Levy „erwischen" lassen, und auch er kam aus einer großen Familie von altem Adel. Vater Sir John Jellicoe beispielsweise war Oberbefehlshaber der britischen Flotte in der Seeschlacht am Skagerrak 1916.

Die Begleitmusik zum Sex-Skandal der Lords lieferte die British Broadcasting Corporation. Erzürnte Schlagersängerinnen hatten ausgepackt, daß es bei der ehrwürdigen „Tante BBC" ganz anders zugeht, als es der offizielle Ruf verheißt: nicht sauber, seriös und sittsam, sondern genauso wie auf dem Musikmarkt jenseits des großen Teiches, nämlich „branchenüblich". Das aber hieß, daß die Diskjockeis die Spitzentitel der BBC-Hitparade mit Pop-Stars und -Sternchen im Bett aushandelten, daß die millionenschweren Plattenkonzerne dabei Regie führten, daß Callgirls, Drogen und Scheine als unentbehrliche Requisiten galten.

Ein Prozeß sollte Licht in das sumpfige Dunkel bringen. Vor dem Kadi fanden sich dann aber nur die Pop-Sängerin Janie Jones und der Texter John Dee wieder. Viele amouröse Intimitäten wurden bekannt, und damit konnte man schon einigermaßen von den bohrenden Fragen nach Herkunft und Verbleib von Bestechungsmillionen ablenken.

So gesehen, waren die „Kavaliersdelikte" der lüsternen Lords im Grunde willkommene Gelegenheiten, um damit noch größere Schweinereien zu kaschieren.

325

Da gab es wenige Monate vorher die Korruptionsaffäre des Bauspekulanten Poulsen. Er hatte sich fette Regierungsaufträge „erkauft“, und von seinen Bestechungsgeldern in Höhe von umgerechnet 2,5 Millionen Mark war ein nicht unbeträchtlicher Teil in die Taschen von Reginald Maudling geflossen. Diese Schmiergelder wurden unter anderem als steuerfreie Schenkungen an ein kleines Theater in East Grinstead, das Frau Maudling verwaltete, getarnt. Durch solche Umwege wollte der Gemahl alle Risiken für sich ausschalten, denn er war nicht nur stellvertretender Parteichef der Torys, sondern auch Innenminister und damit oberster Dienstherr von Scotland Yard.

Als diese Manipulationen bekannt wurden, versuchte Premierminister Heath, den bisherigen zweiten Mann der Konservativen dennoch in seiner Regierung zu halten. Sein „lieber Reggie“ sollte nur ein anderes Ressort übernehmen. Aber Maudling blieb „hart“ und trat zurück, denn mittlerweile hatte sich von den neun Unternehmen, bei denen er im Aufsichtsrat saß, bereits die fünfte Firma in ihren Spekulationen übernommen und mußte Konkurs anmelden.

Dann folgte der Fall des ehemaligen Kriegsministers Duncan Sandys. Von dem Finanztrust mit dem bezeichnenden Namen „Lonrho“ – das ist die Abkürzung für „London-Rhodesien Bergbau- und Bodengesellschaft“ – kassierte er zuerst als Berater und dann als Direktor mehrfach fünfstellige Beträge. Die Auszahlung erfolgte aber nicht in London, sondern in der Kolonie Cayman Islands, weil auf dieser karibischen Insel keine Steuern abgeführt werden müssen. Die Steuerhinterziehung durch den Tory-Spitzenpolitiker Sandys wurde just in dem Moment ruchbar, als seine Parteifreunde in der Regierung auf einen Lohnstopp für die Arbeiter zusteuerten; denn allein deren „Habgier“ sei schuld an der Inflation!

Scotland Yard „ermittelte“ gegen den bestechlichen und gegen den betrügenden Minister; im Falle Duncan Sandys wurden zwei subalterne Beamte benannt, im Falle Maudling soll es einer weniger gewesen sein. Bald darauf verlautete jedoch, daß das Interesse an einer öffentlichen Untersuchung „zu gering" sei.

So konnten sich nun alle Kräfte auf den Callgirl-Ring konzentrieren, und immer wieder kamen Meldungen aus dem Yard, die Aufsehen erregen sollten. Die Sonderkommission wurde von 30 auf 50 Beamte verstärkt. Dann gab es fünf Verhaftungen. Nicht Lord Lambton, nicht Lord Jellicoe und auch nicht Norma Levy standen an der Spitze der Festgenommenen, sondern Jean Horne. Das war die Raumpflegerin der Luxusdirne. Ein Zaungast der käuflichen Liebe!

Aber auch Lord Lambton wurde bestraft: mit 300 Pfund wegen Rauschgiftbesitzes.

Wanzen bei Wilson

„Lambton und Lonrho sind das britische Watergate", wurde geschrieben, als man die Sumpfblüten verglich, die der gewöhnliche Kapitalismus 1973 diesseits und jenseits des Atlantik hervorgebracht hatte. Nimmt man aber den Namen des Washingtoner Apartment-Hotels nur synonym für „Wanzen" in den Wänden, dann begann ein aufsehenerregendes Londoner Watergate genau zwei Jahre später.

Die Kommunistische Partei Großbritanniens hatte im Februar 1975 zu einer Pressekonferenz eingeladen. Politbüromitglied George Matthews führte den Journalisten ein elektronisches Abhörgerät vor. Handwerker fanden den kleinen Kurzwellensender, als sie ein Podest im Sitzungsraum des Zentralkomitees renovierten. Aus dem Zustand der „Wanze" war zu schließen, daß sie schon über längere Zeit zu den Ohren der Special Branch von Scotland Yard gehörte.

Das einst von Rowan und Mayne kreierte Credo von der „unpolitischen Polizei" war von Anfang an nur Legende, und die Special Branch hatte es nie für sich beansprucht. Daß es aber für den gesamten Yard sogar vordringlichste Aufgabe war, die immer wieder bemühte Tünche der Lüge zu strafen, wurde 1972 ganz offiziell verkündet. Der neue Londoner Polizeipräsident Robert Mark schrieb in seinem ersten Jahresbericht, daß die „öffentliche Ordnung, das heißt die Beschäftigung mit politischen und Gewerkschaftsdisputen, mit Demonstrationen ... zur Haupttätigkeit der Polizei gehört".

Für solches „Beschäftigen mit politischen Disputen" waren nun Abhöranlagen die besten Informationsquellen. Der damals noch amtierende korrupte Innenminister Maudling appellierte deshalb an seine Yard-Offiziere, alle Phantasie spielen zu lassen, um „Zwischenfälle" zu vermeiden.

Nun war es aber doch zum Eklat gekommen. Gewerkschaftsfunktionäre, fortschrittliche Labour-Abgeordnete und die „Gesellschaft zur Verteidigung der Bürgerrechte" schlossen sich dem massiven Protest der KP Großbritanniens gegen die illegale Bespitzelung an. Denn es gab keine Illusionen, daß irgend jemand gegen die „Wanzen" gefeit sein konnte.

Für die Arbeit von Scotland Yard war es zu jeder Zeit belanglos, welche der großen englischen Parteien die Regierungsgewalt ausübte. Denn die mächtigsten Auftraggeber sitzen nicht in der Downing Street, sondern in den Glaspalästen der Midland Bank und in anderen Prunkbauten des Finanzkapitals.

Zur Sicherung des Herrschaftssystems organisierten diese Befehlszentralen ein enges Zusammenwirken von Scotland Yard mit MI-5 und SIS. So dürfen diese Geheimdienstzweige die Special Branch anweisen, Verhaftungen vorzunehmen oder Wohnungen zu durchsuchen.

Manche Arbeitsteilung gibt es auch in der Telefonüberwachung und bei Abhöranlagen. Solche Aufträge aus den hohen Befehlszentralen können sich sogar gegen den Hausherrn in der Downing Street richten. Ende Juli 1977 wurde nämlich bekannt, daß auch der ehemalige Labour-Premierminister Wilson „abgehört" wurde. MI-5 oder die Spe-

328

cial Branch hätten in seiner damaligen Regierung „eine kommunistische Zelle" vermutet, hieß es groteskerweise dazu.

Von einer „Zelle", die die Regierung aus den Angeln heben wollte, konnten die „Wanzen" freilich nichts vermelden. Aber sie piepsten auch nichts davon, daß es ganz dicht neben Wilson in seiner Fraktion einen Mann gab, der schon am Stuhl des Premierministers sägte.

Flucht nach Florida

Es war ein Mann mit großen Ambitionen. Er hatte es bereits bis zum Postminister und Mitglied des Geheimen Kronrates gebracht. Aber er wollte noch höher hinaus. So bastelte er einen privaten „Siebenjahrplan" zusammen und stellte sich das Ziel, zuerst Millionär und dann Premierminister zu werden. Er schien jedoch die lateinische Sentenz „nomen est omen" nicht gekannt zu haben, denn John Stonehouse baute kein Steinhaus, sondern ein Kartenhaus.

In rascher Folge gründete er fast zwei Dutzend Firmen. Seine halsbrecherischen Spekulationen mit Importen und Exporten, mit Vermittlungen und Krediten, mit Anleihen und Zinsen mußten über kurz oder lang zusammenbrechen.

Als nicht das erhoffte Vermögen, sondern der Schuldenberg Millionenhöhe erreicht hatte, reiste Stonehouse im November 1974 nach Miami. Einen Tag verbrachte er im Hotel „Fontainebleau". Dann lief er in der Badehose durchs Vestibül, bemerkte beiläufig „bißchen baden gehen" und war danach spurlos verschwunden.

Es kam zu einer Flut von Spekulationen. Aber an die erste offizielle Version, Stonehouse sei einem Badeunfall zum Opfer gefallen, glaubte niemand. Denn er hatte vor seiner Flucht nach Florida zugunsten seiner Frau sechs Lebensversicherungen für umgerechnet 700 000 Mark abgeschlossen. Bei Unfall sollte sich diese Summe noch verdoppeln.

Außerdem mußten Scotland Yard und die Polizei von Miami zwei mysteriöse Mordfälle untersuchen. Die Opfer waren Geschäftspartner und Gläubiger von Stonehouse.

Das „ertrunkene" Mitglied des Unterhauses tauchte fünf Wochen später wieder auf, weil Scotland Yard und Interpol zur selben Zeit auch nach einem Mitglied des Oberhauses fahndeten. Ein Jahr nach den Affären von 1973 war bereits wieder der Name eines lüsternen Lords in aller Munde: Lord John Lucan stand in dem dringenden Verdacht, das Kindermädchen Sandra Rivett ermordet zu haben. Allerdings nur ein Versehen Seiner Lordschaft, denn der tödliche Schlag mit dem Bleirohr sollte eigentlich die angetraute Lady Veronica treffen, um den Platz frei zu machen für die Geliebte des 7. Earl of Lucan.

Weil man nun den Mord-Lord auch dort suchte, wo einst der Posträuber Biggs zeitweiligen Unterschlupf fand, nämlich in Melbourne, geriet durch reinen Zufall ein Verdächtiger in die Fänge der australischen Polizei, der einen Paß auf den Namen Joseph Markham besaß. Dieser Mann aber war niemand anders als der gesuchte Unterhaus-Abgeordnete und Betrüger John Stonehouse.

Die Sache mit dem Paß klärte sich rasch. Der gescheiterte Spekulant hatte sich das gefälschte Dokument schon in London „besorgt" – auf den Namen und mit den Personalien eines Mannes aus seinem Wahlkreis, der einige Zeit vorher verstorben war.

Scotland Yard hatte inzwischen eine lange Liste mit Beschuldigungen gegen Stonehouse zusammengestellt. Neben Scheckfälschungen, Anleihebetrug und Unterschlagungen war sogar der betrügerische Erwerb von Flugtickets verzeichnet. Nun kam als Delikt Nummer 21 die Paßfälschung hinzu. Durch Addition aller Positionen ergaben sich dafür rund 150 Jahre Gefängnis, wobei aber die möglichen Anteile an den zwei seltsamen Mordfällen noch nicht berücksichtigt waren.

Sieben Monate konnte der Betrüger noch in Melbourne bleiben. Erst im Juli 1975 holte Scotland Yard den Unterhaus-Abgeordneten – denn das war Stonehouse nach wie vor – in die Heimat zurück, wo er aber gegen Kaution bald wieder auf freiem Fuß lebte.

Im Unterhaus durfte sich der „Volksvertreter" noch in stundenlangen Tiraden ergehen, und als seine Immunität schließlich doch aufgehoben wurde, gründete er sogar noch eine eigene Partei. Auf ganze sieben Jahre Gefängnis lautete dann das Urteil, das im Frühsommer 1976 in Old Bailey verkündet wurde.

Einen anderen „Volksvertreter" wollte das Unterhaus aber partout behalten. Der Fall Maudling wurde über fünf lange Jahre verschleppt. Als dann im Sommer 1977 das berühmte Gras schon kräftig gewachsen war, beschloß das Parlament, daß der einstige skandalumwitterte Innenminister sein Mandat behalten darf.

Der Porno-Kaiser von Soho

Nach dem 1. April 1972 sollte alles anders werden. Das versprach Robert Mark, als er in sein neues Amt als Chef von Scotland Yard eingeführt wurde.

Unumwunden hatte er bekanntlich den Schutz des politischen Herrschaftssystems zur Aufgabe Nummer 1 der Londoner Polizei erklärt. Um diesen Auftrag erfüllen zu können, brauchte er ein schlagkräftiges Instrument, eine Truppe von Männern, die seine Befehle bedingungslos erfüllten, die Korruptionsangebote ablehnten und den Lockungen des Rauschgiftes widerstanden.

Beim Aufbau des FBI hatte J. Edgar Hoover einst vorgeführt, wie man so etwas macht. Mit ähnlichem Elan wie das große Vorbild begann nun auch Robert Mark. Zunächst ließ er das interne Inspektionssystem von Scotland Yard vervollständigen. Die rund 13 000 Londoner Polizisten wurden nunmehr von etwa 3500 Detektiven überwacht, die ihrerseits wieder von 700 als besonders zuverlässig geltenden Kriminalbeamten kontrolliert wurden.

Dann räumte Mark unter den Mitarbeitern auf, denen das

Odium der Bestechlichkeit anhaftete. Zu den ersten, die gefeuert wurden, gehörte Kenneth Drury, Chef der Elitetruppe Flying Squad.

Er hatte seinen letzten Jahresurlaub auf Zypern verbracht; und zwar zusammen mit einem Mister James Humphreys. Dieser Barbesitzer war in eingeweihten Kreisen aber weit mehr unter dem Titel „Porno-Kaiser von Soho" bekannt.

Obwohl man Chefinspektor Drury anfangs nichts anderes vorhalten konnte als nur schlechten Geschmack in der Wahl seiner Urlaubspartner, sollte sich der Vorfall doch als ein Stich ins Wespennest erweisen: Scotland Yard bekam damit seinen Porno-Skandal.

Mark hatte angeordnet, das Gewerbe des Schmutzfinken Humphreys noch etwas zu durchleuchten. Dabei konnten die Detektive feststellen, daß die obszönen Bildchen und Traktate besonders anregend auf die Gattin des „Kaisers" wirkten. Als diese wieder einmal mit einem Liebhaber die papierne Theorie recht sturmvoll anwenden wollte, wurde das Tête-à-tête gestört. Seine Majestät, der Porno-Kaiser, waren persönlich erschienen, und auf ganz unkaiserliche Art wurde der liebeshungrige Jüngling zusammengeschlagen.

So war wohl die kaiserliche Ehre wiederhergestellt, aber der Porno-Boß sollte nun in den nächsten acht Jahren über das Delikt der schweren Körperverletzung nachdenken; in einem Raum, in dem das Sonnenlicht nur gerasterte Muster zeichnen konnte.

Humphreys hatte jahrelang enorme Summen investiert, damit ihm der Anblick solcher Ornamente erspart bleiben möge. Weil sich nun diese Wechsel als ungedeckt erwiesen, war der Porno-Kaiser mehr als empört. Er packte aus.

Persönlich habe er natürlich keine Bestechungsgelder gezahlt, beteuerte er, aber ihm sei zu Ohren gekommen, daß es in Soho viele Pornographie-Händler gäbe, die regelmäßig einen Teil ihrer Einnahmen an Scotland Yard abführen würden. Jawohl, regelmäßig sei das geschehen! Jeden Freitag. Am Tage wäre das Geld abgeholt worden, um es dann abends im Porno-Dezernat des Yard zu verteilen.

Und die Gegenleistung? Alles wisse er natürlich nicht, aber bei Razzien habe es stets vorher ein paar Tips gegeben.

Und Namen? Auch hier habe er nur wenig gehört. Moody und Virgo seien mal erwähnt worden.

Das war natürlich die Sensation. Bill Moody leitete das Pornographie-Dezernat von Scotland Yard, jene Abteilung also, die die illegalen Porno-Shops bekämpfen sollte, und Wallace Virgo hatte die Aufgabe, die Arbeit von Moody und dessen Abteilung zu überwachen! Außerdem sollte er das Rauschgiftdezernat kontrollieren.

Bis 1976 zogen sich die Ermittlungen gegen die bestechlichen Detektive und ihre nicht minder korrupten Überwacher in die Länge. Dann begannen mehrere Prozesse. Moody, Virgo, Drury und fünfzehn weitere Beamte der CID mußten sich unter anderem dafür verantworten, jährlich etwa 100 000 Pfund Bestechungsgelder kassiert zu haben.

Gegen den ehemaligen Flying-Squad-Boß wurde im Sommer 1977 das Urteil verkündet. Acht Jahre Haft bekam er dafür, daß er in fünf nachgewiesenen Fällen vom Porno-Kaiser Geld und Geschenke angenommen hatte. Bald folgten die anderen Urteile. Die Richter hatten den achtzehn CID-Beamten insgesamt 116 Jahre Gefängnis zugemessen. Wenn diese Strafen auch nicht in vollem Umfang verbüßt werden müssen, so wurden doch diese Prozesse seit Beginn als knallharte Sache ausgegeben.

Scotland Yard ist hart gegen sich selbst, hieß es, und der neue Chef greift unerbittlich durch. 82 Polizisten und Detektive hat er bisher gefeuert, und 400 Beamte zogen selbst die Konsequenzen aus ihrem Versagen. Jetzt wird Schluß gemacht mit der Korruption, und dann bekommt Scotland Yard auch die Kriminalität in Griff. Ein Versuch, den verblichenen Nimbus der Londoner Polizei etwas aufzupolieren!

Auf ähnliche Weise wurden 1972 und 1977 zwei andere „Säuberungsaktionen" ausgeschlachtet. Den Anlaß dazu gab der Verdacht, daß Detektive des Yard sichergestelltes

Rauschgift wieder auf den schwarzen Markt gebracht hätten.

Der bestechliche Überwachungsbeamte Wallace Virgo hatte das neue Inspektionssystem von Scotland Yard schon nach kurzer Zeit ad absurdum geführt, womit aber nur ein weiteres Mal bewiesen war, daß Betrug und Korruption als Verwesungserscheinungen des Kapitalismus nicht durch Kontrollen beseitigt werden konnten, wenn die Wurzeln unangetastet blieben. Und für die großen Betrüger und Korruptionisten gab es ja selbst nicht diese kleine Wacht. Daran konnten auch alle Kraftakte von Robert Mark nichts ändern.

Chefinspektor Frank Williams, Autor von „No fixed address", mußte das bereits vor dem „harten Kurs" exemplarisch erleben. Zwei Jahre lang untersuchte er Korruptionsaffären innerhalb des Yard. Als sich dann herausstellte, daß ausgerechnet Innenminister Maudling, der ihm dazu den Sonderauftrag erteilt hatte, selbst der trickreichste und anrüchigste Geschäftemacher war, resignierte Williams. „Aus persönlichen Gründen" nahm er vorzeitig seinen Abschied.

Mit ihm ging ein noch ranghöherer Polizeioffizier, der den Verheißungen des neuen Chefs auch nicht glauben konnte: Peter Brodie, Commander CID und stellvertretender Polizeipräsident. Unter seiner Leitung war die Aufklärungsquote der Verbrechen von 21 auf immerhin fast 30 Prozent gestiegen.

Banden in der Themse-Stadt

Als einen seiner letzten großen Erfolge konnte Brodie noch die Jagd nach der „Folterbande von London" verbuchen. Der Gangsterboß Charles Richardson und weitere dreizehn Verbrecher wurden dann in Old Bailey wegen Geldfälschung, Rauschgiftschmuggel, schwerer Körperverletzung, Paßfälschung, Erpressung, Bestechung von Polizisten und drei Morden angeklagt. Von einer Vielzahl kleiner Kaufleute hatten die Gangster regelmäßig „Schutzzölle" kassiert. Wer sich weigerte, den Tribut zu entrichten, wurde zuerst vor ein von den Verbrechern inszeniertes Gericht gestellt und dann zur „Behandlung" in einen Folterkeller geschleppt. Mr. Sanders, eines dieser Opfer, mußte sich auf den Fußboden legen und wurde an Händen und Füßen angenagelt. Einem anderen Mann brachen die Folterknechte mit einer Kneifzange die Zehen. Zu ihrem Arsenal gehörten ätzende Chemikalien, glühende Eisenstangen und ein elektrischer Stuhl.

Die Verbrecher konnten ihre abscheulichen Gewalttaten ungestraft viele Jahre ausführen. Die Opfer wurden terrorisiert und eingeschüchtert. Aus Furcht um ihr Leben wandten sie sich nicht an die Polizei. Während des Prozesses mußten die zweihundertfünfzig Zeugen, die der Yard in mühseliger Arbeit ermittelt hatte, von dreitausend Polizisten geschützt werden, um Racheakten vorzubeugen.

Der Fall Richardson war nur ein Glied in der langen Kette brutalen Bandenterrors, die London den Vergleich mit Chicago einbrachte. Besonders erschreckend zugenommen hat dabei die Kriminalität unter den Jugendlichen. Im Jahre 1976 kamen in London mehr als die Hälfte aller schweren Verbrechen auf das Konto von Tätern unter 21 Jahren. Solche Gruppen wie die „Teddy Boys", „Punk Rockers" oder „Sex Pistols" wurden weit über die Stadt hinaus bekannt. „Höllenengel" nannte sich eine von 30 Mädchenbanden, die auf den Überfall von Frauen und alten Leuten spezialisiert waren.

Bürgerliche Zeitungen schildern in sensationellen Berichten die Verbrechen dieser Banden und beklagen, daß sich in London die Zahl der Raubüberfälle alle fünf Jahre verdoppelt. Als Ursache sehen diese Gazetten vor allem die „Rauschgiftwelle", gegen die man aber kaum etwas unternehmen könne, weil die britischen Jugendlichen jetzt ihre Drogen selbst herstellen: sie mischen Barbiturate mit Alkohol.

Bei allem Meditieren über Rezeptpflicht im allgemeinen

und über Mischungsverhältnisse im besonderen wird dann aber vergessen, daß sich die jugendlichen Verbrecher aus einer Generation rekrutieren, die die Schule ohne Zukunft und ohne Arbeitsplatz verläßt. Allein 1977 konnten in Großbritannien wiederum über 100 000 Schulabgänger keine Lehrstelle finden.

Zahlreiche Polizisten resignieren deshalb vor der Erfolglosigkeit ihrer Arbeit. Etwa vierzig Prozent der neueingestellten Beamten verlassen vorzeitig wieder den Dienst. Dazu tragen auch die Gefahren des harten Einsatzes bei, denn im ganzen Lande werden pro Jahr etwa 8000 Polizisten tätlich angegriffen.

Scotland Yard gibt den Personalmangel als Ursache mancher Mißerfolge vor. Dem aber wird entgegengehalten, daß der Einzug modernster wissenschaftlicher und technischer Mittel dieses Problem sehr entschärfte. Durch die elektronische Datenverarbeitung wurden Hunderte von Polizeikräften von zeitaufwendigen Routinearbeiten befreit. Diese moderne Ausstattung verbesserte sich besonders seit dem Umzug in das neue Hauptquartier, das eine Meile vom ehemaligen Sitz entfernt liegt. Am Broadway in Westminster hatte man ein zwanziggeschossiges gläsernes Haus und zwei kleinere Gebäudeblöcke errichtet. Zum technischen Rüstzeug zählt ein Computer, der Notrufe direkt an den Funkwagen weiterleitet, der dem Anrufer am nächsten ist. In den Streifenwagen selbst sind Bildvermittler installiert, die während des Einsatzes Funkfotos aufzeichnen können. Auch die Suche nach Fingerabdrücken wurde einem Elektronenrechner übertragen.

Der vierwöchige Umzug im Jahre 1967 erfolgte unter strengsten Sicherheitsmaßnahmen, denn das Frachtgut war für die Gangster von hohem Wert. Einhundertfünfzig bewaffnete Polizisten bewachten die zehn Tonnen schwere Verbrecherkartei mit 2 170 000 Namen und 1 800 000 Fingerabdrücken. Die Listen von gestohlenen Autos wurden in Funkwagen transportiert, die die laufenden Anfragen auch während des Umzuges beantworteten.

Scotland Yard bezeichnete die Operation Crowbar (Operation Brecheisen) – so lautete der Deckname für den Umzug – als „einmalige Leistung". Es war tatsächlich das einzige Meisterstück der jüngeren Vergangenheit. Denn alle Hoffnungen, mit moderner Wissenschaft und Technik die Ohnmacht gegenüber der Verbrechensexplosion überwinden zu können, zerschlugen sich.

Als zur Überwachung der großen Banken und anderer Stellen Fernsehkameras installiert wurden, gaben drei Gangster die Eröffnungsvorstellung. Sie drangen, als Polizisten verkleidet, in das Büro eines Diamantenhändlers in der St. Cross Street ein, fesselten den Besitzer und konnten unbehelligt mit der Beute entfliehen. Zum Schaden von 550 000 Mark kam der Spott, den die Monitor-Detektive kassieren mußten.

Abermals lag homerisches Gelächter über der Themse, und in mancher Hinsicht war der Yard wieder dort angelangt, wo er am Anfang stand. Banden verbreiteten Furcht und Schrecken in der Stadt. Den subtiler gewordenen Verbrechen setzte die Metropolitan Police zwar ebenfalls ausgeklügeltere Mittel entgegen, aber sie hatte wie eh und je in rund achtzig Prozent der Fälle das Nachsehen.

Retrospektive

Scotland Yard ist anderthalb Jahrhunderte alt. Im Kampf gegen die Kriminalität lag diese Polizei meist im Hintertreffen, und auch Skandale, Korruption und Verbrechen unter dem Deckmantel der Legalität waren zu allen Zeiten an der Tagesordnung. Diese Auswüchse einer kranken Gesellschaft wurden durch die unerhörte Verschärfung der allgemeinen Krise des Kapitalismus noch beträchtlich zugespitzt. Damit sind die Ereignisse der jüngsten Vergangenheit im Grunde genommen keine Sensationen.

Genauso kontinuierlich entwickelten sich die politisch reaktionären Aktivitäten, die jedoch von bürgerlichen Chronisten entweder in Abrede gestellt, stillschweigend übergangen oder als rein kriminalistische Tätigkeit deklariert werden. Scotland Yard wurde aber als Machtorgan der aufstrebenden Bourgeoisie gegründet und ist heute ein Instrument der herrschenden Klasse des spätkapitalistischen Systems.

Angesichts solcher Tatsachen ist es mehr als erstaunlich, daß Scotland Yard zu legendärem Weltruhm gelangte und daß heute die Gloriole noch immer leuchtet, wenn auch schwächer als vor Jahrzehnten. Doch wir haben gesehen, daß es vor allem Schriftsteller und Journalisten waren, die diesen Mythos begründeten. Charles Dickens und William Wilkie Collins legten ein Fundament mit literarischem Niveau, auf dem Conan Doyle, Edgar Wallace, Dorothy Leigh Sayers, Carter Dickson, Victor Gunn und andere mit beachtlicher Nachwirkung aufbauten. Einige Werke dieser Autoren erreichten den Rang klassischer Kriminalromane.

Sensationelle Berichte in Illustrierten, Filmen, Hörspielen und Fernsehsendungen beschworen zusätzlich das Image des genialen Yard-Detektivs als Schrecken der Londoner Unterwelt.

Erst in zweiter Linie waren es wirkliche Erfolge bei der Verbrechensbekämpfung, die die Gloriole der Metropolitan Police schufen; denn auf spektakuläre Ergebnisse kann jede andere Polizeibehörde der Welt auch verweisen, und die Aufklärungsquote des Yard liegt nicht höher als bei vergleichbaren Institutionen. Historische Fälle wie Dick Tanners Jagd nach dem Mörder Mueller, die Überwältigung des einbrechenden Phantoms durch Konstabler Robinson, die Ereignisse um Dr. Crippen, George Cornishs Fahndung nach dem Mörder der Kofferleiche von Charing Cross, die Verhinderung eines Postraubes durch die „Ghost Squad" und die Überführung des Säuremörders Haigh, die zweifellos echte kriminalistische Leistungen darstellen, wurden publizistisch zur Untermauerung des imaginären Ruhms genutzt.

Wägt man jedoch ab, so fallen bereits in der Historie die negativen Seiten stärker ins Gewicht. Da sind zunächst die ungeklärten Fälle und deren Krönung durch das Geschehen um Jack the Ripper. Ferner der Korruptionsskandal durch Benson, die zweimalige „Verwechslung" des Norwegers Beck, die Hinrichtung des unschuldigen Timothy Evans, die offenbare Scheinlösung des Mordfalles an der Fernstraße A 6 und vieles andere. Diese Tatsachen strafen alle Legenden über Scotland Yard als weltbeste Polizeiorganisation Lügen.

Die Ursachen des Verbrechens – das haben die meisten der hier geschilderten Fälle gezeigt – liegen im gesellschaftlichen System. Der Vorwurf einer anschwellenden Zahl von Skandalen und Delikten und der geringen Aufklärungsquote kann sich deshalb nicht primär gegen Scotland Yard richten, sondern zielt auf das herrschende spätkapitalistische System im allgemeinen. Erst die Lösung des Grundwiderspruches des Kapitalismus schafft echte Voraussetzungen für den Kampf gegen die Kriminalität.

Die bestehende Gesellschaftsordnung aber zu erhalten, das zählte seit Anbeginn zum Auftrag für Scotland Yard, und das verschleierte Apostolat von einst wandelte sich zu einer Mission ohne Maske. Solche Order jedoch führt zur Kapitulation vor dem Verbrechen, wobei es belanglos geworden ist, ob die Spuren zur High-Society oder in die Unterwelt von London führen.

Scotland Yard ist ein Gefangener des eigenen Establishments. Sein Renommee ist seit der Gründung umstritten gewesen. Heute ist davon nichts mehr geblieben.

Inhalt

341

Bildquellen:

Archiv Dr. Heermann (33)
Sammlung Karger-Decker (5)
Zentralbild Berlin (7)

ISBN 3-360-00097-8

7. Auflage

© Verlag Das Neue Berlin, Berlin · 1987 (1970)
Lizenz-Nr.: 409-160/280/87 · LSV 7004
Umschlag- und Einbandentwurf: Gerhard Milewski
Printed in the German Democratic Republic
Gesamtherstellung: Karl-Marx-Werk Pößneck V 15/30
622 381 6

00980